U0577813

工程项目管理

主　编　蒋春霞　卢国华

副主编　徐　慧　苑丁杰　贺俊红

参　编　文祥麟　宋婧蕾

北京理工大学出版社

BEIJING INSTITUTE OF TECHNOLOGY PRESS

内 容 提 要

本书全面系统地涵盖了工程项目管理的各个重要方面。首先，详细阐述了项目与项目管理的基本概念。其次，深入讲解了项目启动、规划、执行、监控和收尾阶段的关键知识，为项目的顺利开展、实施、验收奠定基础。此外，本书穿插了丰富的案例分析，包括不同行业和规模的项目实例，帮助读者更好地理解理论知识在实际场景中的应用。同时，还介绍了常用的项目管理工具和技术，使读者能够掌握实用的项目管理技能。通过对本书的学习，读者将系统地掌握项目管理的知识体系和方法，具备独立管理项目的能力，能够在各种项目情境中应对自如。

本书可作为高等院校工程项目管理、土建学科及相关专业的工程项目管理课程的教学，通过学习，学生能够掌握工程项目管理的基本理论、方法和技能，为后续的职业发展奠定坚实基础。

版权专有 侵权必究

图书在版编目（CIP）数据

工程项目管理 / 蒋春霞，卢国华主编. -- 北京：
北京理工大学出版社，2025.1.
ISBN 978-7-5763-4676-3

Ⅰ.F284

中国国家版本馆CIP数据核字第20254A3319号

责任编辑：江 立　　　　　文案编辑：李 硕
责任校对：周瑞红　　　　　责任印制：李志强

出版发行 / 北京理工大学出版社有限责任公司

社　　址 / 北京市丰台区四合庄路 6 号

邮　　编 / 100070

电　　话 / （010）68914026（教材售后服务热线）
　　　　　　（010）63726648（课件资源服务热线）

网　　址 / http：//www.bitpress.com.cn

版 印 次 / 2025 年 1 月第 1 版第 1 次印刷

印　　刷 / 天津旭非印刷有限公司

开　　本 / 787 mm×1092 mm　1/16

印　　张 / 19

字　　数 / 557 千字

定　　价 / 88.00 元

图书出现印装质量问题，请拨打售后服务热线，负责调换

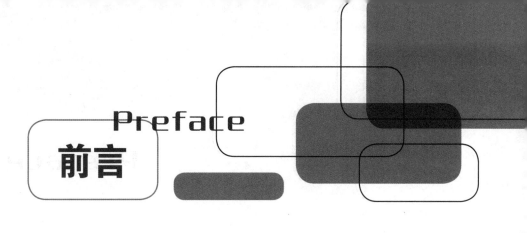

Preface
前言

　　在当今复杂多变且充满挑战的商业环境中，项目管理已成为推动各类组织发展与创新的关键力量。无论是企业实施重大战略举措，还是科研团队攻克技术难题，或是社会组织开展公益活动，项目管理都发挥着至关重要的作用。

　　本书旨在为读者提供系统且全面的项目管理知识体系。通过深入剖析项目管理的各个环节——包括项目启动、规划、执行、监控与收尾阶段，帮助读者掌握项目管理的核心概念、方法和工具。

　　在本书编写过程中，编者注重理论与实践的紧密结合。书中不仅阐述了经典的项目管理理论，还融入了众多真实的项目案例和实际操作经验，让读者能够更直观地理解和应用所学知识。同时，也紧跟项目管理领域的最新发展趋势，引入了一些前沿的理念和方法，使读者能够与时俱进，适应不断变化的项目管理需求。

　　无论是对于即将踏入项目管理领域的初学者，还是已经在实践中积累了一定经验的专业人士，本书都将是一本极具参考价值的读物。希望它能够成为读者在项目管理之路上的得力助手，助力大家成功地领导和管理各类项目，实现组织的目标和价值。相信通过对本书的学习，读者将能够在项目管理的理论素养和实践能力上取得显著提升，为自己的职业生涯和组织的发展增添新的动力和机遇。

　　本书由广东理工学院蒋春霞、卢国华担任主编，由广东理工学院徐慧、

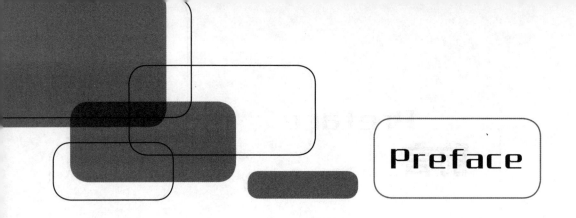

Preface

广东理工学院苑丁杰、山西应用科技学院贺俊红担任副主编，山西应用科技学院文祥麟、宋婧蕾参与了部分章节的编写工作。编写分工为：广东理工学院蒋春霞编写第1章、第8章和第9章；山西应用科技学院贺俊红编写第2章和第3章；广东理工学院徐慧编写第4章；广东理工学院苑丁杰编写第5章；山西应用科技学院文祥麟编写第6章；山西应用科技学院宋婧蕾编写第7章；广东理工学院卢国华负责全文校对。

本书得到了北京理工大学出版社的大力支持，特此感谢！

由于编者编写水平有限，书中难免存在不足及疏漏之处，敬请各位读者批评指正！

编　者

Contents

目录

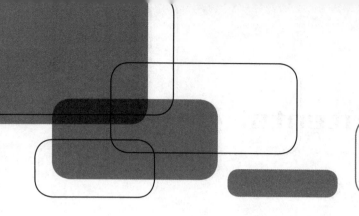

Contents

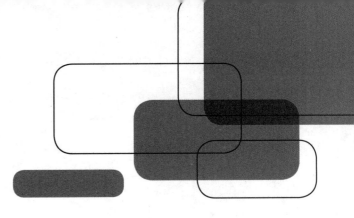

Contents

Contents

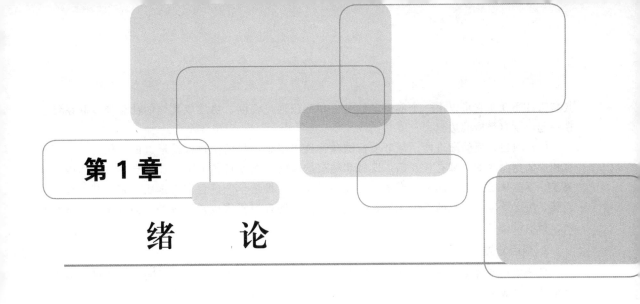

第1章

绪　论

1.1　项目与项目管理

1.1.1　项目及其特征

1. 项目

项目（Project）一词越来越广泛地应用于现代经济社会的各个方面，项目的影响也已经无处不在，且具有举足轻重的作用。项目的规模可大可小，形式变化多样，最为普遍的项目经常和工程（Engineering）联系在一起，称为工程项目。

项目管理界公认的全球性标准《项目管理知识体系指南（第六版）》（PMBOK 指南）将项目定义为"为创造独特的产品、服务或成果而进行的临时性工作。"德国 DIN（德国工业标准）69901 认为："项目是指在总体上符合下列条件的唯一性任务：具有预定的目标；具有时间、财务、人力和其他限制条件；具有专门的组织。"《项目管理质量指南》ISO 10006 将项目定义为："具有独特的过程，有开始和结束日期，由一系列相互协调和受控的活动组成。过程的实施是为了达到规定的目标，包括满足时间、费用和资源等约束条件。"

简单地说，项目是指在一定约束条件下，具有特定目标的一次性任务。

在日常生活中，项目是普遍存在的，如科研项目、工程建设项目、产品开发项目等，它们都具有以下共同的特征。

（1）一次性。项目的一次性（又可称为单件性），指的是任何项目都有自身的目标、完成过程和成果，不会与其他项目相同。这是项目最主要的特征，决定了每个项目都有自己的特点，决定了项目管理的一次性与特殊性，必须进行科学管理，尽可能降低项目的风险，保证项目的成功。

（2）目标的明确性。项目的目标有成果性目标和条件性目标。成果性目标是项目的功能性要求，如建设一个工厂要求达到的生产能力；条件性目标是指项目的约束条件或限制条件，即限定的质量、限定的时间和限定的投资，通常把项目的三个条件性目标称为项目的三大目标，对于工程项目而言，还要有明确的空间要求。项目的目标如果发生了较大的或实质上的变动，就成为一个新的项目，而不再是原来的项目。

（3）组织的特殊性。项目的组织随项目的确立而产生。项目在执行过程中组织的成员和职能可能会发生变化；项目结束时，组织也随之解散，人员会转移。项目组织与企业组织相比，其特殊性还在于它可以由一个或更多的单位和部门通过合同、协议或其他的社会经济联系结合在一起，没有严格的边界。

（4）项目过程的渐进性。每个项目的独特性决定了项目的全过程是渐进的，任何项目都具有相应的生命周期，都有其开始、发展和结束的时间。在项目各个阶段都有自身的工作内容和要求，不能从已经运作的某个模式完全复制过来，与批量生产过程有着本质区别，其过程不可逆转，决定了项目成果的不可挽回性。同时，项目的资源投入也是渐进的，如资金、人员、时间、技术设备等。

2. 项目分类

虽然项目的含义具有广泛性，分类方法很多，但是人们较为认可的看法是，项目的种类应当按其最终成果或专业特征进行分类，如可分为科研项目、工程建设项目、开发项目、咨询项目、环保项目、航天项目、IT 项目、投资项目及各种社会项目等。也可将项目分为工程项目与非工程项目。工程项目是项目中数量最大的一类，也是最典型的一类。

1.1.2　项目管理的概念及其发展过程

1. 项目管理的概念

项目管理是指项目管理主体在有限的资源约束条件下，为实现项目的预期总体目标，运用系统的观点、方法和理论，对项目涉及的全部工作进行系统化有效管理的过程，即项目管理是在项目活动中运用知识、技能、工具和技术来实现项目要求，包括项目启动、计划编制、执行、控制和收尾在内的综合性过程。

对于项目管理的概念，可以从以下角度进一步理解。

（1）项目管理的主体是项目经理负责下的项目团队。现代项目的复杂性使项目组织机构必须强调团队精神在项目管理中的重要性。项目团队的成员可能来自多个不同的组织或部门，各自的知识结构、项目经验、管理技巧等均不相同，需要共同努力、协同工作才能完成项目目标。项目管理是以项目经理负责制为基础的目标管理。项目经理是项目团队的核心与灵魂，与项目成败息息相关。

（2）项目管理的客体是项目本身或作为项目来处理的事务。项目是一系列的临时性任务组成的系统，由于项目具有一次性、渐进性等特征，要求项目管理应该是全面的、科学的和程序性的，同时，项目管理也是知识、智力、技术密集型的管理，是以项目成功为目的所进行的全过程和全面的策划、组织、控制、协调与监督。项目目标的明确性决定了项目管理的关键内容是项目进度、质量和费用等的相互协调与相互制约，决定了项目管理是将有限的各种资源应用于项目，满足项目各方面的需求，以最大化地实现项目的目标。

（3）项目管理的内容可按其涉及的知识领域分为十个方面。从已有的项目管理知识体系中发现，《项目管理知识体系指南（第六版）》（PMBOK 指南）中将项目管理划分为项目整合管理、项目范围管理、项目进度管理、项目成本管理、项目质量管理、项目资源管理、项目沟通管理、项目风险管理、项目采购管理、项目相关方管理十个知识领域。

（4）项目管理的目标是通过合理有效的项目管理过程达成的。项目具有生命周期，而项目生命周期是通过一系列项目管理活动进行的。由于项目本身的特性，每个项目的运作过程都是独一无二的，自然也存在较多的不确定性和风险。项目的生命周期由项目从启动到完成所经历的各个阶段组成。项目生命周期实际上为项目管理提供了一个基本框架，各个行业的各类项目都可以按照这个基本框架，由项目团队根据项目的性质、目标和具体条件来确定项目最适合的生命周期、各个阶段及各阶段需要实施的一个或多个过程，这样有助于更好地进行项目管理。

项目生命周期各个阶段的划分标准不尽相同，《项目管理知识体系指南（第六版）》（PMBOK指南）提出项目阶段可能包括但不限于概念开发、可行性研究、客户要求、解决方案开发、设计、原型法（在实际制造预期产品之前，先造出其实用模型，并据此征求对需求的早期反馈的一种方法）、建造、测试、移交、试运行、里程碑审查、经验教训总结等。

2. 项目管理的产生与发展

现代化的项目管理是在 20 世纪 60 年代之后形成的一门学科并逐渐发展起来的，但其历史源远流长，自从人类开始进行有组织的活动，就一直在进行着各种规模的项目管理。在古代，人们就进行了许多项目管理方面的实践活动，如中国的万里长城、埃及的金字塔等，这些宏大工程都是历史上古人运作大型复杂项目的范例。项目管理的思想起源可以追溯到古代，如 2 000 年前春秋战国时期的（也是我国目前所见年代最早的）手工业技术文献《考工记》。以修筑沟防为例，提出"凡沟防，必一日先深之以为式，里为式，然后可以傅众力"。也就是说，在沟防修筑中，应以匠人一天修筑的进度为参照，再以一里工程所需的匠人数和天数来预算这个工程所需的劳力，然后方可调配人力，进行施工。这充分体现了现代项目管理"以计划为基础"的基本思想。

20 世纪 30 年代，项目管理的概念还未明确提出，但有了一些如甘特图、协调图等基本的方法与手段，虽未能从根本上解决项目整个系统的计划与控制问题，但为网络技术的产生奠定了基础。20 世纪 40 年代，美国的"曼哈顿计划"——研制第一颗原子弹的项目管理计划，应用了项目管理的思想，但着重于项目的计划与协调。

项目管理理论的研究起因于项目管理实践的要求。20 世纪 50 年代，在发射北极星导弹并在解决杜邦化学公司（美国）的扩建和修理问题时，出现了关键线路（CPM）法，在发射北极星导弹并为之制造核潜艇时发明了计划评审技术（PERT），两者综合成为一般的网络计划技术。20 世纪 60 年代，这一技术在有 2 万个企业 42 万人参加、耗资 400 亿美元、研制零件达 700 万个的"阿波罗"载人登月计划中应用，取得了巨大的成功。此时，项目管理已逐步形成了一些系统的科学方法，主要应用于国防及建筑业，着重于项目执行过程的管理。

进入 20 世纪 70 年代，项目管理迅速在世界各国推广使用，并扩展到各类民用项目，各大企业的管理层及专业人士纷纷进行研究与探索。在美国出现的 CM（Construction Management），在国际上得到了广泛认可，其特点是由业主、承包商、建设单位组成的管理小组，共同完成项目的管理。此时，项目管理在理论和方法体系上都进入了一个成熟的阶段，发展成为一门完整的独立学科，形成了现代项目管理的框架。在这个阶段，尤其是 20 世纪 80 年代初计算机的普及，使项目管理领域更广、效率更高、社会和经济效果更显著。管理的特点是注重市场和竞争，除计划、协调和控制外，对采购、费用、合同、进度、质量、风险等给予了更多的重视。

20 世纪 90 年代以后，市场竞争更加激烈，经济全球化、集团化，项目管理力求在变革中发展，在一些新兴的产业（如电信、软件、金融、信息、医药等）中迅速扩大了应用的领域，并更加注重人的因素，注重柔性的管理。此时，项目管理已不仅着眼于项目的执行阶段，而是进入项目全过程的管理阶段。随着投资方式的形式越来越多，项目管理的方式也不断发展、变化，如 20 世纪 80 年代中期，首先在土耳其产生，而后在其他国家也陆续采用的 BOT（Build-Operate-Transfer）投资方式。

项目管理的起因首先是由于社会生产力高速发展，项目的规模越来越大、技术越来越复杂、参与的单位和部门越来越多，而项目的条件性目标的限制越来越严格。要解决这一矛盾，必须有新的、系统的管理理论及手段。管理理论的不断发展，为项目管理提供了可能性。除系统论、控制论、信息论、价值工程、预测技术、决策技术等发展较为成熟并已成功运用于管理实践外，网络计划技术在 20 世纪 50 年代末的产生、应用和迅速推广，在管理理论和方法上是一个突破。更由于网络技术特别适用于项目管理中工期的计划与控制及各项工作的紧密结合，在应用中取得了巨大成功。现代管理技术的开发与运用，特别是计算机的普及和有关软件的开发利用，能够进行工期、资源、成本等的优化，扩大了项目管理的深度与广度，从而使项目管理理论得以进一步发展。

1.2　工程项目与工程项目管理

1.2.1　工程项目

1. 工程项目及其特征

凡是最终成果是建筑物或构筑物的项目均可称为工程项目。工程项目又可称为建设项目、基本建设项目、建设工程项目等，属于投资项目中最重要的一类，是一种投资行为和建设行为相结合的投资项目。

我国国家标准《建设工程项目管理规范》（GB/T 50326—2017）中对"建设工程项目"（Construction Project）的定义："为完成依法立项的新建、扩建、改建工程而进行的、有起止日期的、达到规定要求的一组相互关联的受控活动，包括策划、勘察、设计、采购、施工、试运行、竣工验收和考核评价等阶段。"

在特征上，工程项目首先具有以下项目的特征。

（1）一次性。工程项目的一次性特征较为突出。例如，两幢建筑造型和结构形式完全相同的房屋，即使在它们的前期策划、批准、设计、招投标等工作过程完全相同的情况下，它们在施工的外部条件、组织管理、时间上都可能存在着差异，进而形成工程质量、成本、工期及其他方面的差别。

工程项目的一次性特征也决定了项目管理的全过程是一次性的，同时，由于工程项目成果的影响重大，更决定了工程项目管理的重要性。

（2）建设目标的明确性。工程项目的成果性目标包括宏观目标和微观目标。宏观目标是指项目的资源配置和国民收入增长指标等，即项目的宏观经济效果、社会效果、环境效果；微观目标是指从投资主体角度考虑的项目的盈利能力等微观财务指标。微观目标应服从于宏观目标，宏观目标对微观目标具有指导作用。

工程项目的条件性目标是指工程项目在实现成果性目标的过程中，受到多方面条件的制约。

1）时间限制。工程项目的时间限制有两个方面，一是适宜的项目周期，这就要求工程项目有合适的开始、发展和结束时间，使项目成果发挥最大效用。如某企业的建成在某个时间内可能有较好的盈利状态，但错过了最佳时期后，项目的可行性就可能出现问题；二是合理的施工期限，施工时间一般是项目周期中最长的一个阶段，施工时间的长短不仅影响到成本的投入，更重要的，它直接决定了项目的使用时间，决定了工程项目成果能否尽早发挥效用。

2）资金限制。资金限制又可分为资金来源限制与资金使用限制。目前，工程项目资金的来源呈多元化，投资渠道很多，在筹划项目时就必须紧紧匹配投资目标，按能提供的资金策划相应的项目，并尽可能提高项目的整体经济效益以满足投资者的要求。在工程项目的资金使用限制上，首先要求资金的投入时间必须保障工程的顺利实施，其次应以最少的资源消耗（人力、材料、设备等）及费用实现较低的工程项目总投资。

3）质量限制。质量限制一是指工程项目成果本身的质量必须达到合同要求的水平；二是指工程项目应达到预期的生产能力、技术水平或使用效益目标。

4）空间限制。空间限制指工程应在一定的施工空间范围内通过合理的方法来组织完成。

（3）组织的特殊性。与企业组织相比，工程项目组织具有临时性，同时又具有一定的流动性。流动性是指因为工程项目的各阶段在特点、专业分工、参加的单位与人员、资源的配置等各方面都有较大的差别，所以应按需要对组织进行调整。

（4）项目过程的渐进性。每个工程项目的全过程也是渐进的，有自身的生命周期，其过程同样不可逆转，项目成果影响大，一旦项目失败损失巨大。同时，工程项目的资源投入是随着项目的各个阶段渐进的，如资金、人员、时间、技术设备等投入逐渐增加，在工程的建设阶段达到高峰。

除上述一般项目特征外，工程项目还具有以下特征。

（1）质量的重要性。工程项目投资巨大、资源耗费多，建设周期、工程寿命期、投资回收期都较长。项目成果质量的好坏直接影响到用户的财产和人身安全，影响到社会环境及国家的经济建设，且影响的时间较长。质量问题需要返修、加固、补强等，会增加大量的资源及资金消耗，还会形成除用户财产损失等直接损失外的其他间接损失，如投资不能及时回收、工程寿命期缩短引起的盈利损失等，数额更大，影响也更大，所以，工程项目的质量应放在重要的位置来考虑。

（2）复杂性和系统性。工程项目的规模大、范围广、投资额高，项目全过程中可能有成百上千个专业参与，特别是在实施阶段，由于露天作业、施工队伍流动性生产、施工的自然环境与社会条件较为复杂，而由合同规定的各项条件性指标要求严格，都决定了工程项目的复杂性。这也要求将工程项目作为一个系统，从总体上考虑各生产要素的配置，以整体效益的提高为标准进行策划、规划设计、计划、实施、运行等各阶段的运作，并特别重视各参与单位、专业之间的沟通与协调，避免问题与事故的发生，较好地实现项目的最终目标。

2. 工程项目的分类

工程项目的种类很多，可以从不同的角度进行分类。

（1）按项目的投资来源划分。按项目的投资来源，可将工程项目划分为政府投资项目和非政府投资项目。

1）政府投资项目在国外也称为公共工程，是指为了适应和推动国民经济或区域经济的发展，满足社会的文化、生活需要，以及出于政治、国防等因素的考虑，由政府通过财政投资、发行国债或地方财政债券、利用外国政府赠款，以及国家财政担保的国内外金融组织的贷款等方式独资或合资兴建的工程项目。政府投资项目按照其营利性不同又可分为经营性政府投资项目和非经营性政府投资项目。经营性政府投资项目是指具有营利性质的政府投资项目，政府投资的水利、电力、铁路等项目基本属于经营性项目，经营性政府投资项目应实行项目法人责任制；非经营性政府投资项目一般是指非营利性的、主要追求社会效益最大化的公益性项目。学校、医院及各行政、司法机关的办公楼等项目都属于非经营性政府投资项目。非经营性政府投资项目应推行"代建制"。

2）非政府投资项目是指企业、集体单位、外商和私人投资兴建的工程项目。非政府投资项目应实行项目法人责任制。

（2）按资本金的来源划分。按资本金的来源可将工程项目划分为内资项目、外资项目和中外合资项目。内资项目是指运用国内资金作为资本金进行投资的工程项目；外资项目是指利用外国投资的资金作为资本金进行投资的工程项目；中外合资项目是指运用国内和外国资金作为资本金进行投资的工程项目。

（3）按投资的再生产性质划分。按投资的再生产性质可将工程项目划分为基本建设工程项目（简称建设项目）、设备更新和技术改造工程项目。基本建设工程项目是指以扩大生产能力或新增工程效益为主要目的的新建、扩建工程及有关方面的工作。更新改造工程项目是指对原有设施进行固定资产更新和技术改造相应配套的工程及有关工作。更新改造工程项目一般以提高现有固定资产的生产效率为目的，土建工程量的投资占整个项目投资的比重按现行管理规定应在30%以下。

（4）按建设性质划分。按建设性质可将工程项目划分为新建项目、扩建项目、改建项目、恢复项目和迁建项目。

1）新建项目是指从无到有、新开始建设的项目。其包括新建的教学楼、行政楼等及新建铁路、公路、水库等独立工程。

2）扩建项目是指为扩大原有产品生产能力，在厂内或其他地点增加建设主要生产车间（或主要建筑工程）、矿井、独立的生产线或分厂企业；事业单位和行政单位在原单位增建业务用房（如学校增建的教学楼、医院增建门诊楼或病房等）也属于扩建。

3）改建项目是指现有企业、事业单位为了实现技术进步，提高产品质量、增加花色品种、促进产品升级换代、降低消耗和成本、加强资源综合利用和三废治理及劳保安全等，采用新技术、新工艺、新设备、新材料等对现有设施、工艺条件等进行技术改造和更新。

4）恢复项目是指因自然灾害、战争等原因，使原有固定资产全部或部分报废，又投资建设进行恢复的项目。在恢复过程中，无论其建设规模是按原规模恢复，还是在恢复的同时进行扩建，都按恢复统计。

5）迁建项目是指为改变生产力布局或由于环境保护和安全生产的需要等原因而搬迁到另外的地方建设的项目。在搬迁到其他地方建设的过程中，无论其建设规模是维持原规模，还是扩大规模，都按迁建统计。

（5）按项目规模划分。按项目规模可将工程项目划分为大型项目、中型项目和小型项目。其是按项目的建设总规模或总投资额的大小，以国家颁布的大、中、小型建设项目划分标准为依据进行划分的。生产单一产品的工业项目按产品的设计能力划分；生产多种产品的工业项目按其主要产品的设计能力划分；生产品种繁多、难以按生产能力划分的按投资额划分。更新改造项目可分为限额以上（能源、交通、原材料工业项目计划总投资5 000万元以上，其他项目计划总投资3 000万元以上）和限额以下两类。

（6）按管理主体不同划分。按管理主体不同可将工程项目划分为建设项目、设计项目、工程咨询项目和施工项目。其管理者分别是建设单位、设计单位、咨询单位和施工单位或监理单位。

3. 建设项目及其划分

（1）建设项目。基本建设工程项目，亦称建设项目，指按照同一个总体设计进行建设，全部建成后才能发挥所需综合生产能力或效益的基本建设单位，如某住宅小区、某校区等属于建设项目。

（2）单项工程。单项工程是指在一个建设项目中，具有独立的设计文件，能够独立组织施工，建成后能够独立发挥生产能力或效益的工程。如某住宅小区中的某一栋楼，某校区中的某一教学楼等属于单项工程。

（3）单位工程。单位工程是指具有单独设计和能够独立组织施工，能形成独立使用功能，但不能独立发挥生产能力或效益的工程。如某教学楼中的土建工程、装饰装修工程、设备安装工程等是其教学楼的单位工程，即一个单项工程（如教学楼）可以包含多个单位工程。

（4）分部工程。分部工程指按专业性质、建筑部位等划分的工程。如土建工程中包含的砌体工程、混凝土工程、钢筋工程等是分部工程，即一个单位工程（如土建工程）可以包含多个分部工程。

（5）分项工程。分项工程指按工程施工的主要工种、施工工艺、材料、设备类别等划分的工程。如砌体工程中包含砂浆、砌块等分项工程，即一个分部工程（如砌体工程）可以包含多个分项工程。分项工程是计算人工、材料及资金消耗最基本的构造要素。

1.2.2 工程项目管理

工程项目管理是项目管理的一个重要分支，是指工程项目的管理主体为满足利益相关者的合理要求，使项目在有限资源的条件下取得成功，运用系统的观点、理论和方法，对工程项目的全过程进行计划、组织、指挥、协调和控制的管理活动。

国家标准《建设工程项目管理规范》（GB/T 50326—2017）中对"建设工程项目管理"（Construction Project Management）的定义："运用系统的理论和方法，对建设工程项目进行的计划、组织、指挥、协调和控制等专业化活动。"

按照工程项目不同的参与方及管理主体的工作性质和组织特征，工程项目管理可分为业主单位的项目管理、工程建设总承包单位的项目管理、设计单位的项目管理、施工单位的项目管理、咨询单位的项目管理、供货单位的项目管理等。

（1）业主单位的项目管理。业主单位的项目管理是业主或代表业主的咨询方对项目建设进行的策划、实施、组织、协调、控制等综合性管理工作。业主单位对项目的管理应为业主单位利益服务，体现所有投资方对项目的利益要求，作为工程项目管理的核心，也要服务于其他相关方的利益。业主单位的项目管理是全过程的，包括项目决策和实施阶段的各个环节，也即从编制项目建议书开始，经可行性研究、设计和施工，直至项目竣工验收、投产使用的全过程管理。

业主单位项目管理的主要任务在项目不同的阶段有所差别，主要包括项目的投资控制、进度控制、质量控制、安全管理、合同管理、信息管理及组织和协调。

改革开放以来，我国先后试行了各种方式的投资项目责任制度。为了建立投资责任约束机制，规范项目法人行为，明确其责、权、利，提高投资效益，国家计划委员会于1996年1月制订颁发了《关于实行建设项目法人责任制的暂行规定》，要求国有单位经营性基本建设大、中型项目必须组建项目法人，实行项目法人责任制，且由项目法人承担投资风险，由项目法人对项目的策划、资金筹措、建设实施、生产经营、债务偿还和资产的保值增值，实行全过程负责。

（2）工程建设总承包单位的项目管理。在设计、施工总承包的情况下，业主在项目决策之后，通过招标择优选定总承包单位全面负责工程项目的实施过程，直至最终交付使用功能和质量标准符合合同文件规定的工程项目。

为了实现总承包项目管理的投资或成本目标、进度目标、质量目标、安全目标和相关方的满意度目标，总承包单位进行项目管理的任务主要是项目的质量控制、进度控制、成本控制、安全控制、信息管理、生产要素管理、合同管理、现场管理，以及与施工有关的组织和协调等。

（3）设计单位的项目管理。设计单位的项目管理是指设计单位受业主委托承担工程项目的设计任务后，根据设计合同所界定的工作目标及责任义务，对建设项目设计阶段的工作所进行的自我管理。

设计项目管理的主要目标是实现设计项目的成本、进度、质量和安全目标，以及项目总投资目标和相关方的满意度目标。因而，设计项目管理的主要任务是与设计工作相关的安全管理、设计成本控制和与设计工作有关的工程造价控制、设计进度控制、设计质量控制、设计合同管理、设计信息管理，以及与设计工作有关的组织协调。设计项目管理不仅局限于工程设计阶段，还延伸到了施工阶段和竣工验收阶段。

（4）施工单位的项目管理。施工单位通过投标获得工程施工承包合同，并以施工合同所界定的工程范围组织并实施项目管理，简称施工项目管理。

施工项目管理的目标体系包括工程施工质量（Quality）、成本（Cost）、工期（Delivery）、安全和现场标准化（Safety），简称QCDS目标体系，同时，也要实现相关单位的满意度目标。施工单位的项目管理工作主要在施工阶段进行，但也涉及设计准备阶段、设计阶段、动用前准备阶段和保修期，不仅应该关注施工方自身利益，还应该关注项目整体利益。施工单位项目管理的主要任务包括施工中的安全控制、质量控制、成本控制、进度控制、信息管理、生产要素管理、合同管理、现场管理，以及与施工有关的组织和协调。

施工项目的管理者是建筑施工企业，由业主或监理单位进行的工程项目管理中涉及的施工阶段管理仍属于建设项目管理，不能算作施工项目管理。

（5）咨询单位的项目管理。咨询单位的项目管理是指咨询单位接受委托，对工程项目的某一阶段或某项内容进行管理，目的是保障委托方实现工程项目的预期目标。咨询单位依托咨询工程师所具备的专业知识、经验和工程管理能力，根据合同要求进行与委托内容一致的管理工作。

监理单位可以接受工程业主的委托，在工程项目实施阶段为业主提供全过程的监理服务。建设工程监理是指具有相应资质的监理单位受工程项目建设单位的委托，依据国家有关工程建设的法律、法规，经建设主管部门批准的工程项目建设文件、建设工程委托监理合同及其他工程建设合同，对工程建设实施的专业化监督管理。建设工程监理的主要内容包括协助建设单位进行项目可行性研究，优选设计方案、设计单位和施工单位，审查设计文件，控制工程质量、工期和造价，监督、管理建设工程合同的履行，以及协调建设单位与工程建设有关各单位的工作关系等。建设监理制度将原来工程建设管理由业主和承建单位承担的体制，变为业主、监理单位和承建单位三家共同承担的新的管理体制，这对规范建筑市场的交易行为具有不可忽视的作用。

（6）供货单位的项目管理。物资供应工作是工程项目实施的一个子系统，供货单位的项目管理主要服务于项目的整体利益和供货方本身的利益。其项目管理的目标包括供货单位的成本目标、供货的进度目标和质量目标。供货单位的项目管理工作主要在施工阶段进行，也涉及设计准备阶段、设计阶段、动用前准备阶段和保修期，供货单位项目管理的任务不仅包括供货的安全管理、进度管理、质量管理，还包括供货单位的成本管理、供货合同管理、供货信息管理及与供货有关的组织和协调。

1.3　建设项目的建设程序

1.3.1　建设项目的建设程序概述

建设项目的建设程序是指建设项目在建设全过程中各项工作需要遵循的先后顺序。建设程序是指建设项目从设想、选择、评估、决策、设计、施工到竣工验收、投入生产整个建设过程中，各项工作必须遵循的前后次序。按照建设项目发展的内在联系和发展过程，建设程序可分为若干阶段，这些发展阶段有严格的先后次序，不能任意颠倒。

目前，我国基本建设程序的内容和步骤主要有前期工作阶段、建设实施阶段、竣工验收阶段、后评价阶段。其中前期工作阶段主要包括项目建议书、可行性研究、设计工作；建设实施阶段主要包括施工准备、建设实施。

1. 前期工作阶段

（1）项目建议书。项目建议书是要求建设某一项目的建议性文件，是基本建设程序中最初阶段的工作，是投资决策前对拟建项目的设想。项目建议书的主要作用是对拟建项目的初步说明，主要包括论述拟建项目的建设必要性、条件可行性和获得的可能性，以便建设管理部门选择参考及决策是否进行下一步工作。

项目建议书报经有审批权限的部门批准后，可以进行可行性研究工作，但项目建议书被批准不代表项目必须进行，项目建议书不是项目的最终决策。同时，随着政府审批流程的改革和简化，有些地方的项目建议书审批流程会朝着方便快捷的方向改革。

（2）可行性研究。项目可行性研究是在项目建议书审批后进行的，主要是指在项目决策前，通过对项目有关的工程、技术、经济等各方面条件和情况进行调查、研究、分析，对各种可能的建设方案和技术方案进行比较论证，并对项目建成后的经济效益进行预测和评价的一种科学分析方法，由此考查项目技术上的先进性和适用性、经济上的营利性和合理性、建设上的可能性和可行性。可行性研究是项目前期工作最重要的内容，是从项目建设和生产经营的全过程考察分析项目的可行性，其目的是回答项目是否有必要建设、是否可能建设和如何进行建设的问题，其得出的结论为投资者的最终决策提供直接的依据。因此，凡大、中型项目及国家有要求的项目，都要进行可行性研究，其他项目有条件的也要进行可行性研究。

（3）设计工作。一般建设项目设计过程划分为初步设计和施工图设计两个阶段，对技术复杂而又缺乏经验的项目，可根据不同的行业特点和需要，增加技术设计阶段。针对一些综合开发项目，为了解决总体部署和开发问题，还需要进行规划设计或编制总体规划，规划审批后编制具有符合规定深度要求的实施方案。

1）初步设计。初步设计的内容根据项目的不同而变化，一般是项目的宏观设计，即项目的总体设计、布局设计、主要的工艺流程、设备的选型和安装设计、土建工程量及费用的估算等。初步设计文件应当满足编制施工招标文件、主要设备材料订购和编制施工图设计文件的需要，是下一阶段施工图设计的基础。

2）施工图设计。施工图设计是根据批准后的初步设计文件，绘制出尽可能详细、正确完整的建筑安装图纸。施工图设计完成后，必须由施工图设计审查单位审查并加盖审查专用章后使用。经审查的施工图设计必须经有权审批的部门进行审批。

2. 建设实施阶段

（1）施工准备。

1）建设开工前的准备。其主要内容包括征地、拆迁和场地平整；完成施工用水、电、路等工程；组织设备、材料订货；准备必要的施工图纸；组织招标投标（包括施工、监理、设备采购、设备安装等方面）并择优选择施工单位，签订施工合同。

2）项目开工审批。建设单位在工程建设项目可行性研究报告批准、建设资金已经落实、各项准备工作就绪后，应当向当地住房城乡建设主管部门或项目主管部门及其授权机构申请项目开工审批。

（2）建设实施。

1）项目开工建设时间。开工许可审批之后即进入项目建设施工阶段。开工之日是指建设项目设计文件中规定的任意一项永久工程第一次正式破土开槽开始施工的日期。有些项目需要进行大量土石方工程，以开始进行土石方工程作为正式开工日期。

2）生产或使用准备。生产准备是生产性施工项目投产前所要进行的一项重要工作。其是基本建设程序中的重要环节，是衔接基本建设和生产的桥梁，是建设阶段转入生产经营的必要条件。使用准备是非生产性施工项目正式投入运营使用所要进行的工作。

3. 竣工验收阶段

（1）竣工验收的范围。根据国家有关竣工验收的规定，所有建设项目按照批准的设计文件所规定的内容和施工图纸的要求全部建成，工业项目经负荷试运转和试生产考核能够生产合格产品，非工业项目符合设计要求，能够正常使用，都要及时组织验收。

（2）竣工验收的依据。根据国家有关规定，竣工验收的依据有经批准的可行性研究报告、初步设计或扩大初步设计、施工图纸及说明、设备技术说明、招标投标文件和工程承包合同、施工过程中的设计修改签证、现行的施工技术验收标准与规范及主管部门有关审批、调整、修改文件等。

（3）竣工验收的准备。竣工验收前需要准备三个方面的资料：一是技术资料。各参建单位应将技术资料进行系统整理，由建设单位分类立卷，交生产单位或使用单位统一保管。技术资料主要包括土建方面、安装方面、各种有关的文件、合同和试生产的情况报告等。二是绘制竣工图纸。经过修改或变更后的图纸需要重新整理形成竣工图，绘制的竣工图必须准确、完整、符合归档要求。三是编制竣工决算。建设单位要及时清算所有财产、物资和未花完或应收回的资金，编制工程竣工决算，分析概算、预算执行情况，考核投资效益，报规定的财政部门审查。

竣工验收需要提供的资料有针对一般非生产项目的验收主要提供的文件资料包括项目审批文件、竣工验收申请报告、工程决算报告、工程质量检查报告、工程质量评估报告、工程质量监督报告、工程竣工财务决算批复、工程竣工审计报告和其他需要提供的资料等。

（4）竣工验收的程序和组织。建设项目的验收根据项目的规模大小和复杂程度分为初步验收和竣工验收两个阶段。针对规模较大、较复杂的建设项目应先进行初步验收，然后进行全部建设项目的竣工验收。针对规模较小、较简单的建设项目，可以直接进行全部项目的竣工验收。

建设项目全部完成，各单项工程验收合格，并具备竣工图表、竣工决算、工程总结等必要的文件资料，由项目主管部门或建设单位向负责验收的单位提出竣工验收申请报告。负责竣工验收的组织要根据建设项目的重要性、规模大小和隶属关系来决定验收的具体部门或单位，如大、中型和限额以上基本建设和技术改造项目，由国家发展和改革委员会或由国家发展和改革委员会委托项目主管部门、地方政府部门组织验收，小型项目和限额以下基本建设与技术改造项目由项目主管部门及地方政府部门组织验收。竣工验收要根据工程规模大小和复杂程度组成验收委员会或验收组。验收委员会或验收组负责审查工程建设的各个环节，听取各有关单位的工作总结报告，审阅工程档案并实地查验建筑工程和设备安装，并对工程设计、施工和设备质量等方面作出全面评价。不合格的工程不予验收，对遗留问题提出具体解决意见，限期落实完成。最后经验收委员会或验收组一致通过，形成验收鉴定意见书。验收鉴定意见书由验收会议的组织单位印发各有关单位执行。

4. 后评价阶段

建设项目后评价是工程项目竣工投产、生产运营一段时间后，再对项目的立项决策、设计施工、竣工投产、生产运营等全过程进行系统评价的一种技术经济活动。通过建设项目后评价来总结经验、研究问题、吸取教训、提出建议、改进工作，从而实现不断提高项目决策水平和投资效果的目的。目前，我国开展的建设项目后评价一般包含三个层次，即项目单位的自我评价、项目所在行业的评价和各级发展计划部门的评价。

1.3.2 建设项目常见的参与单位

（1）前期阶段参与的政府单位：前期所涉及的政府部门较多，每个地方的政府办事流程会存在区别，为此可以咨询当地的行政服务中心或办证中心，了解相关办事流程和所需资料。

（2）建设阶段参与的单位：建设单位、施工单位、监理单位、设计单位、招标代理单位、质检部门、电力部门、电信部门、市政部门等。

（3）验收阶段参与的单位有：建设单位、施工单位、监理单位、设计单位、质检部门、消防部门、城市规划部门、环境保护部门等。

（4）使用阶段参与的单位：物业管理公司、施工单位、监理单位等。

以上参与单位属于常规单位，具体参与单位应根据具体项目情况来确定。

1.3.3 建筑工程施工程序

建筑工程施工程序是指项目承包人从承接工程业务到工程竣工验收一系列工作必须遵循的先后顺序，是建设项目建设程序中的一个阶段。其可分为签订合同、施工准备、正式施工、竣工验收四个阶段。

1. 签订合同

项目承包人是在通过确定承接业务后签订合同来确定两者合作关系。其承接业务的方式包含三种：一是国家或上级主管部门直接下达；二是受项目发包人委托而承接；三是通过投标中标而承接。无论采用何种方式承接业务，项目承包人都要检查项目的合法性，而签订合同是保证项目承接合法性的手段和保证。

承接施工任务后，项目发包人与项目承包人应根据《中华人民共和国招标投标法》的有关规定及时签订施工合同。施工合同应规定承包的内容、要求、工期、质量、造价、材料供应等，明确合同双方应承担的义务和职责及应完成的施工准备工作。施工合同经双方负责人签字后具有法律效应，约束双方按照合同履约。

2. 施工准备

施工合同签订后，项目承包人应全面了解工程性质、规模、特点及工期要求等，进行场地勘察、技术经济和社会调查，收集有关资料，编制施工组织总设计。施工组织总设计经批准后，项目承包人应组织人员入驻施工现场，配合项目发包人共同做好各项开工前的准备工作，为顺利开工创造条件。根据施工组织总设计的编制内容，对首次施工的各单位工程，应抓紧落实各项施工准备工作，如图纸会审，编制单位工程施工组织设计，落实劳动力、材料、机械及现场"三通一平"等。具备开工条件后，提出开工报告并经审查批准，即可正式开工。

3. 正式施工

施工过程是施工程序中的重要阶段，是保证各个施工目标实现的关键阶段。施工单位应从整个施工现场的全局出发，按照施工组织设计，精心组织施工，加强各单位、各部门的配合与协作，协调解决施工过程中的各方面问题，确保各施工目标的实现。在施工过程中，应加强技术、质量、安全、材料、进度等各项管理工作，落实项目承包人项目经理负责制及经济责任制，全面做好各项经济核算与管理工作，严格执行各项技术、质量检验制度，抓紧工程进度。

4. 竣工验收

竣工验收是最后一个阶段，在竣工验收前，项目承包人内部应先进行预验收，检查各分部分项工程的施工质量，整理各项验收的技术经济资料。预验收合格后，由项目发包人组织竣工验收，经参加竣工验收的相关部门验收合格后，再到主管部门备案，办理验收签证书，并交付使用。

1.4　建设工程项目管理的基本内容

1.4.1　建设工程项目管理的内涵和任务

建设工程项目的全寿命周期包括项目的决策阶段、实施阶段和使用阶段（或称为运营阶段）。从项目建设意图的酝酿开始，调查研究、编写和报批项目建议书、编制和报批项目的可行性研究等项目前期的组织、管理、经济和技术方面的论证都属于项目决策阶段的工作。项目立项（立项批准）是项目决策的标志。

建设工程管理（Professional Management in Construction）作为一个专业术语，其内涵涉及对工程项目全过程（工程项目全寿命）的管理，包括决策阶段的管理（Development Management，DM）；实施阶段的管理（Project Management，PM）；使用阶段的管理（Facility Management，FM）（图 1.1 和图 1.2）。

建设工程管理涉及参与工程项目的各个方面对工程的管理，即包括投资方、开发方、设计方、施工方、供货方和项目使用期管理方的管理（图 1.2）。

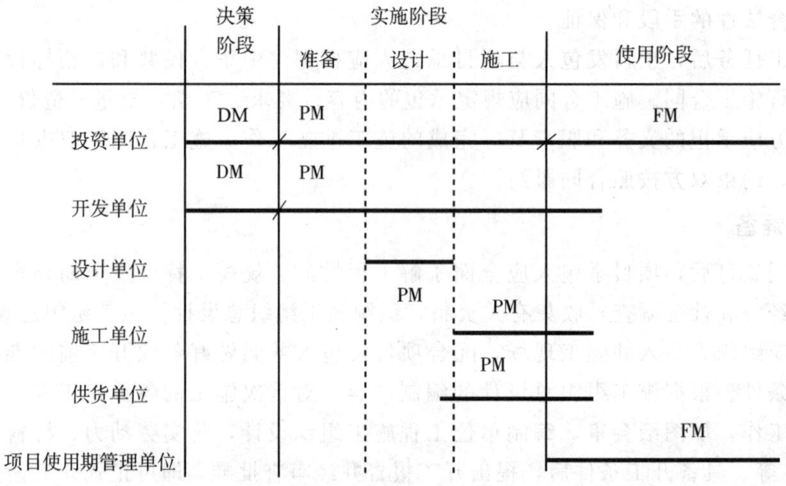

图 1.1　DM、PM 和 FM

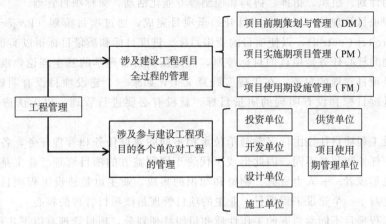

图 1.2　建设工程管理的内涵

近三十多年来，建设领域中在逐步宣传和推广工程项目管理。提到工程项目管理，大家首先就会想到其任务是项目的目标控制，包括费用控制、进度控制和质量控制。在此应该指出：工程项目管理是建设工程管理中的一个组成部分，工程项目管理的工作仅限于在项目实施期的工作，而建设工程管理则涉及项目全寿命周期。

建设工程管理工作是一种增值服务工作，其核心任务是为工程的建设和使用增值（图 1.3）。

在工程实践中人们往往重视通过管理为工程建设增值，而忽视通过管理为工程使用增值。例如，有些办公楼在设计时为节约投资，减少了必要的电梯数量，这会导致该办公楼在使用时等候电梯的时间过长，进而降低工程的使用增值。

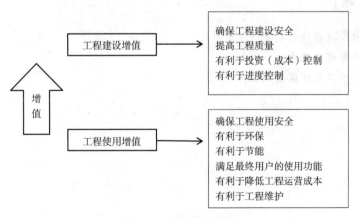

图 1.3　工程管理增值

1.4.2　建设工程项目管理的目标和任务

项目的实施阶段包括设计前的准备阶段、设计阶段、施工阶段、动用前准备阶段和保修期。招标投标工作分散在设计前的准备阶段、设计阶段和施工阶段中进行，因此，一般不单独列为招标投标阶段。项目实施阶段管理的主要任务是通过管理使项目的目标得以实现。

建设工程项目管理的时间范畴是建设工程项目的实施阶段。《建设工程项目管理规范》（GB/T 50326—2017）对建设工程项目管理作了如下解释："运用系统的理论和方法，对建设工程项目进行的计划、组织、指挥、协调和控制等专业化活动，简称项目管理。"

建设工程项目管理的内涵是自项目开始至项目完成，通过项目策划（Project Planning）和项目控制（Project Control），以使项目的费用目标、进度目标和质量目标得以实现。

项目管理的核心任务是项目的目标控制，因此按项目管理学的基本理论，没有明确目标的建设工程不是项目管理的对象。在工程实践意义上，如果一个建设项目没有明确的投资目标，没有明确的进度目标和没有明确的质量目标，就没有必要进行管理，也无法进行定量的目标控制。

一个建设工程项目往往由许多参与单位承担不同的建设任务和管理任务，各参与单位的工作性质、工作任务和利益不同，因此形成了代表不同利益方的项目管理。业主是建设工程项目实施过程的总集成者——人力资源、物资和知识的集成，业主也是建设工程项目生产过程的总组织者，因此对于一个建设工程项目，业主的项目管理是该项目管理的核心。

按建设工程项目不同参与方的工作性质和组织特征划分，项目管理有以下几种类型。

（1）业主的项目管理。如投资方、开发方的项目管理，或由工程管理咨询公司提供的代表业主利益的项目管理服务。

（2）设计单位的项目管理。

（3）施工单位的项目管理。如施工总承包单位、施工总承包管理单位和分包单位的项目管理。

（4）建设物资供货单位的项目管理。如材料和设备供应方的项目管理。

（5）建设项目总承包单位的项目管理。如设计和施工任务综合的承包，或设计、采购和施工任务综合的承包（EPC 模式）的项目管理。

思考练习题

1. 项目与建设项目的区别是什么？
2. 简述项目管理的概念。
3. 简述工程项目管理周期的概念。

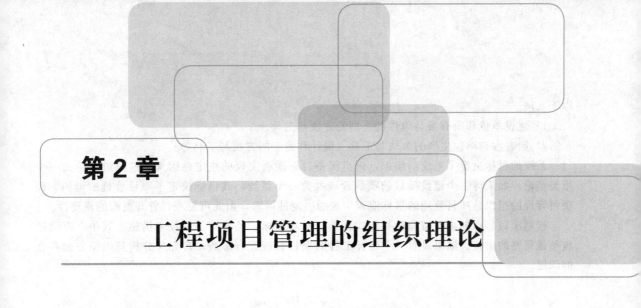

第2章

工程项目管理的组织理论

2.1 概　述

2.1.1 系统与组织

任何一个项目都可看成一个系统，不同的项目就是不同的系统。而系统的目标要想得以实现，就必须受到组织、人、方法和工具的影响，其中组织起到决定性作用。

组织有两种含义，第一种含义是作为名词出现的，是指组织机构，即按一定领导体制、部门协调、层次划分、职责分工、规章制度和信息系统等构成的有机整体，是社会的结合体，可以完成一定的任务，并为此而处理人和人、人和事、人和物的关系；第二种含义是作为动词出现的，是指组织行为（活动），即为达到一定目的，通过一定权力和影响力，对所需资源进行合理配置，处理人和人、人和事、人和物的行为（活动）。

组织三要素，包括管理部门、管理层次和管理幅度。

（1）管理部门。管理部门也称为职能部门，是指专门从事某一类业务工作的部门。组织机构设置管理部门，应满足以下要求：业务量足，针对例行工作设置；功能专一；权责分明；关系明确。组织机构以横向划分部门。

（2）管理层次。管理层次，是指从最高管理者到最基层作业人员之间分级管理的级数。组织机构以纵向划分层次。

（3）管理幅度。管理幅度也称为管理跨度，是指一名管理者直接管理的下级人员的数量。

2.1.2 系统的目标和系统的组织的关系

影响一个系统目标实现的主要因素除组织外，还有以下因素（图2.1）。

（1）人的因素。人的因素包括管理人员和生产人员的数量和质量。

结合建设工程项目的特点，人的因素包括以下几项。

1）建设单位和该项目所有参与单位（设计单位、工程监理单位、施工单位、供货单位等）的管理人员的数量和质量。

2）该项目所有参与单位的生产人员（设计单位、工程监理单位、施工单位、供货单位等）的数量和质量。

（2）方法与工具。方法与工具包括管理的方法与工具生产的方法与工具。方法与工具包括以下几项。

1）建设单位和所有参与单位的管理的方法与工具。

2）所有参与单位生产的方法与工具（设计和施工的方法与工具等）。

系统的目标决定了系统的组织，而组织是目标能否实现的决定性因素，这是组织论的一个重要结论。如果将一个建设项目的项目管理视为一个系统，其目标决定了项目管理的组织，而项目管理的组织是项目管理的目标能否实现的决定性因素，由此可见项目管理组织的重要性。

控制项目目标的主要措施包括组织措施、管理措施、经济措施和技术措施。其中，组织措施是最重要的措施。如果要对一个建设工程的项目管理进行诊断，首先应分析其组织方面存在的问题。

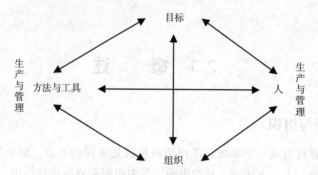

图 2.1　影响一个系统目标实现的主要因素

2.1.3　组织论与组织工具

组织论是一门学科，主要研究系统的组织结构模式、组织分工和工作流程组织（图 2.2）。它是与项目管理学相关的一门非常重要的基础理论学科。

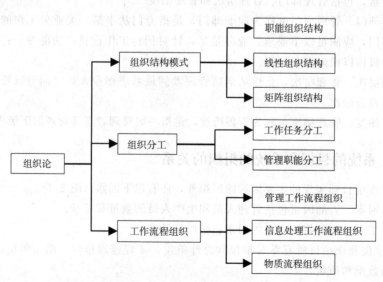

图 2.2　组织论的基本内容

（1）组织结构模式反映了一个组织系统中各子系统之间或各元素（各工作部门或各管理人

员）之间的指令关系。指令关系指的是哪一个工作部门或哪一位管理人员可以对哪一个工作部门或哪一位管理人员下达工作指令。

（2）组织分工反映了一个组织系统中各子系统或各元素的工作任务分工和管理职能分工。组织结构模式和组织分工都是一种相对静态的组织关系。

（3）工作流程组织则可反映一个组织系统中各项工作之间的逻辑关系，是一种动态关系。如图 2.3 所示的流程组织对于建设工程项目而言，指的是项目实施任务的工作流程组织，如设计的工作流程组织可以是方案设计、初步设计、技术设计、施工图设计，也可以是方案设计、初步设计（扩大初步设计）、施工图设计；施工作业也有可能有多个可能的工作流程。

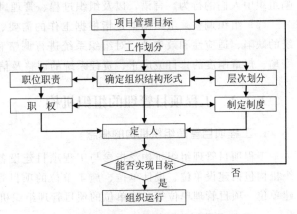

图 2.3　组织结构设置程序

组织工具是组织论的应用手段，用图或表等形式表示各种组织关系。组织工具包括以下几项。

（1）项目结构图。

（2）组织结构图（管理组织结构图）。

（3）工作任务分工表。

（4）管理职能分工表。

（5）工作流程图等。

2.2　工程项目管理组织结构

2.2.1　工程项目管理组织

1. 工程项目管理组织的概念

工程项目管理组织是指为进行工程项目管理和实现组织职能而进行组织系统的设计与建立、组织运行和组织调整。组织系统的设计与建立是指通过筹划、设计，建立一个可以完成工程项目管理的组织机构，建立必要的规章制度，划分并明确岗位、层次、部门的责任和权力，建立和形成管理信息系统及责任分担系统，并通过一定岗位和部门人员的规范化的活动与信息流通实现组织目标。

2. 工程项目管理的组织职能

工程项目管理的组织职能是项目管理的基本职能之一。其目的是通过合理设计职权关系结构使各方面工作协调一致。项目管理的组织职能包括以下五个方面。

（1）组织设计。组织设计包括选定一个合理的组织系统，划分各部门的权限和职责，确立各种规章制度。其包含生产指挥系统组织设计、职能部门组织设计等。

（2）组织联系。组织联系就是规定组织机构中各部门的相互关系，明确信息流通和信息反馈的渠道，以及它们之间的协调原则和方法。

（3）组织运行。组织运行就是按分担的责任完成各自的工作，规定组织体的工作顺序和业务管理活动的运行过程。组织运行要抓好三个关键性问题：一是人员配置；二是业务接口关系；三是信息反馈。

（4）组织行为。组织行为就是指应用行为学、社会学及社会心理学原理，研究、理解和影响组织中人们的行为、言语，以及组织过程、管理风格和组织变更等。

（5）组织调整。组织调整是指根据工作的需要、环境的变化，分析原有的工程项目组织系统的缺陷、适应性和效率性，对组织系统进行调整和重新组织，包括组织形式的变化、人员的变动、规章制度的修订或废止、责任系统的调整及信息流通系统的调整等。

2.2.2　工程项目管理的组织机构

1. 工程项目管理组织机构的概念

工程项目管理组织机构泛指参与工程项目建设各方的项目管理组织机构。工程项目管理组织机构包括建设单位、设计单位、施工单位的项目管理组织机构，也包括工程总承包单位、代建单位、项目管理单位等参建单位的项目管理组织机构。

2. 工程项目组织机构的设置依据

工程项目组织机构的设置依据是指在特定环境下建立项目组织的要求和条件。

（1）项目内在联系：项目的组成要素之间的相互依赖关系及由此引起的项目组织和人员之间的内在联系，它包括技术联系、组织联系和个人间的联系。

（2）人员配备要求：以各部门任务为前提，对完成任务人员的专业技能、合作精神等综合素质及需要的时间安排等方面的要求。

（3）制约和限制：项目组织内外存在的、影响项目组织采用某些机构模式及获得某些资源的因素。

3. 工程项目组织机构的设置原则

（1）目的性原则。项目组织机构设置的根本目的是产生组织功能，实现施工项目管理的总目标，从这一根本目标出发，就会因目标设事，因事设机构、定编制，按编制设岗位人员，以职责定制度、授权力。

（2）精干高效原则。项目组织机构的人员设置，以能实现施工项目所要求的工作任务为原则，尽量简化机构，做到精干高效，人员配置要严格控制二、三线人员，力求一专多能，一人多职。同时，还要提高项目管理班子成员的知识储备量，着眼于使用和学习锻炼相结合，以提高人员素质。

（3）管理跨度和分层统一的原则。管理跨度是指管理人员直接管理的下属人员的数量。跨度大，管理人员接触的关系增多，处理人与人之间关系的数量也随之增大。管理跨度大小与管理层次多少有直接关系。一般情况下，管理层次多，跨度减小；管理层次小，跨度会加大。这就要求根据领导者的能力和施工项目的大小进行权衡，并使两者统一。

（4）业务系统化管理原则。项目是一个开放的、由众多子系统组成的大系统。其各子系统之间，子系统内部各个单位工程之间，不同组织、工种、工序之间存在着大量的结合部，这就要求项目组织也必须是一个完整的组织结构系统，必须恰当分层而后设置部门，以便在结合部上能形成一个相互制约、相互联系的有机整体，防止产生职能分工、权限划分和信息沟通的相互矛盾或重叠。

（5）动态调整原则。项目的单件性、阶段性、露天性和流动性等作为施工项目生产活动的主要特点，必然会带来生产对象数量、质量和地点的变化，带来资源配置的品种和数量的变化，也就是说，要按照动态的原则建立组织机构，不能一成不变。同时，要做好调整人员及部门设置的准备，以适应工作工程任务变动对管理机构流动性的要求。

（6）一次性原则。项目管理组织机构是为了实施施工项目管理而建立的专门组织机构，由于施工项目的实施是一次性的，因此，当施工项目完成，其项目管理组织机构也随之解体。

2.2.3　建设工程项目组织机构的设置程序

项目管理组织应尽早成立，或尽早委托、尽早投入。在工程项目建设过程中，它应有一定的连续性和稳定性。小的项目可由一个人负责，大的项目应由一个小组甚至一个集团负责。项目管理组织的设置一般有以下过程。

（1）确定项目管理目标。项目管理目标是项目组织设立的前提，明确组织目标是组织设计和组织运行的重要环节之一。项目管理目标取决于项目目标，主要是工期、质量、成本三大目标。这些目标应分阶段根据项目特点进行划分和分解。

（2）确定工作内容。根据管理目标确定为实现目标所必须完成的工作，并对这些工作进行分类和组合，在进行分类和组合时，应以便于目标实现为目的，考虑项目的规模、性质、复杂程度及组织人员的技术业务水平、组织管理水平等因素。

（3）选择组织结构形式，确定岗位职责、职权。根据项目的性质、规模、建设阶段的不同，可以选择不同的组织结构形式以适应项目管理的需要。组织结构形式的选择应考虑有利于项目目标的实现、有利于决策和执行、有利于信息的沟通。根据组织结构形式和例行性工作确定部门与岗位及它们的职责，并根据职权一致的原则确定他们的职权。

（4）设计组织运行的工作程序和信息沟通的方式。以规范化、程序化的要求确定各部门的工作程序，规定它们之间的协作关系和信息沟通方式。

（5）人员配备。按岗位职务的要求和组织原则，选配合适的管理人员，关键是各级部门的主管人员。人员配备是否合理直接关系到组织能否有效运行、组织目标能否实现。根据授权原理将职权授予相应的人员。

2.2.4　建设工程项目管理组织机构的作用

项目经理在启动项目管理之前，首先要做好组织准备，建立一个能完成管理任务，使项目经理指挥灵便、运转自如、效率高的项目组织机构——项目经理部，其目的就是提供进行项目管理的组织保证。

（1）形成一定的权力系统，以便进行统一指挥。组织机构的建立首先是以形式产生权力，权力是工作的需要，是管理地位形成的前提，是组织活动的反映。没有组织机构，便没有权力，也没有权力的运用。

（2）形成责任制和信息沟通体系。责任制是施工项目组织中的核心问题。没有责任也就不能称其为项目管理的机构，也就不存在项目管理。一个项目组织能否有效地运转取决于是否有健全的岗位责任制。项目组织的每个成员都应肩负一定的责任，责任是项目组织对每个成员规定的一部分管理活动和生产活动的具体内容。

信息沟通是指下级（下层）以报告的形式或其他形式向上级（上层）传递信息，或同级但不同部门之间为了相互协作而横向传递信息。越是高层领导，越需要信息，越要深入下层获得信息。其原因就是领导离不开信息，有了充分的信息，才能进行有效决策。

综上所述，组织机构非常重要，在项目管理中是一个焦点。当一个项目经理建立了理想、有效的组织系统，其项目管理就成功了一半。

2.2.5 建设工程项目管理组织部门划分的基本方法

工程项目管理组织部门划分的实质是根据不同的标准，对项目管理活动或任务进行专业化分工，从而将整个项目组织分解成若干个相互依存的基本管理单位，不同的管理人员安排在不同的管理岗位和部门中，通过他们在特定环境、特定相互关系中的管理作业使整个项目管理系统有机地运转起来。

（1）按管理职能划分部门。按管理职能划分部门是一种传统的、为许多组织广泛采用的划分方法。它是根据专业化的原则，以工作或任务的相似性来划分部门的，这些部门可以被划分为基本的职能部门和其他的职能部门两类（图 2.4）。

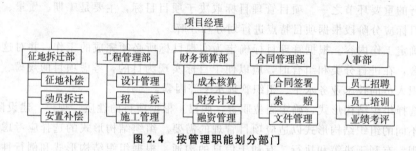

图 2.4　按管理职能划分部门

（2）按项目结构划分部门。对于某些大型枢纽工程或项目群而言，各个单项工程（单位工程）由于地理位置分散、施工工艺差异较大、工程量太大，以及工程进度比较紧张等因素，通常要分成若干个标段分别进行招标，为便于项目管理，组织部门可能会按照项目结构进行部门划分（图 2.5）。

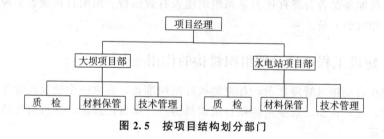

图 2.5　按项目结构划分部门

2.3　工程项目管理组织工具

2.3.1 项目结构图

项目结构图是一个组织工具，它通过树状图的方式对一个项目的结构进行逐层分解，以反映组成该项目的所有工作任务。在项目结构图中，矩形表示工作任务（或第一层、第二层子项目等）。矩形框之间的连接用连线表示（图 2.6）。

图 2.6　项目结构图

如图 2.7 所示是某学校新校区建设项目结构图的一个示例，它是一个群体项目，可按照功能区进行第一层次的分解，即宿舍楼、教学楼、实验楼等建设任务；如对其进行第二层次的分解，其中宿舍楼工程又可分为土建工程、管道工程、电气工程等。如果分解到第二层次，项目还不太便于管理，第二层次的项目组成部分还可再分解，如宿舍楼的土建工程又可分为基础部分、主体部分、装修部分等；基础部分还可以再分解为开槽、混凝土基础、回填土等。一些居住建筑开发项目，可根据建设的时间对项目的结构进行逐层分解，如第一期工程、第二期工程、第三期工程等。而一些工业建设项目往往按其生产子系统的构成对项目的结构进行逐层分解。

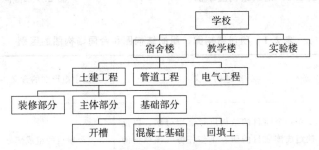

图 2.7　某学校新校区建设项目结构图

以上所列举的是群体工程的项目结构分解，单体工程如有必要（如投资、进度和质量控制的需要）也应进行项目结构分解，如一栋高层办公大楼可分解为地下工程、裙房结构工程、高层主体结构工程、建筑装饰工程、幕墙工程、建筑设备工程（不包括弱电工程）、弱电工程、室外总体工程等。

同一个建设工程项目可有不同的项目结构的分解方法，项目结构的分解应与整个工程实施的部署相结合，并与将采用的合同结构相结合。

综上所述，项目结构分解并没有统一的模式，不同的项目有不同的分解方法，但应结合项目的特点并参考以下原则进行。

（1）考虑项目进展的总体部署。

（2）考虑项目的组成。

（3）有利于项目实施任务（设计、施工和物资采购）的发包和有利于项目实施任务的进行，并结合合同结构。

（4）有利于项目目标的控制。

（5）结合项目管理的组织结构等。

2.3.2 组织结构图

组织结构模式可用组织结构图来描述，组织结构图（图 2.8）是一个重要的组织工具，反映一个组织系统中各组成部门（组成元素）之间的组织关系（指令关系）。在组织结构图中，矩形框表示工作部门，上级工作部门对其直接下属工作部门的指令关系用单向箭线表示。

组织结构模式的三个重要的组织工具——项目结构图、组织结构图和合同结构图（图 2.9）的区别见表 2.1。

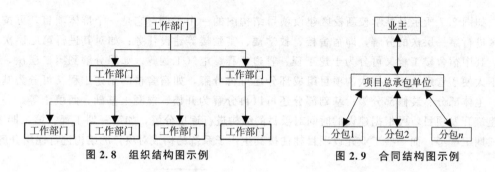

图 2.8　组织结构图示例　　　　　　　图 2.9　合同结构图示例

表 2.1　项目结构图、组织结构图和合同结构图的区别

组织工具 ＼ 区别	表达的含义	图中矩形框的含义	矩形框连接的表达
项目结构图	对一个项目的结构进行逐层分解，以反映组成该项目的所有工作任务（该项目的组成部分）	一个项目的组成部分	直线
组织结构图	反映一个组织系统中各组成部门（组成元素）之间的组织关系（指令关系）	一个组织系统中的组成部分（工作部门）	单向箭头
合同结构图	反映一个建设项目参与单位之间的合同关系	一个建设项目的参与单位	双向箭头

常用的组织结构模式包括线性组织结构、职能组织结构和矩阵组织结构等。这几种常用的组织结构模式既可以在企业管理中运用，也可在建设项目管理中运用。

1. 线性组织结构

在军事组织系统中，组织纪律非常严谨，军、师、旅、团、营、连、排和班的组织关系是按指令逐级下达，一级指挥一级和一级对一级负责。线性组织结构就是来自这种十分严谨的军事组织系统。在线性组织结构中，每个工作部门只能对其直接的下属部门下达工作指令，每个工作部门也只有一个直接的上级部门，因此，每个工作部门只有唯一的指令源，避免了由于矛盾的指令而影响组织系统的运行。

在国际上，线性组织结构模式是建设项目管理组织系统的一种常用模式，因为一个建设项目的参与单位很多，少则数十个，多则数百个，大型项目的参与单位将数以千计，在项目实施过程中矛盾的指令会给工程项目目标的实现造成很大的影响，而线性组织结构模式可确保工作指令的唯一性。但在一个特大的组织系统中，由于线性组织结构模式的指令路径过长，有可能会造成组织系统在一定程度上运行困难。如图 2.10 所示为线性组织结构。

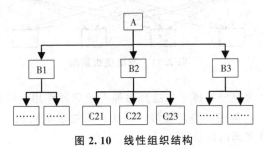

图 2.10　线性组织结构

（1）A 可以对其直接的下属部门 B1、B2、B3 下达指令。

（2）B2 可以对其直接的下属部门 C21、C22、C23 下达指令。

（3）虽然 B1 和 B3 比 C21、C22、C23 高一个组织层次，但是 B1 和 B3 并不是 C21、C22、C23 的直接上级部门，它们不允许对 C21、C22、C23 下达指令。在该组织结构中，每个工作部门的指令源是唯一的。

线性组织的优点为组织结构简单，隶属关系明确，权力集中，命令统一，责权分明，决策迅速；缺点为对项目经理的综合素质要求较高，因此比较适合于中、小型项目。

2. 职能组织结构

在人类历史发展过程中，当手工业作坊发展到一定的规模时，一个企业内需要设置对人、财、物和产、供、销管理的职能部门，这样就产生了初级的职能组织结构。因此，职能组织结构是一种传统的组织结构模式。在职能组织结构中，每个职能部门可根据它的管理职能对其直接和非直接的下属工作部门下达工作指令，因此，每个工作部门可能得到其直接和非直接的上级工作部门下达的工作指令，它就会有多个矛盾的指令源。一个工作部门的多个矛盾的指令源会影响企业管理机制的运行。

在一般的工业企业中，设有人、财、物和产、供、销管理的职能部门，另有生产车间和后勤保障机构等。虽然生产车间和后勤保障机构并不一定是职能部门的直接下属部门，但是，职能管理部门可以在其管理的职能范围内对生产车间和后勤保障机构下达工作指令，这是典型的职能组织结构。在高等院校中，设有人事、财务、教学、科研和基本建设等管理的职能部门（处室），另有学院、系和研究中心等教学与科研的机构，其组织结构模式也是职能组织结构，人事处和教务处等都可对学院和系下达其分管范围内的工作指令。我国多数的企业、学校、事业单位目前还沿用这种传统的组织结构模式。许多建设项目也还用这种传统的组织结构模式，在工作中常出现交叉和矛盾的工作指令关系，严重影响了项目管理机制的运行和项目目标的实现。

在图 2.11 所示的职能组织结构中，A、B1、B2、B3、C5 和 C6 都是工作部门，A 可以对 B1、B2、B3 下达指令；B1、B2、B3 都可以在其管理的职能范围内对 C5 和 C6 下达指令，因此 C5 和 C6 有多个指令源，其中有些指令可能是矛盾的。

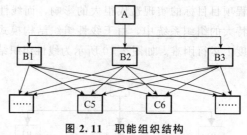

图 2.11　职能组织结构

职能组织结构的优点为充分发挥了职能机构的专业管理作用，项目的运转启动时间短；缺点为容易产生矛盾的指令，沟通、协调缓慢。因此，职能组织结构一般适用于小型或单一的、专业性强、不需要涉及许多部门的项目。

3. 矩阵组织结构

矩阵组织结构是一种较新型的组织结构模式。在矩阵组织结构最高指挥者（部门）下设纵向和横向两种不同类型的工作部门。纵向工作部门如人、财、物、产、供、销的职能管理部门，横向工作部门如生产车间等。一个施工企业，如采用矩阵组织结构模式，则纵向工作部门可以是计划管理、技术管理、合同管理、财务管理和人事管理部门等，而横向工作部门可以是项目部（图 2.12）。

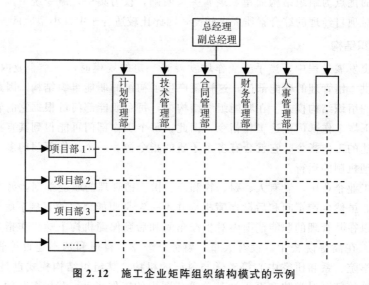

图 2.12　施工企业矩阵组织结构模式的示例

矩阵组织结构的优点为能根据工作任务的实际情况灵活地组建与之适应的管理机构，具有较大的机动性和灵活性；实现了集权与分权的最优组合，使工程项目管理工作顺利进行；矩阵组织结构的缺点为员工要同时面对两个上级，纵向、横向的协调工作量大，可能产生矛盾指令，对于管理人员的素质要求较高，协调较困难；项目部成员根据工作需要临时从各职能部门抽调，其隶属关系不变，可能产生临时观念，影响工作责任心，工作中有时会无所适从。因此，其主要适用于大型复杂项目或多个同时进行的项目。

在矩阵组织结构中，每一项纵向和横向交汇的工作，指令来自纵向和横向两个工作部门，因此其指令源为两个。当纵向和横向工作部门的指令发生矛盾时，由该组织系统的最高指挥者（部门），即如图 2.13（a）所示的 A 进行协调或决策。

在矩阵组织结构中，为避免纵向和横向工作部门指令矛盾对工作的影响，可以采用以纵向工作部门指令为主［图2.13（b）］或以横向工作部门指令为主［图2.13（c）］的矩阵组织结构模式，这样也可减轻该组织系统的最高指挥者（部门），即如图2.13（b）和图2.13（c）中A的协调工作量。

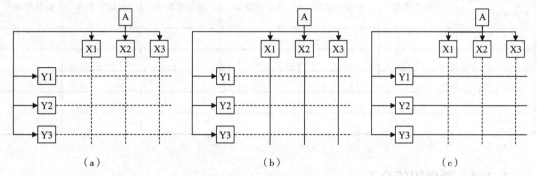

图2.13　矩阵组织结构

（a）矩阵组织结构；（b）以纵向工作部门指令为主的矩阵组织结构；（c）以横向工作部门指令为主的矩阵组织结构

4. 项目组织结构形式的选择

一个合理的组织结构形式对于工程项目的正常运行具有非常重要的意义，但选择合理的组织结构形式并不是一件容易的事情，要依据工程项目的特点和公司的资源来进行选择。

（1）组织形式选择的影响因素。一般来说，影响组织形式选择的因素主要包括工程项目影响因素的不确定性；技术的难易和复杂程度；工程的规模和建设工期的长短；工程建设的外部条件；工程内部的依赖性等。

（2）项目组织结构形式选择的基本方法。工程项目组织结构形式选择通常可采用的基本方法有以下几项。

1）当项目较简单时，选择直线型组织结构形式可能比较合适。

2）当项目的技术要求较高时，采用职能型组织结构形式会有较好的适应性。

3）当公司要管理数量较多的类似项目，或复杂的大型项目分解为多个子项目进行管理时，采用矩阵制组织结构会有较好的效果。

在选择项目的组织结构时，其首要问题是确定将要完成的工作种类。首先根据项目的初步目标来完成；其次确定实现每个目标的主要任务；再次要把工作分解成若干个"工作集合"；最后考虑每个人的工作内容，个性和技术要求，以及所要面对的客户。同时，上级组织的内外环境也是一个非常重要的因素。在了解了各种组织结构和它们的优点、缺点之后。公司就可以选择能实现最有效工作的组织结构形式。

2.3.3　工作任务分工

业主方和项目各参与方，如设计单位、施工单位、供货单位和工程管理咨询单位等都有各自的项目管理的任务，上述各方都应该编制各自的项目管理任务分工表。

为了编制项目管理任务分工表，首先应对项目实施各阶段的费用（投资或成本）控制、进度控制、质量控制、合同管理、信息管理和组织与协调等管理任务进行详细分解，在项目管理任务分解的基础上定义项目经理和费用（投资或成本）控制、进度控制、质量控制、合同管理、信息管理和组织与协调等主管工作部门或主管人员的工作任务。

在工作任务分工表（表2.2）中应明确各项工作任务由哪个工作部门（或个人）负责，由哪些工作部门（或个人）配合或参与。在项目的进展过程中，应视必要对工作任务分工表进行调整。

表 2.2　工作任务分工表

工作部门 / 工作任务	项目经理部	投资控制部	进度控制部	质量控制部	合同管理部	信息管理部

2.3.4　管理职能分工

管理是由多个环节组成的过程（图2.14）。

（1）提出问题。

（2）筹划——提出解决问题的可能的方案，并对多个可能的方案进行分析。

（3）决策。

（4）执行。

（5）检查。

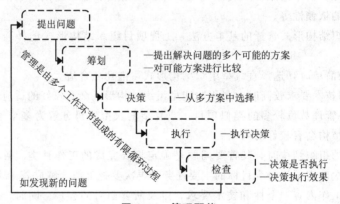

图 2.14　管理职能

以上这些组成管理的环节就是管理的职能。下面以一个示例来解释管理职能的含义。

（1）提出问题——通过进度计划值和实际值的比较，发现进度推迟了。

（2）筹划——加快进度有多种可能的方案，如改一班工作制为两班工作制，增加夜班作业，增加施工设备和改变施工方法，应对这三个方案进行比较。

（3）决策——从上述三个可能的方案中选择一个将被执行的方案，即增加夜班作业。

（4）执行——落实夜班施工的条件，组织夜班施工。

（5）检查——检查增加夜班施工的决策有否被执行，如已执行，则检查执行的效果如何。如通过增加夜班施工，工程进度的问题解决了，但发现了新的问题，施工成本增加了，这样就进入了管理的一个新的循环——提出问题、筹划、决策、执行和检查。在整个施工过程中，管理工作就是不断发现问题和不断解决问题的过程。

以上不同的管理职能可由不同的职能部门承担。

(1) 进度控制部门负责跟踪和提出有关进度的问题。

(2) 施工协调部门对进度问题进行分析，提出三个可能的方案，并对其进行比较。

(3) 项目经理在三个可供选择的方案中，决定采用第一方案，即增加夜班作业。

(4) 施工协调部门负责执行项目经理的决策，组织夜班施工。

(5) 项目经理助理检查夜班施工后的效果。

业主和项目各参与单位（如设计单位、施工单位、供货单位和工程管理咨询单位等）都有各自的项目管理的任务和其管理职能分工，上述各方都应该编制各自的项目管理职能分工表。

管理职能分工表是用表的形式反映项目管理班子内部项目经理、各工作部门和各工作岗位对各项工作任务的项目管理职能分工。表中用英文字母表示管理职能。管理职能分工表也可用于企业管理。为了区分业主方和代表业主利益的项目管理方和工程建设监理方等的管理职能，也可以用管理职能分工表表示，表 2.3 是某项目的一个示例。表中用英文字母表示管理职能。

表 2.3 某项目管理职能分工表示例

序号	任务		业主	项目管理单位	工程监理单位
	设计阶段				
1	审批	获得政府有关部门的各项审批	E		
2		确定投资、进度、质量目标	DC	PC	PE
3	发包与合同管理	确定设计发包模式	D	PE	
4		选择总包设计单位	DE	P	
5		选择分包设计单位	DC	PEC	PC
6		确定施工发包模式	D	PE	PE
7	进度	设计进度目标规划	DC	PE	
8		设计进度目标控制	DC	PEC	
9	投资	投资目标分解	DC	PE	
10		设计阶段投资控制	DC	PE	
11	质量	设计质量控制	DC	PE	
12		认可与批准	DE	PC	
	投标阶段				
13	发包	招标、评标	DC	PE	PE
14		选择施工总包单位	DE	PE	OEC
15		选择施工分包单位	D	PE	PEC
16		合同签订	DE	P	P
17	进度	施工进度目标规划	DC	PC	PE
18		项目采购进度规划	DC	PC	PE
19		项目采购进度控制	DC	PEC	PEC
20	投资	招标阶段投资控制	DC	PEC	
21	质量	制订材料设备质量标准	D	PC	PEC

注：P—筹划；D—决策；E—执行；C—检查

2.3.5 工作流程组织

工作流程组织包括以下内容。

(1) 管理工作流程组织，如投资控制、进度控制、合同管理、付款和设计变更等流程。

(2) 信息处理工作流程组织，如与生成月度进度报告有关的数据处理流程。

(3) 物质流程组织，如钢结构深化设计工作流程、弱电工程物资采购工作流程、外立面施工工作流程等。

1. 工作流程组织的任务

每个建设项目应根据其特点，从多个可能的工作流程方案中确定以下几个主要的工作流程组织：设计准备工作的流程；设计工作的流程；施工招标工作的流程；物资采购工作的流程；施工作业的流程；各项管理工作（投资控制、进度控制、质量控制、合同管理和信息管理等）的流程；与工程管理有关的信息处理的流程。这也就是工作流程组织的任务，即定义工作的流程。

工作流程图应视需要逐层细化，如投资控制工作流程可细化为初步设计阶段投资控制工作流程图、施工图阶段投资控制工作流程图和施工阶段投资控制工作流程图等。业主和项目各参与单位（如工程管理咨询单位、设计单位、施工单位和供货单位等）都有各自的工作流程组织的任务。

2. 工作流程图

工作流程图用图的形式反映一个组织系统中各项工作之间的逻辑关系，它可用以描述工作流程组织。工作流程图是一个重要的组织工具，如图 2.15 所示。工作流程图用矩形框表示工作，箭线表示工作之间的逻辑关系，菱形框表示判别条件，如图 2.15（a）所示，也可用图 2.15（b)的方式表示工作和工作的执行者。

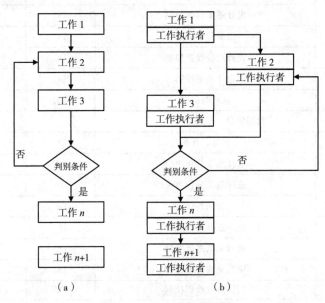

图 2.15　工作流程图示例

以下以工作流程图的示例进一步解释工作流程图的含义和图的表达方式。

设计变更在工程实施过程中时有发生，设计变更可能由业主提出，也可能由施工单位或设计单位提出。一般设计变更的处理涉及监理工程师、总监理工程师、设计单位、施工单位和业主。如图 2.16 所示为某工程设计变更的工作流程图，反映了上述的工作顺序关系。

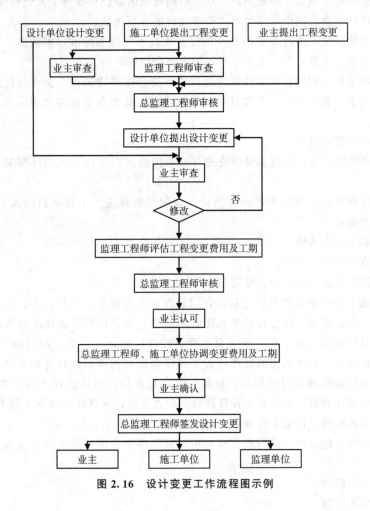

图 2.16　设计变更工作流程图示例

2.4　项目经理与项目经理部

2.4.1　项目经理

1. 项目经理的概念

项目经理，是指企业为建立以项目管理为核心，确保工程项目功能、质量、安全、进度、成本、环保等各项管理目标实现的重要职业岗位和责任主体，是企业法定代表人在某一工程项目上的授权委托代理人。

2. 施工企业项目经理的任务

项目经理在承担工程项目施工管理过程中，履行下列职责。

（1）贯彻执行国家和工程所在地政府的有关法律、法规和政策，执行企业的各项管理制度。

（2）严格遵守财务制度，加强财经管理，正确处理国家、企业与个人的利益关系。

（3）执行项目承包合同中由项目经理负责履行的各项条款。

（4）对工程项目施工进行有效控制，执行有关技术规范和标准，积极推广应用新技术，确保工程质量和工期，实现安全、文明生产，努力提高经济效益。

项目经理在承担工程项目施工的管理过程中，应当按照建筑施工企业与建设单位签订的工程承包合同，与本企业法定代表人签订项目承包合同，并在企业法定代表人授权范围内，行使以下管理权力。

（1）组织项目管理班子。

（2）以企业法定代表人的代表身份处理与所承担的工程项目有关的外部关系，受托签署有关合同。

（3）指挥工程项目建设的生产经营活动，调配并管理进入工程项目的人力、资金、物资、机械设备等生产要素。

（4）选择施工作业队伍。

（5）进行合理的经济分配。

（6）企业法定代表人授予的其他管理权力。

在一般的施工企业中设立工程计划、合同管理、工程管理、工程成本、技术管理、物资采购、设备管理、人事管理、财务管理等职能管理部门，项目经理可能在工程管理部，或项目管理部下设的项目经理部主持工作。施工企业项目经理往往是一个施工项目施工方的总组织者、总协调者和总指挥者，它所承担的管理任务不仅依靠所在的项目经理部的管理人员来完成，还依靠整个企业各职能管理部门的指导、协作、配合和支持。项目经理不仅要考虑项目的利益，还应服从企业的整体利益。企业是工程管理的一个大系统，项目经理部则是其中的一个子系统。过分地强调子系统的独立性是不合理的，对企业的整体经营也会是不利的。

项目经理的任务包括项目的行政管理和项目管理两个方面。其在项目管理方面的主要任务如下。

（1）施工安全管理。

（2）施工成本控制。

（3）施工进度控制。

（4）施工质量控制。

（5）工程合同管理。

（6）工程信息管理。

（7）工程组织与协调等。

3. 项目经理的责、权、利

（1）项目经理的职责如下。

1）项目管理目标责任书中规定的职责。

2）工程质量安全责任承诺书中应履行的职责。

3）组织或参与编制项目管理大纲、项目管理实施规划，对项目目标进行系统管理。

4）主持制订并落实质量、安全技术措施和专项方案，负责相关的组织协调工作。

5）对各类资源进行质量监控和动态管理。

6）对进场的机械、设备、工器具的安全、质量和使用进行监控。

7）建立各类专业管理制度并组织实施。

8）制订有效的安全、文明和环境保护措施并组织实施。

9）组织或参与评价项目管理绩效。

10）进行授权范围内的任务分解和利益分配。

11）按规定完善工程资料，规范工程档案文件，准备工程结算和竣工资料，参与工程竣工验收。

12）接受审计，处理项目管理机构解体的善后工作。

13）协助和配合组织进行项目检查、鉴定和评奖申报。

14）配合组织完善缺陷责任期的相关工作。

（2）项目经理的权限如下。

1）参与项目招标、投标和合同签订。

2）参与组建项目管理机构。

3）参与组织对项目各阶段的重大决策。

4）主持项目管理机构工作。

5）决定授权范围内的项目资源使用。

6）在组织制度的框架下制订项目管理机构管理制度。

7）参与选择并直接管理具有相应资质的分包人。

8）参与选择大宗资源的供应单位。

9）在授权范围内与项目相关方进行直接沟通。

10）法定代表人和组织授予的其他权利。

项目管理机构负责人应接受法定代表人和组织机构的业务管理，组织有权对项目管理机构负责人给予奖励和处罚。

（3）项目经理的利益。项目经理的利益应体现合理激励原则，因此必须有物质利益和精神奖励两种利益。

1）获得基本工资、岗位工资和绩效工资。

2）除按"项目管理目标责任书"可获得物质奖励外，还可获得表彰、记功、"优秀项目经理"等荣誉称号。

3）经考核和审计，未完成"项目管理目标责任书"确定的项目管理责任目标或造成亏损的，应按其中有关条款承担责任，并接受经济或行政处罚。

4. 项目经理的素质与选拔

（1）项目经理的素质。项目经理是以企业法人代表代理人的身份被派驻施工现场，因此必须具备从事该工程项目管理的基本素质，包括学历、经历、知识结构、组织能力、实践经验、工作业绩、思想作风、职业道德和身体状况等。

根据住房和城乡建设部《建设工程项目管理规范》（GB/T 50326—2017）的规定，项目经理应具备下列素质。

1）具有符合施工项目管理要求的能力。

2）具有相应的施工项目管理经验和业绩。

3）具有承担施工项目管理任务的专业技术、管理、经济、法律和法规知识。

4）具有良好的道德品质。

（2）项目经理的选拔。选择什么样的人担任项目经理取决于两个方面：一方面看工程项目的需要，不同的项目需要不同素质的人才；另一方面还要看企业人选的素质。

目前，我国选择施工项目经理一般有以下三种方式。

1）竞争招聘制。招聘的范围可面向社会，但要本着先内后外的原则，其程序是个人自荐—组织审查—答辩讲演—择优选聘，这种方式既可选优，又可增强项目经理的竞争意识和责任心。

2）经理委任制。委任的范围一般限于企业内部在聘干部，其程序是经过公司经理提名，组织人事部门考察，党政联席办公会议决定。这种方式要求组织人事部门严格考核，公司经理知人善任。

3）内部协调、基层推荐制。这种方式一般是建设单位、企业各基层施工队或劳务作业队向公司推荐若干人选，然后由人事组织部门集中各方面意见，进行严格考核后，提出拟聘用人选。报企业党政联席办公会议研究决定。

2.4.2　项目经理责任制

1. 项目经理责任制简介

项目经理责任制是企业制订的，以项目经理为责任主体，确保项目管理目标实现的责任制度。项目管理工作成功的关键是推行和实施项目经理责任制，项目经理责任制作为项目管理的基本制度是评价项目经理绩效的依据。其核心是项目经理承担实现项目管理责任书确定的责任。项目经理与项目经理部在工程建设中均应严格遵守和实行项目管理责任制度，以确保项目目标全面实现。

2. 项目管理目标责任书

项目管理目标责任书是在项目实施之前，由法定代表人或其授权人依据项目的合同、项目管理制度、项目管理规划大纲及组织的经营方针和目标要求等与项目经理签订的，明确项目经理部应达到成本、质量、工期、安全和环境等管理目标及其承担的责任，并作为项目完成后考核评价依据的文件。它是具有企业法规性的文件，也是项目经理的任职目标，具有很强的约束性。

项目管理目标责任书一般包括下列内容。

（1）项目管理实施目标，明确企业各业务职能部门与项目经理之间的关系。

（2）项目经理部的责任、权限和利益分配。

（3）项目设计、采购、施工、试运行等管理的内容和要求。

（4）项目需要资源的提供方式和核算方法。

（5）法定代表人向项目委托的特殊事项。

（6）项目经理部应承担的风险。

（7）项目管理目标评价的原则、内容和方法。

（8）对项目经理部进行奖惩的依据、标准和办法。

（9）项目经理解职和项目经理部解体的条件与办法。

项目管理目标责任书的重点是明确项目经理工作内容。其核心是为了完成项目管理目标。项目管理目标责任书是组织和考核项目经理与项目经理部成员业绩的标准及依据。

2.4.3 项目经理部

1. 项目经理部的概念

项目经理部是由项目经理在施工企业的支持下组建的项目管理组织机构。项目经理部由项目经理领导,接受企业职能部门的指导、监督、检查、服务和考核,并负责对项目资源进行合理使用和动态管理,负责施工项目从开工到竣工的全过程管理工作,是履行施工合同的主体机构。

2. 项目经理部的作用

项目经理部是项目管理的工作班子,其作用如下。

(1) 项目经理部是项目管理的组织机构,负责项目全过程的管理工作,是企业在该项目的管理层,同时对作业层具有管理与服务职责。其中,作业层的工作质量取决于项目经理部的工作质量。

(2) 在项目经理的领导下,项目经理部设办事机构,既要为项目经理决策提供信息依据,当好参谋,同时又要执行项目经理的决策意图,向项目经理全面负责。

(3) 项目经理部是一个组织体,不仅要完成企业所赋予的项目管理和专业管理任务,而且要凝集管理人员的力量,调动其积极性,促进管理人员的相互合作,协调各部门之间、管理人员之间的关系,发挥每个人的岗位作用,为达成目标而工作。

(4) 项目经理部是代表企业履行工程承包合同的主体,也是市场竞争的主体成员,要对最终建筑产品和业主全面负责。

3. 项目经理部的设立

(1) 项目经理部设立的基本原则。一般情况下,每个施工项目,承包人必须在施工现场设立项目经理部,不能用其他组织方式代替。在项目经理部内,应根据目标控制和主要管理的需要设立专业职能部门。项目经理部的设立应遵循以下基本原则。

1) 要根据所设计的项目组织形式设置项目经理部。项目组织形式与企业对施工项目的管理方式有关,与企业对项目经理部的授权有关。不同的组织形式对项目经理部的管理力量和管理职责提出了不同要求,同时,也提供了不同的管理环境。

2) 要根据施工项目的规模、复杂程度和专业特点设置项目经理部。例如,大型项目经理部可以设立职能部、处;中型项目经理部可以设立处、科;小型项目经理部设职能人员即可。如果项目的专业性强,便可设置专业性强的职能部门,如水电处、安装处、打桩处等。

3) 项目经理部是一个弹性的一次性管理组织,随着工程项目的开工而组建,随着工程项目的竣工而解体,不应搞成一级固定性组织。项目经理部不应有固定的作业队伍,而应根据施工的需要,从劳务分包公司吸收人员,进行优化组合和动态管理。

4) 项目经理部的人员配置应面向现场,满足现场的计划与调度、技术与质量、成本与核算、劳务与物资、安全与文明施工的需要,而不应设置专管经营与咨询、研究与发展、政工与人事等与项目施工关系较少的非生产性管理部门。

(2) 施工项目经理部规模的确定。目前,国家对项目经理部的设置规模尚无具体规定。结合有关企业推行施工项目管理的实际,一般按项目的使用性质和规模分类。只有当施工项目的规模达到以下要求时才实行施工项目管理:5 000 m^2 以上的公共建筑、工业建筑;10 000 m^2 以上的住宅建筑;其他投资在 500 万元以上的工程项目。

项目经理部一般分为三个等级,见表2.4。

表 2.4　施工项目经理部的分类等级

类别	建筑面积/m²		投资额/万元	人员配备/人
	群体工程	单体工程		
一级项目经理部	≥15 万	≥10 万	≥8 000	30~45
二级项目经理部	10 万~15 万	5~10 万	3 000~8 000	20~30
三级项目经理部	2 万~10 万	1 万~5 万	500~3 000	15~20

（3）项目经理部组织层次。项目经理部的组织可分为三个层次，即决策层、监督管理层和业务实施层。

1）决策层。项目经理部的决策层是以项目经理为首的，由项目副经理和"三总师"（总工程师、总会计师和总经济师）参加的项目管理领导班子。施工项目在实施过程中的一切决策行为都取决于决策层，其中项目经理是领导核心。

2）监督管理层。项目经理部中的监督管理层是指在项目经理的直接领导下的项目经理部中的各个职能部门或部门负责人，如技术经理、经营经理、安全保障经理等。监督管理层是施工项目具体实施的直接指挥者，并对劳务作业层按劳务分包合同进行管理和监督。

3）业务实施层。项目经理部中的业务实施层为在项目经理部中由各个职能部门经理所直接指挥的部门专业人员，这是项目的底层管理者。

如果从整个企业的范围来看，项目经理部的组织层次可理解为企业在施工项目上的浓缩，他们在项目范围内行使着相应的企业职能。

（4）项目经理部的组织机构和人员配备。施工项目经理部部门设置和人员配备的指导思想是要将项目经理部建成一个能够代表企业形象、面向市场的窗口，真正成为全面履行施工合同的主体。

1）部门设置。施工项目经理部可设置以下五个管理部门。

①经营核算部门，主要负责预算、合同、索赔、资金收支、成本核算及劳动分配等工作。

②工程技术部门，主要负责生产调度、技术管理、施工组织设计、劳动力配置及计划统计等工作。

③物资设备部门，主要负责材料工具的询价、采购、计划供应、管理、运输，机械设备的租赁及配套使用等工作。

④监控管理部门，主要负责工程质量、安全管理、消防保卫、文明施工、环境保护等工作。

⑤测试计量部门，主要负责计量、测量、试验等工作。

项目经理部生产经营组织也可按控制目标进行设置，包括进度控制、质量控制、成本控制、安全控制、合同管理、信息管理、组织协调等部门。

2）项目经理部人员配备。项目经理部人员可按下述岗位及比例配备：由项目经理、总工程师、总经济师、总会计师、政工师和技术、预算、劳资、定额、计划、质量、保卫、测试、计量及辅助生产人员 15~45 人组成。一级项目经理部有 30~45 人，二级项目经理部有 20~30 人，三级项目经理部有 15~20 人，其中，专业职称设岗为高级 3%~8%，中级 30%~40%，初级 37%~42%，其他 10%；实行一职多岗，全部岗位职责覆盖项目施工全过程的全面管理，不留死角，也避免职责重叠交叉。

对于小型施工项目，在项目经理的领导下可设置管理人员，包括工程师、经济员、技术员、料具员、总务员，即"一长、一师、四大员"，不设专业部门。

2.4.4 项目组织协调

1. 项目组织协调概述

组织协调是项目管理的一项重要内容。项目组织协调是以一定的组织形式、手段和方法，对项目管理中产生的关系进行疏通，对产生的干扰和障碍予以排除的活动。

2. 项目组织协调的范围

项目组织协调的范围包括内部关系的协调、近外层关系的协调和远外层关系的协调，如图2.17所示。

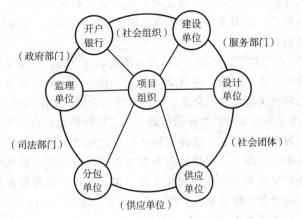

图 2.17 项目组织协调的范围

（1）内部关系包括项目经理部内部关系、项目经理部与企业的关系、项目经理部与作业层的关系。

（2）近外层关系与承包人有直接合同和间接合同的关系，包括与发包人、监理工程师、设计人、供应人、分包人、保险人等的关系。近外层关系的协调应作为项目管理组织协调的重点。

（3）远外层关系与承包人虽无直接或间接的合同关系，但有着法律、法规和社会公德等约束的关系，包括承包人与政府、环保、交通、环卫、绿化、文物、消防、公安等单位的关系。

3. 项目组织协调的方法

项目经理及其他管理人员实施组织协调的常用方法有会议协调法、交谈协调法、书面协调法、访问协调法和情况介绍法。

（1）施工项目内部关系的组织协调。施工项目内部关系的组织协调主要包括施工项目内部人际关系的协调、施工项目内部组织关系的协调、施工项目内部需求关系的协调三部分。

1）施工项目内部人际关系的协调。施工项目内部人际关系，是指项目经理与其下属的关系、职能人员之间的关系、职能人员与作业人员的关系、作业人员之间的关系等。协调这些关系主要是依据各项制度，通过做好思想工作，加强教育培训，提高人员素质等方法来实现。要人尽其才、用人所长、责任分明、实事求是地对每个人的绩效进行评价和激励。在调解人与人之间的矛盾时要注意方法，重在疏导。

2）施工项目内部组织关系的协调。施工项目中的组织形成了系统，系统内部各部分构成一定的分工协作和信息沟通关系。组织关系协调可以使组织运转正常，发挥组织的作用。组织关系的协调主要从以下几个方面进行。

①设置以职能划分为基础的组织机构，明确每个机构的职责。

②以制度明确各机构在工作中的相互关系。

③建立信息沟通制度，制订工作流程图。

④根据矛盾冲突的具体情况及时灵活地加以解决，不使矛盾冲突扩大化。

3）施工项目内部需求关系的协调。施工中需要资源包括人力资源、材料、机械设备、动力等需求。需求关系协调的环节如下：

①要抓计划环节，满足人、财、物的需求。

②抓住瓶颈环节，对需求进行平衡。

③加强调度工作，排除障碍。

（2）项目部与近外层关系的协调。施工项目部的近外层关系，包括项目部与业主、监理单位、设计单位、供应单位、公用单位及分包单位的关系等。这些关系都是合同关系或服务关系，应在平等的基础上进行协调。

1）项目经理部与业主关系的协调。项目经理部与业主之间的关系从招标投标开始，中间经过施工准备、施工中的检查与验收、进度款支付、工程变更、进度协调、交工验收等，关系非常密切。处理两者之间的关系主要是洽谈、签订和履行合同。有了纠纷，也以合同为依据解决。

2）施工项目经理部与监理单位关系的协调。在工程项目实施过程中，监理工程师不仅履行监理职能，同时，也履行协调职能。监理工程师在很大程度上是项目与发包人、银行及其他相关单位之间关系的协调者，因此，项目经理部必须处理好与监理工程师之间的关系。处理与监理工程师之间的关系应坚持相互信任、相互支持、相互尊重、共同负责的原则，以施工合同为准，确保项目质量；同时要按照《建设工程监理规范》（GB/T 50319—2013）的规定，接受监督和相关管理，使双方的关系融洽。

3）施工项目经理部与设计单位关系的协调。施工项目经理部与设计单位同是承包单位，两者均与业主订有合同，但两者之间没有合同关系。共同为业主服务决定了施工单位与设计单位的密切关系，这种关系是图纸供应关系、设计与施工技术关系等。这些关系主要发生在设计交底、图纸会审、设计洽商变更、地基处理、隐蔽工程验收和竣工验收等活动中，故应针对活动要求处理好协作关系。

4）施工项目经理部与物资供应单位之间关系的协调。施工项目经理部与物资供应单位之间关系的协调分合同供应与市场供应两种关系。合同供应关系是指项目资源的需求以合同的形式，与供应单位就资源供应数量、规格、质量、时间、配套服务等事项进行明确，减少资源采购风险，提高资源利用率。

市场供应关系是指项目所需资源直接从市场上通过价格、质量、服务等的对比来择优获取。

5）施工项目经理部与公用单位关系的协调。施工项目经理部与公用单位的关系包括与道路、市政管理、自来水、煤气、热力、供电、通信等单位的关系。由于项目建设与这些单位的关系密切，这些单位往往与业主有合同关系，故应加强计划协调，主要是进行质量保证、施工协作、进度衔接等方面的协调。

6）施工项目经理部与分包单位关系的协调。在与分包单位关系协调方面，应注意选择具备相应营业等级及施工能力的分包单位，落实好总包、分包之间的责任，处理好总包、分包之间的经济利益，解决好总包、分包之间的纠纷，按合同办事。

（3）项目部与远外层关系的协调。项目部与远外层相关部门不存在合同关系，所以，与远外层关系的协调主要应以法律、法规和社会公德等公共原则为主，在确保自己工作合法性的基础上，相互支持、密切配合，公平、公正地处理工作关系，提高工作效率。

1. 简述组织论与组织工具包括哪些内容。
2. 简述工程项目组织机构的设置原则。
3. 简述项目结构图、组织结构图和合同结构图的区别。
4. 简述项目组织结构模式的种类及选择的基本方法。
5. 简述项目经理的责、权、利。
6. 简述项目组织协调的范围。

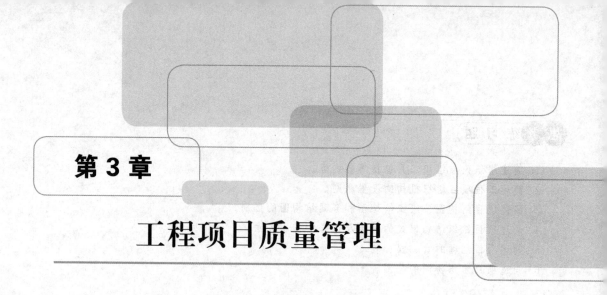

第3章

工程项目质量管理

3.1　工程项目质量管理的内涵

3.1.1　工程项目质量管理的有关概念

1. 质量和工程项目质量

质量是指客体的一组固有特性满足要求的程度。客体是指可感知或可想象到的任何事物，可能是物质的、非物质的或想象的，包括产品、服务、过程、人员、组织、体系、资源等；固有特性是指本来就存在的特性，尤其是那种永久的特性。

工程项目质量是指工程项目满足业主需要的，符合国家法律、法规的强制性要求和合同约定的要求，包括在安全、使用功能及在耐久性能、环境保护等方面满足要求的明显和隐含能力的特性总和。其质量特性主要体现在适用性、安全性、耐久性、可靠性、经济性及与环境的协调性六个方面。

2. 质量管理和工程项目质量管理

质量管理就是关于质量的管理，是在质量方面指挥和控制组织的协调活动。其包括建立和确定质量方针与质量目标，并在质量管理体系中通过质量策划、质量保证、质量控制和质量改进等手段来实施全部质量管理职能，从而实现质量目标的所有活动。

工程项目质量管理是指在工程项目实施过程中，指挥和控制项目参与各方关于质量的相互协调的活动，是围绕着使工程项目满足质量要求，而开展的策划、组织、计划、实施、检查、监督和审核等所有管理活动的总和。

3. 质量控制与工程项目质量控制

质量控制是质量管理的一部分，是致力于满足质量要求的一系列相关活动。所以，质量控制就是为了保证产品的质量满足合同、规范、标准和顾客的期望所采取的一系列监督、检查的措施、方法与手段。

工程项目质量控制是在项目实施整个过程中，包括项目的勘察设计、招标采购、施工安装、竣工验收等各个阶段，项目参与各方致力于实现项目质量总目标的一系列活动。

3.1.2　工程项目质量的特点

（1）影响因素多。工程项目的质量受到各种自然因素、技术因素和管理因素的影响，如工程项目的地形、地质、水文、气象、规划、决策、设计、材料、机械、环境、施工工艺、施工方案、操作方法、技术措施、管理制度、施工人员素质等，都将直接或间接地影响工程项目的质量。

（2）质量波动性大。工程项目建设具有复杂性、单件性，施工生产是在露天进行，流动性大，而且受到的影响因素比较多，不像一般工业产品的生产那样，有固定的生产流水线，有规范化的生产工艺和稳定的生产环境，所以，工程项目的质量容易产生波动，而且波动性大。

（3）质量变异大。影响工程项目质量的因素比较多，其中任一影响因素的变异，都会引起工程项目质量产生变异，如材料规格、品种使用错误，施工方法不当，操作未按规定进行，机械故障，设计计算失误等，均会形成系统因素的质量变异，产生工程项目的质量事故。

（4）质量隐蔽性强。工程项目是由一道一道工序、一个部分一个部分逐步完成的，所以，在施工过程中，工程交接多，中间产品多，隐蔽工程多，故质量存在较强的隐蔽性。如果在施工过程中没有及时进行检查，事后只能从表面检查，就很难发现其内在的质量问题，这样就容易将不合格的产品认为是合格的产品。

（5）最终检验局限性大。工程项目不可能像一般工业产品那样，依靠终检来判断和控制产品的质量。对工业产品来说，可以将产品进行拆卸或解体来检查其内在的质量，对于不合格的零件可以进行更换，而工程项目的终检（验收）无法进行项目内在质量的检验，发现隐蔽的质量缺陷，更无法进行部件的更换。因此，工程项目的终检存在很大的局限性。这就是说，工程项目的质量控制不能仅仅依靠终检，主要应加强工序的质量控制，强调预防性。

3.1.3　工程项目质量的影响因素分析

工程项目质量的影响因素主要是指在项目质量目标策划、决策和实现过程中影响质量形成的各种客观因素和主观因素，包括人的因素、材料（含设备）因素、机械设备因素、方法因素和环境因素等。

1. 人的因素

人是质量活动的主体。对建设工程项目而言，人是泛指与工程有关的单位、组织及个人，是指直接参与工程建设的决策者、组织者、指挥者和操作者。在工程建设中，人的素质、技术水平、生理状况和违纪违章等都属于人对工程质量的影响因素。

我国实行建筑业企业经营资质管理制度、市场准入制度、执业资格注册制度、作业及管理人员持证上岗制度等，从本质上说，都是对从事建设工程活动的人的素质和能力进行必要的控制。同时，加强职业道德教育，做好专业技术知识培训和技术交底，健全岗位责任制，增强人的责任感和质量观，可以避免人的行为失误，达到保证工程质量的目的。

2. 材料因素

材料泛指构成工程实体的各类建筑材料、构配件、半成品等。材料质量是施工项目质量形成的物质基础。工程材料选用是否合理、产品是否合格、材质是否经过检验、保管使用是否得当等，都将直接影响建设工程的承载力、工程外表及观感、工程的使用功能及工程的使用安全性。优选供货厂家，正确选择和使用材料，加强材料检查验收，是提高工程质量的重要保证。

3. 机械设备因素

机械设备可分为两类：一是指组成工程实体及配套的工艺设备和机具，如电梯、泵机、通风设备等，它们构成了建筑设备安装工程或工业设备安装工程，形成完整的使用功能；二是指在施工过程中使用的各类机具设备，包括大型垂直与横向运输设备、各类操作工具、各种施工安全设施、各类测量仪器和计量器具等，简称施工机具设备，它们是施工生产的手段。机械设备质量的优劣，其类型是否符合工程施工特点，性能是否先进稳定，操作是否方便安全等，都将会影响工程项目的质量。控制设备的选型和配套，制订合理的机械化施工方案，可以为工程质量稳定可靠提供必不可少的支撑。

4. 方法因素

施工方法是指工艺方法、操作方法和施工方案。建设工程项目的施工方案包括施工技术方案和施工组织方案。前者是指施工的技术、工艺、方法和机械、设备、模具等施工手段的配置；后者是指施工程序、工艺顺序、施工流向、劳动组织方面的决定和安排。通常的施工程序是先准备后施工，先场外后场内，先地下后地上，先深后浅，先主体后装修，先土建后安装等，都应在施工方案中明确，并编制相应的施工组织设计。在工程施工中，施工机具是否性能可靠，施工方案是否合理，施工工艺是否先进，施工操作是否正确，都将对工程质量产生重大的影响。结合工程实际，从技术、管理、工艺、操作、经济等方面综合考虑，以求方法技术可行、经济合理、工艺先进、措施得力、操作方便。尽量推进采用新技术、新工艺、新方法，不断提高工艺技术水平，可以更好地提高质量、加快进度、降低成本。

5. 环境因素

项目质量的环境因素包括项目的自然环境因素、社会环境因素、管理环境因素和作业环境因素。

（1）自然环境因素。自然环境因素主要是指工程地质、水文、气象条件和地下障碍物及其他不可抗力等影响项目质量的因素。例如，复杂的地质条件必然对建设工程的地基处理和基础设计提出更高的要求，处理不当就会对结构安全造成不利影响；在地下水水位高的地区，若在雨期进行基坑开挖，遇到连续降雨或排水困难，就会引起基坑塌方或地基受水浸泡影响承载力等；在寒冷地区冬期施工措施不当，工程会因受到冻融而影响质量；在基层未干燥时或大风天进行卷材屋面防水层的施工，就会导致粘贴不牢及空鼓等质量问题。

（2）社会环境因素。社会环境因素主要是指会对项目质量造成影响的各种社会环境因素，包括国家建设法律法规的健全程度及其执法力度；建设工程项目法人决策的理性化程度及经营者的经营管理理念；建筑市场（包括建设工程交易市场和建筑生产要素市场）的发育程度及交易行为的规范程度；政府的工程质量监督及行业管理成熟程度；建设咨询服务业的发展程度及其服务水准的高低；廉政管理及行风建设的状况等。

（3）管理环境因素。管理环境因素主要是指项目参建单位的质量管理体系、质量管理制度和各参建单位之间的协调等因素。例如，参建单位的质量管理体系是否健全，运行是否有效，决定了该单位的质量管理能力；在项目施工中根据承发包的合同结构，建立管理关系，建立统一的现场施工组织系统和质量管理的综合运行机制，确保工程项目质量保证体系处于良好的状态，创造良好的质量管理环境和氛围，则是施工顺利进行，提高施工质量的保证。

（4）作业环境因素。作业环境因素主要是指项目实施现场平面和空间环境条件，各种能源介质供应、施工照明、通风、安全防护设施，施工场地给水排水，以及交通运输和道路条件等因素。这些条件是否良好，都直接影响到施工能否顺利进行，以及施工质量能否得到保证。

上述因素对项目质量的影响具有复杂多变和不确定性的特点。对这些因素进行控制，是项目质量控制的主要内容。

3.1.4　工程项目质量管理的原则

质量管理原则的贯彻执行能促进企业管理水平的提高，并提高顾客对其产品或服务的满意程度，帮助企业达到持续成功的目的，具体内容如下。

1. 以顾客为关注焦点

组织依存于顾客。因此，组织应当理解顾客当前和未来的需求，满足顾客要求并争取超越顾客期望。

2. 领导作用

领导者确保组织宗旨、目的及方向的一致性。他们应当创造并保持良好的内部环境，使员工能充分参与实现组织目标的活动。

3. 全员参加

各级人员都是组织之本，唯有他们的参与，才能使他们为组织的利益发挥其才干。

4. 过程方法

对活动的相关资源作为过程进行管理，可以更高效地达到期望的效果。

5. 管理的系统方法

将相互关联的过程看作体系来看待、理解和管理，有助于组织提高实现目标的有效性和效率。

6. 持续改进

持续改进总体业绩应当是组织的永恒目标。

7. 基于事实的决策方法

有效的决策建立在数据和信息分析的基础上。

8. 与供方互利的关系

组织与供方相互依存、互利的关系可增强双方创造价值的能力。

3.1.5　工程项目质量控制的目标与任务

工程项目质量控制的目标就是实现由项目决策所决定的项目质量目标，使项目的适用性、安全性、耐久性、可靠性、经济性及与环境的协调性等方面满足业主需要并符合国家法律、行政法规和技术标准、规范的要求。项目的质量涵盖设计质量、材料质量、设备质量、施工质量和影响项目运行或运营的环境质量等，各项质量均应符合相关的技术规范和标准的规定，满足业主的质量要求。

工程项目质量控制的任务就是对项目的建设、勘察、设计、施工、监理单位的工程质量行为，以及涉及项目工程实体质量的设计质量、材料质量、设备质量、施工安装质量进行控制。

由于项目的质量目标最终是由项目工程实体的质量来体现，而项目工程实体的质量最终是通过施工作业过程直接形成的，设计质量、材料质量、设备质量往往也要在施工过程中进行检验，因此，施工质量控制是项目质量控制的重点。

3.2　质量管理体系

质量管理体系是为了实现质量管理目标而建立的组织结构、职责、过程、资源、方法的有机整体。质量管理体系是围绕过程产品质量管理需要建立的。

质量管理体系能够帮助增进顾客满意度，顾客要求产品具有满足其需求和期望的特性，这些需求和期望在产品规范中表述，并集中归结为顾客要求。顾客要求可以由顾客以合同方式规定或由组织自己确定。在任一情况下，产品是否可接受最终由顾客确定。因为顾客的需求和期望是不断变化的，所以随着竞争压力的提高和技术的发展，这些都促使组织持续地改进产品和生产过程。

质量管理体系方法鼓励组织分析顾客要求、规定相关的过程，并使其持续受控，以实现顾客能接受的产品。质量管理体系能提供持续改进的框架，以增加组织提升顾客和其他相关方满意的概率。质量管理体系还能够针对提供持续满足要求的产品向组织及其顾客提供信任。

质量管理体系是企业为实施质量管理而建立的管理体系，通过第三方认证机构的认证，提升合规经营能力，为提升企业管理水平和建筑工程品质奠定基础。

3.2.1　企业质量管理体系文件的构成

质量管理体系标准明确要求，企业应有完整和科学的质量管理体系文件，这是企业开展质量管理的基础，也是企业为达到所要求的产品质量，实施质量体系审核、认证，进行质量改进的重要依据。质量管理体系文件主要由质量手册、程序文件、质量计划和质量记录等构成。

1. 质量手册

质量手册是质量管理体系的规范，是阐明一个企业的质量政策、质量体系和质量实践的文件，是实施和保持质量体系过程中长期遵循的纲领性文件。质量手册的主要内容包括企业的质量方针、质量目标；组织机构的质量职责；各项质量活动的基本控制程序或体系要素；质量评审、修改和控制管理办法。

2. 程序文件

各种生产、工作和管理的程序文件是质量手册的支持性文件，也是企业各职能部门为落实质量手册要求而规定的细则。企业为落实质量管理工作而建立的各项管理标准、规章制度都属程序文件范畴。各企业程序文件的内容及详略可视企业情况而定。一般有以下六个方面的程序为通用性管理程序，适用于各类企业。

（1）文件控制程序。

（2）质量记录管理程序。

（3）不合格品控制程序。

（4）内部审核程序。

（5）预防措施控制程序。

（6）纠正措施控制程序。

除以上六个程序外，涉及产品质量形成过程各环节控制的程序文件，如生产过程、服务过程、管理过程、监督过程等管理程序文件，可视企业质量控制的需要而制订，不作统一规定。

3. 质量计划

质量计划是为了确保过程的有效运行和控制，在程序文件的指导下，针对特定的项目、产品、过程或合同，而制订的专门质量措施和活动顺序的文件。其内容包括应达到的质量目标；该项目各阶段的责任和权限；应采用的特定程序、方法和作业指导书；有关阶段的试验、检验和审核大纲；随项目的进展而修改和完善质量计划的方法；为达到质量目标必须采取的其他措施等。其中可引用质量手册的部分内容或程序文件中适用于特定情况的部分。

4. 质量记录

质量记录是产品质量水平和质量体系中各项质量活动进行及结果的客观反映，对质量体系程序文件所规定的运行过程及控制测量检查的内容如实加以记录，用以证明产品质量达到合同要求及质量保证的满足程度。如在控制体系中出现偏差，则质量记录不仅需反映偏差情况，而且应反映出针对不足之处所采取的纠正措施及纠正效果。

质量记录应完整地反映质量活动实施、验证和评审的情况，并记载关键活动的过程参数，具有可追溯性的特点。质量记录以规定的形式和程序进行，并应有实施、验证、审核等相关人员签署意见。

3.2.2 企业质量管理体系的建立和运行

企业质量管理体系的建立和运行如图 3.1 所示。

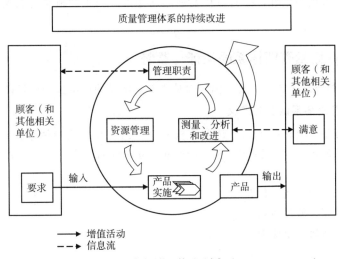

注：括号中的陈述不适用于《质量管理体系要求》（GB/T 19001—2016）

图 3.1 企业质量管理体系的建立和运行

1. 企业质量管理体系的建立

（1）企业质量管理体系的建立是在确定市场及顾客需求的前提下，按照质量管理 7 项原则制订企业的质量方针、质量目标、质量手册、程序文件及质量记录等体系文件，并将质量目标分解落实到相关层次、相关岗位的职能和职责中，形成企业质量管理体系的执行系统。

（2）企业质量管理体系的建立还包含组织企业不同层次的员工进行培训，使体系的工作内容和执行要求为员工所了解，为全员参与企业质量管理体系的运行打下基础。

（3）企业质量管理体系的建立需识别并提供实现质量目标和持续改进所需的资源，包括人员、基础设施、环境、信息等。

2. 企业质量管理体系的运行

（1）企业质量管理体系的运行是在生产及服务的全过程，按质量管理体系文件所制订的程序、标准、工作要求及目标分解的岗位职责进行运作。

（2）在企业质量管理体系运行的过程中，按各类体系文件的要求，监视、测量和分析过程的有效性与效率，做好文件规定的质量记录，持续收集、记录并分析过程的数据和信息，全面反映产品质量和过程符合要求，并具有可追溯的效能。

（3）按文件规定的办法进行质量管理评审和考核。对过程运行的评审考核工作，应针对发现的主要问题，采取必要的改进措施，使这些过程达到所策划的结果，并实现对过程的持续改进。

（4）落实质量体系的内部审核程序，有组织有计划开展内部质量审核活动。其主要目的如下。

1）评价质量管理程序的执行情况及适用性。

2）揭露过程中存在的问题，为质量改进提供依据。

3）检查质量体系运行的信息。

4）向外部审核单位提供体系有效的证据。

为确保系统内部审核的效果，企业领导应发挥决策领导作用，制订审核政策和计划，组织内审人员队伍，落实内审条件，并对审核发现的问题采取纠正措施和提供人、财、物等方面的支持。

3.2.3　企业质量管理体系的认证与监督

《中华人民共和国建筑法》规定，国家对从事建筑活动的单位推行质量体系认证制度。

1. 企业质量管理体系认证的意义

质量认证制度是由公正的第三方认证机构对企业的产品及质量体系作出正确可靠的评价，从而使社会对企业的产品建立信心。第三方质量认证制度对供方、需方、社会和国家的利益具有以下重要意义。

（1）提高供方企业的质量信誉。

（2）促进企业完善质量体系。

（3）增强国际市场竞争能力。

（4）减少社会重复检验和检查费用。

（5）有利于保护消费者利益。

（6）有利于法规的实施。

2. 企业质量管理体系认证的程序

申请认证—合同受理—阶段审核—问题整改—二阶段审核—不合格整改—证书发放—获证后保持和监督。

3. 获准认证后的维持与监督管理

企业质量管理体系获准认证的有效期为 3 年。获准认证后，企业应通过经常性的内部审核，维持质量管理体系的有效性，并接受认证机构对企业质量管理体系实施监督管理。获准认证后的质量管理体系维持与监督管理内容如下。

（1）企业通报。认证合格的企业质量管理体系在运行中出现较大变化时，需向认证机构通报。认证机构接到通报后，视情况采取必要的监督检查措施。

（2）监督检查。认证机构对认证合格单位质量管理体系维持情况进行监督性现场检查，包括定期和不定期的监督检查。定期检查通常是每年一次；不定期检查视需要临时安排。

（3）认证注销。注销是企业的自愿行为。在企业质量管理体系发生变化或证书有效期届满未提出重新申请等情况下，认证持证者提出注销的，认证机构予以注销，收回该体系认证证书。

（4）认证暂停。认证暂停是认证机构在获证企业质量管理体系发生不符合认证要求情况时对其采取的警告措施。认证暂停期间，企业不得使用质量管理体系认证证书做宣传。企业在规定期间采取纠正措施满足规定条件后，认证机构撤销认证暂停，否则将撤销认证注册，收回合格证书。

（5）认证撤销。当获证企业发生质量管理体系存在严重不符合规定，或在认证暂停的规定期限未予以整改，或发生其他构成撤销体系认证资格情况时，认证机构作出撤销认证的决定。企业不服可提出申诉。撤销认证的企业一年后可重新提出认证申请。

（6）复评。认证合格有效期满前，如企业愿继续延长，可向认证机构提出复评申请。

（7）重新换证。在认证证书有效期内，出现体系认证标准变更、体系认证范围变更、体系认证证书持有者变更，可按规定重新换证。

3.3 工程项目质量控制

3.3.1 工程项目质量控制概述

1. 全面质量管理（TQC）的思想

全面质量管理（Total Quality Control，TQC）的基本原理就是强调在企业或组织最高管理者的质量方针指引下，实行全面、全过程和全员参与的质量管理。

（1）全面质量管理。工程项目的全面质量管理，是指项目参与各方所进行的工程项目质量管理的总称。其包括工程（产品）质量和工作质量的全面管理。工作质量是产品质量的保证，工作质量直接影响产品质量的形成。建设单位、监理单位、勘察单位、设计单位、施工总承包单位、施工分包单位、材料设备供应商等，任何一方、任何环节的怠慢疏忽或质量责任不落实都会对建设工程质量造成不利影响。

（2）全过程质量管理。全过程质量管理是指根据工程质量的形成规律，从源头抓起，全过程推进。我国质量管理体系标准强调质量管理的"过程方法"原则，要求应用"过程方法"进行全过程质量控制。要控制的主要过程有项目策划与决策过程；勘察设计过程；设备材料采购过程；施工组织与实施过程；检测设施控制与计量过程；施工生产的检验试验过程；工程质量的评定过程；工程竣工验收与交付过程；工程回访维修服务过程等。

（3）全员参与质量管理。按照全面质量管理的思想，组织内部的每个部门和工作岗位都承担着相应的质量职能，组织的最高管理者确定了质量方针和目标，应组织和动员全体员工参与到实施质量方针的系统活动中，发挥自己的角色作用。开展全员参与质量管理的重要手段就是运用目标管理方法，将组织的质量总目标逐级进行分解，使之形成自上而下的质量目标分解体系和自下而上的质量目标保证体系，发挥组织系统内部每个工作岗位、部门或团队在实现质量总目标过程中的作用。

2. 质量管理的 PDCA 循环

工程项目质量管理采用 PDCA 循环原理，即质量管理的计划 P（Plan）、实施 D（Do）、检查 C（Check）、处置 A（Action），将质量管理全过程划分为四个阶段。PDCA 循环原理是确立质量管理和建立质量体系的基本原理。PDCA 循环如图 3.2 所示。从实践论的角度看，每一循环都围绕着实现预期的目标，进行计划、实施、检查和处置活动，并随着对存在问题的克服、解决和改进，不断增强质量能力，提高质量水平。一个循环的四大职能活动相互联系共同构成了质量管理的系统工程。

（1）计划 P（Plan）。计划可以理解为质量管理的计划阶段，明确质量目标并制订实现目标的行动方案。在工程项目的实施中，计划是指各相关主体根据其在项目实施中所承担的任务、责任范围和质量目标，确定质量控制的组织、制度、工作程序、技术方法、业务流程、资源配置、检验试验要求，质量记录方式。不合格处理、管理措施等具体内容和做法的管理文件；计划还须对实现预期目标的可行性、有效性、经济合理性进行分析论证，按照规定的程序与权限审批执行。

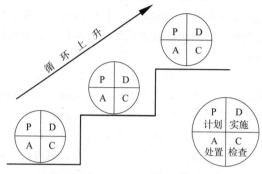

图 3.2　PDCA 循环示意

（2）实施 D（Do）。实施包含计划行动方案的交底和按计划规定的方法与要求展开工程作业技术活动两个环节。计划交底是指为了使具体的作业者和管理者，明确计划的意图和要求，掌握标准及实现的程序与方法，在各项质量活动实施前，根据质量管理计划进行行动方案的部署和交底。在质量活动的实施过程中，则要求严格执行计划的行动方案，规范行为，将质量管理计划的各项规定和安排落实到具体的资源配置与作业技术活动中。

（3）检查 C（Check）。检查是指对计划实施过程中进行各种检查，包括作业者的自检、互检和专职管理者专检。各类检查包含两大方面：一是检查是否严格执行了计划的行动方案，实际条件是否发生了变化，不执行计划的原因；二是检查计划执行的结果，即产出的质量是否达到标准的要求，对此进行确认和评价。

（4）处置 A（Action）。处置是指对于质量检查所发现的质量问题或质量不合格，及时分析原因，采取必要的措施，予以纠正，保持工程质量形成过程的受控状态。处置可分为纠偏和预防改进两个方面。前者是采取应急措施，解决当前的质量偏差、问题或事故；后者是根据目前质量状况信息，确定改进目标和措施，为今后类似问题的质量预防提供借鉴。

3. 三阶段控制原理

根据工程项目实体质量形成的阶段，工程项目质量控制可以看成由事前预控、事中控制、事后控制组成的系统控制过程。

（1）事前控制。工程项目事前质量控制就是要求预先进行周密的质量计划，将各项质量职能活动建立在有充分能力、条件保证和运行机制的基础上。

（2）事中控制。工程项目事中质量控制的实质是在质量形成过程中，建立和发挥作业人员和管理人员的自我约束及相互制约的监督机制，使工程项目质量形成从分项、分部到单位工程自始至终都处于受控状态。工程项目事中质量控制是指施工过程中的质量控制。事中质量控制的措施包括施工过程交接有检查、质量预控有对策、施工操作有方案、图纸会审有记录、技术措施有交底、配制材料有试验、隐蔽工程有验收、设计变更有手续，质量处理有复查、成品保护有措施、质量文件有档案等。

（3）事后控制。工程项目事后质量控制的任务是对质量结果进行评价、认定；对工序质量偏差进行纠正；对不合格产品进行整改和处理。工程项目质量事后控制也称为事后质量把关。以使不合格的工序或产品不流入后道工序、不流入市场，具体体现在施工质量验收各个环节的控制方面。

以上三大环节之间构成有机的系统过程，实质上也就是质量管理 PDCA 循环的具体化，在每次滚动循环中达到质量管理和质量控制的持续改进。

3.3.2 工程项目质量制度

近年来，我国住房城乡建设主管部门先后颁发了多项建设工程质量管理规定。工程质量管理的主要制度如下。

1. 工程质量监督

国务院住房城乡建设主管部门对全国的建设工程质量实施统一监督管理。国务院铁路、交通、水利等有关部门按国务院规定的职责分工，负责对我国的有关专业建设工程质量进行监督管理。县级以上地方人民政府住房城乡建设主管部门对本行政区域内的建设工程质量实施监督管理。县级以上地方人民政府交通、水利等有关部门在各自职责范围内，负责本行政区域内的专业建设工程质量的监督管理。

国务院发展和改革委员会按照国务院规定的职责，组织稽查特派员，对国家出资的重大建设项目实施监督检查；国务院工业与信息产业部门按国务院规定的职责，对国家重大技术改造项目实施监督检查。国务院住房城乡建设主管部门和国务院交通运输、水利等有关专业部门，县级以上地方人民政府住房城乡建设主管部门和其他有关部门，对有关建设工程质量的法律、法规和强制性标准执行情况加强监督检查。

县级以上政府住房城乡建设主管部门和其他有关部门履行检查职责时，有权要求被检查的单位提供有关工程质量的文件和资料，有权进入被检查单位的施工现场进行检查。在检查中发现工程质量存在问题时，有权责令改正。政府的工程质量监督管理具有权威性、强制性、综合性的特点。

建设工程质量监督管理可以由住房城乡建设主管部门或其他有关部门委托的建设工程质量监督机构具体实施。工程质量监督管理的主体是各级政府住房城乡建设主管部门和其他有关部门。但由于工程建设周期长、环节多、点多面广，工程质量监督工作是一项专业技术性强且很繁杂的工作，政府部门不可能亲自进行日常检查工作。因此，工程质量监督管理由住房城乡建设主管部门或其他有关部门委托的工程质量监督机构具体实施。

工程质量监督机构是经省级以上住房城乡建设主管部门或有关专业部门考核认定，具有独立法人资格的单位。它受县级以上地方人民政府住房城乡建设主管部门或有关专业部门的委托，依法对工程质量进行强制性监督，并对委托部门负责。

工程质量监督机构的主要任务如下。

（1）根据政府主管部门的委托，受理建设工程项目的质量监督。

（2）制订质量监督工作方案。确定负责该项工程的质量监督工程师和助理质量监督师。根据有关法律、法规和工程建设强制性标准，针对工程特点，明确监督的具体内容、监督方式。在方案中对地基基础、主体结构和其他涉及结构安全的重要部位与关键过程，作出实施监督的详细计划安排，并将质量监督工作方案通知建设单位、勘察单位、设计单位、施工单位、监理单位。

（3）检查施工现场工程建设各单位主体的质量行为。检查施工现场工程建设各单位主体及有关人员的资质或资格；检查勘察单位、设计单位、施工单位、监理单位的质量管理体系和质量责任制落实情况；检查有关质量文件、技术资料是否齐全并符合规定。

（4）检查建设工程实体质量。按照质量监督工作方案，对建设工程地基基础、主体结构和其他涉及安全的关键部位进行现场实地抽查对用于工程的主要建筑材料、构配件的质量进行抽查。对地基基础分部、主体结构分部和其他涉及安全的分部工程的质量验收进行监督。

（5）监督工程质量验收。监督建设单位组织的工程竣工验收的组织形式、验收程序，以及在验收过程中提供的有关资料和形成的质量评定文件是否符合有关规定，实体质量是否存在严重缺陷，工程质量验收是否符合国家标准。

（6）向委托部门报送工程质量监督报告。报告的内容应包括对地基基础和主体结构质量检查的结论，工程施工验收的程序、内容和质量检验评定是否符合有关规定，以及历次抽查该工程的质量问题和处理情况等。

（7）对预制建筑构件和商品混凝土的质量进行监督。

（8）政府主管部门委托的工程质量监督管理的其他工作。

2. 施工图设计文件审查

施工图设计文件（以下简称施工图）审查是政府主管部门对工程勘察设计质量监督管理的重要环节。施工图审查是指国务院住房城乡建设主管部门和省、自治区、直辖市人民政府住房城乡建设主管部门委托依法认定的设计审查机构，根据国家法律、法规，对施工图涉及公共利益、公众安全和工程建设强制性标准的内容进行的审查。

（1）施工图审查的范围。房屋建筑工程、市政基础设施工程施工图设计文件均属审查范围。省、自治区、直辖市人民政府住房城乡建设主管部门，可结合本地的实际情况，确定具体的审查范围。

建设单位应当将施工图送审查机构审查。建设单位可以自主选择审查机构，但审查机构不得与所审查项目的建设单位、勘察设计单位有隶属关系或其他利害关系。建设单位应当向审查机构提供的资料包括作为勘察、设计的批准文件及附件；全套施工图。

（2）施工图审查的主要内容。

1）是否符合工程建设强制性标准。

2）地基基础和主体结构的安全性。

3）勘察设计企业和注册执业人员及相关人员是否按规定在施工图上加盖相应的图章和签字。

4）其他法律、法规、规章规定必须审查的内容。

（3）施工图审查有关各单位的职责

1）国务院住房城乡建设主管部门负责规定审查机构的条件、施工图审查工作管理办法，并对全国的施工图审查工作实施指导监管。省、自治区、直辖市人民政府住房城乡建设主管部门负责认定本行政区域内的审查机构，对施工图审查工作实施监督管理，并接受国务院住房城乡建设主管部门的指导和监督。

2）勘察、设计单位必须按照工程建设强制性标准进行勘察、设计，并对勘察、设计质量负责。审查机构按照有关规定对勘察成果、施工图设计文件进行审查，但并不改变勘察、设计单位的质量责任。

3）建设工程经施工图设计文件审查后因勘察设计原因发生工程质量问题，审查机构承担审查失职的责任。

（4）施工图审查管理。

1）施工图审查的时限。施工图审查原则上不超过下列时限。

①一级以上建筑工程大型市政工程为 15 个工作日，二级及以下建筑工程，中型及以下市政工程为 10 个工作日。

②工程勘察文件，甲级项目为 7 个工作日，乙级及以下项目为 5 个工作日。

2）施工图审查合格的处理。审查合格的，审查机构应当向建设单位出具审查合格书，并将经审查机构盖章的全套施工图交还建设单位。审查合格书应当有各专业的审查人员签字，经法定代表人签发，并加盖审查机构公章。审查机构应当在 5 个工作日内将审查情况报工程所在地县级以上地方人民政府住房城乡建设主管部门备案。

3）施工图审查不合格的处理。审查不合格的，审查机构应当将施工图退回建设单位并书面说明不合格原因。同时，应当将审查中发现的建设单位、勘察设计单位和注册执业人员违反法律、法规和工程建设强制性标准的问题，报工程所在地县级以上地方人民政府住房城乡建设主管部门。

施工图退回建设单位后，建设单位应当要求原勘察设计单位进行修改，并将修改后的施工图返原审查机构审查。

任何单位或个人不得擅自修改审查合格的施工图。

3. 建设工程施工许可

建设工程开工前，建设单位应当按照国家有关规定向工程所在地县级以上人民政府住房城乡建设主管部门申请领取施工许可证，但国务院住房城乡建设主管部门确定的限额以下的小型工程除外。办理施工许可证应满足的条件如下。

（1）已经办理该建设工程用地批准手续。

（2）在城市规划区的建设工程，已经取得规划许可证。

（3）需要拆迁的，其拆迁进度符合施工要求。

（4）已经确定建筑施工企业。

（5）有满足施工需要的施工图纸及技术资料。

（6）有保证工程质量和安全的具体措施。

（7）建设资金已经落实。

（8）法律、行政法规规定的其他条件。

4. 工程质量检测

工程质量检测工作是对工程质量进行监督管理的重要手段之一。工程质量检测机构是对建设工程、建筑构件、制品及现场所用的有关建筑材料、设备质量进行检测的法定单位。在住房城乡建设主管部门领导和标准化管理部门指导下开展检测工作，其出具的检测报告具有法定效力。法定的国家级检测机构出具的检测报告，在国内为最终裁定，在国外具有代表国家的性质。

（1）国家级检测机构的主要任务。

1）受国务院建设行政主管部门和专业部门委托，对指定的国家重点工程进行检测复核，提出检测复核报告和建议。

2）受国家建设行政主管部门和国家标准部门委托，对建筑构件、制品及有关材料、设备及产品进行抽样检验。

（2）各省级、市（地区）级、县级检测机构的主要任务。

1）本地区正在施工的建设工程所用的材料、混凝土、砂浆和建筑构件等进行随机抽样检测，向本地建设工程质量主管部门和质量监督部门提出抽样报告与建议。

2）受同级住房城乡建设主管部门委托，对本省、市、县的建筑构件、制品进行抽样检测。对违反技术标准、失去质量控制的产品，检测单位有权提供主管部门停止其生产的证明，不合格产品不准出厂，已出厂的不合格产品不得使用。

3）建设工程质量检测机构的业务内容可分为专项检测和见证取样检测，由工程项目建设单位委托。检测结果利害关系人对检测结果发生争议的，由双方共同认可的检测机构复验。复验结果由提出复验方报当地住房城乡建设主管部门备案。

质量检测试样的取样应严格执行有关工程建设标准和国家有关规定，在建设单位或工程监理单位监督下现场取样。提供质量检测试样的单位和个人，应当对试样的真实性负责。

检测机构完成检测业务后，应当及时出具检测报告。检测报告经检测人员签字，检测机构法定代表人或其授权的签字人签署，并加盖检测机构公章或检测专用章后方可生效。

检测报告经建设单位或工程监理单位确认后，由施工单位归档。

检测机构应当将检测过程中发现的建设单位、监理单位和施工单位违反有关法律、法规与工程建设强制性标准的情况，以及涉及结构安全检测结果的不合格情况，及时报告工程所在地住房城乡建设主管部门。

5. 工程竣工验收与备案

项目建成后必须按国家有关规定进行竣工验收，并由验收人员签字负责。

建设单位收到建设工程竣工报告后，应当组织设计、施工工程监理等有关单位进行竣工验收。建设工程竣工验收应当具备下列条件。

（1）完成建设工程设计和合同约定的各项内容。

（2）有完整的技术档案和施工管理资料。

（3）有工程使用的主要建筑材料、建筑构配件和设备的进场试验报告。

（4）有勘察、设计、施工、工程监理等单位分别签署的质量合格文件。

（5）有施工单位签署的工程保修书。

建设工程经验收合格，方可交付使用。建设单位应当自工程竣工验收合格起 15 日内，向工程所在地的县级以上地方人民政府住房城乡建设主管部门备案。

建设单位办理工程竣工验收备案时应当提交下列文件：

（1）工程竣工验收备案表。

（2）工程竣工验收报告。竣工验收报告应当包括工程报建日期，施工许可证号，施工图设计文件审查意见，勘察、设计、施工、工程监理等单位分别签署的质量合格文件及验收人员签署的竣工验收原始文件，市政基础设施的有关质量检测和功能性试验资料，以及备案机关认为需要提供的有关资料。

（3）法律、行政法规规定应当由规划、公安消防、环保等部门出具的认可文件或者准许使用文件。

（4）施工单位签署的工程质量保修书。

（5）法规、规章规定必须提供的其他文件。

备案机关收到建设单位报送的竣工验收备案文件，验证文件齐全后，应当在工程竣工验收备案表上签署文件收讫。工程竣工验收备案表一式两份，一份由建设单位保存；另一份留备案机关存档。

6. 工程质量保修

建设工程质量保修制度是指建设工程在办理交工验收手续后，在规定的保修期限内因勘察、设计、施工、材料等原因造成的质量问题，要由施工单位负责维修、更换，由责任单位负责赔偿损失。质量问题是指工程不符合国家工程建设强制性标准、设计文件及合同中对质量的要求。

建设工程承包单位在向建设单位提交工程竣工验收报告时，应向建设单位出具工程质量保修书。质量保修书中应明确建设工程保修范围、保修期限和保修责任等。

在正常使用条件下，建设工程的最低保修期限如下。

（1）基础设施工程、房屋建筑工程的地基基础和主体结构工程，为设计文件规定的该工程的合理使用年限。

（2）屋面防水工程，有防水要求的卫生间、房间和外墙面的防渗漏，为5年。

（3）供热与供冷系统，为2个采暖期、供冷期。

（4）电气管线、给水排水管道、设备安装和装修工程，为2年。

建设工程在保修范围和保修期限内发生质量问题的施工单位应当履行保修义务。保修义务的承担和经济责任的承担应按下列原则处理：

（1）施工单位未按国家有关标准、规范和设计要求施工，造成的质量问题由施工单位负责返修并承担经济责任。

（2）由于设计方面的原因造成的质量问题，先由施工单位负责维修，其经济责任按有关规定通过建设单位向设计单位索赔。

（3）由建筑材料、构配件和设备质量不合格引起的质量问题。先由施工单位负责维修。其经济责任属于施工单位采购的，由施工单位承担经济责任；属于建设单位采购的，由建设单位承担经济责任。

（4）因建设单位（含监理单位）错误管理造成的质量问题，先由施工单位负责维修，其经济责任由建设单位承担，如属监理单位责任，则由建设单位向监理单位索赔。

（5）因使用单位使用不当造成的损坏问题，先由施工单位负责维修，其经济责任由使用单位自行负责。

（6）因地震、洪水、台风等不可抗拒原因造成的损坏问题，先由施工单位负责维修，建设参与各方根据国家具体政策分担经济责任。

3.4　工程项目施工质量控制

3.4.1　工程项目质量控制系统

质量控制是质量管理的一部分，是在明确的质量目标条件下通过行动方案和资源配置的计划、实施、检查和监督来实现预期质量目标的过程。工程项目的质量目标是由业主提出的，因此，工程项目质量控制应围绕着致力于满足业主要求的质量总目标而展开。

工程项目质量控制系统的建立为工程项目质量控制提供了组织制度方面的保证。工程项目质量控制系统的建立应依据分层次规划、总目标分解、质量责任制、系统有效的原则，确立系统质量控制网络，制订系统质量控制制度，分析系统质量控制界面，编制系统质量控制计划，按规定完成质量计划的审批，并以此实施工程质量控制。应由项目实施的总负责单位负责质量控制系统的建立和运行，实施质量目标的控制。

工程项目质量控制系统通常包括建设单位、设计单位、工程总承包单位、施工单位、监理单位、材料设备供应厂商等，这些质量责任和控制主体，在质量控制系统中的地位与作用不同。承担工程项目设计、施工或材料设备供货的单位，负有直接的产品质量责任，属质量控制系统中的自控主体；在工程项目实施过程中，对各质量责任主体的质量活动行为和质量活动结果实施监督控制的组织，称质量监控主体，如业主、项目监理单位等。质量责任自控主体和监控主体的质量控制系统的范围一般根据项目的定义或工程承包合同来确定，其职能应贯穿于项目的勘察、设计、采购、施工和竣工验收等各个实施环节。

3.4.2　施工质量控制的依据与基本环节

1. 施工质量控制的依据

（1）共同性依据。共同性依据是指与施工质量管理有关的、通用的、具有普遍意义和必须遵守的法规性文件，如《中华人民共和国建筑法》《建设工程质量管理条例》和《建筑工程施工质量验收统一标准》等。

（2）专业技术性依据。专业技术性依据是指针对不同的行业、不同质量控制对象制订的专业技术规范文件，包括规范、规程、标准、规定等，如工程建设项目质量检验评定标准，有关建筑材料、半成品和构配件质量方面的专门技术法规性文件，有关材料验收、包装和标志等方面的技术标准与规定，施工工艺质量等方面的技术法规性文件，有关新工艺、新技术、新材料、新设备的质量规定和鉴定意见等。

（3）项目专用性依据。项目专用性依据是指本项目的工程建设合同、勘察设计文件、设计交底及图纸会审记录、设计修改和技术变更通知，以及相关会议记录和工程联系单等。

2. 施工质量控制的基本环节

施工质量控制应贯彻全面、全员、全过程质量管理的思想，运用动态控制原理，进行质量的事前控制、事中控制和事后控制。

（1）事前质量控制，即在正式施工前进行的事前主动质量控制，编制施工质量计划，明确质量目标，制订施工方案，设置质量管理点，落实质量责任，分析可能导致质量目标偏离的各种影响因素，针对这些影响因素制订有效的预防措施，防患于未然。事前质量预控要求针对质量控制对象的控制目标、活动条件、影响因素进行周密分析，找出薄弱环节，制订有效的控制措施和对策。

（2）事中质量控制，是指在施工质量形成过程中，对影响施工质量的各种因素进行全面的动态控制。事中质量控制也称为作业活动过程质量控制，包括质量活动主体的自我控制和他人监控的控制方式。自我控制是第一位的，即作业者在作业过程对自己质量活动行为的约束和技术能力的发挥，以完成符合预定质量目标的作业任务；他人监控是对作业者的质量活动过程和结果，由来自企业内部管理者和企业外部有关方面进行监督检查，如工程监理机构、政府质量监督部门等的监控。

（3）事后质量控制，也称为事后质量把关，以使不合格的工序或最终产品（包括单位工程或整个工程项目）不流入下道工序、不进入市场。事后控制包括对质量活动结果的评价、认定；对工序质量偏差的纠正；对不合格产品进行整改和处理。控制的重点是发现施工质量方面的缺陷，并通过分析提出施工质量改进的措施，保证质量处于受控状态。

以上三大环节不是互相孤立和截然分开的，它们共同构成有机的系统过程，实质上也就是质量管理 PDCA 循环的具体化，在每次滚动循环中不断提高，达到质量管理和质量控制的持续改进。

3.4.3　施工质量计划的形式和内容

按照我国质量管理体系标准，质量计划是质量管理体系文件的组成内容。在合同环境下，质量计划是企业向顾客表明质量管理方针、目标及其具体实现的方法、手段和措施的文件，体现企业对质量责任的承诺和实施的具体步骤。

1. 施工质量计划的形式

目前，我国除已经建立质量管理体系的施工企业采用将施工质量计划作为一个独立文件的形式外，通常，还采用在工程项目施工组织设计或施工项目管理实施规划中包含质量计划内容的形式。

施工组织设计或施工项目管理实施规划之所以能发挥施工质量计划的作用，是因为根据建筑生产的技术经济特点，每个工程项目都需要进行施工生产过程的组织与计划，包括对施工质量、进度、成本、安全等目标的设定，实现目标的步骤和技术措施的安排等。

2. 施工质量计划的基本内容

施工质量计划的基本内容一般应包括以下几项。

（1）工程特点及施工条件（合同条件、法规条件和现场条件等）分析。

（2）质量总目标及其分解目标。

（3）质量管理组织机构和职责，人员及资源配置计划。

（4）确定施工工艺与操作方法的技术方案和施工组织方案。

（5）施工材料、设备等物资的质量管理及控制措施。

（6）施工质量检验、检测、试验工作的计划安排及其实施方法与检测标准。

（7）施工质量控制点及其跟踪控制的方式与要求。

（8）质量记录的要求等。

3.4.4　施工质量控制点的设置与管理

施工质量控制点的设置是施工质量计划的重要组成内容。施工质量控制点是施工质量控制的重点对象。

1. 质量控制点的设置

质量控制点应选择那些技术要求高、施工难度大、对工程质量影响大或发生质量问题时危害大的对象进行设置。一般选择下列部位或环节作为质量控制点。

（1）对工程质量形成过程产生直接影响的关键部位、工序、环节及隐蔽工程。

（2）施工过程中的薄弱环节，或者质量不稳定的工序、部位或对象。

（3）对下道工序有较大影响的上道工序。

（4）采用新技术、新工艺、新材料的部位或环节。

（5）对施工质量无把握的、施工条件困难的或技术难度大的工序或环节。

（6）用户反馈指出的和过去有过返工的不良工序。

一般建筑工程质量控制点的设置见表 3.1。

表 3.1　质量控制点的设置

分项工程	质量控制点
工程测量定位	标准轴线桩、水平桩、龙门板、定位轴线、标高
地基、基础 （含设备基础）	基坑（槽）尺寸、标高、土质、地基承载力，基础垫层标高，基础位置、尺寸、标高，预埋件、预留洞孔的位置、标高、规格、数量，基础杯口弹线

分项工程	质量控制点
砌体	砌体轴线，皮数杆，砂浆配合比，预留洞孔、预埋件的位置、数量，砌块排列
模板	位置、标高、尺寸，预留洞孔位置、尺寸，预埋件的位置，模板的承载力、刚度和稳定性，模板内部清理及隔离剂情况
钢筋混凝土	水泥品种、强度等级，砂石质量，混凝土配合比，外加剂掺量，混凝土振捣，钢筋品种、规格、尺寸、搭接长度，钢筋焊接、机械连接，预留洞孔及预埋件规格、位置、尺寸、数量，预制构件吊装或出厂（脱模）强度，吊装位置、标高、支承长度、焊缝长度
吊装	吊装设备的起重能力、吊具、索具、地锚
钢结构	翻样图、放大样
焊接	焊接条件、焊接工艺
装修	视具体情况而定

2. 施工质量控制点的管理

（1）要做好质量控制点的事前质量预控工作，包括明确质量控制的目标与控制参数；编制作业指导书和质量控制措施；确定质量检查检验方式及抽样的数量与方法；明确检查结果的判断标准及质量记录与信息反馈要求等。

（2）要向施工作业班组进行认真交底，使每个控制点上的作业人员明白施工作业规程及质量检验评定标准，掌握施工操作要领；在施工过程中，相关技术管理和质量控制人员要在现场进行重点指导和检查验收。

（3）要做好施工质量控制点的动态设置和动态跟踪管理。所谓动态设置，是指在工程开工前、设计交底和图纸会审时，可确定项目的一批质量控制点，随着工程的展开、施工条件的变化，随时或定期进行控制点的调整和更新。动态跟踪是应用动态控制原理，落实专人负责跟踪和记录控制点质量控制的状态和效果，并及时向项目管理组织的高层管理者反馈质量控制信息，保持施工质量控制点的受控状态。

（4）对于危险性较大的分部分项工程或特殊施工过程，除按一般过程质量控制的规定执行外，还应由专业技术人员编制专项施工方案或作业指导书，经施工单位技术负责人、项目总监理工程师、建设单位项目负责人审阅签字后执行。超过一定规模的危险性较大的分部分项工程，还要组织专家对专项施工方案进行论证。作业前施工员、技术员做好交底和记录，使操作人员在明确工艺标准、质量要求的基础上进行作业。为保证质量控制点的目标实现，应严格按照三级检查制度进行检查控制。在施工中发现质量控制点有异常时，应立即停止施工，召开分析会，查找原因采取对策予以解决。

施工单位应积极主动地支持、配合监理工程师的工作，应根据现场工程监理机构的要求，对施工作业质量控制点，按照不同的性质和管理要求，细分为"见证点"和"待检点"进行施工质量的监督和检查。凡属"见证点"的施工作业，如重要部位、特种作业、专门工艺等，施工方必须在该项作业开始前，书面通知现场监理机构到位旁站，见证施工作业过程；凡属"待检点"的施工作业，如隐蔽工程等，施工方必须在完成施工质量自检的基础上，提前通知项目监理机构进行检查验收，然后才能进行工程隐蔽或下道工序的施工。未经过项目监理机构检查验收合格，不得进行工程隐蔽或下道工序的施工。

3.4.5 施工生产要素的质量控制

1. 施工人员的质量控制

施工人员的质量控制包括参与工程施工各类人员的施工技能、文化素养、生理体能、心理行为等方面的个体素质，以及经过合理组织和激励发挥个体潜能综合形成的群体素质。因此，施工企业应加强自有建筑工人队伍建设，建立相对稳定的核心技术工人队伍，合理组织、严格考核，并辅以必要的激励机制，使企业员工的潜在能力得到充分的发挥和良好的组合，使施工人员在质量控制系统中发挥自控主体作用。

施工企业必须坚持执业资格注册制度和作业人员持证上岗制度；对所选派的施工项目领导者、组织者进行教育和培训，使其质量意识和组织管理能力能满足施工质量控制的要求；对所属施工队伍进行全员培训，加强质量意识的教育和技术训练，提高每个作业者的质量活动能力和自控能力；对分包单位进行严格的资质考核和施工人员的资格考核，其资质、资格必须符合相关法规的规定，与其分包的工程相适应。

2. 施工机械的质量控制

施工机械设备是所有施工方案和工法得以实施的重要物质基础，合理选择和正确使用施工机械设备是保证施工质量的重要措施。

（1）对施工所用的机械设备，应根据工程需要从设备选型、主要性能参数及使用操作要求等方面加以控制，符合安全、适用、经济、可靠和节能、环保等方面的要求。

（2）对施工中使用的模具、脚手架等施工设备，除可按适用的标准定型选用外，一般需按设计及施工要求进行专项设计，对其设计方案及制作质量的控制及验收应作为重点进行控制。

（3）混凝土预制构件吊运应根据构件的形状、尺寸、质量和作业半径等要求选择吊具和起重设备，预制柱的吊点数量、位置应经计算确定，吊索水平夹角不宜小于60°，不应小于45。

（4）按现行施工管理制度要求，工程所用的施工机械、模板、脚手架，特别是危险性较大的现场安装的起重机械设备，在安装前要编制专项安装方案并经过审批后实施，安装完毕不仅必须经过自检和专业检测机构检测，而且要经过相关管理部门验收合格后方可使用。同时，在使用过程中还需要落实相应的管理制度，以确保其安全正常使用。

3. 材料设备的质量控制

对原材料、半成品及工程设备进行质量控制的主要内容如下。

（1）控制材料设备的性能、标准、技术参数与设计文件的相符性。

（2）控制材料、设备各项技术性能指标、检验测试指标与标准规范要求的相符性。

（3）控制材料、设备进场验收程序的正确性及质量文件资料的完备性。

（4）优先采用节能低碳的新型建筑材料和设备，禁止使用国家明令禁用或淘汰的建筑材料和设备等。

装配式建筑的混凝土预制构件的原材料质量、钢筋加工和连接的力学性能、混凝土强度、构件结构性能、装饰材料、保温材料及拉结件的质量等均应根据现行国家有关标准进行检查和检验，并应严格遵守操作规程和做好质量检验记录。企业应建立装配式建筑部品部件生产和施工安装全过程质量控制体系，对装配式建筑部品部件实行驻厂监造制度。混凝土预制构件出厂时的混凝土强度不宜低于设计混凝土强度等级值的75%。

4. 工艺技术方案的质量控制

对施工工艺技术方案的质量控制主要包括以下内容。

（1）深入正确地分析工程特征、技术关键及环境条件等资料，明确质量目标、验收标准、控制的重点和难点。

（2）制订合理有效的有针对性的施工技术方案和组织方案。前者包括施工工艺、施工方法；后者包括施工区段划分、施工流向及劳动组织等。

（3）合理选用施工机械设备和设置施工临时设施，合理布置施工总平面图和各阶段施工平面图。

（4）根据施工工艺技术方案选用和设计保证质量和安全的模具、脚手架等施工设备；成批生产的混凝土预制构件模具应具有足够的强度、刚度和整体稳固性。

（5）编制工程所采用的新材料、新技术、新工艺的专项技术方案和质量管理方案。

（6）针对工程具体情况，分析气象、地质等环境因素对施工的影响，制订应对措施。

5. 施工环境因素的控制

环境因素对工程质量的影响具有复杂多变和不确定性的特点，具有明显的风险特性。要减少其对施工质量的不利影响，主要是采取预测预防的风险控制方法。

（1）对施工现场自然环境因素的控制，对地质、水文等方面影响因素，应根据设计要求，分析工程岩土地质资料，预测不利因素，并会同设计等方面制订相应的措施，采取如基坑降水、排水、加固围护等技术控制方案。对天气气象方面的影响因素，应在施工方案中制订专项紧急预案，明确在不利条件下的施工措施，落实人员、器材等方面的准备，加强施工过程中的预警与监控。

（2）对施工质量管理环境因素的控制，要根据工程承发包的合同结构，理顺管理关系，建立统一的现场施工组织系统和质量管理的综合运行机制，确保质量保证体系处于良好的状态，创造良好的质量管理环境和氛围，使施工顺利进行，保证施工质量。

（3）对施工作业环境因素的控制，要认真实施经过审批的施工组织设计和施工方案，落实相关管理制度，严格执行施工平面规划和施工纪律，保证各种施工条件良好，制订应对停水、停电、火灾、食物中毒等方面问题的应急预案。

3.4.6 施工准备的质量控制

1. 图纸学习与会审

施工方项目部通过内部图纸学习和参加设计交底及图纸会审，一方面可使施工人员熟悉并了解工程特点、设计意图和掌握关键部位的工程质量要求，更好地做到按图施工；另一方面可以及时发现存在的问题和矛盾，提出修改与洽商意见，避免产生技术事故或产生工程质量问题。

2. 编制施工组织设计

施工组织设计是对施工的各项活动作出全面的构思和安排，指导施工准备和施工全过程的技术经济文件，它的基本任务是使工程施工建立在科学合理的基础上，保证项目取得良好的经济效益和社会效益。

根据设计阶段和编制对象的不同，施工组织设计大致可分为施工组织总设计、单位工程施工组织设计和难度较大、技术复杂或新技术项目的分部分项工程施工设计三大类。施工组织设计通常应包括工程概况、施工部署和施工方案、施工准备工作计划、施工进度计划、技术质量措施、安全文明施工措施、各项资源需要量计划及施工平面布置图、技术经济指标等基本内容。

在施工组织设计中，对质量控制起主要作用的是施工方案，施工方案是施工组织设计的核心。其内容主要包括施工程序的安排、流水段的划分、主要项目的施工方法、施工机械的选择，以及保证质量、安全施工冬期和雨期施工、污染防治等方面的预控方法和有针对性的技术组织措施。

3. 组织技术交底

技术交底是指单位工程、分部工程、分项工程正式施工前，对参与施工的有关管理人员、技术人员和工人进行不同重点与技术深度的技术性交代及说明。技术交底的内容包括作业范围、施工依据、作业程序、技术标准和要领、质量目标，以及其他与安全、进度、成本、环境等目标管理有关的要求和注意事项。施工作业技术交底是最基层的技术和管理交底活动，施工总承包方和工程监理机构都要对施工作业交底进行监督。其目的是使参与项目施工的人员对施工对象的设计情况、建筑结构特点、技术要求、施工工艺、质量标准和技术安全措施等方面有一个较详细的了解，以便科学地组织施工和合理地安排工序，避免发生技术错误或操作错误。

技术交底应以设计图纸、施工组织设计、质量验收标准、施工验收规范、操作规程和工艺要求为依据，编制交底文件，必要时可用图表、实样、现场示范操作等形式进行。技术交底应做好书面记录，双方签字存档。

4. 进行工程质量检查验收的项目划分

工程项目施工质量的优劣取决于各个施工工序、工种的管理水平和操作质量。为了便于控制建筑工程每个工序和工种的工作质量，在施工开始前，应根据相关质量验收标准的规定和原则要求，将工程质量验收逐级划分为单位（子单位）工程、分部（子分部）工程、分项工程和检验批，并在施工过程中据此进行质量控制和检查验收。

5. 控制物资采购

施工中所需的建筑材料、构配件和设备等物资，应由熟悉物资技术标准和管理要求的人员，对拟选择的物资供方进行技术、管理、质量检测、工序质量控制和售后服务、信誉等质量保证能力的调查，以及产品质量的实际检验评价，综合评价，择优选择。

6. 严格选择分包单位

总承包商应通过审查资格文件、考察已完工程和施工工程质量等方法，对拟选择的分包商包括建设单位指定的分包商，认真进行综合评价和选择，以确保分包工程的质量、工期和现场管理能满足总合同的要求。

7. 现场施工准备

建设单位应按合同约定和施工的实际需要，提供施工用地和现场临时设施用地的范围，协调平衡和审查批准各施工单位的施工平面设计。施工单位要严格按照批准的施工平面布置图，科学合理地使用施工现场，正确安置施工机械设备、材料堆放保存及其他临时设施，保持供水、供电、道路的正常顺畅，为施工提供积极稳妥的条件和支持。

施工方应对建设单位提供的原始坐标点、基准线和水准点等测量控制点进行复核，并经监理方审核批准后，着手编制测量控制方案，建立施工测量控制网，进行工程定位和标高基准的控制。

施工方要建立和完善施工现场计量管理的规章制度，明确计量控制责任者和配置必要的计量人员，严格按规定对计量器具进行维修和校验；统一计量单位，组织量值的有效正确传递，保证施工过程中计量的准确。

3.4.7 施工过程的质量控制

1. 材料、构配件试验检测

对进入现场的物料，包括建设单位供应的物料及施工过程中的半成品，如钢材、水泥、钢筋连接接头、混凝土、砂浆、预制构件等，应检查其生产合格证、质量证明书和质量检验报告等质量证明文件是否齐全；应按规范、标准和设计的要求，根据对质量的影响程度和使用部位的重要程度，在使用前采用抽样检查或全数检查等形式；对涉及结构安全的物料应由建设单位或监理单位现场见证取样，送有法定资格的单位检测，以判断其质量的可靠性。严禁将未经检验试验或检验试验不合格的材料、构配件、设备、半成品等投入使用和安装。选用的材料要遵循严格的级配管理。

2. 技术复核、核定和设计变更管理

施工前，凡是涉及定位轴线、标高、尺寸，配合比，皮数杆，横板尺寸，预留洞口，预埋件的材质、型号、规格，吊装预制构件强度等事项，都必须根据设计文件和技术标准的规定进行预先复核检查，并做好记录和标识，以保证技术基准的正确性，避免因技术工作的疏忽差错而造成工程质量事故。

在施工过程中，施工管理者或操作者对施工图的某些技术问题有异议或提出改善性的建议，如材料、构配件的调整或代换，改变建筑节点构造、管线位置或走向，混凝土使用外加剂，工艺参数调整等，需要通过设计单位明确或确认的，必须由施工项目技术负责人向监理工程师提交"技术核定单"，经设计单位和监理单位核准同意后才能实施。

在施工过程中，由于业主的需要或设计单位的改善性考虑，以及施工现场实际条件发生变化，导致设计与施工的可行性发生矛盾，这些都将涉及施工图的设计变更。设计变更必须严格按照规定程序处理。一般的设计变更需经建设、设计、监理、施工单位各方同意，共同签署设计变更洽商记录，由设计单位负责修改，并向施工单位签发设计变更通知书、签证确认，监理工程师下达设计变更令，施工单位备案后执行。

3. 施工作业质量的检验与监控

施工作业的质量检查，是贯穿整个施工过程的最基本的质量控制活动，包括施工单位内部的工序作业质量自检、互检、专检，以及现场监理机构的旁站检查、平行检验等。已完检验批及分部分项工程的施工质量，必须在施工单位自检合格之后，才能报请现场监理机构进行检查验收。

自检是指由操作人员对自己的施工作业或已完成的分项工程进行自我检验；互检是指操作者之间对所完成的作业或分项工程进行的相互检查，互检的形式可以是同组操作人员之间的相互检验，也可以是班组的质量检查员对本班组操作人员的抽检，同时，也可以是下道作业对上道作业的交接检验。专检是指质量检验员对分部、分项工程进行的检验，用以弥补自检、互检的不足。

一般情况下，原材料、半成品、成品的检验以专职检验人员的专检为主，生产过程的各项作业的检验则以施工现场操作人员的自检、互检为主，专职检验人员巡回抽检为辅。

4. 成品保护

在施工过程中，施工单位必须负责对已经完成的分部工程、分项工程或部位采取妥善措施予以保护，以免成品损伤或污染，影响工程的整体质量。

成品保护工作主要是要合理安排施工顺序，并及时采取有效的防护措施。

5. 施工技术资料整理

工程施工技术资料是施工中的技术、质量和管理活动的记录，是实行质量追溯的主要依据，是工程档案的主要组成部分。

施工单位必须按各专业质量检验评定标准的规定和要求，全面、科学、准确、及时地记录施工及试（检）验资料，按规定收集、计算、整理、归档。

3.5 工程项目施工质量检查与验收

工程质量验收是对已完工程实体的内在及外观施工质量，按规定程序检验后，确认其是否符合设计及各项验收标准的要求，是否可交付使用的一个重要环节。正确地进行工程项目的检查评定和验收，是保证工程质量的重要手段。

3.5.1 工程质量检验与验收的有关术语

（1）验收。验收建筑工程在施工单位自行质量检查评定的基础上，参与建设活动的有关单位共同对检验批、分项工程、分部工程、单位工程的质量进行抽样复验，根据相关标准以书面形式对工程质量达到合格与否作出确认。

（2）进场验收。对进入施工现场的材料、构配件、设备等按相关标准规定要求进行检验，对产品达到合格与否做出确认。

（3）检验批。按同一的生产条件或按规定的方式汇总起来供检验用的，由一定数量样本组成的检验体。

（4）检验。检验为对检验项目中的性能进行量测、检查、试验等，并将结果与标准规定要求进行比较。以确定每项性能是否符合所进行的活动。

（5）见证取样检测。见证取样检测在监理单位或建设单位监督下，由施工单位有关人员现场取样，并送到具备相应资质的检测单位所进行的检测。

（6）交接检验。交接检验为由施工的承接方与完成方经双方检查，并对可否继续施工作出确认的活动。

（7）主控项目。主控项目为建筑工程中的对安全、卫生、环境保护和公众利益起决定性作用的检验项目。主控项目是对检验批的基本质量起决定性影响的检验项目。

（8）一般项目。一般项目为除主控项目外的检验项目。一般项目是对检验批的基本质量不起决定性影响的检验项目。

（9）抽样检验。抽样检验为按照规定的抽样方案，随机地从进场的材料、构配件、设备或建筑工程检验项目中，按检验批抽取一定数量的样本所进行的检验。

（10）计数检验。计数检验为在抽样检验的样本中，记录每个体有某种属性或计算每个体中的缺陷数目的检查方法。

（11）计量检验。计量检验为在抽样检验的样本中，对每个体测量其某个定量特性的检查方法。

（12）观感质量。观感质量为通过观察和必要的量测所反映的工程外在质量。

（13）返修。返修为对工程不符合标准规定的部位采取的整修等方面的措施。

（14）返工。返工为对不合格的工程部位采取的如重新制作、重新施工等措施。

3.5.2　建筑工程项目质量检验

1. 工程项目质量检验的依据

工程项目质量检验主要依据国家颁布的建筑工程施工质量验收规范、施工技术操作规程和施工质量验收统一标准，原材料、半成品、构配件质量检验标准和设计图纸及有关文件。

2. 工程项目质量检验的内容

工程项目质量检验的内容主要包括原材料、半成品、成品和构配件、器具等进场材料的产品合格证、出厂检验资料和进场复验报告；施工过程的自检验原始记录和有关技术档案资料；使用功能检查；项目外观检查等。

3. 工程质量验收的划分

工程质量验收是建设工程质量控制的一个重要环节。它包括工程施工质量的中间验收和工程的竣工验收两个方面。中间验收是指分项工程、分部工程施工过程产品（中间产品、半成品）的验收；竣工验收是指单位工程全部完工的成品验收。建筑工程产品的建造过程持续时间长，因此，加强对其形成过程产品的验收是控制工程质量的关键。竣工验收则是在此基础上的最终检查验收，是工程交付使用前最后把好质量关的重要环节。

（1）建筑工程质量验收应划分为单位（子单位）工程、分部（子分部）工程、分项工程和检验批。

（2）单位工程的划分应按下列原则确定：具备独立施工条件并能形成独立使用功能的建筑物及构筑物为一个单位工程；建筑规模较大的单位工程，可将其能形成独立使用功能的部分划分为一个子单位工程。

（3）分部工程的划分应按下列原则确定：分部工程的划分应按专业性质、建筑部位确定；当分部工程较大或较复杂时，可按材料种类、施工特点、施工程序、专业系统及类别等划分为若干子分部工程。

（4）分项工程应按主要工种、材料、施工工艺、设备类别等进行划分。

（5）分项工程可由一个或若干个检验批组成。检验批可根据施工及质量控制和专业验收需要按楼层、施工段、变形缝等进行划分。检验批是工程验收的最小单位，是分项工程乃至整个建筑工程质量验收的基础。

（6）室外工程可根据专业类别和工程规模划分为单位（子单位）工程、分部（子分部）工程。

4. 建筑工程项目质量检验的方法

工程质量检验就是对检验项目中的性能进行量测、检验、试验，并将结果与标准规定进行比较，以确定每项性能是否合格。由于工程技术特性和质量标准各不同，质量检验的方法也有多种，主要有目测法、量测法和试验法等。

（1）目测法。目测法即凭借检验人员的感官进行检查，也可称为感官检验。这类方法主要是采用看、摸、敲、照等方法进行检查。"看"，是指根据质量标准要求通过目测检查工程的外观，如检查涂刷涂料的密实度和颜色是否良好和均匀等；"摸"，是指通过触摸手感判断工程表面的质量，如检查抹灰面的光洁度等；"敲"，是指用工具敲击的方法进行音感检查，如检查地面铺砌地砖、墙面铺贴墙砖有无空鼓等质量问题等；"照"，是指对于人眼看不到的高度、深度或亮度不足之处，借助照明仔细检查难以看清楚的部位。

（2）量测法。量测法是借助于简单工具或仪表进行实测，将实测结果与规定的质量标准或规范的要求相对照，从而判断质量是否符合要求。量测的方法主要有靠、吊、量、套。"靠"，是指用直尺紧贴地面、墙面等被查部位，检查其表面的平整度；"吊"，是指用线锤等测量工具测量垂直度；"量"，是指用度量工具或仪表检查几何尺寸、标高、温度、湿度等；"套"，是指运用工具对构件、门窗口等的棱角或线角检查其方正。

（3）试验法。试验法是指用一定的测试设备、仪器进行检验，取得数据以分析判断质量情况。工程中常用的试验包括物理力学性能方面的检验，如物体密度、含水量的测定，钢材的强度试验、电气设备的绝缘耐压试验等；化学方面的试验，如钢材中硫、磷含量的检测，混凝土耐酸、耐碱、抗腐蚀性能的检测等；无损测试或检验，如对钢材焊缝进行的超声波探伤、X 光射线探伤等。

3.5.3 施工过程的质量验收

如前所述，工程项目质量验收应将项目划分为单位工程、分部工程、分项工程和检验批进行验收。施工过程质量验收主要是指检验批和分项工程、分部工程的质量验收。

现行的《建筑工程施工质量验收统一标准》（GB 50300—2013）与各个专业工程施工质量验收规范，明确规定了各分项工程施工质量的基本要求、分项工程检验批量的抽查办法和抽查数量、检验批主控项目和一般项目的检验方法、检查内容与允许偏差，以及各分部工程验收的方法和需要的技术资料等，同时，对涉及人民生命财产安全、人身健康、环境保护和公共利益的内容以强制性条文作出规定，要求坚决、严格遵照执行。

检验批和分项工程是质量验收的基本单元；分部工程是在所含全部分项工程验收的基础上进行验收的，在施工过程中随完工随验收，并留下完整的质量验收记录和资料；单位工程作为具有独立使用功能的完整的建筑产品，进行竣工质量验收。施工过程的质量验收包括以下验收环节，通过验收后留下完整的质量验收记录和资料，为工程项目竣工质量验收提供依据。

1. 检验批质量验收

所谓检验批，是指"按同一生产条件或按规定的方式汇总起来供检验用的，由一定数量样本组成的检验体"。检验批是工程验收的最小单位，是分项工程乃至整个建筑工程质量验收的基础。

检验批应由专业监理工程师，组织施工单位项目专业质量检查员、专业工长等进行验收。检验批质量验收合格应符合下列规定。

（1）主控项目的质量经抽样检验均应合格。

（2）一般项目的质量经抽样检验合格。

（3）具有完整的施工操作依据、质量验收记录。

主控项目是指建筑工程中的对安全、节能、环境保护和主要使用功能起决定性作用的检验项目。主控项目的验收必须从严要求，不允许有不符合要求的检验结果，主控项目的检查具有否决权。除主控项目外的检验项目称为一般项目。

2. 分项工程质量验收

分项工程的质量验收在检验批验收的基础上进行。一般情况下，两者具有相同或相近的性质，只是批量的大小不同而已。分项工程应由专业监理工程师组织施工单位项目专业技术负责人等进行验收。分项工程质量验收合格应符合下列规定。

（1）所含检验批的质量均应验收合格。

（2）所含检验批的质量验收记录应完整。

3. 分部工程质量验收

分部工程质量验收在其所含各分项工程验收的基础上进行。分部工程应由总监理工程师组织施工单位项目负责人和项目技术负责人等进行验收；勘察、设计单位项目负责人和施工单位技术、质量部门负责人应参加地基与基础分部工程验收；设计单位项目负责人和施工单位技术、质量部门负责人应参加主体结构、节能分部工程验收。

分部工程质量验收合格应符合下列规定。

（1）所含分项工程的质量均应验收合格。

（2）质量控制资料应完整。

（3）有关安全、节能、环境保护和主要使用功能的抽样检验结果应符合相应的规定。

（4）观感质量应符合要求。

必须注意的是，分部工程所含的各分项工程性质不同，因此并不是在所含分项验收基础上的简单相加，即所含分项验收合格且质量控制资料完整，只是分部工程质量验收的基本条件，还必须在此基础上对涉及安全、节能、环境保护和主要使用功能的地基基础、主体结构和设备安装分部工程进行见证取样试验或抽样检测；而且还需要对其观感质量进行验收，并综合给出质量评价，对于评价为"差"的检查点应通过返修处理等进行补救。

3.5.4　施工过程质量验收不合格的处理

施工过程的质量验收是以检验批的施工质量为基本验收单元。检验批质量不合格可能是由于使用的材料不合格，或施工作业质量不合格，或质量控制资料不完整等原因所致。按照《建筑工程施工质量验收统一标准》（GB 50300—2013）规定，其处理方法如下。

（1）经返工或返修的检验批，应重新进行验收。

（2）经有资质的检测机构检测鉴定能够达到设计要求的检验批，应予以验收。

（3）经有资质的检测机构检测鉴定达不到设计要求，但经原设计单位核算认可能够满足安全和使用功能的检验批，可予以验收。

（4）经返修或加固处理的分项工程、分部工程，满足安全及使用功能要求时，可按技术处理方案和协商文件的要求予以验收。

（5）工程质量控制资料应齐全完整，当部分资料缺失时，应委托有资质的检测机构按有关标准进行相应的实体检验或抽样试验。

（6）经返修或加固处理仍不能满足安全或重要使用功能的分部工程及单位工程，严禁验收。

3.5.5　竣工质量验收

项目竣工质量验收是施工质量控制的最后一个环节，是对施工过程质量控制成果的全面检验，是从终端把关方面进行质量控制。未经验收或验收不合格的工程，不得交付使用。

1. 竣工质量验收的依据

（1）国家相关法律法规和建设主管部门颁布的管理条例与办法。

（2）建筑工程施工质量验收统一标准。

（3）专业工程施工质量验收规范。

（4）经批准的设计文件、施工图纸及说明书。

（5）工程施工承包合同。

（6）其他相关文件。

2. 竣工质量验收的条件

（1）完成建设工程设计和合同约定的各项内容。

（2）有完整的技术档案和施工管理资料。

（3）有工程使用的主要建筑材料、建筑构配件和设备的进场试验报告。

（4）有勘察、设计、施工、工程监理等单位分别签署的质量合格文件。

（5）有施工单位签署的工程保修书。

3. 竣工质量验收的标准

单位工程是工程项目竣工质量验收的基本对象。单位工程质量验收合格应符合下列规定。

（1）所含分部工程的质量均应验收合格。

（2）质量控制资料应完整。

（3）所含分部工程有关安全、节能、环境保护和主要使用功能的检验资料应完整。

（4）主要使用功能的抽查结果应符合相关专业质量验收规范的规定。

（5）观感质量应符合要求。

4. 竣工质量验收程序和组织

单位工程中的分包工程完工后，分包单位应对所承包的工程项目进行自检，并应按规定的程序进行验收。验收时，总包单位应派人参加。

单位工程完工后，施工单位应组织有关人员进行自检。总监理工程师应组织各专业监理工程师对工程质量进行竣工预验收。存在施工质量问题时，应由施工单位及时整改。

建设单位收到建设工程竣工报告后，应当组织设计、施工、工程监理等有关单位进行竣工验收。建设单位组织单位工程质量验收时，分包单位负责人应参加验收。

竣工质量验收应当按以下程序进行。

（1）工程完工并对存在的质量问题整改完毕后，施工单位向建设单位提交工程竣工报告，申请工程竣工验收。实行监理的工程，工程竣工报告须经总监理工程师签署意见。

（2）建设单位收到工程竣工报告后，对符合竣工验收要求的工程，组织勘察、设计、施工、工程监理等单位组成验收组，制订验收方案。对于重大工程和技术复杂工程，根据需要可邀请有关专家参加验收组。

（3）建设单位应当在工程竣工验收 7 个工作日前将验收的时间、地点及验收组名单书面通知负责监督该工程的工程质量监督机构。

（4）建设单位组织工程竣工验收。

1）建设、勘察、设计、施工、工程监理单位分别汇报工程合同履约情况和在工程建设各个环节执行法律、法规与工程建设强制性标准的情况。

2）审阅建设、勘察、设计、施工、工程监理单位的工程档案资料。

3）实地查验工程质量。

4）对工程勘察、设计、施工、设备安装质量和各管理环节等方面作出全面评价，形成经验收组人员签署的工程竣工验收意见。参与工程竣工验收的建设、勘察、设计、施工、监理等各方不能形成一致意见时，应当协商提出解决的方法，待意见一致后，重新组织工程竣工验收。

5. 竣工验收报告

工程竣工验收合格后，建设单位应当及时提出工程竣工验收报告。工程竣工验收报告主要包括工程概况，建设单位执行基本建设程序情况，对工程勘察、设计、施工、监理等方面的评价，工程竣工验收时间、程序、内容和组织形式，工程竣工验收意见等内容。

工程竣工验收报告还应附有下列文件。

(1) 施工许可证。

(2) 施工图设计文件审查意见。

(3) 勘察、设计、施工、工程监理等单位分别签署的质量合格文件。

(4) 验收组人员签署的工程竣工验收意见。

(5) 法规、规章规定的其他有关文件。

6. 竣工验收备案

建设单位应当自建设工程竣工验收合格之日起 15 日内，向工程所在地的县级以上地方人民政府建设主管部门备案。

建设单位办理工程竣工验收备案应当提交下列文件。

(1) 工程竣工验收备案表。

(2) 工程竣工验收报告。

(3) 法律、行政法规规定应当由规划、环保等部门出具的认可文件或准许使用文件。

(4) 法律规定应当由公安消防部门出具的对大型的人员密集场所和其他特殊建设工程验收合格的证明文件。

(5) 施工单位签署的工程质量保修书。

(6) 法规、规章规定必须提供的其他文件

3.6　工程项目施工质量事故报告与处理

3.6.1　相关概念

1. 质量不合格

凡工程产品未满足质量要求，即质量不合格。

2. 质量缺陷

与预期或规定用途有关的质量不合格，称为质量缺陷。

3. 质量问题

凡是工程质量不合格，影响使用功能或工程结构安全，造成永久质量缺陷或存在重大质量隐患，甚至直接导致工程倒塌或人身伤亡，必须进行返修、加固或报废处理，由此造成的直接经济损失低于规定限额的称为质量问题。

4. 质量事故

建设、勘察、设计、施工、监理等单位违反工程质量有关法律法规和工程建设标准，使工程产生结构安全、重要使用功能等方面的质量缺陷，造成人身伤亡或重大经济损失的称为质量事故。

3.6.2　工程质量事故的分类

工程质量事故具有成因复杂、后果严重、种类繁多、往往与安全事故共生的特点。建设工

程质量事故的分类有多种方法，不同专业工程类别对工程质量事故的等级划分也不尽相同。

1. 按事故造成损失的程度分级

根据工程质量事故造成的人员伤亡或直接经济损失，可将工程质量事故分为以下 4 个等级。

（1）特别重大事故，是指造成 30 人以上死亡，或者 100 人以上重伤，或者 1 亿元以上直接经济损失的事故。

（2）重大事故，是指造成 10 人以上 30 人以下死亡，或者 50 人以上 100 人以下重伤，或者 5 000 万元以上 1 亿元以下直接经济损失的事故。

（3）较大事故，是指造成 3 人以上 10 人以下死亡，或者 10 人以上 50 人以下重伤，或者 1 000 万元以上 5 000 万元以下直接经济损失的事故。

（4）一般事故，是指造成 3 人以下死亡，或者 10 人以下重伤，或者 100 万元以上 1 000 万元以下直接经济损失的事故。该等级划分所称的"以上"包括本数，所称的"以下"不包括本数。

2. 按事故责任分类

（1）指导责任事故：是指由于工程实施指导或领导失误而造成的质量事故。例如，由于工程负责人片面追求施工进度，放松或不按质量标准进行控制和检验，降低施工质量标准等。

（2）操作责任事故：是指在施工过程中，由于实施操作者不按规程和标准实施操作，而造成的质量事故。例如，浇筑混凝土时随意加水，或振捣疏漏造成混凝土质量事故等。

（3）自然灾害事故：是指由于突发的严重自然灾害等不可抗力造成的质量事故。例如，地震、台风、暴雨、雷电、洪水等对工程造成破坏甚至倒塌。这类事故虽然不是人为责任直接造成，但是灾害事故造成的损失程度也往往与人们是否在事前采取了有效的预防措施有关，相关责任人员也可能负有一定责任。

3.6.3 施工质量事故发生的原因及预防措施

1. 施工质量事故发生的原因

施工质量事故发生的原因大致有以下五类。

（1）非法承包，偷工减料。由于社会腐败现象对施工领域的侵袭，非法承包，偷工减料"豆腐渣"工程，成为近年来重大施工质量事故的首要原因。

（2）违背基本建设程序。《建设工程质量管理条例》规定，从事建设工程活动，必须严格执行基本建设程序，坚持先勘察、后设计、再施工的原则。但是现实情况是，违反基本建设程序的现象屡禁不止，无立项、无报建、无开工许可、无招投标、无资质、无监理、无验收的"七无"工程，边勘察、边设计、边施工的"三边"工程屡见不鲜，几乎所有的重大施工质量事故都能从这些方面找到原因。

（3）勘察设计的失误。地质勘察过于疏略，勘察报告不准不细，致使地基设计采用不正确的方案；或构造设计方案不正确，计算失误，构造设计不符合规范要求等。这些勘察设计的失误在施工中显现出来，导致地基不均匀沉降，结构失稳、开裂甚至倒塌。

（4）施工的失误。施工管理人员及实际操作人员的思想、技术素质差，是造成施工质量事故的普遍原因。缺乏基本业务知识，不具备上岗的技术资质，不懂装懂瞎指挥，胡乱施工盲目干；施工管理混乱，施工组织、施工工艺技术措施不当；不按图纸施工，不遵守相关规范，违章作业；使用不合格的工程材料、半成品、构配件；忽视安全施工，发生安全事故等，所有这一切都可能引发施工质量事故。

（5）自然条件的影响。建筑施工露天作业多，恶劣的天气或其他不可抗力都可能引发施工质量事故。

2. 施工质量事故预防的具体措施

（1）严格按照基本建设程序办事，首先要做好项目可行性论证，不可未经深入调查分析和严格论证就盲目拍板定案；要彻底弄清楚工程地质水文条件方可开工；杜绝无证设计、无图施工；禁止任意修改设计和不按图纸施工；工程竣工不进行试车运转、不经验收不得交付使用。

（2）认真做好工程地质勘察，进行地质勘察时要适当布置钻孔位置和设定钻孔深度。钻孔间距过大，不能全面反映地基实际情况；钻孔深度不够，难以查清楚地下软土层、滑坡、墓穴、孔洞等有害地质构造。地质勘察报告必须详细、准确，防止因根据不符合实际情况的地质资料而采用错误的基础方案，导致地基不均匀沉降、失稳，使上部结构及墙体开裂、破坏、倒塌。

（3）科学地加固处理好地基，对软弱土、冲填土、杂填土、湿陷性黄土、膨胀土、岩层出露、溶洞、土洞等不均匀地基要进行科学的加固处理。要根据不同地基的工程特性，按照地基处理与上部结构相结合使其共同工作的原则，从地基处理与设计措施、结构措施、防水措施、施工措施等方面综合考虑治理。

（4）进行必要的设计审查复核，要请具有合格专业资质的审图机构对施工图进行审查复核，防止因设计考虑不周、结构构造不合理、设计计算错误、沉降缝及伸缩缝设置不当、悬挑结构未通过抗倾覆验算等原因，导致质量事故的发生。

（5）严格把好建筑材料及制品的质量关，要从采购订货、进场验收、质量复验、存储和使用等几个环节，严格控制建筑材料及制品的质量，防止不合格或变质、损坏的材料和制品用到工程上。

（6）强化从业人员管理，加强施工企业自有建筑工人队伍建设，建立相对稳定的核心技术工人队伍，推行终身职业技能培训制度，开展岗前培训和技能提升培训，使施工人员掌握基本的建筑结构和建筑材料知识，理解并认同遵守施工验收规范对保证工程质量的重要性，提高在施工中合规操作的能力，不蛮干，不违章操作，不偷工减料。

（7）依法进行施工组织管理，施工管理人员要认真学习、严格遵守国家相关法律法规和施工技术标准，依法进行施工组织管理。施工人员首先要熟悉图纸，对工程的难点和关键工序、关键部位应编制专项施工方案并严格执行；施工作业必须按照图纸和施工验收规范、操作规程进行；施工技术措施要正确，施工顺序不可搞错；脚手架和楼面不可超载堆放构件与材料；要严格按照制度进行质量检查和验收。

（8）做好应对不利施工条件和各种灾害的预案，要根据当地气象资料的分析和预测，事先针对可能出现的风、雨、雪、高温、严寒、雷电等不利施工条件，制订相应的施工技术措施；还要对不可预见的人为事故和严重自然灾害做好应急预案，并有相应的人力、物力储备。

（9）加强施工安全与环境管理，许多施工安全和环境事故都会连带发生质量事故，加强施工安全与环境管理，准确认定、及时消除重大事故隐患，也是预防施工质量事故的重要措施。

3.6.4　施工质量事故处理的依据及程序

1. 施工质量事故处理的依据

（1）质量事故的实况资料。质量事故的实况资料包括质量事故发生的时间、地点；质量事故状况的描述；质量事故发展变化的情况；有关质量事故的观测记录、事故现场状态的照片或录像；事故调查组调查研究所获得的第一手资料。

（2）有关合同及合同文件。有关合同及合同文件包括工程承包合同、设计委托合同、设备与器材购销合同、监理合同及分包合同等。

（3）有关的技术文件和档案。有关的技术文件和档案主要是有关的设计文件（如施工图纸和技术说明）、与施工有关的技术文件、档案和资料（如施工方案、施工计划、施工记录、施工日志、有关建筑材料的质量证明资料、现场制备材料的质量证明资料、质量事故发生后对事故状况的观测记录、试验记录或试验报告等）。

（4）相关的建设法规。相关的建设法规主要有《中华人民共和国建筑法》、《建设工程质量管理条例》和《关于做好房屋建筑和市政基础设施工程质量事故报告和调查处理工作的通知》（建质〔2010〕111号）等与工程质量和质量事故处理有关的法规，以及勘察、设计、施工、监理等单位资质管理和从业者资格管理方面的法规、建筑市场管理方面的法规，以及相关技术标准、规范、规程和管理办法等。

2. 施工质量事故处理的程序

（1）事故报告。建设工程发生质量事故，有关单位应当在24小时内向当地住房城乡建设主管部门和其他有关部门报告。对重大质量事故，事故发生地的住房城乡建设主管部门和其他有关部门应当按照事故类别和等级向当地人民政府和上级住房城乡建设主管部门和其他有关部门报告。如果同时发生安全事故，施工单位应当立即启动生产安全事故应急救援预案，组织抢救遇险人员，采取必要措施，防止事故危害扩大和次生、衍生灾害发生。情况紧急时，事故现场有关人员可直接向事故发生地县级以上政府主管部门报告。

事故报告应包括下列内容。

1）事故发生的时间、地点、工程项目名称、工程各参建单位名称。

2）事故发生的简要经过、伤亡人数和初步估计的直接经济损失。

3）事故原因的初步判断。

4）事故发生后采取的措施及事故控制情况。

5）事故报告单位、联系人及联系方式。

6）其他应当报告的情况。

（2）事故调查。事故调查要按规定区分事故的大小分别由相应级别的人民政府直接或授权委托有关部门组织事故调查组进行调查。未造成人员伤亡的一般事故，县级人民政府也可以委托事故发生单位组织事故调查组进行调查。事故调查应力求及时、客观、全面，以便为事故的分析与处理提供正确的依据。调查结果要整理撰写成事故调查报告，其主要内容应包括以下几项。

1）事故项目及各参建单位概况。

2）事故发生经过和事故救援情况。

3）事故造成的人员伤亡和直接经济损失。

4）事故项目有关质量检测报告和技术分析报告。

5）事故发生的原因和事故性质。

6）事故责任的认定和对事故责任者的处理建议。

7）事故防范和整改措施。

（3）事故的原因分析。原因分析要建立在事故情况调查的基础上，避免情况不明就主观推断事故的原因。特别是对涉及勘察、设计、施工、材料和管理等方面的质量事故，事故的原因往往错综复杂，因此，必须对调查所得到的数据、资料进行仔细的分析，依据国家有关法律法规和工程建设标准分析事故的直接原因与间接原因，必要时组织对事故项目进行检测鉴定和专家技术论证，去伪存真，找出造成事故的主要原因。

（4）制订事故处理的技术方案。对事故的处理要建立在原因分析的基础上，要广泛地听取专家及有关方面的意见，经科学论证，决定事故是否要进行技术处理和如何处理。在制订事故处理的技术方案时，应做到安全可靠、技术可行、不留隐患、经济合理、具有可操作性、满足项目的安全和使用功能要求。

（5）事故处理。事故处理的内容包括事故的技术处理，按经过论证的技术方案进行处理，解决事故造成的质量缺陷问题；事故的责任处罚，依据有关人民政府对事故调查报告的批复和有关法律法规的规定，对事故相关责任者实施行政处罚，负有事故责任的人员涉嫌犯罪的，依法追究刑事责任。

（6）事故处理的鉴定验收。质量事故的技术处理是否达到预期的目的，是否依然存在隐患，应当通过检查鉴定和验收作出确认。事故处理的质量检查鉴定应严格按施工验收规范和相关质量标准的规定进行，必要时还应通过实际量测、试验和仪器检测等方法获取必要的数据，以便准确地对事故处理的结果作出鉴定，形成鉴定结论。

（7）提交事故处理报告。事故处理后，必须尽快提交完整的事故处理报告，其内容包括事故调查的原始资料、测试的数据；事故原因分析和论证结果；事故处理的依据；事故处理的技术方案及措施；实施技术处理过程中有关的数据、记录、资料；检查验收记录；对事故相关责任者的处罚情况和事故处理的结论等。

3.6.5　施工质量缺陷处理的基本方法

1. 返修处理

当项目的某些部分的质量虽未达到规范、标准或设计规定的要求，存在一定的缺陷，但经过采取整修等措施后可以达到要求的质量标准，又不影响使用功能或外观的要求时，可采取返修处理的方法。例如，某些混凝土结构表面出现蜂窝、麻面，或者局部出现损伤，如结构受撞击、局部未振实、冻害、火灾、酸类腐蚀、碱骨料反应等，当这些缺陷或损伤仅仅在结构的表面或局部，不影响其使用和外观，可进行返修处理。再如混凝土结构出现裂缝，经分析研究认为不影响结构的安全和使用功能时，也可采取返修处理。当裂缝宽度不大于 0.2 mm 时，可采用表面密封法；当裂缝宽度大于 0.3 mm 时，采用嵌缝密闭法；当裂缝较深时，则应采取灌浆修补的方法。

2. 加固处理

加固处理主要是针对危及结构承载力的质量缺陷的处理。通过加固处理使建筑结构恢复或提高承载力，重新满足结构安全性与可靠性的要求，使结构能继续使用或改作其他用途。对混凝土结构常用的加固方法主要有增大截面加固法、外包角钢加固法、粘钢加固法、增设支点加固法、增设剪力墙加固法、预应力加固法等。

3. 返工处理

当工程质量缺陷经过返修、加固处理后仍不能满足规定的质量标准要求，或不具备补救可能性，则必须采取重新制作、重新施工的返工处理措施。例如，某防洪堤坝填筑压实后，其压实土的干密度未达到规定值，经核算将影响土体的稳定且不满足抗渗能力的要求，须挖除不合格的土，重新填筑，重新施工；某公路桥梁工程预应力按规定张拉系数为 1.3，而实际仅为 0.8，属严重的质量缺陷，也无法修补，只能重新制作。再如在某高层住宅施工中，有几层的混凝土结构误用了安定性不合格的水泥，无法采用其他补救办法，不得不爆破拆除重新浇筑。

4. 限制使用

在工程质量缺陷按修补方法处理后无法保证达到规定的使用要求和安全要求，而又无法返工处理的情况下，不得已时可作出诸如结构卸荷或减荷及限制使用的决定。

5. 不作处理

某些工程质量问题虽然达不到规定的要求或标准，但是其情况不严重，对结构安全或使用功能影响很小，经过分析、论证、法定检测单位鉴定和设计单位等认可后可不作专门处理。一般可不作专门处理的情况有以下几种。

（1）不影响结构安全和使用功能的。例如，有的工业建筑物出现放线定位的偏差，且严重超过规范标准规定，若要纠正会造成重大经济损失，但经过分析、论证其偏差不影响生产工艺和正常使用，在外观上也无明显影响，可不作处理。又如，某些部位的混凝土表面的裂缝，经检查分析，属于表面养护不够的干缩微裂，不影响安全和外观，也可不作处理。

（2）后道工序可以弥补的质量缺陷。例如，混凝土结构表面的轻微麻面，可通过后续的抹灰、刮涂、喷涂等弥补，也可不作处理。再如混凝土现浇楼面的平整度偏差达到 10 mm，但因为后续垫层和面层的施工可以弥补，所以也可不作处理。

（3）法定检测单位鉴定合格的。例如，某检验批混凝土试块强度值不满足规范要求，强度不足，但经法定检测单位对混凝土实体强度进行实际检测后，其实际强度达到规范允许和设计要求值时，可不作处理。经检测未达到要求值，但相差不多，经分析论证，只要使用前经再次检测达到设计强度，也可不作处理，但应严格控制施工荷载。

（4）出现的质量缺陷，经检测鉴定达不到设计要求，但经原设计单位核算，仍能满足结构安全和使用功能的。例如，某一结构构件截面尺寸不足，或材料强度不足，影响结构承载力，但按实际情况进行复核验算后仍能满足设计要求的承载力时，可不进行专门处理。这种做法实际上是挖掘设计潜力或降低设计的安全系数，应谨慎处理。

6. 报废处理

出现质量事故的项目，通过分析或实践，采取上述处理方法后仍不能满足规定的质量要求或标准，则必须予以报废处理。

工程在施工中可能经常发生各种质量缺陷，对于质量缺陷要提倡预防为主，从"人、材、机、法、环"5 个方面严格管理，做好事前控制，尽可能避免质量缺陷发生。确实发生质量缺陷后，对于小的质量缺陷，不影响建筑安全及使用功能的，可按上述方法进行处理；对于重大的质量缺陷影响结构安全使用功能的，应请设计单位对结构安全重新进行核算、评定，降级使用或拆除重做。

思考练习题

1. 简述工程项目质量的特点。
2. 简述全面质量管理的思想。
3. 简述质量控制点的设置。
4. 简述建筑工程项目质量检验的方法。
5. 简述竣工质量验收的条件。
6. 简述工程质量事故的分类。

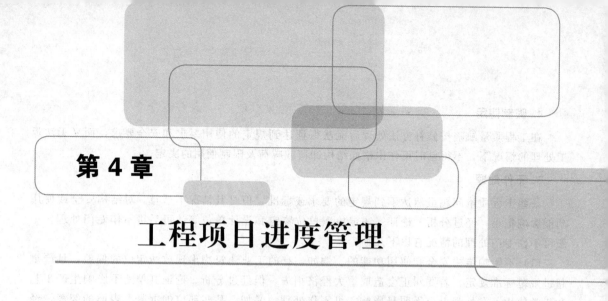

第4章

工程项目进度管理

4.1 工程项目进度管理概述

1. 建设工程项目进度管理的概念

建设工程项目进度管理是根据建设工程项目的进度总目标，编制经济合理的进度计划，并据以检查建设工程项目进度计划的执行情况，若发现实际执行情况与计划进度不一致，应及时分析原因，并采取必要的措施对原工程进度计划进行调整或修正的过程。

建设工程项目进度管理的目的就是实现最优工期，多、快、好、省地完成任务。建设工程项目进度管理是一个动态、循环、复杂的过程，也是一项效益显著的工作。

2. 建设工程项目进度管理的目标

建设工程项目进度管理目标的制订应在项目分解的基础上进行。其包括项目进度总目标和分阶段目标，也可根据需要确定年、季、月、旬（周）目标，里程碑事件目标等。

在确定建设工程进度分解目标时，还要考虑以下几个方面。

（1）对于大型建设工程项目，要处理好前期动用和后期建设的关系、每期工程中主体工程与辅助及附属工程之间的关系等。

（2）结合工程的特点，参考同类建设工程的经验确定施工进度目标。

（3）合理安排土建与设备的综合施工。

（4）做好资金供应能力、施工力量配备、物资（材料、构配件、设备）供应能力与施工进度的平衡工作。

（5）考虑外部协作条件的配合情况。

（6）考虑工程项目所在地区地形、地质、水文、气象等方面的限制条件。

3. 建设工程项目进度管理的基本原理

（1）系统原理。用系统的观点来剖析和管理施工项目进度控制活动。进行建设工程项目进度控制应建立建设工程项目进度计划系统、建设工程项目进度组织系统。

（2）动态控制原理。进度目标的实现是一个随着项目的进展及相关因素的变化不断进行调整的动态控制过程。

（3）信息反馈原理。建设工程项目进度控制的过程实质上就是对建设工程项目活动和进度的信息不断收集、加工、汇总、反馈的过程。

（4）弹性原理。进度计划必须保持充分弹性，要有预见性；在进度控制中具有应变性。

(5) 封闭循环原理。由计划、实施、检查、比较、分析、纠偏等环节组成的过程就形成了一个封闭循环回路，而工程项目进度控制的全过程就是在许多这样的封闭循环中得到有效的调整、修正与纠偏，最终实现总目标的。

4.2 工程项目进度计划

1. 工程项目进度计划系统

建设工程项目进度计划系统是由多个相互关联的进度计划组成的系统，是项目进度控制的依据。各种进度计划编制所需要的必要资料是在项目进展过程中逐步形成的，因此项目进度计划系统的建立和完善也有一个过程，是逐步形成的。

根据项目进度控制不同的需要和不同的用途，业主和项目各参与单位可以构建多个不同的建设工程项目进度计划系统，如由多个相互关联的不同计划深度的进度计划组成的计划系统；由多个相互关联的不同计划功能的进度计划组成的计划系统；由多个相互关联的不同项目参与单位的进度计划组成的计划系统；由多个相互关联的不同计划周期的进度计划组成的计划系统等。

(1) 由不同深度的进度计划构成的计划系统包括以下几项。

1) 总进度规划（计划）。

2) 项目子系统进度规划（计划）。

3) 项目子系统中的单项工程进度计划等。

(2) 由不同功能的进度计划构成的计划系统，包括以下几项。

1) 控制性进度规划（计划）。

2) 指导性进度规划（计划）。

3) 实施性（操作性）进度计划等。

(3) 由不同项目参与单位的进度计划构成的计划系统，包括以下几项。

1) 业主编制的整个项目实施的进度计划。

2) 设计进度计划。

3) 施工和设备安装进度计划。

4) 采购和供货进度计划等。

(4) 由不同周期的进度计划构成的计划系统，包括以下几项。

1) 5 年建设进度计划。

2) 年度、季度、月度和旬计划等。

2. 工程项目总进度目标论证

建设工程项目的总进度目标指的是整个工程项目的进度目标，是在项目决策阶段项目定义时确定的。项目管理的主要任务是在项目的实施阶段对项目的目标进行控制。建设工程项目总进度目标的控制是业主项目管理的任务（若采用建设项目工程总承包的模式，协助业主进行项目总进度目标的控制也是建设项目工程总承包单位项目管理的任务）。在进行建设工程项目总进度目标控制前，首先应分析和论证进度目标实现的可能性。若项目总进度目标不可能实现，则项目管理者应提出调整项目总进度目标的建议，并提请项目决策者审议。

在项目的实施阶段，项目总进度应包括以下几项。

(1) 设计前准备阶段的工作进度。

（2）设计工作进度。

（3）招标工作进度。

（4）施工前准备工作进度。

（5）工程施工和设备安装进度。

（6）工程物资采购工作进度。

（7）项目动用前的准备工作进度等。

大型建设工程项目总进度目标论证的核心工作是通过编制总进度纲要论证总进度目标实现的可能性。总进度纲要的主要内容包括以下几项。

（1）项目实施的总体部署。

（2）总进度规划。

（3）各子系统进度规划。

（4）确定里程碑事件的计划进度目标。

（5）总进度目标实现的条件和应采取的措施等。

建设工程项目总进度目标论证的工作步骤如下。

（1）调查研究和收集资料。

（2）项目结构分析。

（3）进度计划系统的结构分析。

（4）项目的工作编码。

（5）编制各层进度计划。

（6）协调各层进度计划的关系，编制总进度计划。

（7）若所编制的总进度计划不符合项目的进度目标，则设法调整。

（8）若经过多次调整，进度目标无法实现，则报告项目决策者。

其中，调查研究和收集资料包括以下工作：

1）了解和收集项目决策阶段有关项目进度目标确定的情况和资料。

2）收集与进度有关的该项目组织、管理、经济和技术资料。

3）收集类似项目的进度资料。

4）了解和调查该项目的总体部署。

5）了解和调查该项目实施的主、客观条件等。

其中，大型建设工程项目的结构分析是根据编制总进度纲要的需要，将整个项目进行逐层分解，并确立相应的工作目录。

3. 工程项目进度计划的类型

（1）横道进度计划。横道图是一种最简单、运用最广泛的传统的进度计划方法，尽管有许多新的计划技术，横道图在建设领域中的应用仍非常普遍。

通常，横道图的表头为工作及其简要说明，项目进展表示在时间表格上，如图4.1所示。按照所表示工作的详细程度，时间单位可以为小时、天、周、月等。这些时间单位经常用日历表示，此时可表示非工作时间，如停工时间、公众假日、假期等。根据此横道图使用者的要求，工作可按照时间先后、责任、项目对象、同类资源等进行排序。

横道图也可将工作简要说明直接放在横道上。横道图可将最重要的逻辑关系标注在内，但是，如果将所有逻辑关系均标注在图上，则横道图简洁性的最大优点将丧失。

横道图用于小型项目或大型项目的子项目上，或用于计算资源需要量和概要预示进度，也可用于其他计划技术的表示结果。

横道图计划表中的进度线（横道）与时间坐标相对应，这种表达方式较直观，易看懂计划编制的意图。但是，横道图进度计划法也存在一些问题，具体如下。

1）工序（工作）之间的逻辑关系可以设法表达，但不易表达清楚。

2）适用于手工编制计划。

3）没有通过严谨的进度计划时间参数计算，不能确定计划的关键工作、关键路线与时差。

4）计划调整只能用手工方式进行，其工作量较大。

5）难以适应大的进度计划系统。

序号	工作名称	工期/工日	计划开始	计划完成	紧前工作	施工进度/天
1	基础	0	1月1日	1月1日		
2	预制柱	35	1月1日	2月14日	1	
3	预制屋架	20	1月1日	1月24日	1	
4	预制楼梯	15	1月1日	1月27日	1	
5	吊装	30	2月15日	3月28日	2，3，4	
6	砌砖墙	20	3月29日	4月25日	5	
7	屋面找平	5	3月29日	4月4日	5	
8	钢窗安装	4	4月19日	4月22日	6SS+15d	
9	二毡三油一砂	5	4月5日	4月11日	7	
10	外粉刷	20	4月25日	5月20日	8	
11	内粉刷	30	4月25日	6月3日	8，9	
12	油漆、玻璃	5	6月6日	6月10日	10，11	
13	竣工验收	0	6月10日	6月10日	12	

图 4.1　横道图示例

（2）工程网络计划。国际上，工程网络计划有许多名称，如 CPM、PERT、CPA、MPM 等。工程网络计划的类型有以下几种不同的划分方法。

1）工程网络计划按工作持续时间的特点划分为肯定型问题的网络计划、非肯定型问题的网络计划、随机网络计划等。

2）工程网络计划按工作和事件在网络图中的表示方法划分为以下几项。

①事件网络：以节点表示事件的网络计划。

②工作网络：以箭线表示工作的网络计划［我国《工程网络计划技术规程》（JGJ/T 121—2015）为双代号网络计划］；以节点表示工作的网络计划［我国《工程网络计划技术规程》（JGJ/T 121—2015）为单代号网络计划］。

3）工程网络计划按计划平面的个数划分为单平面网络计划、多平面网络计划（多阶网络计划、分级网络计划）。

美国较多使用双代号网络计划，欧洲则较多使用单代号搭接网络计划。

我国《工程网络计划技术规程》（JGJ/T 121—2015）推荐的常用的工程网络计划类型包括双代号网络计划、单代号网络计划、双代号时标网络计划、单代号搭接网络计划。

4.3　流水施工

任何一个建筑工程都是由许多施工过程组成的，而每个施工过程可以组织一个或多个施工队伍进行施工。如何组织各施工队伍的先后顺序或搭接施工，是组织施工过程中一个基本的问题。

4.3.1　流水施工概述

1. 施工组织方式

通常，组织施工有依次施工、平行施工和流水施工三种基本方式。例4.1列举了对三种施工组织方式进行进度安排，用来分析三种施工组织方式的优点、缺点。

【例4.1】某四幢相同的建筑物，其编号分别为Ⅰ、Ⅱ、Ⅲ、Ⅳ，它们的基础工程量都相等，而且都是由挖土方、做垫层、砌基础和回填土四个施工过程组成的，每个施工过程的施工天数均为5天。按照组织施工方式可有依次施工、平行施工、流水施工三种，进度计划安排如图4.2所示。

在图4.2中，上部分为横道图，分别表示四栋楼的施工进度计划，图上的短横线表示该施工过程施工的具体组织时间；下部分为劳动力动态图，其纵坐标为每天施工班组人数，横坐标为施工进度。将每天各投入的施工人数累加并连接起来，即可绘制出劳动力动态图。

根据例4.1的依次施工、平行施工和流水施工三种施工组织方式的进度计划绘制与对比，可以分析出三种施工组织的特点和适用情况如下。

(1) 依次施工。依次施工也称为顺序施工，可分为按施工过程顺序施工和按施工段依次施工两种。按施工过程依次施工是将工程对象任务分解成若干个施工过程，按照一定的施工顺序，前一个施工过程完成后，后一个施工过程才开始；按施工段依次施工是将工程对象任务分解成若干个施工过程，按照施工位置，前一个施工段上所有施工过程完成后，再进行下一个施工段上的各个施工过程的施工任务。依次施工是最基本、最原始的施工组织方式。依次施工有以下特点。

1) 因为没有充分地利用工作面去争取时间，所以工期长。

2) 工作队不能实现专业化施工，不利于改进工人的操作方法和施工机具，不利于提高工程质量和劳动生产率。

3) 按施工段依次施工条件下，工作队及工人不能连续作业。

4) 按施工过程依次施工时，各施工队虽然能够连续施工不窝工，但不能充分利用工作面，不能及时为上部结构提供工作面。

5) 单位时间内投入的资源量比较少且较均衡，有利于资源供应的组织工作。

6) 施工现场的组织、管理比较简单。

依次施工适用于工程规模小、施工工作面有限制、资源供应不足、工期不紧的情况。

(2) 平行施工。在拟建工程任务十分紧迫、工作面允许及资源保证供应的条件下，全部工程任务的各施工段同时开工、同时完成的一种施工组织方式。平行施工有以下特点。

1) 充分地利用了工作面，争取了时间，可以缩短工期。

2) 工作队不能实现专业化施工，不利于改进工人的操作方法和施工机具，不利于提高工程质量和劳动生产率。

3）工作队及工人不能连续作业。

4）单位时间内投入施工的资源量成倍增长，现场临时设施也相应增加。

5）施工现场组织、管理复杂。

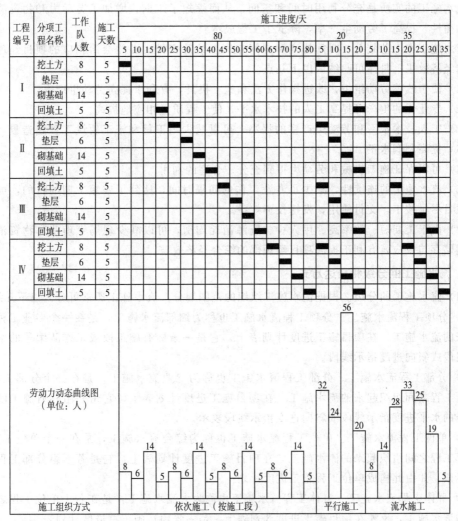

图 4.2 三种施工组织方式进度计划图

平行施工一般适用于工期要求紧、大规模的建筑群及分批分期组织施工的工程任务。该方式只有在各方面的资源供应有保障的前提下，方可合理安排。

（3）流水施工。流水施工组织方式是施工对象按一定的时间间隔依次开始施工，各工作队按一定的时间间隔依次在各个施工对象上工作，不同的工作队在不同的施工对象上同时工作的组织施工的方法。流水施工有以下特点。

1）科学地利用了工作面，争取了时间，工期比较合理。

2）工作队及其工人实现了专业化施工，可使工人的操作技术熟练，更好地保证工程质量，提高劳动生产率。

3）专业工作队及其工人能够连续作业，使相邻的专业工作队之间实现了最大限度的合理搭接。

4）单位时间投入施工的资源量较为均衡，有利于资源供应的组织工作。

5）为文明施工和进行现场的科学管理创造了有利条件。

2. 流水施工的经济效果

流水施工的实质是充分利用时间和空间，从而缩短了工期，增加了劳动力和物资需要量供应的均衡性，提高了劳动生产率，降低了工程成本。

流水施工在工艺划分、时间排列和空间布置上统筹安排，必然会给相应的项目经理部带来显著的经济效果，具体可归纳为以下几点。

（1）便于改善劳动组织，改进操作方法和施工机具，有利于提高劳动生产率。

（2）专业化的生产可提高工人的技术水平，使工程质量相应地提高。

（3）工人技术水平和劳动生产率的提高，可以减少用工量和施工暂设工程建造量，降低工程成本，提高利润水平。

（4）可以保证施工机械和劳动力得到充分、合理的利用。

（5）流水施工的连续性，减少了专业工作的间隔时间，达到了缩短工期的目的，可使拟建工程项目尽早竣工，交付使用，发挥投资效益。

（6）由于工期短、效率高、用人少、资源消耗均衡，可以减少现场管理费和物资消耗，实现合理储存与供应，有利于提高项目经理部的综合经济效益。

3. 流水施工的分级和表达方式

（1）流水施工的分级。根据流水施工组织的范围划分，流水施工通常可分为以下几级。

1）分项工程流水施工。分项工程流水施工也称为细部流水施工，是在一个专业工种内部组织起来的流水施工。在项目施工进度计划表上，它是一条标有施工段或工作队编号的水平进度指示线段或斜向进度指示线段。

2）分部工程流水施工。分部工程流水施工也称为专业流水施工，是在一个分部工程内部、各分项工程之间组织起来的流水施工。在项目施工进度计划表上，它由一组标有施工段或工作队编号的水平进度指示线段或斜向进度指示线段表示。

3）单位工程流水施工。单位工程流水施工也称为综合流水施工，是在一个单位工程内部、各分部工程之间组织起来的流水施工。在项目施工进度计划表上，它是若干组分部工程的进度指示线段，并由此构成单位工程施工进度计划。

4）群体工程流水施工。群体工程流水施工也称为大流水施工，是在若干单位工程之间组织起来的流水施工，反映在项目施工进度计划表上，是一张项目施工总进度计划表。

（2）流水施工的表达方式。流水施工的表达方式是工程施工进度计划图表，如水平图表（又称横道图）、垂直图表（又称斜线图）及网络图。

1）水平图表（图4.3）。在流水施工水平图表的表达方式中，横坐标表示流水施工的持续时间，纵坐标表示开展流水施工的施工过程及专业工作队的名称、编号和数目，呈梯形分布的水平线段表示流水施工的开展情况。

水平指示图表的优点是绘图简单，施工过程及其先后顺序清楚，时间和空间状况形象直观，水平线段的长度可以反映流水施工进度，使用方便。在实际工程中，常用水平图表编制施工进度计划。

2）垂直图表（图4.4）。在流水施工垂直图表的表达方式中，横坐标表示流水施工的持续时间；纵坐标表示开展流水施工所划分的施工段编号。各斜线段表示各专业工作队或施工过程开展流水施工的情况。垂直图表中垂直坐标的施工对象编号是由下而上编写的。

垂直指示图表的优点是施工过程及其先后顺序清楚，时间和空间状况形象直观，斜向进度线的斜率可以明显表示出各施工过程的施工速度；利用垂直指示图表研究流水施工的基本理论比较方便，但编制实际工程进度计划不如横道图方便，一般不用其表示实际工程的流水施工进度计划。

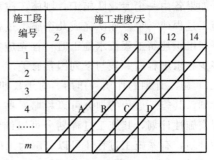

图 4.3　水平指示图表　　　　　　　图 4.4　垂直指示图表

3）网络图。流水施工也可以用网络图来表示，具体绘图方法见本章第 4.4 节。

4. 组织流水施工的条件

（1）划分施工过程。划分施工过程的目的是对施工对象的建造过程进行分解，以便逐一实现局部对象的施工，从而使施工对象整体得以实现。只有这种合理的分解，才能实现专业化施工和有效协作。

（2）划分施工段。根据组织流水施工的需要，将拟建工程在平面或空间上尽可能地划分为劳动量大致相同的若干个施工段。

（3）每个施工过程组织独立的施工班组。在一个流水组中，每个施工过程尽可能组织独立的施工班组，其形式可以是专业班组，也可以是混合班组。这样可使每个施工班组按施工顺序、依次、连续、均衡地从一个施工段转移到另一个施工段进行相同的操作。

（4）主要施工过程必须连续、均衡地施工。主要施工过程是指工程量较大、作业时间较长的施工过程。对于主要施工过程，必须连续、均衡地施工；对于其他次要的施工过程，可考虑与相邻的施工过程合并。如不能合并，为缩短工期，可安排间断施工。

（5）不同施工过程尽可能组织平行搭接施工。根据施工顺序，不同的施工过程，在有工作面的条件下，除必要的技术和组织间歇时间外，应尽可能组织平行搭接施工。

4.3.2　流水施工参数

流水施工参数是指组织流水施工时，用来描述工艺流程、空间布置和时间安排等方面的状态参数。它主要包括工艺参数、空间参数和时间参数三大类，如图 4.5 所示。

1. 工艺参数

在组织流水施工时，用以表达流水施工在施工工艺上的开展顺序及其特征的参数称为工艺参数。具体来说，工艺参数是指在组织流水施工时，拟建工程项目的整个建造过程可分解为施工过程的种类、性质和数目。通常，工艺参数包括施工过程数和流水强度两种。

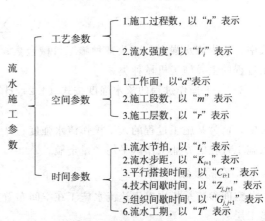

图 4.5　流水施工基本参数分类

（1）施工过程数。工艺参数是指参与流水施工的施工过程数目，一般用代号"n"表示。其既可以是一个工序，又可以是分项工程、分部工程，还可以是单位工程、单项工程。一个施工过程如果各由一个专业队施工，则施工过程数和专业队数相等。有时由几个专业队负责完成一个施工过程或一个专业队完成几个施工过程。专业队数可以用代号"N"表示。

在组织建筑工程流水施工时，首先应将施工对象划分为若干施工过程。施工过程划分的数目多少和粗细程度一般与下列因素有关。

1）施工计划的性质和作用。对于长期计划及建筑群体规模大、工期长的工程施工控制性进度计划，其施工过程的划分可以粗略一些、综合性大一些。对于中小型单位工程及工期较短的工程实施性计划，其施工过程划分可以细致、具体一些，一般可划分至分项工程。对于月度作业性计划，有些施工过程还可以分解为工序，如顶棚抹灰、贴釉面砖等工程。

2）施工方案。对于一些相同的施工工艺，应根据施工方案的要求，将它们合并为一个施工过程，也可以根据施工的先后将其分为两个施工过程。对于不同的施工方案，其施工顺序和施工方法也不同。例如，框架主体结构采用的模板不同，其施工过程划分的个数就不同。

3）工程量与劳动力组织。施工过程的划分与施工班组及施工习惯有一定关系。例如，可以将安装玻璃、涂刷油漆合并为一个施工过程，即玻璃油漆施工过程，它的施工班组就成为一个混合班组；也可以将它们分为两个施工过程，即玻璃安装施工过程和涂刷油漆施工过程，这时它们的施工班组为单一工种的施工班组。

4）施工的内容和范围。施工过程的划分不仅与工程量大小有关，而且与其工作内容和范围有关。例如，直接在施工现场与工程对象上进行的施工过程，可以划入流水施工过程，但在场外的施工内容（如零配件的加工），可以不划入流水施工过程。

如果流水施工的每个施工过程各由一个专业施工班组施工，那么施工过程数 n 与专业施工班组数相等，否则两者不相等。

装饰施工过程可分为三类，即制造装饰成品、半成品而进行的制备类施工过程；将材料和制品运输至工地仓库或转运至施工现场的运输类施工过程；在施工过程中占主要地位的装饰安装类施工过程。

（2）流水强度。每个施工过程在单位时间内所完成的工程量（如浇捣混凝土施工过程中，工程量为每工作班能浇筑的混凝土立方数）称为流水强度，又称为流水能力或生产能力，用符号"V_i"表示。

1）机械施工过程的流水强度按式（4.1）计算。

$$V_i = \sum_{i=1}^{x} R_i S_i \tag{4.1}$$

式中，V_i 为流水强度；R_i 为某种施工机械台数；S_i 为该种施工机械台班产量；x 为用于同一施工过程的主导施工机械种类。

2）人工操作过程的流水强度按式（4.2）计算。

$$V_i = R_i S_i \tag{4.2}$$

式中，V_i 为某施工过程的人工操作流水强度；R_i 为投入施工过程的专业工作队工人数；S_i 为投入施工过程的专业工作队平均产量定额。

2. 空间参数

空间参数是指用以表达流水施工在空间布置上所处状态的参数。其包括工作面、施工段数、施工层数。

（1）工作面。工作面又称为工作线，用符号"a"来表示，是指在施工对象上可能安置的操作工人的人数或布置施工机械的地段。工作面用来反映施工过程中（工人操作、机械布置）在空间上布置的可能性。

对于某些施工过程，在施工一开始时就已经在整个长度或广度上形成了工作面，这种工作面称为完整的工作面（如铺地砖）。有些施工过程的工作面是随着施工过程的推进逐步形成的，这种工作面称为部分的工作面。

工作面的大小可以采用不同的单位来计量。例如，门窗的油漆用量可以根据门窗洞的面积来计算，以平方米为单位，靠墙扶手沿长度以米为单位。

在确定一个施工过程必要的工作面时，不但要考虑前一施工过程为这一施工过程可能提供的工作面大小，还必须严格遵守施工规范和安全技术的有关规定。因此，工作面的形成直接影响到流水施工的组织。

工作面有个最小值规定，最小工作面对应能够安排的施工人数和机械数的最大数量，决定着专业工作队人数的上限。有关各工种的工作面及其说明见表4.1。

表 4.1　主要工种工作面参考数据表

工作项目	每个技工的工作面	说明
砖基础	7.6 m/人	以 $1\frac{1}{2}$ 砖计，2 砖乘以 0.8，3 砖乘以 0.55
砌砖墙	8.5 m/人	以 $1\frac{1}{2}$ 砖计，1 砖乘以 0.7，2 砖乘以 0.57
毛石墙基	3 m/人	以 60 cm 计
毛石墙	3.3 m/人	
混凝土柱、墙基础	8 m³/人	机拌、机捣
混凝土设备基础	7 m³/人	机拌、机捣
现浇钢筋混凝土柱	2.45 m³/人	机拌、机捣
现浇钢筋混凝土梁	3.20 m³/人	机拌、机捣
现浇钢筋混凝土楼板	5 m³/人	机拌、机捣
预制钢筋混凝土柱	3.6 m³/人	机拌、机捣
预制钢筋混凝土梁	3.6 m³/人	机拌、机捣
预制钢筋混凝土屋架	2.7 m³/人	机拌、机捣
预制钢筋混凝土平板、空心板	1.91 m³/人	机拌、机捣
预制钢筋混凝土大型屋面板	2.62 m³/人	机拌、机捣
混凝土地坪及面层	40 m²/人	机拌、机捣
外墙抹灰	16 m²/人	
内墙抹灰	18.5 m²/人	
卷材屋面	18.5 m²/人	
防水水泥砂浆屋面	16 m²/人	
门窗安装	11 m²/人	

（2）施工段数和施工层数。施工段数和施工层数是指工程对象在组织流水施工中所划分的施工区段数目。一般将平面上划分的若干个劳动量大致相等的施工区段称为施工段，用符号

"m"表示；把建筑物垂直方向划分的施工区段称为施工层数，用符号"r"表示。

施工层数的划分要考虑施工项目的具体情况，一般根据建筑物的高度、楼层来确定，如砌筑工程的施工层高度一般为 1.2 m（一步架高）；混凝土结构、室内抹灰、木装饰、油漆玻璃和水电安装等的施工高度，可按楼层进行施工层的划分。

划分施工段的目的就是保证不同的施工队组能在不同的施工段上同时进行施工，消灭由于不同的施工队组不能同时在一个工作面上工作而产生的互等、停歇现象，为流水创造条件。

划分施工段的基本要求如下。

1）施工段的数目要合理。施工段过多势必要减少人数，工作面不能充分利用，拖长工期；施工段数过少，则会引起劳动力、机械和材料供应的过分集中，有时还会造成"断流"的现象。

2）各施工段的劳动量（或工程量）要大致相等（相差幅度宜在 15% 以内），以保证各施工队组连续、均衡、有节奏地施工。

3）要有足够的工作面，使其所容纳的劳动力人数或机械台数能满足合理劳动组织的要求。

4）要有利于结构的整体性。施工段的分界线应尽可能与结构的自然界线（如沉降缝、伸缩缝等）相一致。如果必须将分界线设在墙体中间，应将其设在对结构整体性影响较小的部位。

5）以主导施工过程为依据进行划分。例如，在砌体结构房屋施工中，就是以砌砖、楼板安装为主导施工过程来划分施工段；而对于整体的钢筋混凝土框架结构房屋，则是以钢筋混凝土工程作为主导施工过程来划分施工段的。

6）当组织流水施工的工程对象有层间关系，分层分段施工时，应使各施工队组能连续施工（当无层间关系或无施工层时，施工段数不受此要求限制）。即施工过程的施工队组做完第一段能立即转入第二段，施工完第一层的最后一段能立即转入第二层的第一施工段，实现连续施工不窝工。因此，每层的施工段数必须大于或等于其施工过程数，即

$$m \geqslant n \tag{4.3}$$

【例 4.2】某三层砌体结构房屋的主体工程，施工过程划分为砌砖墙、现浇圈梁（含构造柱、楼梯）、预制楼板安装灌缝等，设每个施工过程在各个施工段上所需要的时间均为 3 天，则施工段数与施工过程数之间可能有以下 3 种情况。

（1）当 $m = n$ 时，即每层划分为 3 个施工段组织流水施工，其施工进度安排如图 4.6 所示。

施工过程	施工进度/天										
	3	6	9	12	15	18	21	24	27	30	33
砌体墙	Ⅰ-1	Ⅰ-2	Ⅰ-3	Ⅱ-1	Ⅱ-2	Ⅱ-3	Ⅲ-1	Ⅲ-2	Ⅲ-3		
现浇圈梁		Ⅰ-1	Ⅰ-2	Ⅰ-3	Ⅱ-1	Ⅱ-2	Ⅱ-3	Ⅲ-1	Ⅲ-2	Ⅲ-3	
安板灌缝			Ⅰ-1	Ⅰ-2	Ⅰ-3	Ⅱ-1	Ⅱ-2	Ⅱ-3	Ⅲ-1	Ⅲ-2	Ⅲ-3

图 4.6 当 $m = n$ 时的进度计划安排

（图中Ⅰ、Ⅱ、Ⅲ表示楼层，1、2、3表示施工段，Ⅰ-1表示第一层的第一个施工段）

从图 4.6 中可以看出，当 $m = n$ 时，各个施工队组连续施工（每个施工过程的施工班组进入现场后，图中每一横行的短横线在时间上连续，直至该施工过程的施工队组工作结束，即不窝工），施工段上始终有施工队组（每个施工段开始施工后，在图中每一竖列时间均包含 3 个施工段，直到该施工段上的施工过程全部完工，即施工段上无闲置）。工作面能被充分利用，无停歇现象，也不会产生工人窝工现象，比较理想。

（2）当 $m>n$ 时，即每层划分为 4 个施工段组织流水施工，其施工进度安排如图 4.7 所示。

施工过程	施工进度/天													
	3	6	9	12	15	18	21	24	27	30	33	36	39	42
砌体墙	Ⅰ-1	Ⅰ-2	Ⅰ-3	Ⅰ-4	Ⅱ-1	Ⅱ-2	Ⅱ-3	Ⅱ-4	Ⅲ-1	Ⅲ-2	Ⅲ-3	Ⅲ-4		
现浇圈梁				Ⅰ-1	Ⅰ-2	Ⅰ-3	Ⅰ-4	Ⅱ-1	Ⅱ-2	Ⅱ-3	Ⅱ-4	Ⅲ-1	Ⅲ-2	Ⅲ-3 Ⅲ-4
安板灌缝					Ⅰ-1	Ⅰ-2	Ⅰ-3	Ⅰ-4	Ⅱ-1	Ⅱ-2	Ⅱ-3	Ⅱ-4	Ⅲ-1 Ⅲ-2	Ⅲ-3 Ⅲ-4

图 4.7　当 $m>n$ 时的进度计划安排

（图中Ⅰ、Ⅱ、Ⅲ表示楼层，1、2、3、4表示施工段，Ⅰ-1表示第一层的第一个施工段）

从图 4.7 中可以看出，当 $m>n$ 时，施工队仍是连续施工，但每层楼板安装后不能立即投入砌砖，即施工段上有停歇，工作面未被充分利用。但工作面的"停歇"不一定有害，在实际施工过程中，可以利用施工段上的停歇时间做养护、备料、弹线等工作。但如果施工段数目过多，必然导致工作面闲置，不利于缩短工期。

（3）当 $m<n$ 时，即每层划分为 2 个施工段组织流水施工。其施工进度安排如图 4.8 所示。

施工过程	施工进度/天									
	3	6	9	12	15	18	21	24	27	30
砌体墙	Ⅰ-1	Ⅰ-2		Ⅱ-1	Ⅱ-2		Ⅲ-1	Ⅲ-2		
现浇圈梁		Ⅰ-1	Ⅰ-2		Ⅱ-1	Ⅱ-2		Ⅲ-1	Ⅲ-2	
安板灌缝			Ⅰ-1	Ⅰ-2		Ⅱ-1	Ⅱ-2		Ⅲ1	Ⅲ-2

图 4.8　当 $m<n$ 时的进度计划安排

（图中Ⅰ、Ⅱ、Ⅲ表示楼层，1、2表示施工段，Ⅰ-1表示第一层的第一个施工段。）

从图 4.8 中可以看出，当 $m<n$ 时，尽管施工段上未出现停歇，但施工队不能及时进入第二层施工段施工而轮流出现窝工现象，施工段没有空闲。因此，对于一个建筑物组织施工流水是不适宜的，应加以杜绝；但是，在建筑群中可以与一些建筑物组织大流水，来弥补停工现象。

3. 时间参数

在组织流水施工时，用以表达流水施工在时间排列上所处状态的参数，称为时间参数。时间参数包括流水节拍、流水步距、平行搭接时间、技术间歇时间、组织间歇时间和流水工期。

（1）流水节拍。流水节拍是指每个专业班（组）在各个施工段上完成相应的施工任务所需要的工作延续时间，通常用符号" t_i "表示（ $i=1，2，3，n$ ）。同一施工过程的流水节拍，主要由所采用的施工方法、施工机械及在工作面允许的前提下投入施工的工人数、机械台数和采用的工作班次等因素确定。

1）确定流水节拍应考虑的因素。

①施工队组人数应符合该施工过程最小劳动组合人数要求。所谓最小劳动组合，就是指某一施工过程进行正常施工所必需的最低限度的队组人数及其合理组合。

②要考虑工作面大小或某种条件限制。

③要考虑各种机械台班的效率或机械台班产量的大小。

④要考虑各种材料、构配件等施工现场堆放量、供应能力及其他有关条件的制约。

⑤要考虑施工及技术条件的要求。

⑥确定一个分部工程各施工过程的流水节拍时，首先应考虑主要的、工程量大的施工过程的流水节拍，其次确定其他施工过程的流水节拍。

⑦流水节拍数值一般取整数，必要时可保留0.5天（台班）的小数值。

2）流水节拍计算方法。

①定额计算法。根据各个施工段的工程量和现有能够投入的资源量（劳动力、机械台数和材料量等），按式（4.4）进行计算。

$$t_i = \frac{Q_i}{S_i \cdot R_i \cdot N_i} = \frac{Q_i \cdot H_i}{R_i \cdot N_i} = \frac{P_i}{R_i \cdot N_i} \qquad (4.4)$$

式中，t_i 为某工程在某施工段上的流水节拍；Q_i 为某工程在某施工段上的工程量；S_i 为某工程的产量定额；R_i 为某工程的施工班组人数或机械台班数；N_i 为每天工作班数；H_i 为某工程的时间定额；P_i 为某工程在某施工段上的劳动量。

$$P_i = \frac{Q_i}{S_i} = Q_i \cdot H_i \qquad (4.5)$$

在式（4.5）中，S_i 和 H_i 应是施工企业的工人或机械所能达到实际定额水平，其他符号含义同前。

②经验估算法。根据以往的施工经验进行估算，多适用于采用新工艺、新材料和新方法等没有定额可循的工程。一般为了提高其准确程度，往往先估算出该流水节拍的最长、最短和正常三种时间，然后据此计算出期望时间，作为某专业工作队在某施工段上的流水节拍。该估算法也称为三点时间估算法，按式（4.6）进行计算。

$$t_i = \frac{a + 4c + b}{6} \qquad (4.6)$$

式中，t_i 为某施工过程在某个施工段上的流水节拍；a 为某施工过程在某个施工段上的最短估算时间；b 为某施工过程在某个施工段上的最长估算时间；c 为某施工过程在某施工段上的正常估算时间。

经验估算法多适用于采用新工艺、新方法和新材料等没有定额可循的工程。

③工期计算法。对某些施工任务在规定日期必须完成的工程项目，往往采用倒排进度法，即根据工期要求先确定流水节拍 t_i，然后应用定额计算法计算公式计算出所需的施工队组人数或机械台班数。但在这种情况下，必须检查劳动力和机械供应的可能性，物资供应能否与之相适应。具体步骤如下。

a. 根据工期倒排进度，确定某施工过程的工作延续时间。

b. 确定某施工过程在某施工段上的流水节拍。若同一施工过程的流水节拍不等，则用估算法；若流水节拍相等，则按式（4.7）进行计算。

$$t_i = \frac{T_i}{m} \qquad (4.7)$$

式中，t_i 为某施工过程的流水节拍；T_i 为某施工过程的工作持续时间；m 为施工段数。

（2）流水步距。流水步距是指组织流水施工时，相邻两个施工过程（或专业工作队）相继开始施工的最小间隔时间。流水步距一般用符号"$K_{i,i+1}$"表示。它是流水施工的主要参数之一。

流水步距的数目取决于参加流水的施工过程数。若施工过程数为 n 个，则流水步距的总数为 $n-1$ 个。

1）确定流水步距大小的基本要求。流水步距大小取决于相邻两个施工过程（或专业工作队）在各个施工段上的流水节拍及流水施工的组织方式。确定流水步距时，一般应满足以下基本要求。

①主要施工队组连续施工需要。各施工过程的专业工作队投入施工后尽可能地保持连续作业。

②施工工艺要求。各施工过程按各自流水速度施工，始终保持工艺先后顺序。

③最大限度搭接的要求。相邻两个施工过程（或专业工作队）在满足连续施工的条件下，能最大限度地实现合理搭接。

④要满足保证工程质量，满足安全生产、成品保护的需要。

2）确定流水步距的方法。确定流水步距方法有很多，常用的有以下3种。

①图上分析法：适用于横道进度计划已经绘制出的情况，根据不同流水施工横道图的特点与流水步距的定义进行分析，得出流水步距的数值。

②公式计算法：根据不同流水施工组织方式，套用公式计算。

③潘特考夫斯基法：利用各施工过程在不同施工段上的流水节拍进行"累加数列、错位相减、取大差法"。这种方法适用于各种形式的流水施工，且较为简捷、准确。

【例 4.3】某项目由 A、B、C、D 四个施工过程组成，分别由四个专业工作队完成，在平面上划分为四个施工段，每个施工过程在各个施工段上的流水节拍见表 4.2，计算相邻专业工作队之间的流水步距。

表 4.2　某工程流水节拍表

施工过程 ＼ 施工段	Ⅰ	Ⅱ	Ⅲ	Ⅳ
A	4	2	3	2
B	3	4	3	4
C	3	2	2	3
D	2	2	1	2

【解】（1）计算各施工过程的流水节拍，进行"累加数列"，结果如下：

A：4，6，9，11

B：3，7，10，14

C：3，5，7，10

D：2，4，5，7

（2）对相邻两个施工过程的"累加数列"进行"错位相减"，结果如下：

A 与 B 施工过程的"累加数列"进行"错位相减"：

```
    4，  6，  9，  11
 —） 3，  7， 10， 14
 ——————————————————————
    4，  3，  2，  1， —14
```

B 与 C 施工过程的"累加数列"进行"错位相减"：

```
    3，  7， 10， 14
 —） 3，  5，  7， 10
```

3，　4，　5，　7，－10

C 与 D 施工过程的"累加数列"进行"错位相减"：

$$
\begin{array}{r}
3,\quad 5,\quad 7,\quad 10 \\
-)\ 2,\quad 4,\quad 5,\quad 7 \\
\hline
3,\quad 3,\quad 3,\quad 5,\quad -7
\end{array}
$$

（3）将所有"错位相减"的结果进行"取大差"，确定各相邻施工过程的流水步距，结果如下：

$K_{A,B} = \max\{4, 3, 2, 1, -14\} = 4$ 天

$K_{B,C} = \max\{3, 4, 5, 7, -10\} = 7$ 天

$K_{C,D} = \max\{3, 3, 3, 5, -7\} = 5$ 天

（3）平行搭接时间。在组织流水施工时，有时为了缩短工期，在工作面允许的条件下，如果前一个专业工作队完成部分施工任务后，能够提前为后一个专业工作队提供工作面，使后者提前进入前一个施工段，两者在同一个施工段上平行搭接施工，这个搭接的时间称为平行搭接时间。平行搭接时间以 $C_{i,i+1}$ 表示。

（4）技术间歇时间。在组织流水施工时，除要考虑相邻专业工作队之间的流水步距外，还要考虑合理的工艺（工艺性质）等待时间，这个等待时间称为技术间歇时间。技术间歇时间以 $Z_{j,j+1}$ 表示。如楼板混凝土浇筑后需一定的养护时间才能进行后道工序的施工；屋面找平层完成后需干燥后才能进行防水层的施工。

（5）组织间歇时间。在组织流水施工中，由于施工技术或施工组织的原因，造成的在流水步距以外增加的间歇时间称为组织间歇时间。组织间歇时间以 $G_{j,j+1}$ 表示。如基坑持力层验槽、回填土前的隐蔽工程验收、装修开始前的主体结构验收或安全检查等。

工艺间歇和组织间歇在流水施工时，可与相应施工过程一并考虑，也可分别考虑，灵活运用工艺间歇和组织间歇的时间参数特点，对简化流水施工的组织有特殊的作用。

（6）流水工期。流水工期是指完成一项工程任务或一个流水组施工所需的时间。流水施工工期不是工程的总工期，但受总工期的制约，要确保总工期目标的实现。流水工期按式（4.8）进行计算。

$$
T = \sum K_{i,\,i+1} + T_n + \sum Z_{i,\,i+1} + \sum G_{i,\,i+1} - \sum C_{i,\,i+1} \tag{4.8}
$$

式中，T 为流水组施工工期；$\sum K_{i,\,i+1}$ 为流水施工中各流水步距之和；T_n 为流水施工中最后一个施工过程的持续时间；$Z_{i,\,i+1}$ 为第 i 个施工过程与第 $i+1$ 个施工过程之间的技术间歇时间；$G_{i,\,i+1}$ 为第 i 个施工过程与第 $i+1$ 个施工过程之间的组织间歇时间；$C_{i,\,i+1}$ 为第 i 个施工过程与第 $i+1$ 个施工过程之间的平行搭接时间。

4.3.3　流水施工组织

流水施工的节奏是由流水节拍决定的。由于建筑工程的多样性，各分部分项工程量差异较大，要使所有的流水施工都组织成统一的流水节拍是很困难的。在大多数情况下，各施工过程的流水节拍不一定相等，甚至一个施工过程本身在各个施工段上的流水节拍也不相等，因此形成了不同节奏特征的流水施工。

根据流水施工节奏特征的不同，流水施工的基本方式分为有节奏流水施工和无节奏流水施工两大类。有节奏流水施工又可分为等节奏流水施工和异节奏流水施工。异节奏流水施工又根据是否可以加入班组缩短工期分为异步距异节拍流水施工和等步距异节拍流水施工，如图 4.9 所示。

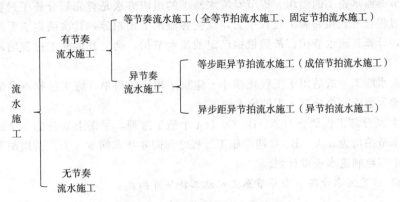

图 4.9 流水施工组织方式分类

1. 等节奏流水施工

（1）等节奏流水施工的概念。在组织流水施工时，若每个施工过程在各个施工段上的流水节拍都彼此相等，其流水步距也等于流水节拍，则这种流水施工方式称为等节奏流水施工。

（2）等节奏流水施工的特征。

1）所有施工过程在各个施工段上的流水节拍均相等，即 $t_i = t_1 = t_2 = t_3 = \cdots = t_n$。

2）相邻施工过程之间的流水步距均相等，且等于流水节拍，即 $K_{1,2} = K_{2,3} = \cdots\cdots = K_{n-1,n} = t_i$。

3）专业工作队数 n_1 等于施工过程数 n，每个施工过程成立一个专业工作队，由该队完成相应施工过程中所有施工段上的任务，即 $n = n_1$。

4）各个专业工作队在各施工段上能够连续作业，施工段之间没有空闲时间。

（3）等节奏流水施工主要参数的确定。

1）等节奏流水施工段数（m）的确定。

①无层间关系时，施工段数按划分施工段的基本要求确定即可。

②有层间关系时，为保证各施工队组能够连续施工，应取 $m \geqslant n$。

若一个楼层内各施工过程间的技术、组织间歇时间之和为 $\sum Z_1$，楼层间技术、组织间歇时间为 Z_2。如果每层的 $\sum Z_1$ 均相等，Z_2 也相等，则保证各施工队伍能够连续施工的最小施工段数（m）计算公式如下：

$$m = n + \frac{\sum Z_1}{K} + \frac{Z_2}{K} \tag{4.9}$$

式中，$\sum Z_1$ 为一个楼层内各个施工过程间的技术、组织间歇时间之和；Z_2 为楼层间技术、组织间歇时间；其他符号含义同前。

2）流水工期计算。

①不分施工层时，等节奏流水工期按式（4.10）进行计算：

$$T = (m + n - 1)K + \sum Z_{i,i+1} + \sum G_{i,i+1} - \sum C_{i,i+1} \tag{4.10}$$

②分施工层时，等节奏流水工期按式（4.11）进行计算：

$$T = (mr + n - 1)K + \sum Z_1 - \sum C_{i,i+1} \tag{4.11}$$

式（4.10）和式（4.11）中 r 为施工层数，其他符号含义同前。

（4）等节奏流水施工的组织。等节奏流水施工的组织方法是首先划分施工过程，应将劳动量小的施工过程合并到相邻施工过程中去，以使各流水节拍相等；其次确定主要施工过程的施工队组人数，计算其流水节拍；最后根据已定的流水节拍，确定其他施工过程的施工队组人数即其组成。

等节奏流水施工一般适用于工程规模小、建筑结构比较简单、施工过程不多的房屋或某些构筑物。通常为组织一个分部工程的流水施工。

【例 4.4】某分部工程划分为 A、B、C、D 4 个施工过程，平面上划分为 4 个施工段，各施工过程的流水节拍均为 3 天，B、C 两个施工过程之间需要技术间歇 2 天。请组织等节奏流水施工，并用横道图绘制流水进度计划。

【解】（1）确定流水步距。由等节奏流水施工特征可知：

$$K = t = 4 （天）$$

（2）计算流水工期。根据不分施工层，等节奏流水施工工期公式可知：

$$T = (m+n-1)K + \sum Z_{i, i+1} + \sum G_{i, i+1} - \sum C_{i, i+1} = (4+4-1) \times 3 + 2 = 23（天）$$

（3）用横道图绘制流水进度计划如图 4.10 所示。

工作名称	施工进度/天																						
	1	2	3	4	5	6	7	8	9	10	11	12	13	14	15	16	17	18	19	20	21	22	23
A	①				②			③			④												
B	←KA,B→		①			②			③			④											
C			←KB,C→		←ZB,C→		①			②			③			④							
D						←KC,D→			①			②			③			④					

图 4.10　某工程等节奏流水施工进度计划

2. 等步距异节拍流水施工（成倍节拍流水施工）

（1）等步距异节拍流水施工的概念。等步距异节拍流水施工也称为成倍节拍流水，是指在组织流水施工时，同一个施工过程在各个施工段上的流水节拍相等，不同的施工过程在同一个施工段上的流水节拍在数值上具有某种倍数关系（存在最大公约数），为加快流水施工进度，利用这种倍数关系，按最大公约数的倍数组建每个施工过程的施工队组，以形成类似于等节奏流水的等步距异节拍流水施工。

（2）等步距异节拍流水施工的特征。

1）同一施工过程在各个施工段上的流水节拍彼此相等。

2）不同施工过程在同一个施工段上的流水节拍彼此不相等，但互为倍数关系。

3）流水步距彼此相等，且等于各流水节拍的最大公约数 K_b，即

$$K = 最大公约数 \{t_1, t_2, \cdots, t_n\} = K_b$$

4）各专业工作队都能保证连续施工，施工段没有空闲。

5）专业工作队数 n_1 大于施工过程数 n，即：$n_1 > n$。

（3）等步距异节拍流水施工主要参数的确定。

1）流水步距的确定。

$$K_{i, i+1} = 最大公约数 \{t_1, t_2, \cdots, t_n\} = K_b \qquad (4.12)$$

式中，K_b 为成倍节拍流水的流水步距，为流水节拍的最大公约数。

2）每个施工过程的施工队组数的确定。

$$b_i = \frac{t_i}{K_b} \tag{4.13}$$

$$n_1 = \sum b_i \tag{4.14}$$

式中，b_i 为某 i 施工过程所需施工队组数；n_1 为专业施工队组总数，其他符号含义同前。

3）施工段数（m）的确定。

①无层间关系时，施工段数（m）按划分施工段的基本要求确定即可，一般取 $m = n_1$。

②有层间关系时，每层最少施工段数（m）按式（4.15）计算：

$$m = n_1 + \frac{\sum Z_1}{K_b} + \frac{Z_2}{K_b} \tag{4.15}$$

式中，$\sum Z_1$ 为一个楼层内各施工过程间的技术、组织间歇时间之和；Z_2 为楼层间技术、组织间歇时间；K_b 为成倍流水的流水步距，其他符号含义同前。

4）流水工期的计算。

①不分施工层时，等节奏流水工期按式（4.16）进行计算：

$$T = (m + n_1 - 1)K + \sum Z_{i,\,i+1} + \sum G_{i,\,i+1} - \sum C_{i,\,i+1} \tag{4.16}$$

②分施工层时，等节奏流水工期按式（4.17）进行计算：

$$T = (mr + n_1 - 1)K + \sum Z_1 - \sum C_{i,\,i+1} \tag{4.17}$$

式（4.16）和式（4.17）中 r 为施工层数，其他符号含义同前。

（4）等步距异节拍流水施工的组织。等步距异节拍流水施工的组织方法是首先根据工程对象和施工要求，划分若干个施工过程；其次根据各施工过程的内容、要求及其工程量，计算每个施工段所需的劳动量，接着根据施工队组人数及组成，确定劳动量最少的施工过程的流水节拍；最后确定其他劳动量较大的施工过程的流水节拍，用调整施工队组人数或其他技术组织措施的方法，使他们的节拍值成整数倍关系。

等步距异节拍流水施工方式比较适用于线形工程（如道路、管道等）的施工，也适用于房屋建筑施工。

【例 4.5】某工程由 A、B、C 三个施工过程组成，分六段施工，流水节拍分别为 $t_A = 6$ 天、$t_B = 4$ 天、$t_C = 2$ 天，试组织等步距异节拍流水施工，并用横道图绘制流水进度计划。

【解】（1）确定流水步距。由等步距异节拍流水施工特征可知：

$$K = 最大公约数 \{t_A, t_B, t_C\} = K_b = 2（天）$$

（2）确定每个施工过程的施工队组数：

$$b_A = \frac{t_A}{K_b} = \frac{6}{2} = 3（个）$$

$$b_B = \frac{t_B}{K_b} = \frac{4}{2} = 2（个）$$

$$b_C = \frac{t_C}{K_b} = \frac{2}{2} = 1（个）$$

$$n_1 = \sum b_i = 3 + 2 + 1 = 6（个）$$

（3）计算流水工期。根据不分施工层，等步距异节拍流水施工工期公式可知：

$$T = (m + n_1 - 1)K + \sum Z_{i,\,i+1} + \sum G_{i,\,i+1} - \sum C_{i,\,i+1}$$
$$= (6+6-1) \times 2 = 22 \ (\text{天})$$

（4）用横道图绘制流水进度计划如图 4.11 所示。

工作名称	工作队	施工进度/天																					
		1	2	3	4	5	6	7	8	9	10	11	12	13	14	15	16	17	18	19	20	21	22
A	Ⅰa				①					④													
	Ⅱa	Kb				②					⑤												
	Ⅲa			Kb				③					⑥										
B	Ⅰb					Kb		①				③				⑤							
	Ⅱb						Kb		②				④				⑥						
C	Ⅰc							Kb		①		②		③		④		⑤		⑥			

图 4.11　某工程等步距异节拍流水施工进度计划

3. 异步距异节拍流水施工（异节拍流水施工）

（1）异步距异节拍流水施工的概念。同一施工过程在各施工段上的流水节拍都相等，不同施工过程之间的流水节拍不一定相等的流水施工方式，即异步距离节拍流水施工组织过程中不加入班组，施工班组数（n_1）等于施工过程数（n）的普通异节奏流水施工。

（2）异步距异节拍流水施工的特征。

1）同一施工过程流水节拍相等，不同施工过程之间的流水节拍不一定相等。

2）各个施工过程之间的流水步距不一定相等，需要逐个计算。

3）各施工工作队能够在施工段上连续作业，但有的施工段之间可能有空闲。

4）组织过程中不加入班组，施工班组数（n_1）等于施工过程数（n）。

（3）异步距异节拍流水施工主要参数的确定。

1）流水步距的确定。异步距异节拍流水施工的相邻两个施工过程之间的流水步距按下列情况处理。

①当相邻两个施工过程的流水节拍，前一个施工过程的小于或等于后一个施工过程的流水节拍时，按式（4.18）计算流水步距：

$$K_{i,\,i+1} = t_i \tag{4.18}$$

式中，t_i 为前一个施工过程的流水节拍，其他符号含义同前。

②当相邻两个施工过程的流水节拍，前一个施工过程的流水节拍大于后一个施工过程时，按式（4.19）计算流水步距：

$$K_{i,\,i+1} = mt_i - (m-1)t_{i+1} \tag{4.19}$$

式中，t_i 为前一个施工过程的流水节拍，t_{i+1} 为后一个施工过程的流水节拍，其他符号含义同前。

2）流水工期的计算。

$$T = \sum K_{i,\,i+1} + mt_n + \sum Z_{i,\,i+1} + \sum G_{i,\,i+1} - \sum C_{i,\,i+1} \tag{4.20}$$

式中，t_n 为组织流水施工时最后一个施工过程在某一个施工段上的流水节拍，其他符号含义同前。

(4) 异步距异节拍流水施工的组织。组织异步距异节拍流水施工的基本要求是：各个施工队组尽可能依次在各施工段上连续施工，允许有些施工段出现空闲，但不允许多个施工班组在同一个施工段上交叉作业，更不允许发生工艺顺序颠倒的现象。

异步距异节拍流水施工适用于施工段大小相等的分部和单位工程的流水施工，它在进度安排上比等节奏流水施工灵活，实际应用范围较广泛。

【例 4.6】某工程划分为 A、B、C、D 四个施工过程，分三个施工段组织施工，各个施工过程的流水节拍分别为 $t_A = 3$ 天，$t_B = 4$ 天，$t_C = 5$ 天、$t_D = 3$ 天；施工过程 B 完成后有 2 天的技术间歇时间，施工过程 D 与 C 搭接 1 天。试组织异步距异节拍流水施工，并用横道图绘制流水进度计划。

【解】(1) 确定流水步距如下：

由于 $t_A < t_B$，则 $K_{A,B} = t_A = 3$（天）

由于 $t_B < t_C$，则 $K_{B,C} = t_B = 4$（天）

由于 $t_C > t_D$，则 $K_{C,D} = mt_C - (m-1)t_D = 3 \times 5 - (3-1) \times 3 = 9$（天）

(2) 计算流水工期如下：

$$T = \sum K_{i,\,i+1} + m t_n + \sum Z_{i,\,i+1} + \sum G_{i,\,i+1} - \sum C_{i,\,i+1}$$
$$= (3+4+9) + 3 \times 3 + 2 - 1 = 26 \text{（天）}$$

(3) 用横道图绘制流水进度计划如图 4.12 所示。

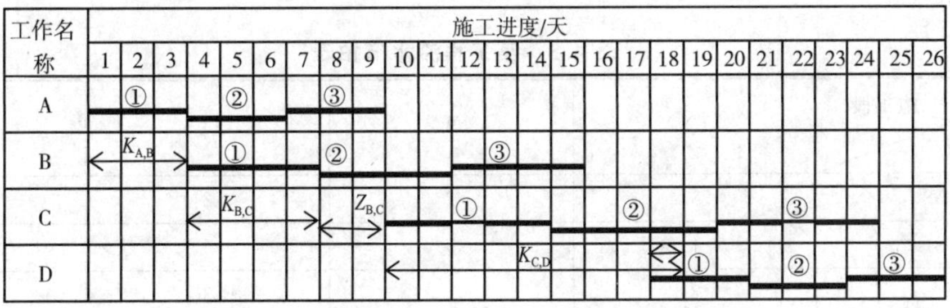

图 4.12　某工程异步距异节拍流水施工进度计划

4. 无节奏流水施工

(1) 无节奏流水施工的概念。无节奏流水施工是同一个施工过程在各个施工段上流水节拍不完全相等的一种流水施工方式，也称为分别流水。

在工程项目的实际施工中，很难做到每个施工过程在各个施工段上工程量相等，又由于各专业工作队生产效率上的差异，大多数的流水节拍也彼此不相等，不可能组织全等节拍或成倍节拍的专业流水施工，也不可能组织异节拍的专业流水施工。而无节奏流水施工是在保证施工工艺、满足施工顺序要求的前提下，按照一定的计算方法确定相邻专业工作队之间的流水步距，使相邻的专业工作队在开工时间上最大限度、合理地搭接起来。无节奏流水施工是组织流水施工最常见、最普遍的形式。

(2) 无节奏流水施工的特征。

1) 各个施工过程在各施工段的流水节拍不全相等，而且无变化规律。

2) 流水步距与流水节拍之间存在着某种函数关系，流水步距也多数不相等。

3) 专业工作队数 n_1 等于施工过程数 n。

4) 每个专业工作队都能够连续作业，施工段可能有间歇时间。

（3）无节奏流水施工主要参数的确定。

1）流水步距的确定。无节奏流水施工的流水步距通常采用潘特考夫斯基法：利用各个施工过程在不同施工段上的流水节拍进行"累加数列、错位相减、取大差法"。

2）流水工期的计算。无节奏流水施工的工期通常采用通用公式计算，按式（4.21）确定。

$$T = \sum K_{i, i+1} + \sum t_n + \sum Z_{i, i+1} + \sum G_{i, i+1} - \sum C_{i, i+1} \qquad (4.21)$$

式中，$\sum t_n$ 为组织流水施工的最后一个施工过程的流水节拍之和。

其他符号含义同前。

（4）无节奏流水施工的组织。无节奏流水施工的实质是：各工作队连续作业，流水步距经计算确定，使专业工作队之间在一个施工段内不相互干扰（不超前，但可能滞后），或做到前后工作队之间的工作紧紧衔接。因此，组织无节奏流水施工的关键就是正确计算流水步距。

组织无节奏流水施工的基本要求与异步距异节拍流水相同，即保证各施工过程的工艺顺序合理和各施工队组尽可能依次在各施工段上连续施工。

无节奏流水施工不像有节奏流水施工那样有一定的时间约束，在进度安排上比较灵活、自由，适用于各种不同结构性质和规模的工程施工组织，实际应用比较广泛。

【例4.7】某工程有A、B、C、D、E五个施工过程，平面上划分成四个施工段，每个施工过程在各个施工段上的流水节拍见表4.3。规定B完成后有2天的技术间歇时间，D完成后有1天的组织间歇时间，A与B之间有1天的平行搭接时间，试组织流水施工，并用横道图绘制流水进度计划。

表4.3　某工程流水节拍表

施工段 施工过程	①	②	③	④
A	3	2	2	4
B	1	3	5	3
C	2	3	6	5
D	4	2	3	3
E	3	4	2	1

【解】根据题设条件，该工程只能组织无节奏流水施工。

（1）求各施工过程的流水节拍并进行"累加数列"，结果如下：

A：3，5，7，11

B：1，4，9，12

C：2，3，6，11

D：4，6，9，12

E：3，7，9，10

（2）对相邻两个施工过程的"累加数列"进行"错位相减"，结果如下：

对A与B施工过程的"累加数列"进行"错位相减"：

　3，5，7，11

－）　1，4，9，12

　3，4，3，2，－12

B与C施工过程的"累加数列"进行"错位相减"：

1, 4, 9, 12

$-$) 2, 3, 6, 11

1, 2, 6, 6, -11

C 与 D 施工过程的"累加数列"进行"错位相减":

2, 3, 6, 11

$-$) 4, 6, 9, 12

2, -1, 0, 2, -12

D 与 E 施工过程的"累加数列"进行"错位相减":

4, 6, 9, 12

$-$) 3, 7, 9, 10

4, 3, 2, 3, -10

(3) 将所有"错位相减"的结果进行"取大差",确定各相邻施工过程的流水步距如下:

$$K_{A,B} = 4 \text{ 天}; \quad K_{B,C} = 6 \text{ 天}; \quad K_{C,D} = 2 \text{ 天}; \quad K_{D,E} = 4 \text{ 天}$$

(4) 计算无节奏流水施工的流水工期如下:

$$T = \sum K_{i, i+1} + \sum t_n + \sum Z_{i, i+1} + \sum G_{i, i+1} - \sum C_{i, i+1}$$
$$= (4+6+2+4) + (3+4+2+1) + 2 + 1 - 1 = 28 \text{ (天)}$$

(5) 用横道图绘制流水进度计划如图 4.13 所示。

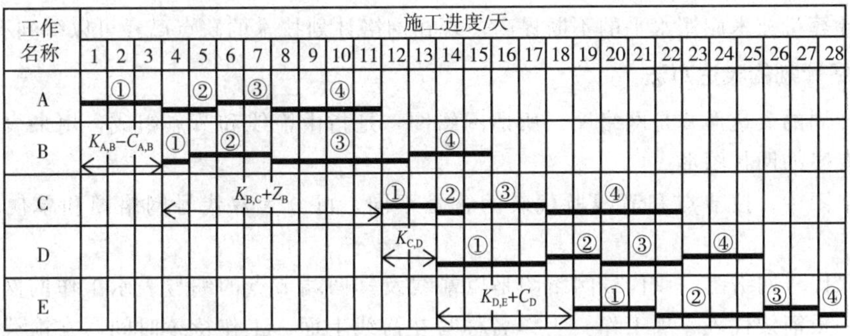

图 4.13 某工程无节奏流水施工进度计划

4.4 双代号网络图

4.4.1 网络计划概述

1. 网络计划技术的产生与应用

网络计划技术是 20 世纪 50 年代后期以来,随着计算机在大型工程项目计划管理中的应用而开发出的一种新的计划管理技术。网络计划技术也称为网络计划法,1965 年华罗庚教授将网络计划法引入,因为其具有统筹兼顾、合理安排的思想,所以又称为统筹法。

我国于 1991 年颁布了行业标准《工程网络计划技术规程》(JGJ/T 121—1991),并于 1999 年和 2015 年先后进行了修订。1992 年颁布了中华人民共和国国家标准《网络计划技术》

（GB /T 13400.1~3—1992），2009—2011 年对三个国家标准修订完成并发布实施。上述规程和标准的颁发与实施，使我国进入工程网络计划技术研究与应用领域的世界先进行列。

2. 网络计划技术的特点

（1）网络计划技术的优点。

1）将一项工程中的各项工作作为一个有机整体统筹进行安排，能全面而清楚地表达出各项工作之间的先后顺序、相互联系和相互制约的关系。

2）通过时间参数的计算，可找出关键工作和关键线路，从而抓住主要矛盾，确保工程按期完工。

3）利用网络计划中某些工作的时间储备，可以合理地安排资源，达到降低工程成本的目的。

4）通过网络计划的优化，能从若干可行方案中找出最优方案，还可以合理地进行资源优化配置，取得好、快、省的效果。

5）在网络计划执行过程中，能够对其进行有效的监督和控制。

6）可以利用计算机和有关的项目管理软件进行计划编制、参数计算和优化，与其他管理软件连接，为信息化管理提供条件。

（2）网络计划技术的缺点。

1）网络图不如横道图那样简单明了、形象直观；绘图的难度和修改的工作量都很大。

2）在计算劳动力、资源消耗量时，与横道图相比较为困难。

随着计算机技术应用水平的不断提高，现在网络计划技术的缺点已经可以得到有效克服。

3. 网络计划的表达方法

网络计划的表达形式是网络图。所谓网络图，是指由箭线和节点组成，用来表示工作流向的有向、有序的网状图形。

在网络图中，按节点和箭线所代表的含义不同，可分为双代号网络图和单代号网络图两大类。

（1）双代号网络图。双代号网络图是以箭线及其两端节点的编号表示工作的网络图。即用两个节点一根箭线代表一项工作，工作名称写在箭线上面，工作持续时间写在箭线下面，在箭线前后衔接处画上节点并编码，以节点编号 i 和 j 代表一项工作名称，如图 4.14 所示。

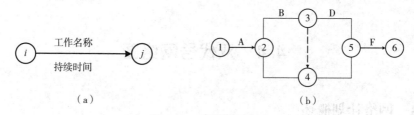

图 4.14　双代号网络图

（a）工作表示方法；（b）工程的表示方法

（2）单代号网络图。以节点及其编号表示工作，以箭线表示工作之间的逻辑关系的网络图称为单代号网络图。即每个节点表示一项工作，节点所表示的工作名称、持续时间和工作代号等标注在节点内，如图 4.15 所示。

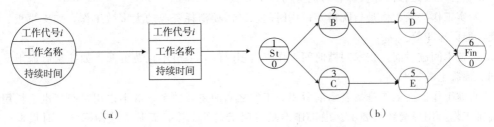

图 4.15 单代号网络图

(a) 工作表示方法；(b) 工程的表示方法

4. 网络计划的分类

用网络图表达任务构成、工作顺序并加注工作时间参数的进度计划称为网络计划。网络计划的种类繁多，可以从不同的角度进行分类。

(1) 按代号的不同划分。按代号的不同，网络计划可分为双代号网络计划和单代号网络计划。

(2) 按有无时间坐标的限制划分。按有无时间坐标的限制，网络计划可分为标注时间网络计划和时间坐标网络计划。

(3) 按目标的多少划分。按目标的多少不同，网络计划可分为单目标网络计划和多目标网络计划。

(4) 按编制对象划分。按编制对象的不同，网络计划可分为局部网络计划（以一个分部工程或一个施工段为对象编制的）、单位工程网络计划（以一个单位工程或单体工程为对象编制的）和综合网络计划（以一个建设项目为对象编制的）。

(5) 按工作之间逻辑关系和持续时间的确定程度划分。按工作之间逻辑关系和持续时间的确定程度不同，网络计划可划分为以下两种。

1) 确定型网络计划，即工作之间的逻辑关系及各工作的持续时间都是确定的（如关键线路法：CPM）。

2) 非确定型网络计划，即工作之间的逻辑关系和各工作的持续时间之中有一项以上是不确定的（如计划评审技术、图示评审技术等）。

4.4.2 双代号网络计划构成

1. 双代号网络计划基本要素

双代号网络图是由箭线（工作）、节点和线路三要素组成的。其含义和特性如下。

(1) 箭线（工作）。工作又称为工序、活动，是指可以独立存在，需要消耗一定的时间和资源，能够定以名称的活动；或指表示某些活动之间的相互依赖、相互制约的关系，而不需要消耗时间、空间和资源的活动。根据计划编制的粗细不同，工作既可以是一个建设项目、一个单项工程，也可以是一个分项工程乃至一个工序。

箭线可以针对不同节点分为内向箭线和外向箭线，如图 4.14（b）所示。对于①节点来说，工作 A 箭线是外向箭线，是由工作 A 向外指出去的；对于②节点来说，工作 A 箭线是内向箭线，工作 A 是指向②节点的工作。

在非时标网络图中，箭线的长度不直接反映工作所占用的时间长短。箭线宜绘制成水平直线，也可以绘制成折线或斜线。水平直线投影方向应自左向右，表示工作的进行方向。

工作可以按是否消耗资源和时间分为以下 3 类。

1) 实工作。实工作是指既需要占用时间，又需要消耗资源的大多数工作，如支模板、浇混凝土、墙面抹灰等。

2) 技术间歇时间。技术间歇时间工作仅占用时间，一般不耗费资源，如抹灰后需干燥一段时间、混凝土养护时间。

3) 虚工作。虚工作是指表示前后相邻工作之间的逻辑关系，既不占用时间，也不耗用资源的虚拟工作，用虚箭线来表示。虚工作不是一项正式的工作，而是在绘制网络图时根据逻辑关系的需要增设的，其作用是帮助正确表达工作间的关系，避免逻辑错误。

虚工作的作用一般有 3 种情况，即建立应有的逻辑连接（连接作用）；断开本没有逻辑关系的工作联系（断路作用）；区分同时开始或完成时的多项工作（区分作用）。

（2）节点。在网络图中，通常在箭线的出发和交汇处画上圆圈，用以标识该圆圈前面一项或若干项工作的结束和允许后面一项或若干项工作的开始的时间称为节点（也称为结点、事件）。

在网络图中，节点不同于工作，它只标志着工作的结束和开始的瞬间，具有承上启下的衔接作用，而不需要消耗时间或资源。

节点可分为起点节点、终点节点、中间节点。网络图中的第一个节点为起点节点，表示一项计划的开始；网络图中最后一个节点称为终点节点，它表示一项计划的结束；其余节点均为中间节点，任何一个中间节点既是其紧前各个施工过程的结束节点，又是其紧后各个施工过程的开始节点。

网络图中的每个节点都要编号。每个箭线的箭尾节点代号 i 必须小于箭头节点代号 j，且所有的节点代号都是唯一的。编号宜在绘图完成、检查无误后，顺着箭头方向依次进行。当网络图中箭线均为由左向右或由上到下时，可采取每行由左至右、由上到下逐行编号的水平编号法；也可以采取每列由上至下、由左向右逐列编号的垂直编号法。

（3）线路。在网络图中从起点节点开始，沿箭头方向顺序通过一系列箭线与节点，最后到达终点节点的线路，称为线路。

每条线路都有自己确定的完成时间，它等于该线路上各项工作持续时间的总和，称为线路时间。

根据每条线路时间长短，可将网络图的线路分为关键线路和非关键线路两种。关键线路是指网络图中线路时间最长的线路，其线路时间代表整个网络图的计算总工期。关键线路至少有一条，并以粗箭线或双箭线表示。关键线路上的工作都是关键工作，关键工作都没有时间储备。关键工作在网络图上通常用黑粗箭线或双箭线或彩色箭线表示。如图 4.16 所示，网络图中线路①→②→④→⑤→⑥→⑦总的工作持续时间最长，即关键线路。其余线路称为非关键线路。

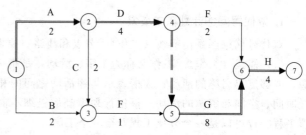

图 4.16 某双代号网络图

2. 紧前工作、紧后工作、平行工作

（1）紧前工作：紧排在某工作之前的工作称为该工作的紧前工作。在双代号网络图中，某工作和紧前工作之间可能会有虚工作。如图 4.17 所示，支模 1 是支模 2 组织关系上的紧前工作；扎筋1和扎筋2之间虽然有虚工作，但扎筋1仍然是扎筋2的组织关系上的紧前工作；支模1则是扎筋1的供应关系上的紧前工作。

（2）紧后工作：紧排在某工作之后的工作称为该工作的紧后工作。在双代号网络图中，某工作和紧后工作之间可能会有虚工作。如图4.17所示，扎筋2是扎筋1组织关系上紧后工作；扎钢筋1是支模板1工艺上的紧后工作。

（3）平行工作：可与某工作同时进行的工作称为该工作的平行工作。如图4.17所示，支模2与扎筋1是平行工作。支模2、扎筋1及浇混凝土1也是平行工作。

（4）先行工作：自起点节点至本工作开始节点之前各条线路上的所有工作。如图4.17所示，支模1、支模2和扎筋1均为扎筋2的先行工作。

（5）后续工作：本工作结束节点之后至终点节点之前各条线路上的所有工作。如图4.17所示，浇混凝土2、浇混凝土3和扎筋3均为扎筋2的后续工作。

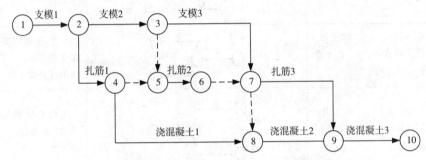

图4.17 某工程流水施工双代号网络图

3. 工作之间的逻辑关系

工作之间相互制约或依赖的关系称为逻辑关系。工作之间的逻辑关系包括工艺逻辑关系和组织逻辑关系。

（1）工艺逻辑关系。工艺逻辑关系是由施工工艺决定的各个施工过程之间客观存在的先后顺序关系。如图4.17所示，支模1→扎筋1→浇混凝土1就属于工艺逻辑关系。

（2）组织逻辑关系。在不违反工艺的前提下，人为安排的工作先后关系即组织逻辑关系。如图4.17所示，支模1→支模2→支模3就属于组织逻辑关系。

4.4.3 双代号网络计划绘制

1. 双代号网络图绘图规则

（1）必须正确表达已确定的逻辑关系。在绘制网络图时，首先要清楚各项工作之间的逻辑关系，用网络形式正确表达出某一项工作必须在哪些工作完成后才能进行，这项工作完成后可以进行哪些工作，哪些工作应与该工作同时进行。绘制的图形必须保证任何一项工作的紧前工作、紧后工作不多、不少。

双代号网络图中常用的逻辑关系见表4.4。

表 4.4 双代号网络图中各工作逻辑关系

序号	工作之间的逻辑关系	网络图中的表示方法	说明
1	工作 A 完成后进行工作 B	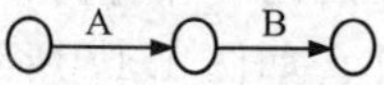	工作 A 制约着工作 B，工作 B 依赖着工作 A
2	A、B、C 三项工作同时开始	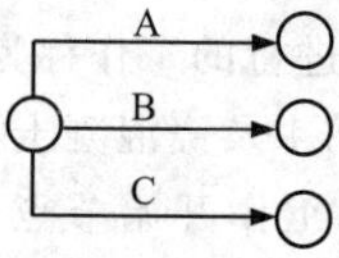	A、B、C 三项工作称为平行工作
3	A、B、C 三项工作同时结束	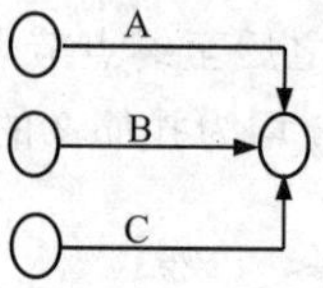	A、B、C 三项工作称为平行工作
4	有 A、B、C 三项工作。只有 A 完成后，B、C 才能开始	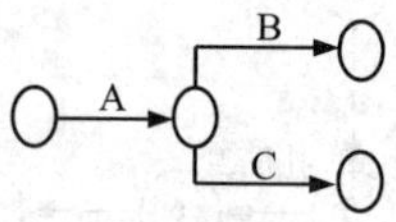	工作 A 制约着工作 B、工作 C 的开始，工作 B、工作 C 为平行工作
5	有 A、B、C 三项工作。工作 C 只有在 A、B 完成后才能开始	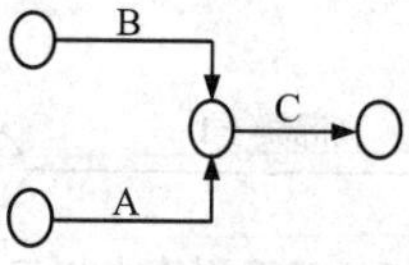	工作 C 依赖着工作 A、工作 B，工作 A、工作 B 为平行工作
6	有 A、B、C、D 四项工作。只有当 A、B 完成后，C、D 才能开始	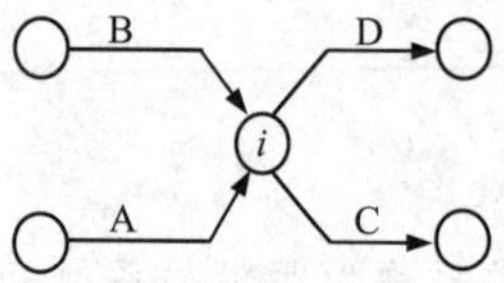	通过中间节点 i 正确地表达了工作 A、工作 B、工作 C、工作 D 之间的关系
7	有 A、B、C、D 四项工作。A 完成后 C 才能开始，A、B 完成后 D 才能开始	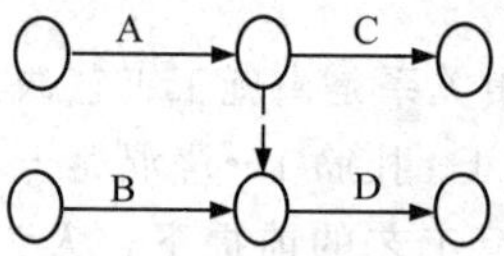	工作 D 与工作 A 之间引入了逻辑连接（虚工作），从而正确地表达了它们之间的制约关系
8	有 A、B、C、D、E 五项工作。A、B 完成后 C 才能开始，B、D 完成后 E 才能开始	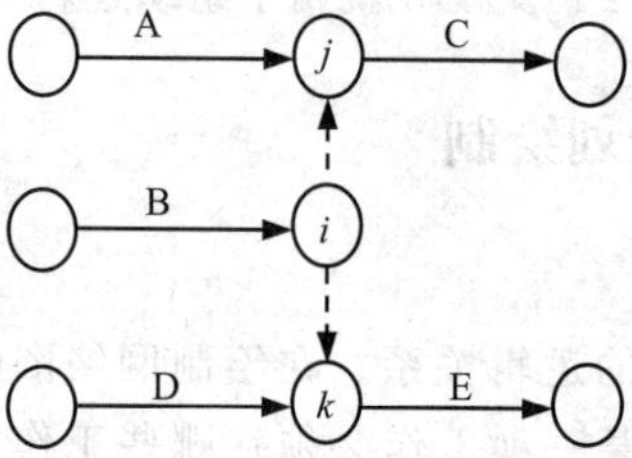	虚工作 $i-j$ 反映出工作 C 受到工作 B 的制约；虚工作 $i-k$ 反映出工作 E 受到工作 B 的制约
9	有 A、B、C、D、E 五项工作。A、B、C 完成后 D 才能开始，B、C 完成后 E 才能开始	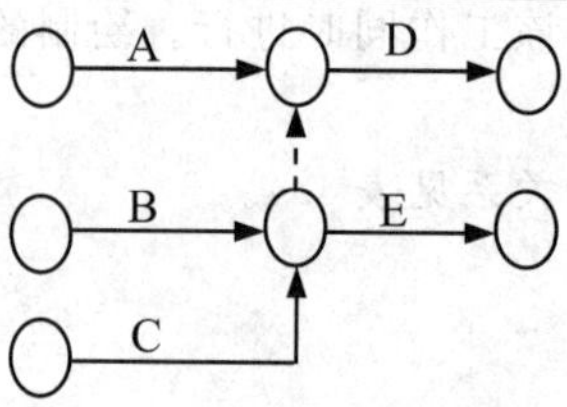	虚工作反映出工作 D 受到 B、工作 C 的制约

序号	工作之间的逻辑关系	网络图中的表示方法	说明
10	A、B两项工作分为三个施工段，平行施工	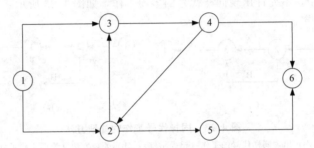	每个工种工程建立专业工作队，在每个施工段上进行流水作业，虚工作表达了工种间的工作面关系

（2）在双代号网络图中严禁出现循环回路。在网络图中，从一个节点出发沿着某一条线路移动，又回到原出发节点，即在网络图中出现了闭合的循环路线，称为循环回路，如图 4.18 所示。

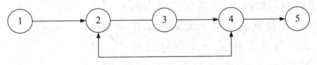

图 4.18 出现循环回路的网络图（绘图错误示例）

（3）在双代号网络图中严禁出现双向箭头和无箭头的连线，如图 4.19 所示。

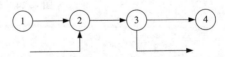

图 4.19 双向箭头和无箭头的箭线（绘图错误示例）

（4）在双代号网络图中严禁出现没有箭头节点的箭线或没有箭尾节点的箭线，如图 4.20 所示。

图 4.20 无箭尾节点的箭线和无箭头节点的箭线（绘图错误示例）

（5）在双代号网络图中，一项工作只有唯一的一条箭线和相应的一对节点编号。严禁在箭线上引入或引出箭线，如图 4.21 所示。

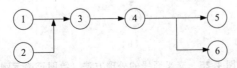

图 4.21 在箭线上引入和引出箭线（绘图错误示例）

（6）绘制双代号网络图时，一个网络图中只允许一个起点节点和一个终点节点，如图4.22所示。

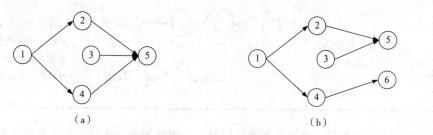

（a）　　　　　　　　　　（b）

图 4.22　网络图中有多个起点节点或终点节点

（a）有多个起点节点（错误示例）；（b）有多个终点节点（错误示例）

（7）在网络图中，不允许出现同样代号的多项工作，如图4.23所示。

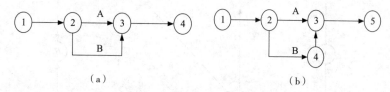

（a）　　　　　　　　　　（b）

图 4.23　同样代号工作的处理方法

（a）出现同样代号的工作（错误示例）；（b）处理方法（绘图正确示例）

（8）在网络图中，当网络图的起点节点有多条外向箭线，或终点节点有多条内向箭线时，为使图形简洁，可用母线法绘制，如图4.24所示。竖向的母线段宜绘制得粗些。这种方法仅限于无紧前工作或无紧后工作的工作，其他工作是不允许这样绘制的。

（9）绘制网络图时，箭线不宜交叉，当交叉不可避免时，可用过桥法、指向圈法、断桥法，如图4.25所示。

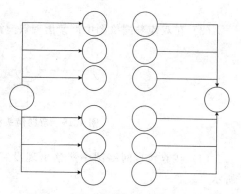

图 4.24　母线画法（绘图正确示例）

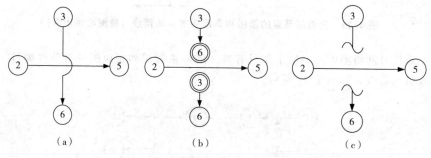

（a）　　　　　　　　（b）　　　　　　　（c）

图 4.25　交叉箭线的处理方法（绘图正确示例）

（a）过桥法；（b）指向圈法；（c）断桥法

2. 双代号网络图绘图步骤

绘制网络图的一般过程是首先根据绘制规则绘制出草图，再进行调整，最后绘制成型，并进行节点编号，绘制草图时，主要注意各项工作之间的逻辑关系的正确表达，要正确应用虚工作，使应该连接的工作一定要连接，不应该连接的工作一定要区分断开。初步绘制出的网络图往往比较凌乱，节点、箭线的位置和形式较难合理，这就需要进行检查整理，使节点、箭线的位置和形式合理化，保证网络图条理清晰、美观。

一般来说，双代号网络图的一般绘图步骤如下。

（1）绘制没有紧前工作的工作箭线，使它们具有相同的开始节点，以保证网络图中只有一个起点节点。

（2）依次绘制其他工作箭线。这些工作箭线的绘制前提是其所有紧前工作箭线都已经绘制出来。若本工作无平行工作时，本工作的紧后工作直接绘制。

若本工作有平行工作，在绘制这些工作的紧后工作时，平行工作的紧后工作绘制应一起分析同步绘制，考虑是否加入虚工作。按下列原则进行：

1）若平行工作的紧后工作完全不同，那么平行工作的紧后工作无虚工作，分别绘制它们的紧后工作即可。

2）若平行工作的紧后工作完全一致，且平行工作的开始节点为同一节点，那么平行工作的紧后工作有虚工作（区分作用），将一致的紧后工作放在其中一个工作的后面，其他的工作的结束节点引出虚工作，虚工作结束节点为共同紧后的开始节点。

3）若平行工作的紧后工作有部分相同，部分不同，那么平行工作的紧后工作在绘制时，将有唯一关系的紧后工作放在本工作的后面，无唯一关系的紧后工作利用虚工作连接（连接作用）。某工作只有某一个紧后工作，或是某工作仅有某一个紧前工作，认为某工作和其紧后工作或紧前工作之间存在唯一关系。

（3）合并没有紧后工作的工作箭线的箭头节点，即终点节点。

（4）检查工作和逻辑关系有无错漏，并进行修正。

（5）按网络图绘制规则的要求完善网络图，使网络图条理清楚、层次分明。

（6）按网络图的编号要求进行节点编号，保证每个箭线的箭尾节点代号 i 必须小于箭头节点代号 j，且所有的节点代号都是唯一的。

【例 4.8】已知某工作逻辑关系见表 4.5，请绘制双代号网络图。

表 4.5　工作逻辑关系表

工作名称	A	B	C	D	E	F	G	H	I	J
紧前工作	—	—	A	A	B	D、E	B	F	F	C、H
紧后工作	C、D	E、G	J	F	F	H、I	—	J	—	—

【解】（1）绘制没有紧前工作的工作箭线，使它们具有相同的开始节点，以保证网络图中只有一个起点节点，如图 4.26（a）所示。

（2）平行工作 A、B 的紧后工作完全不同，分别绘制各工作的紧后工作，无虚工作；并补齐工作 A、工作 B 的箭线的箭头（本工作紧后工作绘制完成后，本工作的箭线箭头应及时补上，下同），如图 4.26（b）所示。

（3）分析平行工作 C、D、E、G 发现，工作 D、E 拥有相同的紧后工作 F，且工作 D、E 的开始节点不同，因此可以将结束节点放一起，引出共同的紧后工作 F，无虚工作；工作 C 的紧后为工作 J；工作 G 无紧后工作，可暂时不绘制。绘制后调整网络图如图 4.26（c）所示。

（4）此时，分析平行工作 J、F、G 发现，工作 J 和工作 G 均无紧后工作，此时只需绘制紧后工作 F。工作 F 的紧后工作为 H 和 I，绘制后调整网络图如图 4.26（d）所示。

（5）此时，工作 J、H、I 三项平行工作的紧后分析发现，工作 H 的紧后工作为工作 J，说明只有工作 J 和工作 I 为平行工作，应将工作 H 箭头指向工作 J 的开始节点，并调整网络图如图 4.26（e）所示。

（6）此时，工作 I、工作 J 和工作 G 为平行工作，且均没有紧后工作，它们的开始节点不相同，因此结束节点可以放一起，作为整张网络图的终点节点。检查网络图各项工作的逻辑关系后，对网络图进行节点编码，最终双代号网络图如图 4.26（f）所示。

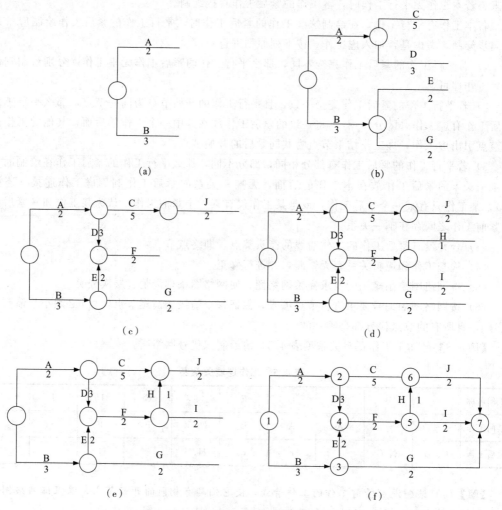

图 4.26　【例题 4.8】双代号网络图绘图

（a）双代号网络图绘图步骤一；（b）双代号网络图绘图步骤二；（c）双代号网络图绘图步骤三；
（d）双代号网络图绘图步骤四；（e）双代号网络图绘图步骤五；（f）双代号网络图绘图步骤六

3. 双代号网络图中虚箭线及其作用

虚箭线又称为虚工作，在双代号网络计划中，只表示前后相邻工作之间的逻辑关系。其表达形式可为垂直方向向上或向下，也可为水平方向向右。

(1) 虚箭线的连接作用。若两项或多项工作之间有紧前或紧后逻辑关系，但无法直接联系时，可在这两项或多项工作之间添加虚工作，用以表达两项工作之间的逻辑连接。

【例4.9】已知某工作逻辑关系见表4.6，请绘制双代号网络图。

表4.6　工作逻辑关系表

工作名称	A	B	C	D
紧前工作	—	—	A	A、B
紧后工作	C、D	D	—	—

【解】(1) 绘制无紧前工作的工作A和工作B，且它们共同的起点为起点节点，结果如图4.27 (a) 所示。

(2) 根据平行工作A和工作B的紧后工作有相同部分有不同部分，因此将有唯一关系的工作直接绘制，D仅为B的紧后工作，A仅为C的紧前工作，因此绘制如图4.27 (b) 所示。

(3) 平行工作的紧后工作中的唯一关系绘制完成后，将非唯一关系用虚箭线相连，即工作A有紧后工作C，还有紧后工作D，因此需要添加虚工作，表达连接作用，绘制如图4.27 (c) 所示。

(4) 根据平行工作C和工作D的紧后工作完全相同，且均无紧后，由于工作C和工作D开始节点不同，结束节点可放在一起，然后根据逻辑关系表检查工作逻辑关系，进行节点编号，最终双代号网络图绘制如图4.27 (d) 所示。

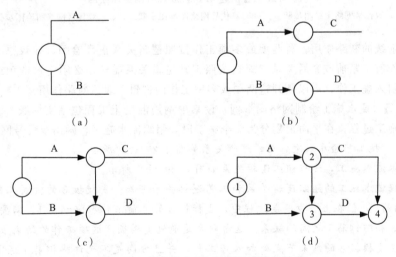

图4.27　【例题4.9】双代号网络图绘图
(a) 双代号网络图绘图步骤一；(b) 双代号网络图绘图步骤二；
(c) 双代号网络图绘图步骤三；(d) 双代号网络图绘图步骤四

(2) 虚箭线的区分作用。若两项或多项工作的逻辑关系起点节点相同，终点节点也相同，为了区分这两项或多项工作，也为了符合双代号网络图用两个节点唯一表示一项工作，需要将这两项或多项工作的开始节点或结束节点分开，引入虚工作，用以表达这两项或多项工作的逻辑区分。

【例4.10】已知某工作逻辑关系见表4.7，请绘制双代号网络图。

表4.7　工作逻辑关系表

工作名称	A	B	C
紧前工作	—	—	A、B
紧后工作	C	C	—

【解】（1）绘制无紧前工作的工作A和工作B，且它们共同的起点为起点节点，绘制如图4.28（a）所示。

（2）根据平行工作A和工作B的紧后工作完全相同，工作A和工作B开始节点相同，完成节点不可放在一起（双代号网络图两个节点唯一表示一项工作），因此，需要引入虚工作，表达区分工作A和工作B的作用，如图4.28（b）所示。

（3）平行工作A和工作B的紧后工作完全相同，均为工作C，因此共同引出工作C，然后根据逻辑关系表检查工作逻辑关系，进行节点编号，最终双代号网络图绘制如图4.28（c）所示。

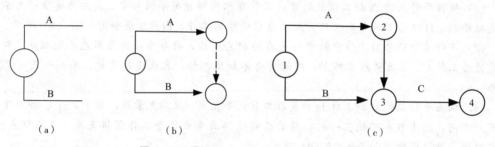

（a）　　　　　　　　　（b）　　　　　　　　　（c）

图4.28　【例题4.10】双代号网络图绘图

（a）双代号网络图绘图步骤一；（b）双代号网络图绘图步骤二；（c）双代号网络图绘图步骤三

（3）虚箭线的断路作用。若两项或多项工作按照逻辑关系正常绘图，导致原本无紧前或紧后关系的工作有了紧前或紧后关系，那么按照正常逻辑关系需求，必须将这两项或多项工作的联系断开，引入虚工作，用以断开这两项或多项工作的逻辑，表达断路作用。

【例4.11】（流水施工绘制网络图举例）设某项钢筋混凝土工程包括支模版、绑钢筋、浇筑混凝土3项施工过程，在平面上划分为3个施工段，组织流水施工，画出双代号网络图。

【解】（1）按工艺顺序依次作业，逻辑关系如图4.29（a）所示。

（2）根据流水施工，连接组织逻辑关系如图4.29（b）所示。

（3）根据流水施工的组织逻辑关系和工艺逻辑关系可知，支模板3的紧前工作只有支模板2，并无绑钢筋1，但在上一步绘制过程中，支模板3的紧前工作有绑钢筋1，需要增加虚工作，断开支模板3和绑钢筋1之间的联系。这种联系是通过支模板2这项工作的结束节点传递而来，因此，需要在支模板2的结束节点处加入虚工作，并且方向是不允许绑钢筋1顺着箭头到达支模板3，达到虚工作断路的作用。加入虚工作后如图4.29（c）所示。

（4）逻辑关系经检查绘制正确后，删除多余的虚工作，所谓多余的虚工作，是指这一项虚工作在网络图中不承担任何的作用，有无此项虚工作对网络图的逻辑关系无影响。删除多余虚工作，需要视具体的情况而定，可能是将虚箭线删除并将虚工作连接的开始和结束节点合并，也可能是仅删除虚箭线。本题例中多余的虚工作在删除时，需要将连接虚箭线的开始和结束节点合并为一个节点。检查完成后，然后对各节点进行编码。最终的双代号网络图如图4.29（d）所示。

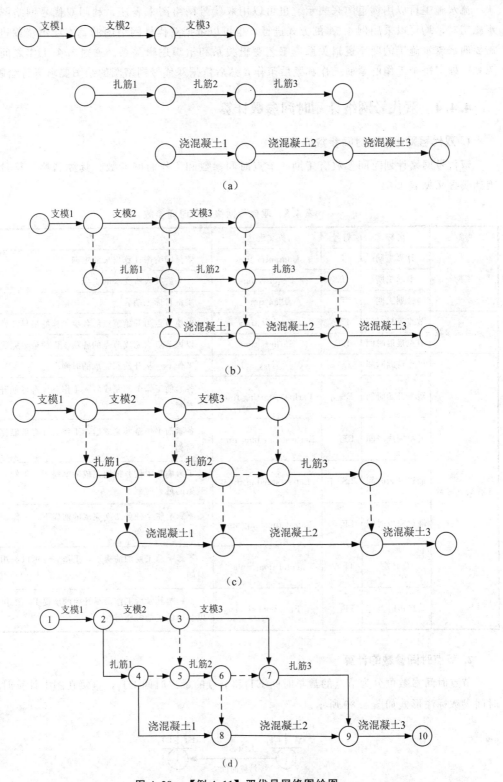

图 4.29 【例 4.11】双代号网络图绘图

(a) 工艺顺序依次作业；(b) 连接组织逻辑关系；

(c) 加入断路作用的虚工作；(d) 删除多余的虚工作后的编码

流水施工可以用横道图来表示,也可以用双代号网络图来表达,利用双代号网络图绘制流水施工时,均可以采用例 4.11 的方式进行,也可以依据双代号网络图的基本绘图步骤进行,但需要明确流水施工的两个逻辑关系:工艺逻辑关系和组织逻辑关系。通过各个工作之间的逻辑关系,确定每个工作的紧前工作和紧后工作,然后依据双代号网络图的绘图要求进行绘制即可。

4.4.4 双代号网络计划时间参数计算

1. 双代号网络计划时间参数的分类

双代号网络计划时间参数有工期、节点时间参数和工作时间参数。具体名称、符号、英文表达及含义见表 4.8。

表 4.8 双代号网络计划时间参数

参数	名称	符号	英文表达	含义
工期	计算工期	T_c	Computer time	依据网络图计算出来的工期
	要求工期	T_r	Require time	任务委托人所要求的工期
	计划工期	T_p	Plan time	实施目标工期
节点时间参数	节点最早时间	ET_i	Earliest time	以该节点为开始节点的各项工作的最早开始时间
	节点最迟时间	LT_j	Earliest time	以该节点为完成节点的各项工作的最迟完成时间
工作时间参数	工作持续时间	D_{i-j}	Day	工作 $i-j$ 从开始到完成的时间
	最早开始时间	ES_{i-j}	Earliest starting time	各紧前工作全部完成后,工作 $i-j$ 有可能开始的最早时刻
	最早完成时间	EF_{i-j}	Earliest finishing time	各紧前工作全部完成后,工作 $i-j$ 有可能完成的最早时刻
	最迟开始时间	LS_{i-j}	Latest starting time	不影响整个任务按期完成的前提下,工作 $i-j$ 必须开始的最迟时刻
	最迟完成时间	LF_{i-j}	Latest finishing time	不影响整个任务按期完成的前提下,工作 $i-j$ 必须完成的最迟时刻
	总时差	TF_{i-j}	Total float time	不影响总工期的前提下,工作 $i-j$ 可以利用的机动时间
	自由时差	FF_{i-j}	Free float time	不影响其紧后工作最早开始的前提下,工作 $i-j$ 可以利用的机动时间

2. 节点时间参数的计算

节点时间参数可分为节点的最早时间 ET_i 和节点的最迟时间 LT_j,直接在图上计算时,节点时间参数标注形式如图 4.30 所示。

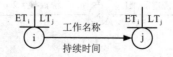

图 4.30 节点时间参数标注形式

（1）节点的最早时间。所谓节点的最早时间，是表示该节点的紧前工作全部完成，从这个节点出发的紧后工作最早能够开始的时间。

如果进入该节点的紧前工作没有全部结束，从这个节点出发的紧后工作就不能够开始，因此，当几条箭线同时指向同一节点时，应取进入该节点紧前工作结束时间的最大值，作为该节点的最早可能开始时间。

1）起点节点 i 若未规定最早时间 ET_i，则其值应等于零，即

$$ET_i = 0 \quad (i=1)$$

2）其他节点的最早时间 ET_j。

①当节点 j 只有一条内向箭线时：

$$ET_j = ET_i + D_{i-j}$$

②当节点 j 有多条内向箭线时：

$$ET_j = \max \{ET_i + D_{i-j}\}$$

式中，ET_j 为工作 i—j 的完成节点 j 的最早时间；ET_i 为工作 i—j 的开始节点 i 的最早时间。

3）计算工期 T_c。

$$T_c = ET_n$$

式中，ET_n 为终点节点 n 的最早时间。

（2）节点的最迟时间。所谓节点的最迟时间，就是在计划工期确定的情况下，从网络图的终点节点开始，逆向推算出的各节点的最迟必须开始的时刻。换句话说，就是从各节点出发的工作在保证计划工期的前提下最迟必须开始的时间。

1）终点节点 n 的最迟时间 LT_n 应按网络计划的计划工期 T_p 确定，即

$$LT_n = T_p$$

2）其他节点的最迟时间 LT_i。

①当节点 i 只有一条外向箭线时：

$$LT_i = LT_j - D_{i-j}$$

②当节点 i 有多条外向箭线时：

$$LT_i = \min \{LT_j - D_{i-j}\}$$

式中，LT_i 为工作 i—j 的开始节点 i 的最迟时间；LT_j 为工作 i—j 的完成节点 j 的最迟时间。

【例 4.12】已知某工作逻辑关系见表 4.9，请绘制双代号网络图，假设计划工期等于计算工期，计算节点时间参数并标出关键线路。

表 4.9　工作逻辑关系表

工作名称	A	B	C	D	E	F	G	H
紧前工作	—	—	B	B	A、C	A、C	D、E、F	D、F
持续时间/d	4	2	3	3	5	6	3	5

【解】（1）根据双代号网络图绘图步骤，绘制双代号网络图如图 4.31 所示。

（2）利用图上计算法，结合节点时间参数的定义公式，计算节点时间参数，步骤如下：

1）计算节点最早时间：从前往后，沿线累加，逢圈取大，计算结果如图 4.32 所示。

2）计算确定计算工期 T_c：根据终点节点早时间可知，计算工期 $T_c = 16$（天）

3）计算确定计划工期 T_p：根据题干可知，未规定该网络计划的计划工期，因此，取 $T_p = T_c$。

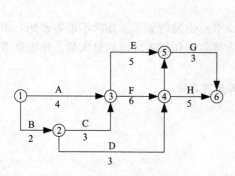

图 4.31 某工作双代号网络图

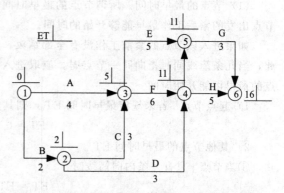

图 4.32 双代号网络图节点最早时间计算结果图

4) 计算节点最迟时间：根据计划工期，从后往前，沿线相减，逢圈取小，计算结果如图 4.33 所示。

(3) 根据计算结果，节点最迟时间与最早时间差值最小的节点为关键节点，因此节点①、②、③、④、⑥为关键节点，关键线路上的节点均为关键节点，且关键线路上线路总时间之和等于终点节点的最早时间，找出关键线路，并用双箭线标出，结果如图 4.34 所示。

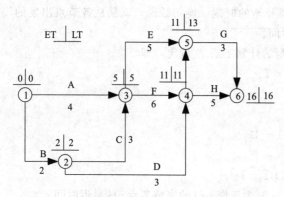

图 4.33 双代号网络图节点最迟时间计算结果图

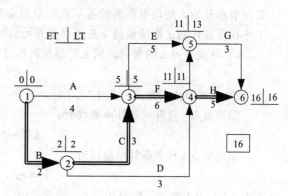

图 4.34 双代号网络图节点最迟时间计算结果图

3. 工作时间参数的计算

节点时间参数可分为最早开始时间 ES_{i-j}、最早完成时间 EF_{i-j}、最迟开始时间 LS_{i-j}、最迟完成时间 LF_{i-j}、总时差 TF_{i-j} 和自由时差 FF_{i-j}，直接在图上计算时，示意图如图 4.35 所示。

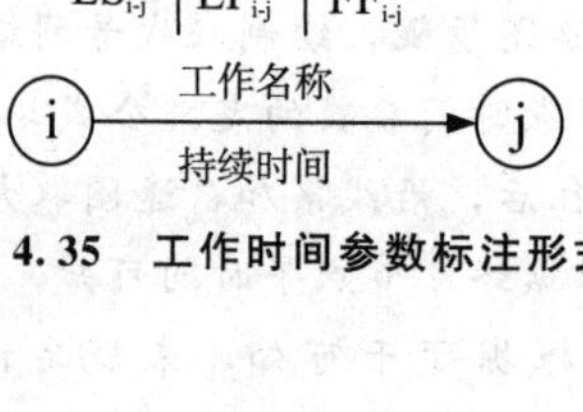

ES_{i-j}	EF_{i-j}	TF_{i-j}
LS_{i-j}	LF_{i-j}	FF_{i-j}

i ——工作名称—→ j

持续时间

图 4.35 工作时间参数标注形式

（1）最早开始时间和最早完成时间的计算。工作早时间计算分两种情况：无紧前工作的工作最早开始时间为零；有紧前工作的工作，其最早开始时间等于所有紧前工作的最早完成时间的最大值。即

1）当 i＝1 时，工作最早开始时间为零，即

$$ES_{i-j}=0$$

2）当 i≠1 时，最早开始时间等于所有紧前工作的最早完成时间的最大值，即

$$ES_{i-j}=\max\{EF_{h-i}\}$$

工作的最早开始时间加上工作持续时间等于该工作的最早完成时间。即

$$EF_{i-j}=ES_{i-j}+D_{i-j}$$

概括地讲，即"从前往后，沿线累加，逢圈取大"。这里的"逢圈取大"指的是本工作有多个紧前工作时，本工作的最早开始为多个紧前工作的最早完成时间的最大值。

（2）确定计算工期 T_c。计算工期等于以网络计划的终点节点为箭头节点的各个工作的最早完成时间的最大值。

1）当网络计划终点节点的编号为 n 时，计算工期为

$$T_c=\max\{EF_{i-n}\}$$

2）当无要求工期的限制时，取计划工期等于计算工期，即取 $T_p=T_c$。

（3）最迟开始时间和最迟完成时间的计算。工作最迟时间计算也需要分两种情况：对于无紧后工作的工作，其最迟完成时间等于计划工期；对于有紧后工作的工作，其最迟完成时间等于所有紧后工作最迟开始时间的最小值。

1）当 j＝n 时，工作的最迟完成时间等于计划工期，即

$$LF_{i-n}=T_p$$

2）当 j≠n 时，工作的最迟完成时间为其紧后工作最迟结束时间取最小值，即

$$LF_{i-j}=\min\{LS_{j-k}\}$$

工作的最迟完成时间减去工作持续时间等于该工作的最迟开始时间。即

$$LS_{i-j}=LF_{i-j}-D_{i-j}$$

概括地讲，即"从后向前计算，逆线相减，逢圈取小"。这里的"逢圈取小"是指本工作有多个紧后工作时，本工作的最迟完成时间应取多个紧后工序最迟开始时间的最小值。

（4）计算工作总时差。总时差等于其最迟开始时间减去最早开始时间，或等于最迟完成时间减去最早完成时间，即

$$TF_{i-j}=LS_{i-j}-ES_{i-j}$$

或

$$TF_{i-j}=LF_{i-j}-EF_{i-j}$$

（5）计算工作自由时差。自由时差的计算也要分为两种情况：对于无紧后工作的工作，其自由时差等于计划工期减去本工作的最早完成时间；对于有紧后工作的工作，其自由时差等于所有紧后工作的最早开始时间的最小值减去本工作的最早完成时间，即

1）当 j≠n 时，当工作 i－j 有若干个紧后工作 j－k 时，其自由时差应为

$$FF_{i-j}=\min\{ES_{j-k}-EF_{i-j}\}$$

2）当 j＝n 时，终点节点（j＝n）为箭头节点的工作，其自由时差 FF_{i-n} 应按网络计划的计划工期 T_p 确定，即

$$FF_{i-n}=T_p-EF_{i-n}$$

【例 4.13】根据例 4.12 的双代号网络图，计算工作时间参数并标出关键线路。

【解】（1）利用图上计算法，结合工作时间参数的定义公式，计算工作时间参数，步骤如下。

1）计算工作最早开始时间和工作最早完成时间，结果如图 4.36 所示。

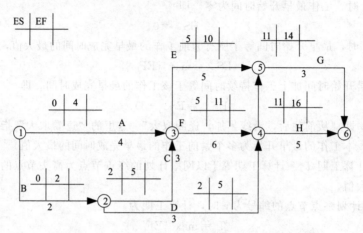

图 4.36 双代号网络图工作早时间计算结果

2）计算确定计划工期 T_c：无紧后工作的工作 G 和工作 H 最早完成时间取大值，为该双代号网络图的计划工期，因此 T_c＝16 天。

3）计算确定计划工期 T_p：根据题干可知，未规定该网络计划的计划工期，因此，取 T_p＝T_c。

4）计算工作最迟完成时间和工作最迟开始时间，根据计划工期确定无紧后工作的工作 G 和工作 H 最迟完成时间为 16 天。结果如图 4.37 所示。

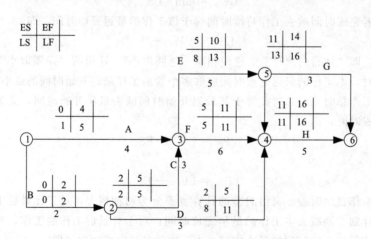

图 4.37 双代号网络图工作最迟时间计算结果图

5）计算工作总时差，结果如图 4.38 所示。

6）计算工作自由时差，结果如图 4.39 所示。

（2）根据关键工作的总时差最小，当计算工期等于计划工期时，最小的总时差为零。关键工作连起来的线路就是关键线路，找出关键线路，并用双箭线标出，最终计算结果如图 4.40 所示。

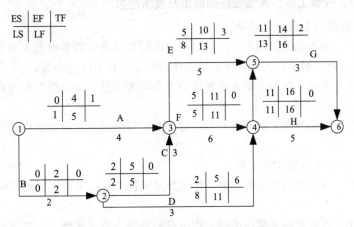

图 4.38 双代号网络图总时差计算结果图

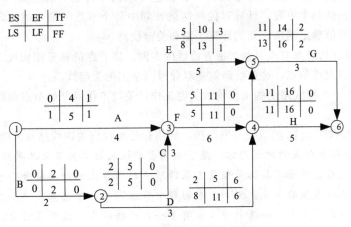

图 4.39 双代号网络图自由时差计算结果图

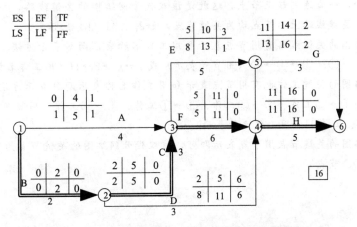

图 4.40 双代号网络图工作时间参数计算结果图

4. 关键节点、关键工作、关键线路的确定及表示方法

（1）利用节点时间参数计算结果。

1）关键节点。节点最迟时间与节点最早时间之间差值最小的节点为关键节点。当计划工期等于计算工期时，以关键节点为完成节点的工作总时差与自由时差相等。

2）关键工作。关键工作的开始节点和结束节点均为关键节点，但工作的开始和结束节点均为关键节点的不一定是关键工作。

3）关键线路。关键线路上的节点均为关键节点，但全部由关键节点构成的线路不一定是关键线路。

（2）利用工作时间参数计算结果。

1）关键工作。网络计划中总时差最小的工作是关键工作。关键工作的开始节点和结束节点均为关键节点。

2）关键线路。自始至终全部由关键工作组成的线路为关键线路，或线路上总的工作持续时间最长的线路为关键线路。关键线路可能不止一条。

（3）利用标号法计算结果。标号法是一种快速寻求网络计划计算工期和关键线路的方法。它利用节点计算法的基本原理，计算双代号网络计划中每个节点的最早时间，并对节点进行标号，然后利用标号值确定网络计划的计算工期和关键线路。

1）关键线路。从终点节点开始，逆着箭线的方向，将节点的标号用粗线、彩色线或双箭线相连，直到连接到起点节点，这条线路就是双代号网络图的关键线路。

2）关键工作。关键线路上的工作均为关键工作，关键工作的开始节点和结束节点均为关键节点。

【例 4.14】根据例 4.12 的双代号网络图，利用标号法找出关键线路和关键工作。

【解】（1）令起点节点的时间为零，然后顺着箭线依次计算各节点的早时间（标号值），计算出节点的标号值后，应当用其标号值及其来源节点对该节点进行双标号。所谓来源节点，是指用来确定本节点标号值的节点。例如，本例题中节点⑥的标号值来源于节点④，故节点⑥标号值的来源节点就是节点④。如果来源节点有多个，应将所有来源节点标出。在节点处将标号值和来源节点用括号括起来，即来源节点和标号值。最终计算结果如图 4.41（a）所示。

（2）由网络图终点节点逆着箭线方向，将节点与标记的来源节点用双箭线或粗箭线相连，逆着网络图方向，一直连到起点节点，这就是该双代号网络图的关键线路，关键线路上的工作均为关键工作，关键线路上的节点均为关键节点，如图 4.41（b）所示。

双代号网络图的关键线路有用节点表示和用工作名称表示两种表示方法。该双代号网络图的关键线路为①→②→③→④→⑥（用节点表示）或 B→C→F→H（用工作名称表示）。

双代号网络图的关键工作也有用节点表示和用工作名称表示两种表示方法。该双代号网络图的关键工作为①→②工作、②→③工作、③→④工作、④→⑥工作（用节点表示）或工作 B、工作 C、工作 F、工作 H（用工作名称表示）。

双代号网络图的关键节点用节点表示即可，该双代号网络图的关键节点为节点①、节点②、节点③、节点④、节点⑥。

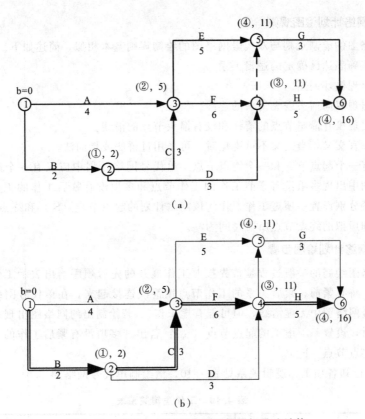

图 4.41 【例 4.14】双代号网络图标号法计算

(a) 计算节点时间并标号；(b) 双箭线连接关键线路

4.5 单代号网络图

4.5.1 单代号网络计划绘制

1. 单代号网络计划的基本要素

单代号网络图是用一个节点表示一项工作（或一个施工过程），工作名称、持续时间和工作代号等标准在节点内，以实箭线表示工作之间逻辑关系的网络图。用这种表示方法将一项计划的所有施工过程按逻辑关系从左至右绘制而成的网状图形，称为单代号网络图。用单代号网络图表示的计划称为单代号网络计划。

单代号网络图由节点（工作）、箭线、节点编号三个基本要素组成。

（1）节点。在单代号网络图中，通常将节点绘制成一个圆圈或方框，一个节点代表一项工作。节点所表示的工作名称、工程持续时间和节点编号都标注在圆圈和方框内。

（2）箭线。在单代号网络图中，箭线既不占用时间，也不消耗资源，只表示紧邻工作之间的逻辑关系，箭线应绘制成水平直线、折线或斜线，箭线的箭头直线为工作进行方向，箭尾节点表示的工作为箭头节点工作的紧前工作。单代号网络图中无虚箭线。

（3）节点编号。单代号网络图的节点编号用一个单独编号表示一项工作，编号原则和双代号相同，也应从小到大，从左往右，箭头编号大于箭尾编号；一项工作只能有一个代号，不得重号。

2. 单代号网络计划绘图规则

单代号网络图的绘制规则与双代号网络图的绘制规则基本相似，简述如下。

（1）必须正确表达已确定的逻辑关系。

（2）严禁出现循环回路。

（3）严禁出现双向箭头或无箭头的连线。

（4）严禁出现没有箭尾节点的箭线和没有箭头节点的箭线。

（5）箭线不宜交叉，当交叉不可避免时，可采用过桥法或指向法。

（6）只应有一个起点节点和一个终点节点。单代号网络计划中应只有一个起点节点和终点节点；当网络图中出现多项没有紧前工作的工作节点和多项没有紧后工作的工作节点时，应在网络计划的两端分别设置一项虚工作，作为该网络计划的起点节点（S_t）和终点节点（F_{in}），虚拟的起点节点和虚拟的终点节点所需时间为零。

3. 单代号网络计划绘图步骤

单代号网络图绘制的一般过程是首先按照工作展开的先后顺序给出表示工作的节点，然后根据逻辑关系，将有紧前、紧后关系的工作节点用箭线连接起来，在单代号网络图中无须引入虚箭线（单代号网络图中无虚箭线，但可能有虚工作）。若绘制出的网络图出现多项没有紧前工作的工作节点时，设置一项虚拟的起点节点（S_t）；若出现多项没有紧后工作的工作节点时，设置一项虚拟的终点节点（F_{in}）。

【例 4.15】已知各项工作逻辑关系见表 4.10，请绘制单代号网络图。

表 4.10　工作逻辑关系表

工作名称	A	B	C	D
紧前工作	B、C	—	—	B
持续时间/周	5	2	3	3

【解】（1）工作 B 和工作 C 无紧前工作，因此存在两项无紧前工作的工作，需要设置一项虚拟的起点节点（S_t）在网络图左侧，工作 B 和工作 C 绘制在右侧，作为平行工作可放置在一列（仅为方便好看，不是必须要求），绘制如图 4.42（a）所示。

（2）平行工作 B、工作 C 的紧后工作中有相同部分也有不同部分，此时无须添加虚工作，但为图形美观，尽量避免交叉，一般将唯一关系放在平行右侧，然后用箭头连接即可，绘制如图 4.42（b）所示。

（3）平行工作 D 和工作 A 均无紧后工作，存在两项无紧后工作的工作，需要设置一项虚拟的终点节点（F_{in}），检查完成后，进行节点编号，最终图形绘制如图 4.42（c）所示。

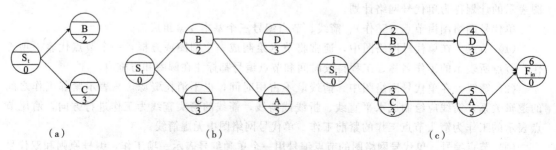

图 4.42　【例 4.15】单代号网络图绘图步骤

（a）单代号网络图绘图步骤一；（b）单代号网络图绘图步骤二；（c）单代号网络图绘图步骤三

4.5.2 单代号网络计划时间参数计算

1. 单代号网络计划时间参数

单代号网络计划时间参数包括工作最早开始时间 ES_{i-j}、最早完成时间 EF_{i-j}、最迟开始时间 LS_{i-j}、最迟完成时间 LF_{i-j}、总时差 TF_{i-j}、自由时差 FF_{i-j}，以及相邻两项工作的时间间隔 $LAG_{i,j}$单代号网络计划的时间参数在图上的标注形式，如图 4.43 所示。

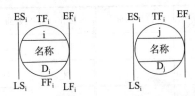

图 4.43 单代号网络计划时间参数的图上标注形式

计算顺序和计算方法基本上与双代号网络计划时间参数的计算相同，单代号网络图需要多计算相邻两项工作的时间间隔 $LAG_{i,j}$；单代号网络计划时间参数计算公式与双代号网络计划时间参数计算公式基本相同，只是工作的时间参数的下角标由双角标变为单角标。

（1）工作的最早开始时间（ES_i）。

1）当 $i=1$ 时，通常令 $ES_i=0$；

2）当 $i \neq 1$ 时，$ES_i = \max \{ES_h + D_h\}$。

式中，下角标 i 表示本工作，下角标 h 表示本工作的所有紧前工作。

（2）工作的最早完成时间（EF_i）：$EF_i = ES_i + D_i$。

（3）计算工期 T_c：$T_c = EF_n$，式中，n 表示网络计划的终点节点。

（4）计划工期 T_p。

1）当工期无要求时，$T_p = T_c$。

2）当工期有要求时，$T_p \leqslant T_r$。

（5）相邻两项工作 i 和 j 之间的时间间隔 $LAG_{i,j}$ 的计算。相邻两项工作之间时间间隔：指相邻两项工作之间，后项工作的最早开始时间与前项工作的最早完成时间之差。

1）当 $j \neq n$ 时，$LAG_{i,j} = ES_j - EF_i$。

2）当 $j = n$ 时，$LAG_{i,n} = T_p - EF_i$。

式中，n 表示终点节点，也可以是虚拟的终点节点 F_{in}。

（6）工作的最迟完成时间（LF_i）。

1）当 $i = n$ 时，$LF_i = T_p$。

2）当 $i \neq n$ 时，$LF_i = \min \{LS_j\}$。

式中，下角标 j 表示本工作的所有紧后工作。

（7）工作的最迟开始时间（LS_i）：$LS_i = LF_i - D_i$。

（8）工作的总时差（TF_i）。

1）当 $j = n$ 时，当计划工期等于计算工期时其值为零，$TF_j = 0$；

2）当 $j \neq n$ 时，TF_i 等于该工作的各个紧后工作 k 的总时差，是该工作与其紧后工作之间的间隔时间 $LAG_{i,k}$ 之和的最小值，即 $TF_i = \min \{TF_j + LAG_{i,k}\}$。

（9）工作自由时差（FF_i）。工作的自由时差（FF_i）的计算方法是首先计算相邻两项工作之间的时间间隔（LAG$_{i,j}$），然后取本工作与其所有紧后工作的时间间隔的最小值，作为本工作的自由时差。相邻两项工作之间的时间间隔 LAG$_{i,j}$等于紧后工作的最早开始时间 ES$_j$与本工作的最早完成时间 EF$_i$之差。即

$$FF_i = \min \{LAG_{i,j}\} = \min \{ES_j - EF_i\} \text{ 或 } FF_i = \min \{ES_j - EF_i - D_i\}$$

【例 4.16】已知各项工作逻辑关系见表 4.11，请绘制单代号网络图，计算各工作的时间参数并找出关键线路和关键工作。

表 4.11　工作逻辑关系表

工作	紧前工作	紧后工作	持续时间	工作	紧前工作	紧后工作	持续时间
A$_1$	—	A$_2$、B$_1$	2	C$_3$	B$_3$、C$_2$	E、F	2
A$_2$	A$_1$	A$_3$、B$_2$	2	D	B$_3$	G	2
A$_3$	A$_2$	B$_3$	2	E	C$_3$	G	1
B$_1$	A$_1$	B$_2$、C$_1$	3	F	C$_3$	I	2
B$_2$	A$_2$、B$_1$	B$_3$、C$_2$	3	G	D、E	H、I	4
B$_3$	A$_3$、B$_2$	D、C$_3$	3	H	G	—	3
C$_1$	B$_1$	C$_2$	2	I	F、G	—	3
C$_2$	B$_2$、C$_1$	C$_3$	4	—	—	—	—

【解】（1）根据单代号网络图绘图要求进行绘制，并在图上计算单代号网络图的各项时间参数，如图 4.44 所示。

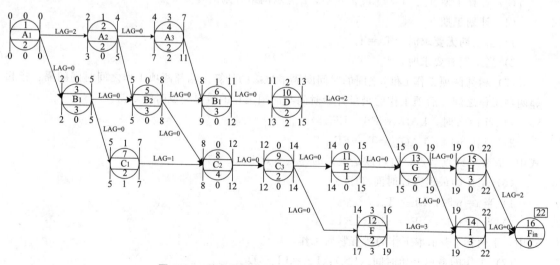

图 4.44　单代号网络计划时间参数计算结果图

（2）总时差为零的工作为关键工作，即 A$_1$、B$_1$、B$_2$、C$_2$、C$_3$、E、G、H、I 为关键工作。

关键工作联系起来就是关键线路，或者由始至终相邻工作间隔时间为零的线路为关键线路，即 A$_1$→B$_1$→B$_2$→C$_2$→C$_3$→E→G→H→I 为关键线路。

2. 关键工作和关键线路的确定

（1）关键工作的确定。确定方法与双代号网络图的关键工作确定方法相同，即总时差为最小的工作为关键工作。在计划工期等于计算工期时，总时差为零的工作就是关键工作；当计划工期小于计算工期时，关键工作的总时差为负值，说明应采取更多措施以缩短计算工期；当计划工期大于计算工期时，关键工作的总时差为正值，说明计划已留有余地，进度控制就比较主动。

（2）关键线路的确定。网络计划中从起点节点开始到终点节点均为关键工作，且所有工作的间隔时间均为零的线路应为关键线路。在肯定型网络计划中，是指线路上工作总持续时间最长的线路。关键线路在网络图中宜采用粗线、双线或彩色线在图上标注关键线路上的箭线。

3. 单代号网络计划与单代号网络计划对比分析

（1）易于修改。单代号网络图具有便于说明，容易被非专业人员所理解和易于修改的优点。

（2）没有虚箭线。单代号网络图作图方便，不必增加虚箭线，与双代号网络图相比，不容易产生逻辑错误。

（3）无法与时间坐标相结合。单代号网络图用节点表示工作，没有长度概念，与双代号网络图相比不够形象，不便于绘制带时间坐标网络计划。

（4）单代号网络图表示工作之间逻辑关系的箭线可能产生较多的纵横交叉现象。容易出现过桥线路，图面可能不简洁。

（5）单代号和双代号网络图均适用于应用计算机绘制计算，优化和调整。

4.6 双代号时标网络图

4.6.1 双代号时标网络计划绘制

双代号时标网络计划简称时标网络计划，实质上是在一般网络图上加注时间坐标，它所表达的逻辑关系与原网络计划完全相同，但箭线的长度不能任意画，应与工作的持续时间相对应。

1. 双代号时标网络计划的特点

（1）时标网络计划兼有网络计划与横道计划的优点，它能够清楚地表明计划的时间进程，因此，可直观地进行判读。

（2）时标网络计划能在图上直接显示出各项工作的开始与完成时间、工作的自由时差及关键线路。

（3）时标网络在绘制时受到时间坐标的限制，因此很容易发现绘图错误。

（4）工程对劳动力、材料、施工机具等资源的需要量可以直接标注在时标网络图上，这样，既便于绘制资源消耗的动态曲线，又便于有计划地分析和控制资源的使用量。

（5）箭线受到时间坐标的限制，因此当情况发生变化时，对网络计划的修改比较麻烦，往往要重新绘图。

2. 时间坐标体系

双代号时标网络计划的时间坐标体系有计算坐标体系、工作日坐标体系、日历日坐标体系等。

（1）计算坐标体系。计算坐标体系主要用于计算网络计划的时间参数，其起点时间从零开始。

（2）工作日坐标体系。工作日坐标体系表明工作在工程开始后第几天开始、第几天完成，其起点时间从 1 开始。工作日坐标体系的工作开始时间等于计算坐标体系的工作开始时间加 1，工作完成时间等于计算坐标体系的工作完成时间。

（3）日历日坐标体系。日历日坐标体系可以表明工程的开工日期和竣工日期及各项工作的开始日期和完成日期。日历日坐标体系应扣除节假日休息时间，如星期六、星期日、劳动节和国庆节等。

3. 双代号时标网络计划的绘制

时标网络计划宜按最早时间绘制。在绘制前，首先应根据确定的时间单位绘制出一个时间坐标表，时间坐标单位应根据计划期的长短确定，可以是小时、天、周、旬、月或季度等。时标网络计划中以实箭线表示工作，每项工作直线段的水平投影长度代表工作的持续时间；以虚箭线表示虚工作，以波形线表示工作与其紧后工作之间的时间间隔（以网络计划终点节点为完成节点的工作除外）。当工作之后紧跟有实工作时，波形线的长度表示本工作的自由时差；当工作之后只紧跟有虚工作时，则紧接的虚工作的波形线长度中的最短者为该工作的自由时差。

（1）间接法。间接绘制法（或称先算后绘法）是指先计算无时标网络计划草图的时间参数，然后在时标网络计划表中进行绘制的方法。

用这种方法时，应先对无时标网络计划进行计算，计算出其最早时间；再按每项工作的最早开始时间将其箭尾节点定位在时标表上，最后用规定线型绘出工作及其自由时差，即形成时标网络计划。绘制时，一般先绘制出关键线路，然后再绘制非关键线路。

绘制步骤如下。

1）先绘制网络计划草图，计算工作最早时间并标注在图上。

2）绘制时标网络计划的时标计划表。

3）在时标表上，按最早开始时间确定每项工作的开始节点位置（图形尽量与草图一致），节点的中心线必须对准时标的刻度线。

4）绘制时，一般应先绘制出关键线路和关键工作，然后绘制出非关键线路和非关键工作。

5）按各工作的时间长度画出相应工作的实线部分，使其水平投影长度等于工作时间。由于虚工作不占用时间，所以应以垂直虚线表示。

6）用波形线将实线部分与其紧后工作的开始节点连接起来，以表示自由时差。

7）标出关键线路。将时差为零的箭线从起点节点到终点节点连接起来，并用粗箭线、双箭线或彩色箭线表示，即形成时标网络计划的关键线路。

【例 4.17】已知各项工作逻辑关系见表 4.12，用间接法绘制双代号时标网络图。

表 4.12　工作逻辑关系表

工作名称	A	B	C	D	E	F	G	H
紧后工作	D、E	E	E、F	G	G、H	H	—	—
持续时间/周	4	3	2	6	4	7	4	3

【解】（1）根据双代号网络图绘图规则，双代号网络图如图 4.45 所示。

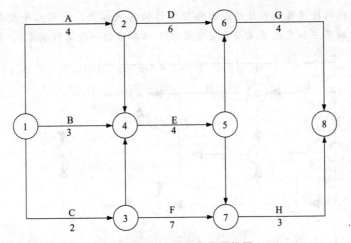

图 4.45 某工程双代号网络图

（2）先在网络图上标注出节点最早时间，如图 4.46 所示。

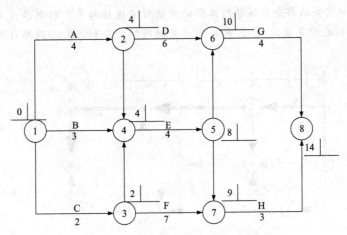

图 4.46 标注出节点最早时间的网络图

（3）在时标表上，按最早开始时间确定每项工作的开始节点位置，如图 4.47 所示。

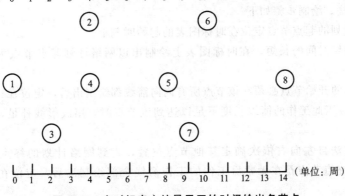

（单位：周）

图 4.47 在时标表上按最早开始时间绘出各节点

（4）按各工作的持续时间长度绘制出相应工作的实线部分，使其水平投影长度等于工作时间。虚工作的开始节点和完成节点以垂直虚线表示（各绘制一般虚线长度），如图 4.48 所示。

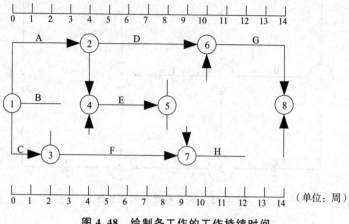

（单位：周）

图 4.48　绘制各工作的工作持续时间

（5）用波形线将实线部分与其紧后工作的开始节点连接起来，以表示自由时差（工作 E 除外，工作 E 后连接的均是虚工作）；最后标出关键线路，即形成时标网络计划的关键线路，如图 4.49 所示。

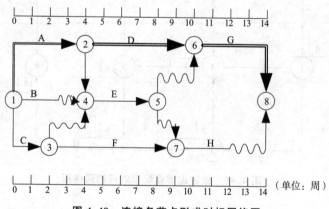

（单位：周）

图 4.49　连接各节点形成时标网络图

（2）直接法。所谓直接绘制法，是指不计算时间参数而直接按无时标网络计划草图绘制时标网络计划的方法。绘制步骤如下。

1）将网络计划的起点节点定位在时标图表的起始时刻上。

2）按工作持续时间的长短，在时标图表上绘制出以网络计划起点节点为开始节点的工作箭线。

3）其他工作的开始节点必须在该节点所有内向箭线都绘制出后，定位在这些内向箭线最晚到达的时刻线上，当此工作的箭线长度不足以达到该节点时，用波形线补足，箭头画在波形线与节点连接处。

4）用上述方法自左向右依次确定其他节点位置，直到网络计划的终点节点定位绘制完成，网络计划的终点节点是在无紧后工作的工作箭线全部绘制出后，定位在最晚到达的时刻线上。

【例 4.18】根据例 4.17 双代号网络图，用直接法绘制双代号时标网络图。

【解】（1）将网络计划的起点节点定位在时标网络计划表的起始刻度线"0"上，并按工作的持续时间绘制以网络计划起点节点为开始节点的工作箭线 A、B、C，如图 4.50 所示。

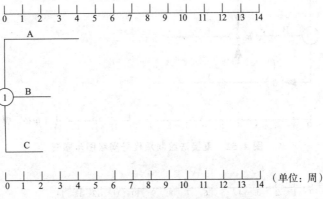

图 4.50　直接法绘制双代号网络图步骤一

（2）除网络计划的起点节点外，其他节点必须在所有以该节点为完成节点的工作箭线均绘制出后定位在这些工作箭线中最迟的箭线末端。当某些工作箭线的长度不足以到达该节点时，应用波形线补足，将箭头画在与该节点的连接处。因此，②节点和③节点可直接定位，④需要等②④工作、③④工作绘制后方可定位。②节点、③节点定位后可绘制②节点、③节点外向箭线，如图 4.51 所示。

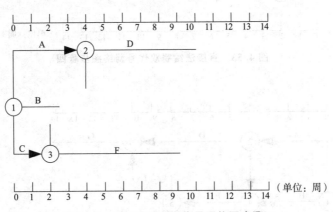

图 4.51　直接法绘制双代号网络图步骤二

（3）④节点三个外向箭线均绘出后，时间定位最远的位置为④节点的位置，因此④节点定位在 4 刻度线，④节点定位后绘制④节点外向箭线，如图 4.52 所示。

（4）节点外向箭线均绘出后方可定位该节点，此时仅可定位⑤节点在 8 刻度，并绘制⑤节点外向箭线，如图 4.53 所示。

（5）⑥节点的内向箭线均已绘出，时间定位最远的位置为⑥节点的位置，因此⑥节点定位在 10 刻度线，同理，⑦节点定位在 9 刻度线，并绘制出⑥节点、⑦节点的外向箭线工作持续时间，如图 4.54 所示。

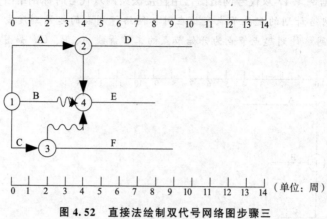

图 4.52　直接法绘制双代号网络图步骤三

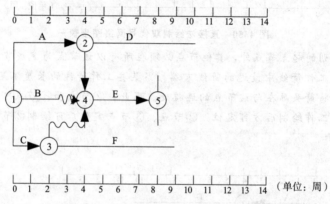

图 4.53　直接法绘制双代号网络图步骤四

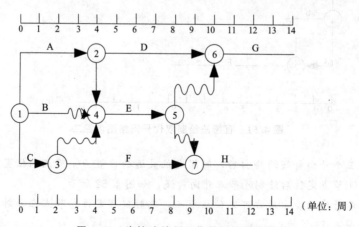

图 4.54　直接法绘制双代号网络图步骤五

　　（6）利用上述方法从左至右依次确定其他各个节点的位置，直至绘制出网络计划的终点节点⑧，如图 4.55 所示。

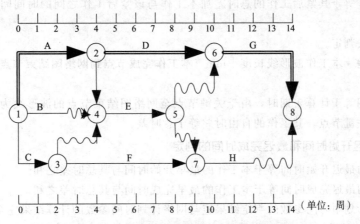

图 4.55　直接法绘制双代号网络图步骤五

在绘制时标网络计划时，特别需要注意的问题是处理好虚箭线。首先，应将虚箭线与实箭线等同看待，只是其对应工作的持续时间为零；其次，尽管虚箭线本身没有持续时间，但可能存在波形线。因此，要按规定画出波形线。在画波形线时，其垂直部分仍应画成虚线。

4.6.2　双代号时标网络计划时间参数的判定

1. 关键线路的判定

时标网络计划中的关键线路可从网络计划的终点节点开始，逆着箭线方向进行判定。凡自始至终不出现波形线的线路均为关键线路。因为不出现波形线，就说明这条线路上相邻两项工作之间的时间间隔全部为零，也就是在计算工期等于计划工期的前提下，这些工作的总时差和自由时差全部为零。

2. 计算工期的判定

网络计划的计算工期应等于终点节点所对应的时标值与起点节点所对应的时标值之差。

3. 工作最早开始时间和最早完成时间的判定

工作箭线左端节点中心所对应的时标值为该工作的最早开始时间。当工作箭线中不存在波形线时，其右端节点中心所对应的时标值为该工作的最早完成时间；当工作箭线中存在波形线时，工作箭线实线部分右端点所对应的时标值为该工作的最早完成时间。

4. 工作自由时差的判定

（1）以终点节点为完成节点的工作，其自由时差应等于计划工期与本工作最早完成时间之差。事实上，以终点节点为完成节点的工作，其自由时差与总时差必然相等。

（2）一般情况下，其他工作的自由时差就是该工作箭线中波形线的水平投影长度。但当工作之后只紧接虚工作时，则该工作箭线上一定不存在波形线，而其紧接的虚箭线中波形线水平投影长度的最短者为该工作的自由时差。

5. 工作总时差的判定

（1）定义法判定。工作总时差的判定应从网络计划的终点节点开始，逆着箭线方向依次进行。

以终点节点为完成节点的工作，其总时差应等于计划工期与本工作最早完成时间之差；其他工作的总时差等于其紧后工作的总时差加本工作与该紧后工作之间的时间间隔所得之和的最小值。

（2）快速法判定。

工作总时差＝本工作波形线长度＋min｛本工作完成节点到网络图结束节点之间线路波形线长度｝

当计划工期等于计算工期时，由于关键节点至网络图结束节点的波形线为零，此时，工作结束节点若是关键节点，其工作的自由时差等于总时差。

6. 工作最迟开始时间和最迟完成时间的判定

（1）工作的最迟开始时间等于本工作的最早开始时间与其总时差之和。

（2）工作的最迟完成时间等于本工作的最早完成时间与其总时差之和。

时标网络计划中时间参数的判定结果应与网络计划时间参数的计算结果完全一致。

【例 4.19】根据例 4.17 的双代号时标网络图，判定工作 E 的时间参数。

【解】（1）工作 E 的最早开始时间：工作 E 的开始节点对应时刻，即 ES＝4（周）。即工作 E 的最早开始时间为第 5 周初；

（2）工作 E 的最早完成时间：工作 E 水平线右端对应的时刻，即 EF＝8（周）。即工作 E 的最早完成时间为第 8 周末；

（3）工作 E 的自由时差：工作 E 后均为虚工作，即工作 E 总时差为其后虚工作波形线取短，即 FF＝2 周。

（4）工作 E 的总时差有以下两种判定方式。

1）定义判定，从终点节点开始计算，标注在双代号时标网络图各工作下方，结果如图 4.56 所示。

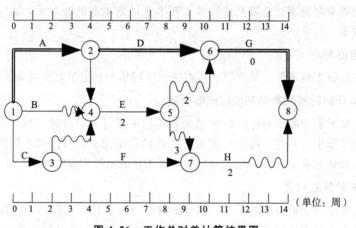

图 4.56　工作总时差计算结果图

2）快速法判定。TF＝工作 E 本身波形线长度＋min（工作 E 完成节点⑤节点到网络图结束节点⑧节点波形线总长度）＝0＋2＝2（周）。

（5）工作 E 的最迟开始时间：LS＝ES＋TF＝4＋2＝6（周）。即工作 E 的最迟开始时间为第 7 周初。

（6）工作 E 的最迟完成时间：LF＝LS＋FF＝8＋2＝10（周）。即工作 E 的最迟完成时间为第 10 周末。

4.7　网络图优化调整

网络计划的优化是指在满足具体的约束条件下，通过对网络计划的不断调整处理，寻求最优网络计划方案，达到既定目标的过程。网络计划的优化目标应按计划任务的需要和条件选定，包括工期目标、费用目标和资源目标。根据优化目标的不同，网络计划的优化可分为工期优化、费用优化和资源优化三种。

4.7.1　工期优化

所谓工期优化，是指网络计划的计算工期 T_c 不满足要求工期 T_r 时，通过压缩关键工作的持续时间以满足要求工期目标的过程。

1. 工期优化的基本要求

网络计划工期优化的基本方法是在不改变网络计划中各项工作之间逻辑关系的前提下，通过压缩关键工作的持续时间来达到优化目标。在工期优化过程中，按照经济合理的原则，不能将关键工作压缩成非关键工作。此外，当工期优化过程中出现多条关键线路时，必须将各条关键线路的总持续时间压缩相同数值；否则，不能有效地缩短工期。

2. 工期优化的步骤

网络计划的工期优化可按下列步骤进行。

（1）确定初始网络计划的计算工期和关键线路。一般可用标号法确定出关键线路及计算工期。

（2）按要求工期计算应缩短的时间（ΔT）。应缩短的时间等于计算工期与要求工期之差，即

$$\Delta T = T_c - T_r$$

式中，T_c 为网络计划的计算工期；T_r 为要求工期。

（3）选择应缩短持续时间的关键工作。选择压缩对象时宜在关键工作中考虑下列因素。

1）选择缩短持续时间对质量和安全影响不大的工作。

2）选择有充足备用资源的工作。

3）选择缩短持续时间所需增加费用最少的工作。

（4）将所选定的关键工作的持续时间压缩至最短，并重新确定计算工期和关键线路。若被压缩的工作变成非关键工作，则应延长其持续时间，使之仍为关键工作。

（5）若计算工期仍超过要求工期，则重复以上步骤，直到满足工期要求或工期已不能再缩短为止。

（6）当所有关键工作的持续时间都已达到其能缩短的极限而寻求不到继续缩短工期的方案，但网络计划的计算工期仍不能满足要求工期时，应对网络计划的原技术方案、组织方案进行调整，或对要求工期重新审定。

3. 工期优化的种类

（1）无约束条件的工期优化。无约束条件的工期优化即网络图中的各工作均可以压缩工作持续时间，且无限定约束条件。在这种情况下，只要满足工期优化的基本要求，均可进行工期优化，此时，优化的方式与结果不止一种。

【例 4.20】已知某工程双代号网络计划如图 4.57 所示，现假定要求工期为 40 天，试对其进

行工期优化。

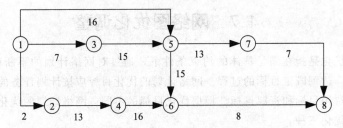

图 4.57　某工程双代号网络图

【解】（1）运用标号法，计算双代号网络图的工期及关键线路，结果如图 4.58 所示。

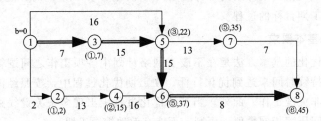

图 4.58　标号法确定关键线路和工期

（2）按要求工期计算应缩短的时间（ΔT）。应缩短的时间等于计算工期与要求工期之差，即 $\Delta T=T_c-T_r=45-40=5$（天）；选择关键工作中某一项或某几项进行压缩。选择⑤—⑥工作缩短 5 天。结果如图 4.59 所示。

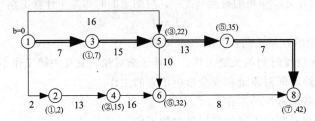

图 4.59　第一次压缩

（3）关键工作⑤—⑥和⑥—⑧变成非关键工作，工期压缩 5 天只有压缩了 3 天的效果，说明⑤—⑥工作只能够压缩 3 天。调整后的双代号网络图如图 4.60 所示。

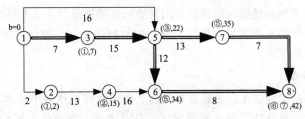

图 4.60　调整后的网络图

（4）此时，原来是关键线路还是关键线路，并且增加了一条关键线路：①→③→⑤→⑦→⑧。通过上述步骤只压缩了3天工期，说明还需要压缩2天，再进行关键工作压缩工期选取，此时再度压缩必须保证同时压缩两条关键线路，选择③—⑤工作压缩2天。结果如图4.61所示。

需要说明的是，本例题中选择对关键线路上的关键工作进行压缩时，未注明任何约束，是随机选择的关键工作作为压缩对象，因此，压缩方法和对象结果并不唯一。而这种无约束条件下，仅选择关键工作作为压缩对象，并不符合工程的实际情况。

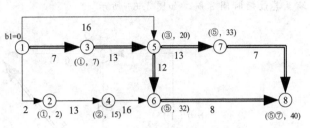

图4.61　第二次的压缩

（2）有约束条件的工期优化。在实际工程中，压缩不同的关键工作的持续时间，所要付出的代价（资源、质量、安全等）是不同的。有的时候，为了简单区分，利用优选系数进行辨别，即压缩优选系数越小的关键工作，所要付出的代价越小。

【例4.21】已知某工程项目双代号网络计划如图4.62所示，图中箭线下面括号外数字为工作的正常持续时间，括号内数字为其最短持续时间（单位：周），箭线上方括号内数字为该工作的优选系数，若要求工期为15周。试对其进行工期优化。

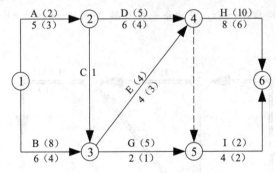

图4.62　某工程双代号网络图

【解】（1）根据各项工作的正常持续时间，用标号法确定网络计划的计算工期和关键线路，计算工期为19周，优化前关键线路为A→D→H，如图4.63所示。

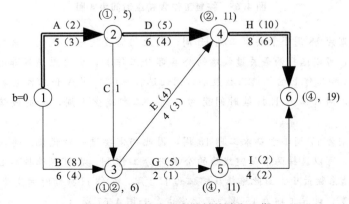

图4.63　标号法确定关键线路和工期

（2）计算工期为 19 周，要求工期为 15 周，需压缩 4 周。

（3）选择应缩短持续时间的关键工作。初始网络计划中的关键工作为工作 A、工作 D 和工作 H，而其中工作 A 的优选系数最小，故应将工作 A 作为优先压缩对象。工作 A 的持续时间压缩至其最短时间 3 周，如图 4.64 所示。

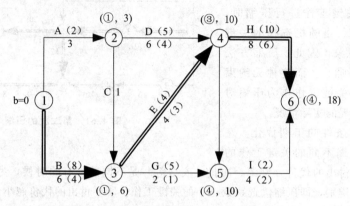

图 4.64　第一次压缩，压缩工作 A 为 3 周

（4）初始关键线路 A→D→H，经过此次优化变为 B→E→H，并且压缩工作 A2 周，工期减少了 1 周，说明此时工作 A 仅能压缩 1 周，故应将工作 A 持续实间恢复为 4 周，使之仍为关键工作。恢复后，关键线路增加一条，共两条关键线路 A→D→H 和 B→E→H，计算工期为 18 周，如图 4.65 所示。

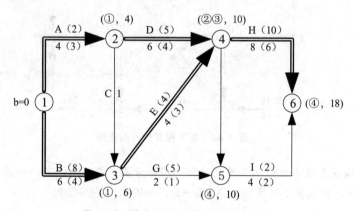

图 4.65　恢复工作 A 持续时间为 4 周

（5）计算工期为 18 周小于要求工期 15 周，因此仍需要进一步优化。再次优化需要同时压缩两条关键线路，可以选择两条关键线路的公共部分工作 H，也可以选择非公共部分（组合压缩），组合工作 A 和工作 E 的优选系数最小，因此选择压缩工作 A 和工作 E 各 1 周，工作 A 持续时间变为 3 周，同理工作 E 持续时间变为 3 周，工期减少 1 周，关键线路不变。结果如图 4.66 所示。

（6）计算工期为 17 周小于要求工期 15 周，因此仍需要进一步优化。再次优化需要同时压缩两条关键线路，可以选择两条关键线路的公共部分工作 H，也可以选择非公共部分（组合压缩），工作 H 优选系数最小，因此选择压缩工作 H2 周，工作 H 持续时间变为 6 周，工期减少 2 周，关键线路不变，计算工期为 15 周，优化完成，如图 4.67 所示。

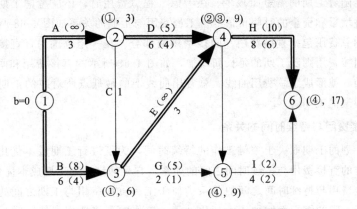

图 4.66　组合压缩工作 A 和工作 E 各 1 周

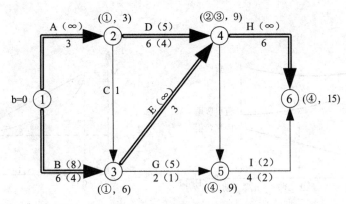

图 4.67　压缩工作 H2 周

需要说明的是，在优化过程中，当出现多条关键线路时，必须将各条关键线路的持续时间压缩同一数值；否则，不能有效地缩短工期。有约束条件的工期优化与规定工期下的费用优化的基本方法是一致的，优化时压缩对象是由关键工作优选系数决定的，优先选择压缩优选系数小的关键工作作为压缩对象。

4.7.2　费用优化

费用优化又称为工期成本优化，是指寻求工程总成本最低时的工期安排，或按要求工期寻求最低成本的计划安排的过程。

在建设工程施工过程中，完成一项工作通常可以采用多种施工方法和组织方法，而不同的施工方法和组织方法又会有不同的持续时间和费用。一项建设工程往往包含许多工作，因此在安排建设工程进度计划时就会出现许多方案。进度方案不同，所对应的总工期和总费用也就不同。为了能从多种方案中找出总成本最低的方案，必须首先分析费用和时间之间的关系。

1. 工程费用与工期的关系

工程总费用由直接费用和间接费用组成。直接费用由人工费、材料费、机械使用费、其他直接费用及现场经费等组成。施工方案不同，直接费用也就不同；如果施工方案一定，工期不同，直接费用也不同。直接费用会随着工期的缩短而增加。间接费用包括企业经营管理的全部费用，它一般会随着工期的缩短而减少。在考虑工程总费用时，还应考虑工期变化带来的其他损益，包括效益增量和资金的时间价值等。工程费用与工期的关系如图 4.68 所示。

一项工程的总费用包括直接费用和间接费用两部分。在一定范围内，直接费用随工期的延长而减少，而间接费用则随工期的延长而增加，如图 4.68 所示的直接费用和间接费用曲线，将该两条曲线叠加，就形成了总费用曲线。总费用曲线上的最低点所对应的工期（T_q）就是费用优化所要追求的最优工期。

2. 工作直接费用与持续时间的关系

由于网络计划的工期取决于关键工作的持续时间，为了进行工期成本优化，必须分析网络计划中各项工作的直接费用与持续时间之间的关系，它是网络计划工期成本优化的基础。

工作的直接费用与持续时间之间的关系类似于工程直接费用与工期之间的关系，工作的直接费用随着持续时间的缩短而增加。为简化计算，工作的直接费用与持续时间之间的关系被近似地认为是一条直线关系，如图 4.69 所示。当工作划分不是很粗时，其计算结果还是比较精确的。

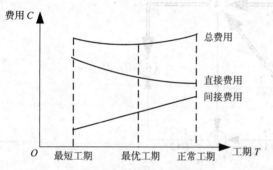

图 4.68 工程费用与工期的关系

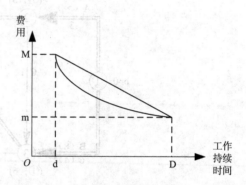

图 4.69 直接费用与持续时间的近似关系

压缩同样时间的不同工作，直接费的增加额不同，因此采用直接费费率来表示各工作在缩短工作持续时间时直接费用的增加，工作的持续时间每缩短单位时间而增加的直接费用称为直接费费率。某工作的直接费费率为

$$C_{i-j} = \frac{M_{i-j} - m_{i-j}}{D_{i-j} - d_{i-j}} = \frac{赶工直接费 - 正常直接费}{正常时间 - 赶工时间}$$

式中，M_{i-j} 为正常工作持续时间对应的直接费用；m_{i-j} 为最短工作持续时间对应的直接费用；D_{i-j} 为某工作的正常持续时间；d_{i-j} 为某工作的最短持续时间。

【例 4.22】某工作经过计算确定其正常持续时间为 10 天，所需直接费用为 1 200 元，考虑增加人力、材料、机具和加班的情况下，其最短时间为 6 天，而直接费用为 1 500 元，则其直接费率为多少？

【解】根据直接费费率计算公式可知 $C_{i-j} = \dfrac{M_{i-j} - m_{i-j}}{D_{i-j} - d_{i-j}} = \dfrac{赶工直接费 - 正常直接费}{正常时间 - 赶工时间} = \dfrac{1\,500 - 1\,200}{10 - 6} = 75(元 / 天)$

因此，该工作的直接费费率为 75 元/天，即在允许时间范围内，每压缩一天的工作持续时间，直接费增加 75 元。

工作的直接费费率越大，说明将该工作的持续时间缩短一个时间单位，所需增加的直接费用就越多；反之，将该工作的持续时间缩短一个时间单位，所需增加的直接费用就越少。因此，在压缩关键工作的持续时间以达到缩短工期的目的时，应将直接费费率最小的关键工作作为压缩对象。当有多条关键线路出现而需要同时压缩多个关键工作的持续时间时，应将它们的直接费费率之和（组合直接费费率）最小者作为压缩对象。

3. 费用优化的步骤

（1）按工作正常持续时间找出关键工作及关键线路。

（2）按规定计算各项工作的费用率。

（3）在网络计划中找出费用率（或组合费用率）最低的一项关键工作或一组关键工作，作为缩短持续时间的对象。

（4）当需要缩短关键工作的持续时间，其缩短值的确定必须符合要求。

1）缩短后工作的持续时间不能小于其最短持续时间。

2）缩短持续时间的工作不能够变成非关键工作。

（5）计算相应的费用增加值。

（6）考虑工期变化带来的间接费用及其他损益，在此基础上计算总费用。

（7）重复上述步骤，直到总费用最低或满足要求工期为止。

4. 费用优化的方法

费用优化的基本方法就是从组成网络计划的各项工作的持续时间与费用关系，找出能使计划工期缩短而又能使直接费用增加最少的工作，不断地缩短其持续时间，然后考虑间接费用随着工期缩短而减少的影响，将不同工期下的直接费用和间接费用分别叠加起来，即可求得工期一定时相应的最低工程成本和工程成本最低时的相应最优工期。

（1）工期一定时的最低工程成本优化。对网络图进行优化时，需要满足要求工期，优化达到要求工期即可停止优化，这种情况下的优化称为工期一定时的最低工程成本优化。

【例4.23】已知网络计划初始方案如图4.70所示，要求工期为50天，箭线上方括号内为工作的直接费费率，单位为百元/天；间接费费率为150百元/天。试计算工期一定时的最低成本优化方案，并说明优化后总成本增加额。

【解】（1）运用标号法，计算双代号网络图的工期及关键线路，计算工期为60天，优化前关键线路为A→D→F，结果如图4.71所示。

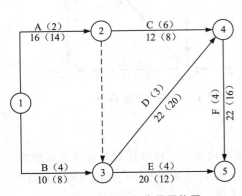

图4.70　某工程双代号网络图

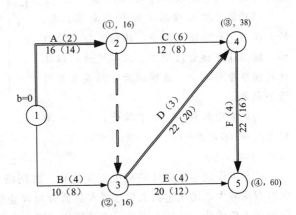

图4.71　标号法确定关键线路和工期

（2）计算工期为 60 天，要求工期为 50 天，因此需要压缩关键工作 10 天方可满足要求工期。选择压缩直接费费率最小的关键工作作为压缩对象，因此选择工作 A 作为压缩对象，工作 A 压缩至最短持续时间 14 天，即工作 A 持续时间压缩 2 天，运用标号法，计算压缩后双代号网络图的工期及关键线路，结果如图 4.72 所示。

（3）压缩工作 A 持续时间 2 天，工期减少 2 天，关键线路不变，说明优化是有效的，即工作 A 是可以压缩到底的。压缩一项工作的持续时间，压缩的时间与工期减少的时间一致，那么压缩就是有效的，在压缩时，可考查该工作所在的路线时长，压缩后的时间仍为最长，那么压缩就肯定是有效的。

第一次压缩后工期仍不满足要求工期，因此需要继续压缩，仍选择压缩直接费费率最小的工作作为压缩对象，即压缩工作 D，考虑压缩是有效的要求，可压缩工作 D 持续时间 2 天，结果如图 4.73 所示。

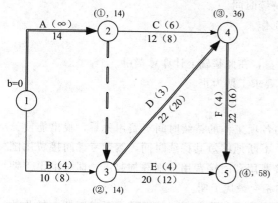

图 4.72　压缩工作 A2 天

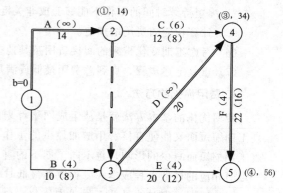

图 4.73　压缩工作 D2 天

（4）第二次压缩后工期仍不满足要求工期，因此需要继续压缩，仍选择压缩直接费费率最小的工作作为压缩对象，即压缩工作 F，考虑压缩是有效的压缩，可压缩工作 F 持续时间 6 天，结果如图 4.74 所示。

（5）第三次压缩后工期符合要求工期，停止压缩。在压缩过程中，压缩工作持续时间，该工作直接费用增加，工期减少，网络计划间接费用减少。压缩前后，总成本费用增加额为：

总成本增加额 ＝（＋直接费）＋（－间接费）＝ $200×2+300×2+400×6-150×10=1\,900$（元）

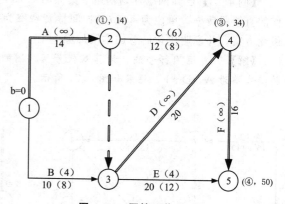

图 4.74　压缩工作 F6 天

（2）工程成本最低时的最优工期优化。对网络图进行优化时，网络计划的直接费用增加，间接费用减少，优化达到工程总成本最低方可停止优化，这种情况下的优化称工程成本最低时的最优工期优化。达到工程总成本最低的工期称为最优工期。

【例 4.24】某工程双代号网络
计划如图 4.75 所示，要求对该网络
图进行工期成本优化，寻求工程总
成本最低时的最优工期。箭线上方
括号内为工作的直接费费率，箭线
下方括号外为该工作正常持续时间
（单位：天），箭线下方括号内为工
作最短持续时间，工程间接费费率
为 100 元/天。并说明优化后工程总
成本降低额。

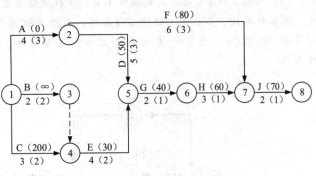

图 4.75　某工程双代号网络图

【解】（1）运用标号法，计算双
代号网络图的工期及关键线路，计算工期为 16 天，优化前关键线路为 A→D→G→H→J，结果
如图 4.76 所示。

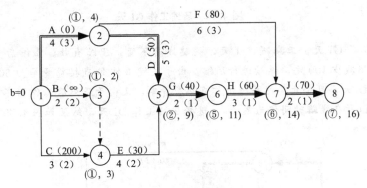

图 4.76　标号法确定关键线路和工期

（2）由于压缩工作持续时间时，直接费用增加，间接费用减少，寻求工程总成本最低时的
最优工期，即压缩要求直接费用的增加额小于间接费用的减小额。选择压缩直接费率最小的
关键工作作为压缩对象，工作 A 直接费费率为 0，因此选择工作 A 作为压缩对象，工作 A 压缩
至最短持续时间 3 天，即工作 A 持续时间压缩 1 天，运用标号法，计算压缩后双代号网络图的
工期及关键线路，结果如图 4.77 所示。

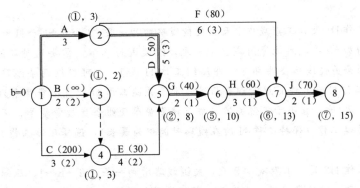

图 4.77　压缩工作 A1 天

（3）压缩工作A1天，工期减少1天，关键线路不变，压缩有效。压缩后直接费用增加为0元，间接费用减少100元，继续进行压缩。由于关键工作G直接费费率为40元/天，小于间接费费率100元/天，且小于其他关键工作直接费费率，选择压缩工作G1天，结果如图4.78所示。

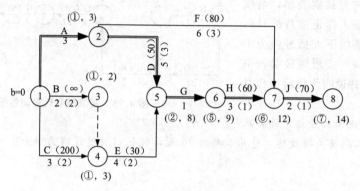

图 4.78　压缩工作 G1 天

（4）压缩工作G1天，工期减少1天，关键线路不变，压缩有效。压缩后直接费用增加为40元，间接费用减少100元，继续进行压缩。由于关键工作D直接费费率为50元/天，小于间接费费率100元/天，且小于其他关键工作直接费费率，又由于压缩后工作D不能变成非关键工作（保持工作D所在线路时间仍为最长），选择压缩工作D1天，结果如图4.79所示。

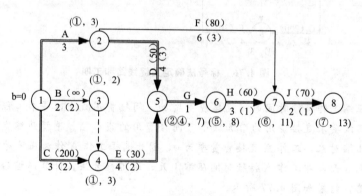

图 4.79　压缩工作 D1 天

（5）压缩工作D1天，工期减少1天，关键线路增加一条：C→E→G→H→J，压缩有效。压缩后直接费用增加50元，间接费用减少100元，继续进行压缩，需要同时压缩两条关键线路。压缩时可选择两条关键线路公共部分，即压缩工作H或J，也可压缩两条线路非公共部分，即压缩工作D和工作C或工作E进行组合压缩，由于关键工作H的直接费费率为60元/天，小于间接费费率100元/天，且小于其他关键工作直接费费率及组合直接费费率，又由于压缩后工作H不能变成非关键工作（保持工作H所在线路时间仍为最长），选择压缩工作H1天，结果如图4.80所示。

（6）压缩工作H2天，工期减少2天，关键线路增加一条：A→F→J，压缩有效。压缩后直接费用增加120元，间接费用减少200元。若继续进行压缩，需要同时压缩关键线路3。由于关键工作J的直接费费率为70元/天，小于间接费费率100元/天，且小于其他关键工作直接费费率及组合直接费费率，选择压缩工作 J 1 天，结果如图 4.81 所示。

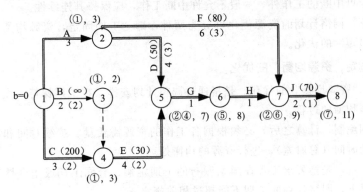

图 4.80　压缩工作 H2 天

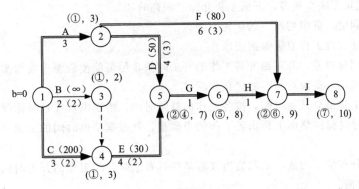

图 4.81　压缩工作 J1 天

（7）若再次进行压缩，只能进行三条线路组合压缩，即工作 F＋工作 D＋工作 E 同时进行压缩，而同时进行压缩的组合直接费费率为 160 元/天，大于间接费费率 100 元/天，即若再压缩，总成本比不进行压缩要增加，因此上一步的优化即最低总成本，可停止优化。该网络计划最优工期为 10 天，总成本比优化前降低额为

$$-\{(0-100)+(40-100)+(50-100)+(120-200)+(70-100)\}=320（元）$$

4.7.3　资源优化

资源是指为完成一项计划任务所需投入的人力、材料、机械设备和资金等。完成一项工程任务所需要的资源量基本上是不变的，不可能通过资源优化将其减少。

工程计划要按期完成往往会受到资源的限制。一项好的工程计划安排，一定要合理地利用现有资源。如果工作进度安排不得当，就会使正在计划的某些阶段出现对资源需求的高峰，而在另一些阶段则出现资源需求低谷。这种高峰与低谷的存在是一种浪费现象。资源优化的目的是通过改变工作的开始时间和完成时间，使资源按照时间的分布符合优化目标，解决资源的供需矛盾或实现资源的均衡利用。

这里所讲的资源优化，其前提条件有如下。

（1）在优化过程中，不改变网络计划中各项工作之间的逻辑关系。

（2）在优化过程中，不改变网络计划中各项工作的持续时间。

（3）网络计划中各项工作的资源强度（单位时间所需资源数量）为常数，而且是合理的。

（4）除规定可中断的工作外，一般不允许中断工作，应保持其连续性。

通常情况下，网络计划的资源优化可分为两种，即"工期固定，资源均衡"的优化和"资源有限，工期最短"的优化。

1. "工期固定，资源均衡"的优化

"工期固定，资源均衡"的优化，是指通过调整计划安排，在工期保持不变的条件下，使资源需要量尽可能均衡的过程。

在网络计划编制、计算之后，必须根据各工作的资源需要量、持续时间和时间参数，考虑到各工作的机动时间（总时差），进行资源的均衡处理。

所谓工期固定，是指要求工程在国家颁布的工期定额、合同工期或指令性工期指标范围内完成。一般情况下，网络计划的工期不能超过相关规定。

在工期规定下求资源均衡安排问题，就是希望高峰值减少到最低程度。目前，"工期固定，资源均衡"的优化方法有很多，下面主要介绍"削高峰法"。

（1）"工期固定，资源均衡"的优化原则。

1）优先保证关键工作对资源的需求。

2）充分利用总时差，合理错开各工作的开工时间，尽可能使资源连续均衡地使用。

（2）"工期固定，资源均衡"的优化步骤

1）依照各工作最早开始时间，按各工作的持续时间，绘制出双代号时标网络图。

2）在双代号时标网络图上标出各工作的资源量，并根据单位时间的资源量，绘制出每日资源分布量表。

3）若资源分布量不均衡，采取恰当推后某些具有总时差的工作的开工时间，使资源用量趋于均衡或基本均衡。

4）资源在安排过程中，资源优先安排顺序"已经开始的工作→关键工作→总时差小的非关键工作→总时差大的非关键工作"，并综合协调处理。

5）绘制调整后的双代号时标网络计划，重复以上步骤，直到满足要求为止。

这种方法未对资源均衡进行具体的数学计算，每次优化后均只能得到比未优化前资源较均衡的安排，因此，何时停止优化需要根据优化者的需求，停止优化时机非唯一。

【例4.25】某项工程的网络计划如图4.82所示（单位：天），其中工作A、工作B、工作C、工作D、工作E、工作F、工作G和工作H，所需工人数分别为18人、2人、10人、16人、6人、12人、4人和4人。若工期固定，请对该工程网络计划的劳动资源均衡优化。

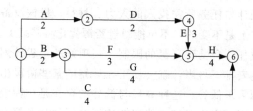

图4.82 某工程双代号网络图

【解】（1）根据双代号网络图，绘制时标网络图，并将工作资源量标注在箭线上方括号内，各工作的总时差标在箭线下方，关键线路为 A→D→E→H，如图4.83所示。

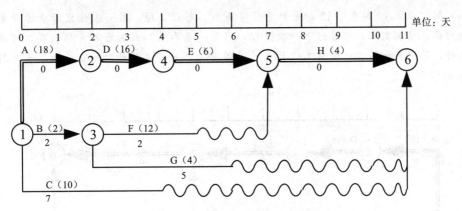

图 4.83 某工程双代号时标网络图

（2）根据单位时间的资源量，绘制出优化前每日资源分布量表，见表 4.13。

表 4.13 优化前每日资源分布量表

工作日	1	2	3	4	5	6	7	8	9	10	11
资源数量/人	30	30	42	42	22	10	6	4	4	4	4

（3）根据表 4.13 的每日资源分布量可以明显看出，最高人数是 42 人，最低人数是 4 人，平均人数相差 10 人，劳动力资源分布十分不均衡。由于工期固定，工作 A、工作 D、工作 E、工作 H 不进行优化。将存在总时差的工作 B、工作 C、工作 F、工作 G 的开工时间适当先后推移，以便消除资源用量的不均衡性。第一天，由于工作 C 的总时差为 7，大于工作 B 总时差，优先调整工作 C，将工作 C 的开始时间往后推 2 天，调整后的总时差写在箭线下方，得到结果如图 4.84 所示。

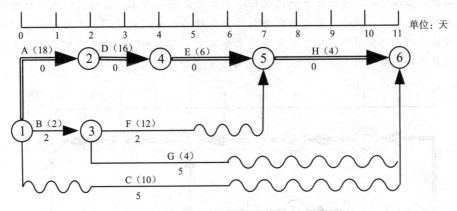

图 4.84 第一次优化后的双代号时标网络图

（4）根据第一次调整，绘制第一次调整后每日资源分布量表，见表 4.14。

表 4.14 第一次优化后每日资源分布量表

工作日	1	2	3	4	5	6	7	8	9	10	11
资源数量/人	28	28	42	42	24	12	6	4	4	4	4

（5）对比表 4.14 和表 4.13 的每日资源分布量，可以发现，第一次优化后资源分布比优化前略微均衡，根据需求，可进行下一次优化，因第一天和第二天的资源量仍较高，可进一步优化，此时，第一天和第二天唯有工作 B 有总时差 2 天，可将其开始时间向后推 2 天，得到结果如图 4.85 所示。

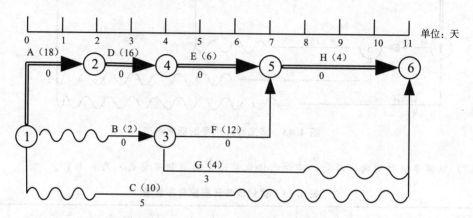

图 4.85　第二次优化后的双代号时标网络图

（6）根据第二次调整，绘制第二次调整后每日资源分布量表，见表 4.15。

表 4.15　第二次优化后每日资源分布量表

工作日	1	2	3	4	5	6	7	8	9	10	11
资源数量/人	18	18	28	28	32	32	22	8	4	4	4

（7）对比表 4.14 和表 4.15 的每日资源分布量，可以发现，第一次优化后资源分布比优化前略微均衡，根据需求，可进行下一次优化，直至符合要求为止，最终仅可调整到所有的工作的总时差均消耗完毕，但并不是必须调整到所有工作总时差消耗完毕，因为，如果网络计划中所有工作的总时差均被消耗，会导致管理难度非常大。在本例题中，若调整到所有总时差消耗完毕，则最终的结果如图 4.86 所示，调整后每日资源分布量见表 4.16。

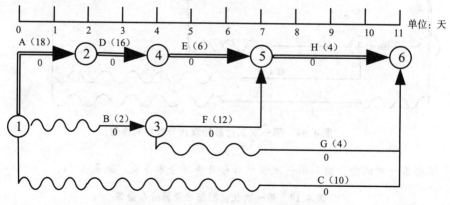

图 4.86　最终优化后的双代号时标网络图

表 4.16 调整后每日资源分布量表

工作日	1	2	3	4	5	6	7	8	9	10	11
资源数量/人	18	18	18	18	18	18	18	18	18	18	18

在本例题中未对每日资源分布进行具体均衡系数计算，仅凭感官进行判断每日资源的均衡情况，需要结合具体的工程实践情况进行判断，同理，若在调整过程中资源分布情况合适可即时停止优化。在实际工程优化过程中，一般适用计算机进行具体操作，可实时根据优化后的不均衡系数进行判断是否停止优化。

2. "资源有限，工期最短"的优化

"资源有限，工期最短"的优化是指通过调整计划安排，在满足资源限制的条件下，使工期延长最少的过程。

"资源有限，工期最短"的优化问题必须在网络计划编制后进行，不能改变各工作之间先后顺序关系，因而采用数学方法求解此问题十分复杂，并且资源在实践优化的过程中也是叠加关系，目前计算的方法也只能得到比原方案较优。在进行优化调整时，采用的方式是将有资源矛盾的工作改变它们的工作开始时间，即将由资源矛盾的两项或多项工作安排依次开始，也就是一项工作结束后开始另一项工作，这样势必就会延长工期，如图 4.87 所示。

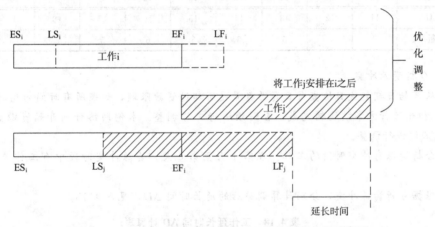

图 4.87 工作 i 和工作 j 优化前后对工期的影响分析示意图

如果把工作 j 安排在工作 i 之后进行，则工期延长时间为 ΔD_{i-j}，那么根据图 4.87，工程延长：

$$\Delta D_{i-j} = EF_i + D_j - LF_j = EF_i - (LF_j - D_j) = EF_i - LS_j$$

在进行"资源有限，工期最短"的优化时，为了使优化后尽可能延长工期最短，在选择调整工作开始次序时，对各种优化方案进行延长时间的计算，将延长时间最短的方案作为最终的优化方案，直至每日资源均符合资源限量的要求。

【例 4.26】某工程时标网络计划如图 4.88 所示，图中箭线下方为工作的持续时间，箭线上方为工作每日所消耗资源需用量，现每天现场资源量只有 9，试安排各工作使得工期的延长时间最短。

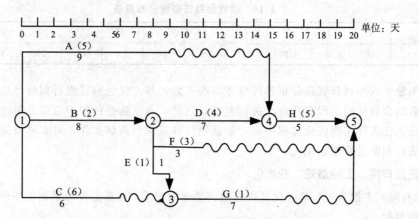

图 4.88　某工程时标网络计划及资源需用量

【解】（1）计算每日资源需用量，见表 4.17。

表 4.17　优化前每日资源分布量表

工作日	1	2	3	4	5	6	7	8	9	10
资源数量/人	13	13	13	13	13	13	7	7	13	8
工作日	11	12	13	14	15	16	17	18	19	20
资源数量/人	8	5	5	5	5	6	5	5	5	5

（2）分析资源冲突。

1）从开始日期起逐日检查每日资源数量是否超过资源限额，如果所有时间内均满足资源限额要求，初始可行方案就编制完成，否则须进行工作调整。本例网络计划开始资源数量为 13，大于 9，必须进行调整。

2）分析资源有冲突时段的工作。在第 1 天至第 6 天，资源冲突时段中有工作 A、工作 B、工作 C。

3）根据分析资源冲突，分别计算调整后的延长时间 ΔD，见表 4.18。

表 4.18　工作延长时间 ΔD 计算表

	工作名称	EF	LS	ΔD_{1-2}	ΔD_{1-3}	ΔD_{2-1}	ΔD_{2-3}	ΔD_{3-1}	ΔD_{3-2}
1	A	9	6	9	2				
2	B	8	0			2	1		
3	C	6	7					0	6

注：表中 ΔD 的下标为表中工作的顺序号，即 ΔD_{1-2} 表明将序号 2 工作安排在序号 1 工作后开始的延长时间，也就是将工作 B 安排在工作 A 后开始的延长时间，下同

4）ΔD_{i-j} 值小于或等于零，说明工作 j 安排在工作 I 之后工期不会增加。

（3）根据第 1 天至第 6 天资源冲突分析结果，进行第一次优化。由于 $\Delta D_{3-1}=0$，说明将工作 A 安排在工作 C 之后，工作延长时间为零，优化结果如图 4.89 所示。

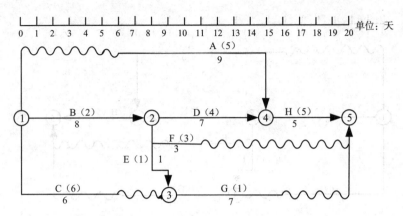

图 4.89 工作 A 安排在工作 C 之后优化结果

（4）根据第一次优化结果，计算每日资源数量，见表 4.19。

表 4.19 第一次优化后每日资源分布量表

工作日	1	2	3	4	5	6	7	8	9	10
资源数量/人	8	8	8	8	8	7	7	13	13	
工作日	11	12	13	14	15	16	17	18	19	20
资源数量/人	13	10	10	10	10	6	5	5	5	5

（5）进一步分析资源冲突。逐日检查表 4.18，发现在第 9 天资源又发生冲突，有工作 A、工作 D、工作 E、工作 F，计算延长时间 ΔD_{i-j}，计算结果见表 4.20。

表 4.20 工作延长时间 ΔD 计算表

工作名称		EF	LS	ΔD_{1-2}	ΔD_{1-3}	ΔD_{1-4}	ΔD_{2-1}	ΔD_{2-3}	ΔD_{2-4}
1	A	15	6	7	3	−2			
2	D	15	8				9	3	−2
3	E	9	12						
4	F	11	17						
工作名称		EF	LS	ΔD_{3-1}	ΔD_{3-2}	ΔD_{3-4}	ΔD_{4-1}	ΔD_{4-2}	ΔD_{4-3}
1	A	15	6						
2	D	15	8						
3	E	9	12	3	1	−8			
4	F	11	17				5	3	−1

（6）确定 ΔD_{i-j} 最小值应是 $\Delta D_{3-4} = -8$，选择工作 F 安排在工作 E 之后。进行第二次优化，优化结果如图 4.90 所示。

（7）第二次优化后，第 9 天资源仍是冲突的，此时冲突的工作与工作 F 无关，资源冲突时间还是第 9 天，因此，仍可借用表 4.20 的结果（除与工作 F 相关计算结果），分析可知延长时间最小值为 $\Delta D_{3-2} = 1$，选择工作 D 安排在工作 E 之后，工期延长 1 天。进行第三次优化，优化结果如图 4.91 所示。

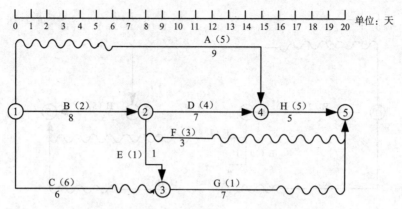

图 4.90　工作 F 安排在工作 E 之后优化结果

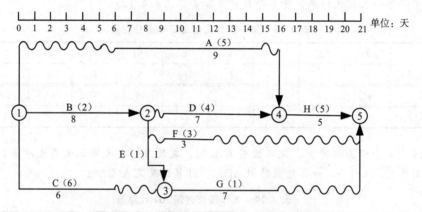

图 4.91　工作 D 安排在工作 E 之后优化结果

（8）第三次优化后第 9 天资源量符合要求，根据第三次优化结果，计算每日资源数量，见表 4.21。

表 4.21　第三次优化后每日资源分布量表

工作日	1	2	3	4	5	6	7	8	9	10	11
资源数量/人	8	8	8	8	8	8	7	7	6	13	13
工作日	12	13	14	15	16	17	18	19	20	21	
资源数量/人	13	10	10	10	5	5	5	5	5	5	

（9）进一步分析资源冲突。逐日检查表 4.20，发现在第 10 天资源又发生冲突，有工作 A、工作 D、工作 F、工作 G，计算延长时间 ΔD_{i-j}，选择延长时间最小的方案进行优化。重复上述优化过程，将工作 F 安排在工作 A 之后，将工作 G 安排在工作 A 之后，最终方案与初始方案相比，工期增加了 2 天，资源满足要求。最终优化方案如图 4.92 所示。

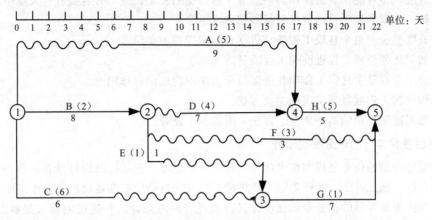

图 4.92 最终资源优化结果图

（10）最终优化后每日资源需要量见表 4.22。

表 4.22 最终优化后每日资源分布量表

工作日	1	2	3	4	5	6	7	8	9	10	11
资源数量/人	8	8	8	8	8	8	7	7	6	9	9
工作日	12	13	14	15	16	17	18	19	20	21	22
资源数量/人	9	9	9	9	8	5	9	6	5	6	6

4.8 工程项目进度控制

进度控制是一个动态的管理过程，包括以下几项。

（1）进度目标的分析和论证，其目的是论证进度目标是否合理，进度目标是否可能实现。如果经过了科学的论证，最终结果表示目标不可能实现，则必须调整目标。

（2）在收集资料和调查研究的基础上编制进度计划。

（3）进度计划的跟踪检查与调整，它包括定期跟踪检查所编制的进度计划执行情况，若其执行有偏差，则采取纠偏措施，并视情况在必要时调整进度计划。

1. 进度控制的目的

进度控制的目的是通过控制以实现工程的进度目标。如只重视进度计划的编制，而不重视进度计划必要的调整，则进度无法得到控制。为了实现进度目标，进度控制的过程也就是随着项目的进展，进度计划不断调整的过程。

施工单位是工程实施的一个重要参与单位，许许多多的工程项目，特别是大型重点建设工程项目，工期要求十分紧迫，施工单位的工程进度压力非常大。数百天的连续施工，一天两班制施工，甚至 24 h 连续施工时有发生。不是正常有序地施工，而盲目赶工，难免会导致施工质量问题和施工安全问题的出现，并且会引起施工成本的增加。因此，施工进度控制并不仅关系到施工进度目标能否实现，还直接关系到工程的质量和成本。在工程施工实践中，必须树立和坚持一个最基本的工程管理原则，即在确保工程质量的前提下，控制工程的进度。为了有效地控制施工进度，尽可能摆脱进度压力而造成工程组织的被动，施工方有关管理人员应深化理解。

(1) 整个建设工程项目的进度目标如何确定。

(2) 有哪些影响整个建设工程项目进度目标实现的主要因素。

(3) 如何正确处理工程进度和工程质量的关系。

(4) 施工方在整个建设工程项目进度目标实现中的地位和作用。

(5) 影响施工进度目标实现的主要因素。

(6) 施工进度控制的基本理论、方法、措施和手段等。

2. 项目各参与方的进度控制任务

业主进度控制的任务是控制整个项目实施阶段的进度，包括控制设计准备阶段的工作进度、设计工作进度、施工进度、物资采购工作进度，以及项目动用前准备阶段的工作进度。

设计单位进度控制的任务是依据设计任务委托合同对设计工作进度的要求控制设计工作进度，这是设计方履行合同的义务。另外，设计单位应尽可能使设计工作的进度与招标、施工和物资采购等工作进度相协调。在国际上，设计进度计划主要是各设计阶段的设计图纸（包括有关的说明）的出图计划，在出图计划中标明每张图纸的名称、图纸规格、负责人和出图日期。出图计划是设计单位进度控制的依据，也是业主单位控制设计进度的依据。

施工单位进度控制的任务是依据施工任务委托合同对施工进度的要求控制施工进度，这是施工方履行合同的义务。在进度计划编制方面，施工单位应视项目的特点和施工进度控制的需要，编制深度不同的控制性、指导性和实施性施工的进度计划，以及按不同计划周期（年度、季度、月度和旬）的施工计划等。

供货单位进度控制的任务是依据供货合同对供货的要求控制供货进度，这是供货单位履行合同的义务。供货进度计划应包括供货的所有环节，如采购、加工制造、运输等。

3. 进度控制的措施

进度控制所采取的措施主要有组织措施、管理措施、经济措施和技术措施。

(1) 组织措施。组织是目标能否实现的决定性因素，为实现项目的进度目标，应充分重视健全项目管理的组织体系。在项目组织结构中应有专门的工作部门和符合进度控制岗位资格的专人负责进度控制工作。

进度控制的主要工作环节包括进度目标的分析和论证、编制进度计划、定期跟踪进度计划的执行情况、采取纠偏措施及调整进度计划。这些工作任务和相应的管理职能应在项目管理组织设计的任务分工表和管理职能分工表中标示并落实。

(2) 管理措施。建设工程项目进度控制的管理措施涉及管理的思想、管理的方法、管理的手段、承发包模式、合同管理和风险管理等。在理顺组织的前提下，科学和严谨的管理显得十分重要。

建设工程项目进度控制在管理观念方面存在的主要问题如下。

1) 缺乏进度计划系统的观念——分别编制各种独立而互不联系的计划，形成不了计划系统。

2) 缺乏动态控制的观念——只重视计划的编制，而不重视及时地进行计划的动态调整。

3) 缺乏进度计划多方案比较和选优的观念——合理的进度计划应体现资源的合理使用、工作面的合理安排、有利于提高建设质量、有利于文明施工和有利于合理地缩短建设周期。

承发包模式的选择直接关系到工程实施的组织和协调。为了实现进度目标，应选择合理的合同结构，以避免过多的合同交界面而影响工程的进展。工程物资的采购模式对进度也有直接的影响，对此应作比较分析。

为实现进度目标，不但应进行进度控制，还应注意分析影响工程进度的风险，并在分析的基础上采取风险管理措施，以减少进度失控的风险量。常见的影响工程进度的风险有组织风险、管理风险、合同风险、资源（人力、物力和财力）风险、技术风险等。

(3) 经济措施。建设工程项目进度控制的经济措施涉及资金需求计划、资金供应的条件和经济激励措施等。为确保进度目标的实现，应编制与进度计划相适应的资源需求计划（资源进度计划），包括资金需求计划和其他资源（人力和物力资源）需求计划，以反映工程实施的各时段所需要的资源。通过资源需求的分析，可发现所编制的进度计划实现的可能性，若资源条件不具备，则应调整进度计划。资金需求计划也是工程融资的重要依据。

资金供应条件包括可能的资金总供应量、资金来源（自有资金和外来资金）及资金供应的时间。在工程预算中应考虑加快工程进度所需要的资金，其中包括为实现进度目标将要采取的经济激励措施所需要的费用。

(4) 技术措施。建设工程项目进度控制的技术措施涉及对实现进度目标有利的设计技术和施工技术的选用。不同的设计理念、设计技术路线、设计方案会对工程进度产生不同的影响，在设计工作的前期，特别是在设计方案评审和选用时，应对设计技术与工程进度的关系作分析比较。在工程进度受阻时，应分析是否存在设计技术的影响因素，为实现进度目标有无设计变更的可能性。

施工方案对工程进度有直接的影响，在决策其是否选用时，不仅应分析技术的先进性和经济合理性，还应考虑其对进度的影响。在工程进度受阻时，应分析是否存在施工技术的影响因素，为实现进度目标有无改变施工技术、施工方法和施工机械的可能性。

4.9 进度偏差分析与调整

在计划执行过程中，由于组织、管理、经济、技术、资源、环境和自然条件等因素的影响，往往会造成实际进度与计划进度产生偏差，如果偏差不能及时纠正，必将影响进度目标的实现。因此，在计划执行过程中采取相应措施进行管理，对保证计划目标的顺利实现具有重要的意义。

进度计划执行中的管理工作主要有以下几个方面。

(1) 检查并掌握实际进展情况。

(2) 分析产生进度偏差的主要原因。

(3) 确定相应的纠偏措施或调整方法。

4.9.1 进度计划的检查与比较

施工进度计划的检查工作是为了检查实际施工进度，收集整理有关资料并与计划对比，为进度分析和计划调整提供信息。

检查时主要依据施工进度计划、作业计划及施工进度实施记录。检查时间及间隔时间要根据单位工程的类型、规模、施工条件和对进度执行要求的程度等确定。

通过跟踪检查实际施工进度，得到相关的数据。通过不同比较方法，得出实际进度与计划进度是否存在偏差，形成实际施工进度检查报告。

1. 进度计划的检查内容

(1) 关键工作进度。

（2）非关键工作的进度及时差利用情况。

（3）实际进度对各项工作之间逻辑关系的影响。

（4）资源状况。

（5）成本状况。

（6）存在的其他问题。

2. 进度计划的检查步骤

（1）计划执行中的跟踪检查。在网络计划的执行过程中，必须建立相应的检查制度，定时定期地对计划的实际执行情况进行跟踪检查，收集反映实际进度的有关数据。

（2）收集数据的加工处理。收集反映实际进度的原始数据量大而广，必须对其进行整理、统计和分析，形成与计划进度具有可比性的数据，以便在网络图上进行记录。根据记录的结果可以分析判断进度的实际状况，及时发现进度偏差，为网络图的调整提供信息。

（3）实际进度检查记录。当采用时标网络计划时，可采用实际进度前锋线记录计划实际执行状况，进行实际进度与计划进度的比较；当采用无时标网络计划时，可在图上直接用文字、数字、适当的符号或列表记录计划的实际执行状况，进行实际进度与计划进度的比较。

3. 进度计划的检查方法

网络进度计划的检查方法有很多，一般常用的有横道图比较法、S曲线比较法、香蕉图曲线法、前锋线比较法、列表比较法等。

（1）横道图比较法。将项目实施过程中检查实际进度收集到的数据，经加工整理后直接用横道线平行绘制于原计划的横道线处，进行实际与计划进度比较分析的方法。

通过在同一进度计划横道图中，将实际与计划进度数据用横道线并列表示，对实际与计划的偏差进行直观比较。

横道图比较法应用步骤。

1）绘制横道图进度计划。

2）标注检查日期。一般用三角形标注于检查日期的下方。

3）将实际进度数据整理后按比例绘制于计划进度下方。一般计划进度横道线在上方，用空心线条表示；实际进度横道线在下方，用实心线条绘制。

4）对比分析实际与计划进度：若实际进度线右端落在检查日期左侧，表明实际进度拖后；若实际进度线右端与检查日期重合，表明实际与计划进度一致；若实际进度线右端落在检查日期右侧，表明实际进度超前。

【例 4.27】某工程施工进度横道图计划如图 4.93 所示，试比较分析实际与计划进度。

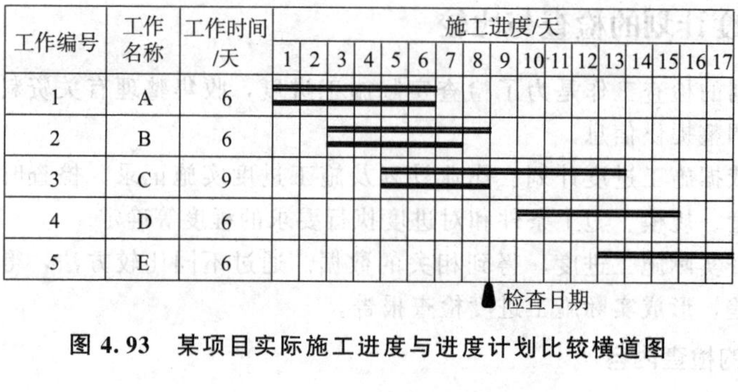

图 4.93　某项目实际施工进度与进度计划比较横道图

【解】根据已知条件，假设各工作匀速进展。

由图 4.93 可知：截止到第 8 天下班时刻检查进度，各工作分析实际与计划进度如下。

（1）工作 A 计划进度已完成，实际进度已经完成。

（2）工作 B 计划进度应该已完成，实际进度已完成 5/6，任务量拖欠约 17%。

（3）工作 C 计划进度应该完成 4/9，实际进度已完成 4/9，实际进度与计划进度一致。

（4）工作 D 和工作 E 计划进度应该尚未进行，实际进度尚未进行，实际进度与计划进度一致。

（2）S 曲线比较法。以横坐标表示时间，纵坐标表示累计完成任务量，先绘制出一条计划累计完成任务量曲线，然后随着工程实际进展，将工程实际累计完成任务量曲线也绘在同一坐标图中，进行实际与计划进度比较分析的方法，即 S 曲线比较法，如图 4.94 所示。

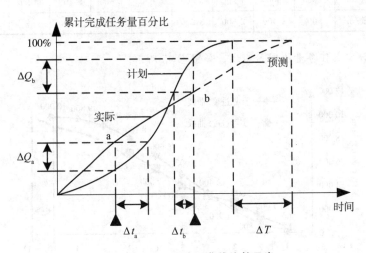

图 4.94　进度 S 曲线比较示意

通过实际进展点和计划曲线的位置，判断实际与计划的偏差，如时间和任务量的比较分析，进而对后期工程进度进行预测。

如图 4.94 所示，S 曲线比较法表示内容如下。

1）工程项目实际进展情况：实际进展点 a 落在计划曲线左侧，则实际超前于计划；实际进展点 b 落在计划曲线右侧，则实际拖后于计划；实际进展点落在 S 曲线上，则实际与计划一致。

2）工程项目实际进度超前或拖后的时间 Δt：Δt_a 表明在第一次进度检查时，计划进度与实际进度 a 点完成相同任务量，实际进度比计划进度超前的时间；Δt_b 表明在第二次检查时，计划进度与实际进度 b 点完成相同任务量，实际进度比计划进度拖后的时间。

3）工程项目实际超额或拖欠的任务量 ΔQ：ΔQ_a 表明在第二次进度检查时，计划进度与实际进度 a 点相同的时间，实际进度比计划进度超额完成的任务量；ΔQ_b 表明在第二次进度检查时，计划进度与实际进度 b 点相同的时间，实际进度比计划进度拖欠的任务量。

4）后期工程进度的预测 ΔT。

【例 4.28】某工程总的工作量为 10 000 m^2，按照施工方案，计划 10 天完成，每天计划完成的工作量和实际检查的工程见表 4.23，试绘制该工程的计划 S 曲线和实际进度 S 曲线，并进行实际与计划进度的比较分析。

表 4.23　某工程计划与实际每天完成工作量

时间/天	1	2	3	4	5	6	7	8	9	10
计划每天完成工作量/m²	200	600	1 100	1 500	1 600	1 600	1 500	1 100	600	200
实际每天完成工作量/m²	500	900	1 200	600	900	1 400	1 300	—	—	—

【解】（1）计算不同时间累计完成任务量，分别计算计划累计完成任务量和实际累计完成任务量，计算结果见表4.24。

表 4.24　某工程计划与实际累计完成工作量

时间/天	1	2	3	4	5	6	7	8	9	10
计划累计完成工作量/m²	200	800	1 900	3 400	5 000	6 600	8 100	9 200	9 800	10 000
实际累计完成工作量/m²	500	1 400	2 600	3 200	4 100	5 500	6 800	—	—	—

（2）根据累计完成任务量绘制S曲线，如图4.95所示。

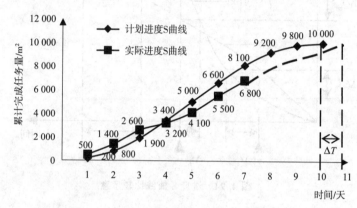

图 4.95　实际进度与计划进度对比S曲线图

（3）实际与计划进度的比较分析：第4天之前实际进度超前于计划进度，第4天实际进度与计划进度一致，第4天之后实际进度落后于计划进度，如不调整计划，则最终工程进度拖后时间为 ΔT。

（3）香蕉图曲线法。以工作按最早开始时间安排进度和按最迟开始时间安排进度分别绘制两条S形曲线，闭合而成的形似香蕉的曲线图形，根据工程实际进度绘制的曲线与此图形的关系，进行实际与计划进度比较分析的方法，即香蕉图曲线法。

通过在同一坐标系中，计划的香蕉曲线图形与实际进度曲线的关系，比较分析实际与计划进度。在项目实施过程中，进度控制的理想状态是任一时刻实际进度的数据点均落在香蕉曲线的区域内。如图4.96所示，若任

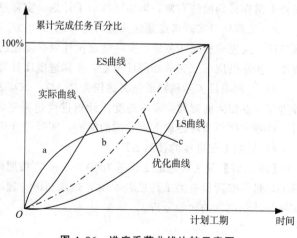

图 4.96　进度香蕉曲线比较示意图

一时刻实际进度的数据点 a 在 ES 曲线左侧，说明该点的实际进度比以 ES 曲线绘制的计划超前；若任一时刻实际进度的数据点 b 在 ES 曲线及 LS 曲线之间，说明该点的实际进度与计划进度一致；若任一时刻实际进度的数据点 c 在 LS 曲线右侧，说明该点的实际进度比以 LS 曲线绘制的计划拖后。

【例 4.29】某工程项目网络计划如图 4.97 所示，工作 A、工作 B、工作 C、工作 D、工作 E、工作 F、工作 G、工作 H、工作 I 的计划完成任务总量分别为 60、30、51、56、39、54、60、48，试绘制香蕉曲线，并根据以下实际完成任务量，进行实际与计划进度的比较分析。

（1）第 4 周末检查，实际累计完成任务量为 150。

（2）第 9 周末检查，实际累计完成任务量为 250。

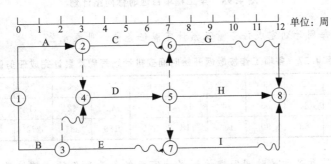

图 4.97　某工程项目早时标网络计划

【解】根据已知条件，假设各工作匀速进展。

（1）确定各工作每周完成任务量，见表 4.25。

表 4.25　各项工作计划每周完成任务量

工作	A	B	C	D	E	G	H	I
计划完成任务总量	60	30	51	56	39	54	60	48
工作持续时间/周	3	2	3	4	3	3	5	4
每周计划完成任务量	20	15	17	14	13	18	12	12

（2）计算工程总任务量：$Q=60+30+51+56+39+54+60+48=398$

（3）根据各项工作按最早开始时间安排的进度计划，如图 4.97 所示。确定工程每周计划完成任务量及累计完成任务量，见表 4.26。

表 4.26　各项工作按最早开始时间安排计划每周及累计完成任务量

时间/周	1	2	3	4	5	6	7	8	9	10	11	12
每周完成量	35	35	33	44	44	31	14	42	42	42	24	12
累计完成量	35	70	103	147	191	222	236	278	320	362	386	398

（4）根据各项工作按最迟开始时间安排的进度计划，如图 4.98 所示。

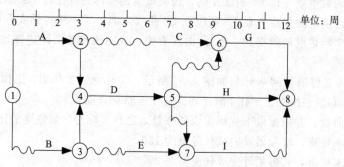

图 4.98　某工程项目迟时标网络计划

（5）确定工程每周计划完成任务量及累计完成任务量，见表 4.27。

表 4.27　各项工作按最迟开始时间安排计划每周及累计完成任务量

时间/周	1	2	3	4	5	6	7	8	9	10	11	12
每周完成量	20	35	35	14	14	27	44	42	41	42	42	42
累计完成量	20	55	90	104	118	145	189	231	272	314	356	398

（6）各项工作按最早开始时间安排计划累计完成任务量和各项工作按最迟开始时间安排计划累计完成任务量绘制香蕉图曲线，将实际进度点同步绘制在香蕉图曲线中，如图 4.99 所示。

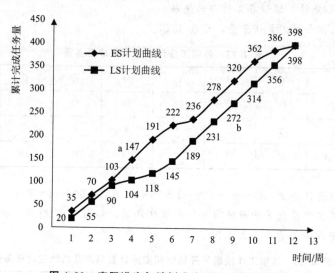

图 4.99　实际进度与计划进度对比香蕉曲线图

（7）实际与计划进度的比较分析。

1）第 4 周末检查，实际累计完成任务量为 150，实际累计完成任务量高于按最早开始实际安排累计完成任务量，即实际完成任务点 a 在 ES 左侧，说明该点的实际进度比以 ES 曲线绘制的计划超前。

2）第 9 周末检查，实际累计完成任务量为 250，实际累计完成任务量低于按最迟开始时间安排累计完成任务量，即实际进度的任务点 c 在 LS 曲线右侧，说明该点的实际进度比以 LS 曲线绘制的计划拖后。

（4）前锋线比较法。前锋线比较法是根据进度检查日期各项工作实际达到的位置所绘制出的进度前锋线，与检查日期线进行对比，确定实际进度与计划进度偏差的一种方法。前锋线比较法主要适用于时标网络计划，且各项工作是匀速进展的情况。

实际进度前锋线是在原时标网络计划上，自上而下从计划检查时刻的时标点出发，用点画线依次将各项工作实际进度达到的前锋点连接而成的折线。通过实际进度前锋线与原进度计划中各项工作箭线交点的位置，判断实际与计划的偏差，进而判定偏差对紧后工作及工期的影响程度。

实际进度前锋线绘制步骤如下。

1）绘制时标网络计划。

2）绘制实际进度前锋线。一般绘制步骤为上方时间坐标的检查日期绘制→连接相邻工作的实际进展位置点→与下方时间坐标的检查日期连接。

实际进展位置点标定方法有两种：一是按该工作已完任务量比例：假设匀速进展，据已完量占总量的比例从左至右按相同比例标定；二是按尚需作业时间：估算出检查时刻到该工作全部完成尚需作业时间，从右至左逆向标定。

3）实际与计划比较。实际进展点在检查日期左侧，实际进度拖后；实际进展点与检查日期重合，实际与计划一致；实际进展点在检查日期右侧，实际进度超前。

【例 4.30】某工程项目时标网络计划如图 4.100 所示。若该计划执行到第 6 周末检查实际进度时，发现工作 A、B 已全部完成，工作 D、E 分别完成计划任务量的 20% 和 50%，工作 C 还需 3 周完成，试用前锋线法进行实际与计划的进度比较。

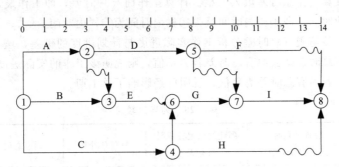

图 4.100　某工程项目时标网络计划

【解】（1）绘制实际进度前锋线如图 4.101 所示。按该工作已完任务量比例：假设匀速进展，据已完量占总量的比例从左至右按相同比例标定。在检查日期处标注倒三角符号，用点画线依次连接"上方时间坐标的检查日期绘制→连接相邻工作的实际进展位置点→与下方时间坐标的检查日期"。

（2）根据实际进度前锋线，对工作的实际与计划的进度比较分析可知，计划实施到第 6 周末。

1）工作 D 实际进度完成任务量的 20%，计划进度应完成 60%，工作 D 实际进度与计划进行相比，拖延 2 周。

2）工作 E 实际进度完成任务量的 50%，计划进度应完成 100%，工作 E 实际进度与计划进行相比，拖延 1 周。

3）工作 C 实际进度尚需 3 周完成，计划进度应仅需 1 周完成，工作 C 实际进度与计划进行相比，拖延 2 周。

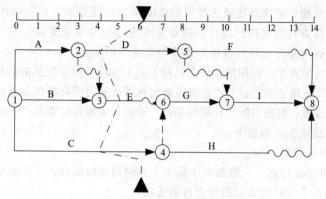

图 4.101 标注实际进度前锋线时标网络图

（5）列表比较法。列表比较法是指记录检查时正在进行的工作名称和已进行的天数，然后列表计算有关参数，根据原有总时差和尚有总时差判断实际进度与计划进度的方法。当工程进度计划用非时标网络图表示时，可以采用列表比较法进行实际进度与计划进度的比较。

列表见表 4.28。在①栏和②栏分别填入工作代号和工作名称。将检查时计划工作尚需作业天数填入③栏。

检查时工作最迟完成的时间尚有时间为工作最迟完成时间减去检查时计划工作尚需作业天数，填入④栏。计算工作总时差填入⑤栏。计算工作尚有总时差，即工作最迟完成尚有时间减去该工作尚需作业时间，即④栏内时间减去③栏内时间为⑥栏内时间。

根据原有总时差与现有总时差分析工作实际进度与计划进度的偏差，填入⑦栏内，判断该工作的偏差，还有总时差减去原有总时差若为正值，则说明该工作的实际进度比计划进度拖后，但不影响总工期。若尚有总时差为负值，说明已经影响了总工期。

表 4.28 列表比较法

工作代号	工作名称	检查计划时尚需作业天数	到计划最迟完成时尚有天数	原有总时差	尚有总时差	情况判断
①	②	③	④	⑤	⑥	⑦

【例 4.31】已知某工程双代号网络计划如图 4.102 所示，在第 5 天检查时，发现工作 A 已完成，工作 B 已进行 1 天，工作 C 已进行 2 天，工作 D 尚未开始，用列表比较法，记录和比较进度情况。

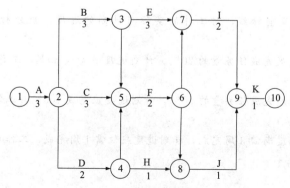

图 4.102 某工程双代号网络计划

【解】（1）计算各工作时间参数，其中工作B、工作C、工作D的最迟完成时间分别为6天、7天、7天；工作B、工作C、工作D总时差分别为0天、1天、2天。

（2）根据检查结果，以及列表计算参数，计算结果见表4.29。

表4.29　列表比较法进行网络计划检查结果分析

工作代号	工作名称	检查计划时尚需作业天数/天	到计划最迟完成时尚有天数/天	原有总时差	尚有总时差	情况判断
①	②	③	④	⑤	⑥	⑦
2—3	B	2	1	0	−1	影响工期1天
2—5	C	1	2	1	1	正常
2—4	D	2	2	2	0	正常

4. 对检查结果进行分析判断

（1）分析进度偏差的原因。由于工程项目的工程特点，尤其是较大和复杂的工程项目，工期较长，影响进度的因素较多。编制计划、执行和控制工程进度计划时，必须充分认识和估计这些因素，才能克服其影响，使工程进度尽可能按计划进行，当出现偏差时，应考虑有关影响因素，分析产生的原因。其主要影响因素如下。

1）工期即相关计划失误。计划工作量、计划工作持续时间、工程风险、工程资源等估计不足或遗漏，都会直接影响工期计划，导致实施过程中进度发生偏差。

2）工程条件的变化。工程变更导致设计修改、工程项目提出新要求或限制、工程地质或水文条件与勘察设计不符、外部环境变化导致主要施工条件变化、发生不可抗力事件等工程条件变化，都会影响工程进度计划的实施。

3）管理过程中的失误。各部门各单位间缺乏沟通、实施者工期责任未落实、承包商未集中力量及资源施工、业主未集中资金供应等各方管理失误，也会导致进度实施发生偏差。

4）其他原因。例如，未及时采取措施调整已发生的进度偏差，导致进度偏差进一步恶化。

（2）分析进度偏差对后续工作及总工期的影响。在工程项目实施过程中，当通过实际进度与计划进度的比较发现有进度偏差时，需要分析该偏差对后续工作及总工期的影响，从而采取相应的调整措施对原进度计划进行调整，以确保工期目标的顺利实现。进度偏差的大小及所处的位置不同，对后续工作和总工期的影响程度也是不同的。分析时，可利用网络图中的总时差和自由时差进行判断。

1）分析判断出现的进度偏差是否为关键工作。若出现进度偏差的工作位于关键线路上，即该工作为关键工作，则无论其偏差有多大，都将对后续工作和总工期产生影响，必须采取相应的调整措施；若出现偏差的工作是非关键工作，则需要根据进度偏差值与总时差和自由时差的关系作进一步分析。

2）判断进度偏差是否大于总时差。若工作的进度偏差大于该工作的总时差，则此进度偏差必将影响其后续工作和总工期，必须采取相应的调整措施；若工作的进度偏差未超过该工作的总时差，则此进度偏差不影响总工期。至于对后续工作的影响程度，还需要根据偏差值与其自由时差的关系做进一步分析。

3）判断进度偏差是否大于该工作的自由时差。

①若工作的进度偏差大于该工作的自由时差，则说明此偏差必将对后续工作产生影响，需要对原计划进行相应调整，应根据后续工作允许影响的程度来确定。

②若工作的进度偏差小于或等于该工作的自由时差，则说明此偏差对后续工作无影响，可不对原计划进行调整。

经过以上的分析判断，进度控制人员便可根据对后续工作的不同影响采取相应的进度控制措施，以便获得新的进度计划并用于指导工程项目的施工。

4.9.2 进度计划的调整方法

1. 网络计划调整的内容

（1）调整关键线路的长度。

（2）调整非关键工作时差。

（3）增、减工作项目。

（4）调整逻辑关系。

（5）重新估计某些工作的持续时间。

（6）对资源的投入作相应调整。

2. 网络计划调整的方法

（1）调整关键线路的方法。

1）当关键线路的实际进度比计划进度拖后时，应在尚未完成的关键工作中，选择资源强度小或费用低的工作缩短其持续时间，并重新计算未完成部分的时间参数，将其作为一个新计划实施。

2）当关键线路的实际进度比计划进度提前时，若不拟定提前工期，应选用资源占用量大或直接费用高的后续关键工作，适当延长其持续时间，以降低其资源强度或费用；当确定要提前完成计划时，应将计划尚未完成的部分作为一个新计划，重新确定关键工作的持续时间，按新计划实施。

（2）非关键工作时差的调整方法。非关键工作时差的调整应在其时差的范围内进行，以便更充分地利用资源、降低成本或满足施工的需要。每次调整后都必须重新计算时间参数，观察该调整对计划全局的影响。可采用以下几种调整方法。

1）将工作在其最早开始时间与最迟完成时间范围内移动。

2）延长工作的持续时间。

3）缩短工作的持续时间。

（3）增、减工作项目时的调整方法。增、减工作项目时应符合下列规定。

1）不打乱原网络计划总的逻辑关系，只对局部逻辑关系进行调整。

2）在增减工作后应重新计算时间参数，分析对原网络计划的影响；当对工期有影响时，应采取调整措施，以保证计划工期不变。

（4）调整逻辑关系。逻辑关系的调整只有当实际情况要求改变施工方法或组织方法时才可进行。调整时应避免影响原定计划工期和其他工作的顺利进行。

（5）调整工作的持续时间。当发现某些工作的原持续时间估计有误或实现条件不充分时，应重新估算其持续时间，并重新计算时间参数，尽量使原计划工期不受影响。

（6）调整资源的投入。当资源供应发生异常时，应采用资源优化方法对计划进行调整，或采取应急措施，使其对工期的影响最小。

网络计划的调整可以定期进行，也可以根据计划检查的结果在必要时进行。

【例 4.32】某工程项目双代号时标网络计划如图 4.103 所示，该计划执行到第 40 天下班时刻检查时，其实际进度如图 4.103 中的前锋线所示。试分析目前实际进度对后续工作和总工期的影响，并提出相应的进度调整措施。

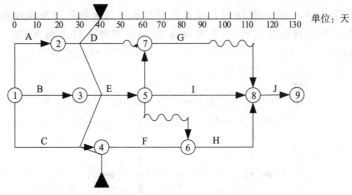

图 4.103　某工程实际进度前锋线

【解】（1）根据实际进度前锋线，对各项工作的实际与计划的进度比较分析可知，计划实施到第 40 天末。

1）工作 D 实际进度完成任务量的 1/3，计划进度应完成 2/3，工作 D 实际进度与计划进行相比，拖延 10 天。

2）工作 E 实际进度完成任务量的 1/3，计划进度应完成 1/3，工作 E 实际进度与计划进行相一致。

3）工作 C 实际进度完成任务量的 3/4，计划进度应全部完成，工作 C 实际进度与计划进行相比，拖延 10 天。

（2）根据各项工作的实际与计划的进度比较，分析各项工作进度偏差对后续工作及总工期的影响。

1）工作 D 实际进度与计划进行相比，拖延 10 天。工作 D 的总时差为 30 天，工作 D 自由时差为 10 天。工作 D 总时差大于进度偏差拖延的时间，因此，工作 D 的进度偏差拖延不影响总工期。工作 D 自由时差等于进度偏差拖延的时间，因此，工作 D 的进度偏差拖延不影响其紧后工作的最早开始时间。

2）工作 E 实际进度与计划进行相一致，因此工作 E 无进度偏差。

3）工作 C 实际进度与计划进行相比，拖延 10 天。工作 C 为关键工作，总时差和自由时差均为零。因此，工作 C 拖延会导致总工期拖延 10 天，并使其后续工作 F、H、J 的开始时间推迟 10 天。

（3）根据各项工作进度偏差对后续工作及总工期的影响，绘制拖延后的网络计划如图 4.104 所示。

（4）如果该工程项目总工期发生了拖延，那么调整的可能性有以下三种。

1）允许网络计划拖延，则不调整，直

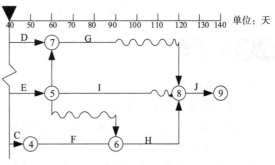

图 4.104　拖延工期的网络计划

接重新绘制后续网络计划即可，即如图 4.104 所示。

2）若该工程项目总工期不允许拖延，为了保证其按原计划工期完成，必须采用工期优化的方法对后续网络计划进行优化，缩短关键线路上的工作持续时间。假设工作 C 的后续工作 F、H、J 均可压缩 10 天，若压缩工作 H 的持续时间所付出的代价较小（可压缩的关键工作中 H 优选系数最小），将工作 H 持续时间由 30 天缩短为 20 天，调整后的工期为 130 天。调整后的网络计划如图 4.105 所示。

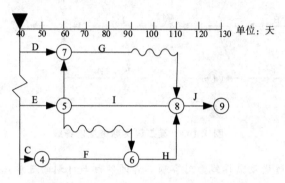

图 4.105　不允许拖延工期下调整后网络计划

3）若该工程项目总工期允许部分拖延，则采用部分工期优化的方法。假设工期仅允许拖延 5 天，那么按上述假设，同样压缩工作 H，将工作 H 持续时间由 30 天缩短为 25 天，调整后的工期为 135 天。调整后的网络计划如图 4.106 所示。

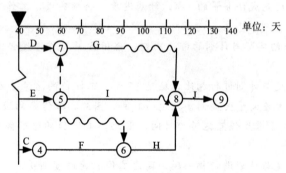

图 4.106　允许部分拖延工期条件下调整后网络计划

思 考 练 习 题

一、简答题

1. 常用的施工组织的形式有哪些？

2. 什么是流水施工？流水施工有哪些特点？

3. 流水施工有哪些参数？

4. 划分施工段有什么目的？划分的过程中要遵守哪些原则？

5. 流水施工按节奏特征不同可分为哪几种方式？各有什么特点？

6. 双代号网络图绘制规则有哪些？

7. 一般网络计划要计算哪些时间参数?

8. 什么是关键线路?对于双代号网络计划和单代号网络计划如何判断关键线路?

9. 时标网络计划有什么特点?

10. 网络计划的优化可分为哪几种?

11. 建设工程实际进度与计划进度的比较方法有哪些?各有哪些特点?

12. 施工项目进度计划的检查步骤有哪些?

二、计算题

1. 某工程划分为 A、B、C、D 四个施工过程,每个施工过程分为五个施工段,流水节拍均为 3 天,试计算施工过程之间的流水步距及该工程的工期,并绘制流水施工进度表。

2. 某工程划分为 A、B、C、D 四个过程,分三个施工段组织施工,各施工过程的流水节拍分别为 $t_A=3$ 天,$t_B=4$ 天,$t_C=5$ 天,$t_D=3$ 天;施工过程 B 完成后有 2 天技术间歇时间,施工过程 D 与 C 搭接 1 天。试求各施工过程之间的流水步距及该工程的工期,并绘制流水施工进度表。

3. 已知某工程由 A、B、C 三个分项工程组成,各工序流水节拍分别为 $t_A=6$ 天,$t_B=4$ 天,$t_c=2$ 天,共分 6 个施工段,现为了加快施工进度,请组织流水施工并绘制进度计划表。

4. 已知框架平面尺寸为 17.4 m×144 m,沿长度方向每隔 48 m 留设伸缩缝一道,各层施工过程的流水节拍为 $t_横=4$ 天,$t_筋=2$ 天,$t_混凝土=2$ 天,层间技术间歇(混凝土浇筑后在其上立模的技术要求)为 2 天,请编制以下施工计划表。

(1) 按一般流水施工方式,求工期并绘制流水施工计划表。

(2) 若采用成倍节拍流水组织方式,求工期并绘制流水施工计划表。

5. 某工程有 A、B、C、D、E 五个过程,平面上分成四个施工段,每个施工过程在各个施工段上的流水节拍参见表 4.30。规定 B 完成后有 2 天的技术间歇时间,D 完成后有 1 天的组织间歇时间,A 与 B 之间有 1 天的平行搭接时间,请编制流水施工进度横道图。

表 4.30 各施工过程流水节拍表

施工过程	Ⅰ	Ⅱ	Ⅲ	Ⅳ
A	3	2	2	4
B	1	3	5	3
C	2	1	3	5
D	4	2	3	3
E	3	4	3	1

6. 根据表 4.31 中各项工作逻辑关系,绘制其双代号网络图。

表 4.31 各项工作逻辑关系表

工作名称	A	B	C	D	E	F	G	H
紧前工作	—	A	A	—	B、C	B、D	D	E、F
工作名称	I	J	K	L	M	N	P	
紧前工作	C	I、H	G、F	K、J	L	L	M、N	

7. 根据表 4.32 中各项工作逻辑关系,试绘制双代号网络计划并按工作过程计算时间参数。

表 4.32　各项工作逻辑关系表

工作名称	A	B	C	D	E	G	H	I	J	K
紧前工作	—	A	A	A	B	C	D、E	H	D、E、G	I、J
持续时间	2	2	1	4	3	4	3	7	2	1

8. 根据表 4.33 中各项工作逻辑关系，试绘制单代号网络计划并计算时间参数，说明关键线路和关键工作。

表 4.33　各项工作逻辑关系表

工作名称	A	B	C	D	E	F
持续时间/天	2	3	2	1	2	1
紧前工作	—	A	A	B、C	C	D、E
紧后工作	B、C	D	DE	F	F	—

9. 如图 4.107 所示是某工程双代号网络计划，试绘制双代号网络计划并说明自由时差为零的工作有哪些?

10. 已知网络计划如图 4.108 所示，图中箭线下方为正常持续时间，括号内为最短持续时间，箭线上方括号内为直接费费率，单位为百元/天。间接费费率为 1 000 元/天。设要求工期为 15 天，对其进行工期优化，说明优化步骤及及时优化后成本的降低额。

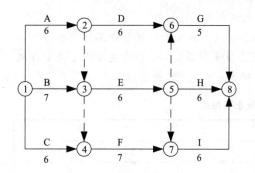

图 4.107　某工程双代号网络计划

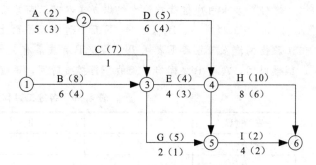

图 4.108　某工程双代号网络计划

11. 某工程项目时标网络计划如图 4.109 所示。该计划执行到第 5 天末检查实际进度时，发现工作 A、B 已全部完成，工作 D 已完成计划任务量的 50%，工作 C 尚需 2 天完成，工作 E 尚需 1 天完成，请在图上绘制出进度前锋线，并试分析目前实际进度对后续工作和总工期的影响。

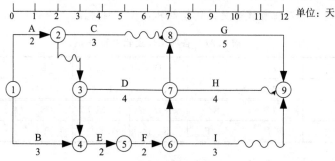

图 4.109　某工程项目时标网络计划

12. 某建筑工程双代号时标网络计划执行到第 3 周末和第 7 周末时，监理工程师对实际进度进行了检查，检查结果如图 4.110 的前锋线所示。

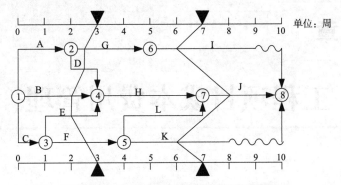

图 4.110　某建筑工程双代号时标网络计划

（1）对第 3 周末工程的实际进度与进度计划进行比较，说明工作完成情况及对工期的影响，需不需要采取赶工措施？

（2）对第 7 周末工程的实际进度与进度计划进行比较，说明工作完成情况。并阐述实际进度对工期有无影响，需不需要采取赶工措施？

（3）经以上两题分析，工程如果需要采取赶工措施，该怎么做？

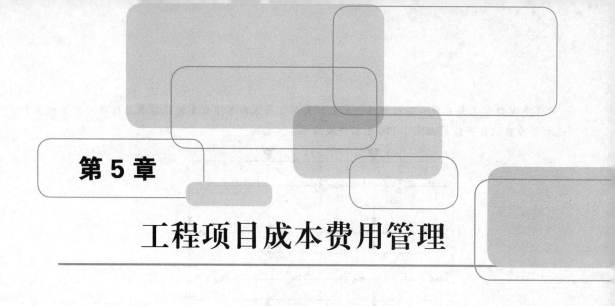

第 5 章

工程项目成本费用管理

5.1 工程项目成本费用管理概述

5.1.1 工程项目成本费用管理概述

工程项目关于价值消耗方面的术语常用的有投资、造价、费用、成本等，这些术语在实质上有统一性，但在使用范围上有所差异。

工程项目投资是指进行某项工程建设花费的全部费用。生产性建设工程项目总投资包括建设投资和铺底流动资金两部分，非生产性建设工程项目总投资则只包括建设投资。

工程造价一般是指一项工程预计开支或实际开支的全部固定资产投资费用，即从工程项目确定建设意向直至建成、竣工验收为止整个建设期间所支出的全部投资费用。在这个意义上工程造价与建设投资的概念是一致的。工程造价的另一种含义是指工程价格，即建成一项工程，预计或实际在土地市场、设备市场、技术劳务市场，以及承包市场等交易活动中所形成的建筑安装工程的价格和建设工程的总价格。

费用一词广泛应用于各种对象，但在财务方面，费用与成本的概念不完全一致，有些费用可以进入成本项目，有些不能作为成本开支。

工程项目成本一般是指工程承包方以施工项目作为成本核算对象，是在施工过程中所耗费的生产资料转移价值和劳动者的必要劳动所创造价值的货币形式。它是工程项目的制造成本。工程项目成本由直接成本和间接成本构成。

建筑工程成本是施工企业最为常见的一种成本，是成本的一种具体形式，是施工企业在生产经营中为获取和完成工程所支付的一切代价，即广义的建筑成本。

在本章中，对投资、造价、成本、费用术语的使用作如下界定。

（1）按现行的规定、办法或规范中现有术语的含义和用法来应用。

（2）投资或造价，通常考虑从业主或投资者角度出发。

（3）成本，通常考虑从承包商的角度出发。

（4）费用，在没有特定指明对象时，泛指工程项目产生的价值消耗。

5.1.2 成本管理的任务、程序和措施

施工成本是指在建设工程项目的施工过程中所发生的全部生产费用的总和，包括所消耗的

原材料、辅助材料、构配件等费用；周转材料的摊销费或租赁费；施工机械的使用费或租赁费；支付给生产工人的工资、奖金、工资性质的津贴，以及进行施工组织与管理所发生的全部费用支出等。建设工程项目施工成本由直接成本和间接成本组成。直接成本是指在施工过程中消耗的构成工程实体或有助于工程实体形成的各项费用支出，是可以直接计入工程对象的费用，包括人工费、材料费、施工机具使用费等；间接成本是指准备施工、组织和管理施工生产的全部费用支出，是非直接用于也无法直接计入工程对象，但为进行工程施工所必须发生的费用，包括管理人员工资、办公费、差旅交通费等。

成本管理就是要在保证工期和质量满足要求的条件下，采取相应的管理措施，包括组织措施、经济措施、技术措施、合同措施，把成本控制在计划范围内，并进一步寻求最大程度的成本节约。

成本管理首先要做好基础工作，成本管理的基础工作是多方面的，成本管理责任体系的建立是其中最根本、最重要的基础工作，涉及成本管理的一系列组织制度、工作程序、业务标准和责任制度的建立。此外，应从以下各方面为成本管理创造良好的基础条件。

（1）对组织内部工程项目成本计划的内容和格式进行统一。其内容应能反映成本的划分、各成本项目的编码及名称、计量单位、单位工程量计划成本及合计金额等。这些成本计划的内容和格式应由各个企业按照自己企业的管理习惯与需要进行设计。

（2）建立企业内部施工定额并保持其适应性、有效性和相对的先进性，为成本计划的编制提供数据支持。

（3）建立生产资料市场价格信息的收集网络和必要的派出询价网点，做好市场行情预测，保证采购价格信息的及时性和准确性。同时，建立企业的分包商、供应商评审注册名录，发展稳定良好的供方关系，为编制成本计划与采购工作提供支持。

（4）建立已完项目的成本资料、报告报表等的归集、整理、保管和使用管理制度。

（5）科学设计成本核算账册体系、业务台账、成本报告报表，为成本管理的业务操作提供统一的范式。

1. 成本管理的任务

成本管理的任务包括成本计划编制、成本控制、成本核算、成本分析、成本考核。

（1）成本计划编制。成本计划是以货币形式编制施工项目在计划期内的生产费用、成本水平、成本降低率，以及为降低成本所采取的主要措施和规划的书面方案。它是建立施工项目成本管理责任制、开展成本控制和核算的基础，同时，也是项目降低成本的指导文件，是设立目标成本的依据，即成本计划是目标成本的一种幸会。项目成本计划一般由施工单位编制，施工单位应围绕施工组织设计或相关文件进行编制，以确保对施工项目成本控制的适宜性和有效性。具体可按成本组成（如直接费用、间接费用、其他费用等）、项目结构（如各单位工程或单项工程）和工程实施阶段（如基础、主体、安装、装修等或月、季、年等）进行编制，也可以将几种方法结合使用。

为了编制的成本计划可以发挥积极作用，在编制成本计划时应遵循以下原则。

1）从实际情况出发。编制成本计划必须根据国家的方针政策，从企业的实际情况出发，充分挖掘企业内部潜力，使降低成本指标既积极可靠，又切实可行。施工项目管理部门降低成本的潜力在于正确选择施工方案，合理组织施工，提高劳动生产率，改善材料供应，降低材料消耗，提高机械利用率，节约施工管理费用等，但是也要避免以下情况发生：为了降低成本而偷工减料，忽视质量；不注重机械的维护修理而过度不合理使用机械；片面增加劳动强度，加班加点；忽视安全工作，未给职工办理相应的保险等。

2）与其他计划结合。成本计划必须与施工项目的其他计划（如施工方案、生产进度计划、财务计划、材料供应及消耗计划等）密切结合，保持平衡。一方面，成本计划要根据施工项目的生产、技术组织措施、劳动工资、材料供应和消耗等计划来编制；另一方面，其他各项计划指标也影响成本计划，所以，其他各项计划在编制时应考虑降低成本的要求，与成本计划密切配合，而不能单纯考虑单一计划本身的要求。

3）采用先进技术经济指标。成本计划必须以各种先进的技术经济指标为依据，并结合工程的具体特点，采取切实可行的技术组织措施作为保证，这样才可编制出既有科学依据，又切实可行的成本计划，从而发挥成本计划的积极作用。

4）统一领导、分级管理。编制成本计划时应采用统一领导、分级管理的原则，同时应树立全员进行成本控制的理念。在项目经理的领导下，以财务部门和计划部门为主体，发动全体职工共同进行，并进行总结降低成本的经验，找出降低成本的正确途径，使成本计划的制订与执行更符合项目的实际情况。

5）适度弹性。成本计划应留有余地，保持计划的弹性。在计划期内，项目管理机构的内部或外部环境都有可能发生变化，尤其是材料供应、市场价格等具有很大的不确定性，这给拟订计划带来困难。因此，在编制计划时应充分考虑到这些情况，使计划具有一定的适应环境变化的能力。

（2）成本控制。成本控制在施工过程中，对影响成本的各种因素加强管理，并采取各种有效措施，将实际发生的各种消耗和支出严格控制在成本计划范围内；通过动态监控并及时反馈，严格审查各项费用是否符合标准，计算实际成本和计划成本之间的差异并进行分析，进而采取多种措施，减少或消除损失浪费。

从投标阶段开始直至保证金返还的全过程，建设工程项目施工成本控制应贯穿其中，这是企业全面成本管理的重要环节。成本控制可分为事前控制、事中控制（过程控制）和事后控制。

（3）成本核算。施工成本核算包括两部分：一是按照规定的成本开支范围对施工成本进行归集和分配，计算出施工成本的实际发生额；二是根据成本核算对象，采用适当的方法，计算出该施工项目的总成本和单位成本。

施工成本核算一般以单位工程为对象，也可以按照承包工程项目的规模、工期、结构类型、施工组织和施工现场等情况，结合成本管理要求，灵活划分成本核算对象。

项目管理机构应根据项目成本管理制度明确项目成本核算的原则、范围、程序、方法、内容、责任及要求，健全项目核算台账。

（4）成本分析。成本分析是在成本核算的基础上，对成本的形成过程和影响成本升降的因素进行分析，以寻求进一步降低成本的途径，包括有利偏差的挖掘发现和不利偏差的纠正。成本分析要贯穿成本管理的全过程，它是在成本的形成过程中，主要利用项目的成本核算资料，与目标成本、预算成本及类似项目的实际成本等进行比较；了解成本的变动因素，检查成本计划的合理性，并通过成本分析，深入研究成本变动的规律，寻找降低项目成本的途径，以便有效进行成本控制。要想实现成本偏差的控制，成本分析是关键，成本偏差纠偏是核心，因此，成本分析的结果就是要对偏差产生的原因进行分析，然后采取切实的措施，实现纠正的目的，达到成本管理的效果。

（5）成本考核。成本考核可以概括为在项目结束后对各责任者关于成本管理的对比和考核。按项目成本目标责任制的有关规定，将成本的实际指标与计划、定额、预算等进行对比和考核，评定施工项目成本计划的完成情况和各责任者的业绩，并以此给予相应的奖励或处罚。通过成本考核，做到有奖有罚，才能有效调动每一位责任者在各自岗位上努力实现目标成本的积极性和动力，从而降低施工项目成本，提高企业效益。

成本管理的各个环节是相辅相成的。如成本计划是成本决策所确定目标的具体化，成本计划控制则是对成本计划的实施进行控制和监督，保证决策的成本目标的实现，而成本核算是对成本计划是否实现的最后检验，其所提供的成本信息又将为下一个施工项目成本预测和决策提供参考资料；成本考核是实现成本目标责任制的保证和实现决策目标的重要手段。

2. 成本管理的程序

根据成本管理的概念和任务要求，成本管理应遵循以下程序进行。

（1）收集掌握生产要素的价格信息。

（2）确定项目合同价。

（3）编制成本计划，确定成本实施目标。

（4）进行成本控制。

（5）进行项目过程成本分析。

（6）进行项目过程成本考核。

（7）编制项目成本报告。

（8）项目成本管理资料归档。

3. 成本管理的措施

应当从多方面采取措施实施成本管理，以达到成本管理的理想成效。通常可以将这些措施归纳为组织措施、技术措施、经济措施和合同措施。

（1）组织措施。组织措施是从成本管理的组织方面采取的措施。成本控制是全员参与的活动，例如，实行项目经理责任制，落实成本管理的组织机构和人员，明确各级成本管理人员的任务和职能分工、权力和责任。成本管理不仅是专业成本管理人员的工作，各级项目管理人员都有成本控制的责任。

另外，组织措施是编制成本控制工作计划、确定合理详细的工作流程。要做好施工采购计划，通过生产要素的优化配置、合理使用、动态管理，有效控制实际成本；加强施工定额管理和施工任务单管理，控制活劳动和物化劳动的消耗；加强施工调度，避免因施工计划不周和盲目调度造成窝工损失、机械利用率降低、物料积压等问题。成本控制工作只有建立在科学管理的基础上，具备合理的管理体制，完善的规章制度，稳定的作业秩序，完整准确的信息传递，才能取得成效。同时，组织措施是其他各类措施的前提和保障，而且一般不需要增加额外的费用，运用得当可以取得良好的效果。

组织措施关键词是组织、部门、人员、分工、流程、会议等。

（2）技术措施。施工过程中降低成本的技术措施，包括进行技术经济分析，确定最佳的施工方案；结合施工方法，进行材料使用的比选，在满足功能要求的前提下，通过代用、改变配合比、使用外加剂等方法降低材料消耗的费用；确定最合适的施工机械、设备使用方案；结合项目的施工组织设计及自然地理条件，降低材料的库存成本和运输成本；应用先进的施工技术，运用新材料，使用先进的机械设备等。在实践中，也要避免仅从技术角度选定方案而忽视对其经济效果的分析论证。

技术措施不仅可以解决成本管理过程中的技术问题，而且纠正成本管理目标偏差也有相当重要的作用。因此，运用技术纠偏措施的关键，一是要能提出多个不同的技术方案；二是要对不同的技术方案进行技术经济分析比较，选择最佳方案。

技术措施关键词是施工方法、施工技术、施工方案、调整设计等。

（3）经济措施。经济措施是常用的措施。管理人员应编制资金使用计划，确定、分解成本管理目标；对成本管理目标进行风险分析，并制订防范性对策；在施工中严格控制各项开支，及时准确地记录、收集、整理、核算实际支出的费用；对各种变更，应及时做好增减记录台账，落实业主签证并结算工程款。通过偏差分析和未完工程预测，发现一些潜在的可能引起未完工程成本增加的问题，应及时采取预防措施。因此，经济措施的运用不仅是财务人员的事情，而是全员的责任。

经济措施关键词是资金、激励、资源等。

（4）合同措施。采用合同措施控制成本，应贯穿整个合同周期，包括从合同谈判开始到合同终结的全过程。对于分包项目，首先是选用合适的合同结构，对各种合同结构模式进行分析、比较，在合同谈判时，要争取选用适于工程规模、性质和特点的合同结构模式。其次，在合同条款中应仔细考虑一切影响成本和效益的因素，特别是潜在的风险因素。通过对引起成本变动的风险因素的识别和分析，采取必要的风险对策，如通过合理的方式增加承担风险的个体数量以降低损失发生的比例，并最终将这些策略体现在合同的具体条款中。在合同执行期间，合同管理的措施既要密切注视对方合同执行的情况，以寻求合同索赔的机会，同时，也要密切关注自己履行合同的情况，以防止被对方索赔。

5.2　工程项目成本计划

5.2.1　成本计划的类型

对于施工项目而言，成本计划编制是一个不断深化的过程。在这个过程的不同阶段形成深度不同、作用不同的成本计划。成本计划按照其发挥的作用可分为竞争性成本计划、指导性成本计划和实施性成本计划；也可按照成本组成、项目结构和工程实施阶段分别编制项目成本计划。

成本计划的编制以成本预测为基础，关键是确定目标成本。同时，计划的制订需要结合施工组织设计的编制过程，通过不断优化施工技术方案和合理配置生产要素，进行人工、材料、机械消耗的分析，制订一系列节约成本的措施，确定成本计划。一般情况下，成本计划总额应控制在目标成本的范围内，并建立在切实可行的基础上。施工总成本目标确定后，还需要通过编制详细的实施性成本计划把目标成本层层分解，落实到施工过程的每个环节，有效进行成本控制。

（1）竞争性成本计划。竞争性成本计划是施工项目在投标及签订合同阶段的估算成本计划。这类成本计划以招标文件中的合同条件、投标者须知、技术规范、设计图纸和工程量清单为依据，以有关价格条件说明为基础，结合调研、现场踏勘、招标答疑等情况，根据施工企业自身的工料消耗标准、水平、价格资料和费用指标等，对本企业完成投标工作所需支出的全部费用进行估算。在投标报价过程中，虽然也考虑降低成本的途径和措施，但总体上比较粗略。

（2）指导性成本计划。指导性成本计划是选派项目经理阶段的预算成本计划，是项目经理的责任成本目标。它是以合同价为依据，按照企业的预算定额标准制订的设计预算成本计划，并以此来确定责任总成本目标。

（3）实施性成本计划。实施性成本计划是项目施工准备阶段的施工预算成本计划，是以项目实施方案为依据，以落实项目经理责任目标为出发点，采用企业的施工定额，通过施工预算的编制而形成的实施性成本计划。

以上三种类型的成本计划相互联系，不断深化，构成了整个工程项目成本计划的过程。其中，竞争性成本计划相当于成本战略的性质，是施工项目投标阶段商务标书的基础，而有竞争力的商务标书又是以其先进合理的技术标书为支撑的。因此，竞争性成本计划奠定了工程项目成本的基本框架和水平。指导性成本计划和实施性成本计划都是战略性成本计划的深化和具体展开，是对战略性成本计划的具体安排。

5.2.2　成本计划的编制依据和编制程序

成本计划的编制依据，即编制成本计划而收集的相关资料，这些资料包括相关设计文件、工程承包合同、施工组织设计、成本预测资料等。具体如下。

（1）合同文件。

（2）项目管理实施规划。

（3）相关设计文件。

（4）价格信息。

（5）相关定额。

（6）类似项目的成本资料。

成本计划的编制程序是按照项目应投入的生产要素，结合各种因素变化的预测和拟采取的各种措施，估算项目生产费用支出的总水平，进而提出项目的成本计划控制指标，确定目标总成本；目标总成本确定后，应将总目标分解落实到各个部门，以便有效进行控制；最后通过综合平衡，编制完成成本计划。

成本计划编制应符合以下程序。

（1）预测项目成本。

（2）确定项目总体成本目标。

（3）编制项目总体成本目标。

（4）项目管理机构与组织的职能部门根据其责任成本范围，分别确定自己的成本目标，并编制相应的成本计划。

（5）针对成本计划制订相应的控制措施。

（6）由项目管理机构与组织的职能部门负责人分别审批相应的成本计划。

5.3　工程项目成本费用控制

成本控制或费用控制是在项目成本或费用形成过程中，对生产经营所消耗的人力资源、物资资源和费用开支进行指导、监督、检查和调整，及时纠正将要发生和已经发生的偏差，把各项生产费用控制在计划成本的范围内，以此保证成本目标的实现。

5.3.1　成本费用控制的依据和程序

1. 成本控制的依据

项目管理机构实施成本控制的依据包括合同文件、成本计划、进度报告、工程变更与索赔资料、各种资源的市场信息。

（1）合同文件。成本控制要以合同为依据，围绕降低工程成本的目标，从预算收入和实际成本两个方面，结合合同条款约定的内容，研究节约成本、增加收益的有效方法，以求获得最大的经济效益。

（2）成本计划。成本计划是根据项目的具体情况制订的成本控制方案，是成本控制的指导文件。成本计划包括预设的具体成本控制目标，又包括实现控制目标的措施和规划。

（3）进度报告。进度报告内容提供了对应时间点的工程实际完成量、工程成本实际支出情况等重要信息。成本控制工作是通过成本实际情况与成本计划相比较，找出两者之间的偏差，分析偏差产生的原因，进而提出以后工作的改进措施。进度报告反映出成本实际情况及内容，成本计划反映计划情况及内容。此外，进度报告还有助于管理者及时发现工程实施中存在的隐患，并在可能造成重大损失之前采取有效措施，尽量避免损失。

（4）工程变更与索赔资料。在工程项目实施过程中，由于各种原因，难免会出现工程变更、工程索赔等情况。工程变更一般包括设计变更、进度计划变更、施工条件变更、技术规范与标准变更、工程量变更等。出现变更可能会导致工程量、工期、成本发生变化，从而使成本控制工作变得更加复杂和困难，因此，成本管理人员应当通过对变更、索赔中各类数据的计算、分析、及时掌握变更情况，包括已发生工程量、将要发生工程量、工期是否拖延、支付情况等重要信息，判断变更与索赔可能带来的成本增减。

（5）各种资源的市场信息。通过收集各种资源的市场价格信息和项目的实施情况，可以计算项目的成本偏差，估计成本的发展趋势，实现成本控制的目标。

2. 成本控制的程序

成本控制属于过程控制，过程控制的好坏取决于过程控制程序的规范化。在成本的过程控制中，有两类控制程序，一种是管理行为控制程序，另一种是指标控制程序。管理行为控制程序是对成本全过程控制的基础，指标控制程序是成本进行过程控制的重点。两个程序既相对独立又相互联系，既相互补充又相互制约。

（1）管理行为控制程序。管理行为控制的目的是确保每个岗位人员在成本管理过程中的管理行为符合事先确定的程序和方法的要求。从这个意义上讲，首先要清楚企业建立的成本管理体系是否能对成本形成的过程进行有效的控制，其次要考察体系是否处在有效的运行状态。管理行为控制程序就是为规范项目成本的管理行为而制订的约束和激励体系。具体内容如下。

1）建立项目成本管理体系的评审组织和评审程序。成本管理体系的建立不同于质量管理体系，质量管理体系反映的是企业的质量保证能力，由社会有关组织进行评审和认证；而成本管理体系的建立是企业自身生存发展的需要，没有社会组织参与评审和认证。因此，企业必须建立项目成本管理体系的评审组织和评审程序，定期进行评审和总结，持续改进。

2）建立项目成本管理体系运行的评审组织和评审程序。项目成本管理体系的运行是一个逐步推行的渐进过程。一个企业的各个分公司、项目管理机构的运行质量往往是不均衡的，因此，必须建立专门的常设组织，依照程序定期地进行检查和评审，发现问题，总结经验，以保证成本管理体系的保持和持续改进。

3）目标考核，定期检查。管理程序文件应明确每个岗位人员在成本管理中的职责，确定每个岗位人员的管理行为，如应提供的报表、提供的时间和原始数据的质量要求等。要把每个岗位人员是否按要求去履行职责作为一个目标来考核。为了方便检查，应将考核指标具体化，并设专人定期或不定期检查。

4）制订对策，纠正偏差。对管理工作进行检查的目的是保证管理工作按预定的程序和标准进行，从而保证项目成本管理能够达到预期的目的。因此，对检查中发现的问题，要及时进行分析，然后根据不同的情况，及时采取对策。

（2）指标控制程序。能否达到成本目标，是成本控制成功的关键。项目成本指标控制是项目成本过程控制的具体和量化。项目成本指标控制程序如下。

1）确定成本管理分层次目标。在工程开工之初，项目管理机构应根据公司与项目签订的《项目承包合同》确定项目的成本管理目标，并根据工程进度计划确定月度成本计划目标。

2）采集成本数据，监测成本形成过程。在施工过程中要定期收集反映成本支出情况的数据，并将实际发生情况与目标计划进行对比，从而保证有效控制成本的整个形成过程。

3）找出偏差，分析原因。施工过程是一个多工种、多方位立体交叉作业的复杂活动，成本的发生和形成是很难按预定的目标进行的，因此，需要及时分析偏差产生的原因，分清楚是客观因素还是人为因素，为制订纠偏措施打好基础。

4）制订对策，纠正偏差。过程控制的目的就是不断纠正成本形成过程中的偏差，保证成本项目的发生是在预定范围之内。针对产生偏差的原因及时制订对策并予以纠正。

5）调整改进成本管理方法。用成本指标考核管理行为，用管理行为来保证成本指标。管理行为的控制程序和成本指标的控制程序是对项目成本进行过程控制的主要内容，这两个程序在实施过程中，是相互交叉、相互制约又相互联系的，只有将成本指标的控制程序和管理行为的控制程序相结合，才能保证成本管理工作有序、有效地进行。

5.3.2　成本费用控制的方法及措施

1. 成本的过程控制方法

施工阶段是成本发生的主要阶段。这个阶段的成本控制主要是通过确定成本目标并按计划成本组织施工，合理配置资源，对施工现场发生的各项成本费用进行有效控制，其具体控制方法如下。

（1）人工费的控制。人工费的控制实行"量价分离"的方法，将作业用工及零星用工按定额工日的一定比例综合确定用工数量和单价，通过劳务合同进行控制。

加强劳动定额管理，提高劳动生产率，降低工程耗用人工工日，是控制人工费支出的主要手段。控制人工费的具体方法如下。

1）制订先进合理的企业内部劳动定额，严格执行劳动定额，并将安全生产、文明施工及零星用工下达到作业队进行控制。全面推行全额计件的劳动管理办法和单项工程集体承包的经济管理办法，以不超出施工图预算人工费指标为控制目标，实行工资包干制度。认真执行按劳分配的原则，使职工个人所得与劳动贡献一致，充分调动广大职工的劳动积极性，以提高劳动效率。将工程项目的进度、安全、质量等指标与定额管理结合，提高劳动者的综合能力，实行奖励制度。

2）提高生产工人的技术水平和作业队的组织管理水平，根据施工进度、技术要求，合理搭配各工种工人的数量，减少和避免无效劳动。不断改善劳动组织，创造良好的工作环境，改善工人的劳动条件，提高劳动效率。合理调节各工序人数安排情况，安排劳动力时，尽量做到技术工不做普通工的工作，高级工不做低级工的工作，避免技术上的浪费，既要加快工程进度，又要节约人工费用。

3）加强职工的技术培训和多种施工作业技能培训，不断提高职工的业务技术水平和熟练操作程度，培养一专多能的技术工人，提高作业工效。提倡技术革新和推广新技术，提高技术装备水平和工厂化生产水平，提高企业的劳动生产率。

4）实行弹性需求的劳务管理制度。对施工生产各环节上的业务骨干和基本的施工力量，要保持相对稳定。对短期需要的施工力量，要做好预测、计划管理，通过企业内部的劳务市场及外部协作队伍进行调剂。严格做到项目部的定员随工程进度要求及时进行调整，进行弹性管理。要打破行业、工种界限，提倡一专多能，提高劳动力的利用效率。

（2）材料费的控制。材料费的控制同样按照"量价分离"原则，控制材料用量和材料价格。

1）材料用量的控制。在保证符合设计要求和质量标准的前提下，合理使用材料，通过定额控制、指标控制、计量控制、包干控制等手段有效控制物资材料的消耗，具体方法如下。

①定额控制。对于有消耗定额的材料，以消耗定额为依据，实行限额领料制度。

②指标控制。对于没有消耗定额的材料，实行计划管理和按指标控制的办法。根据以往项目的实际耗用情况，结合具体施工项目的内容和要求，制订领用材料指标，以控制发料。超过指标的材料，必须经过一定的审批手续方可领用。

③计量控制。要准确做好材料物资的收发计量检查和投料计量检查。

④包干控制。在材料使用过程中，对部分小型及零星材料（如钢丝、钢钉等）根据工程量计算出所需材料量，将其折算成费用，由作业者包干使用。

2）材料价格的控制。材料价格主要由材料采购部分控制。材料价格由原价、运杂费、运输损耗费等组成，因此控制材料价格主要是通过掌握市场信息，应用招标和询价等方式控制材料、设备的采购价格。

施工项目的材料物资包括构成工程实体的主要材料和结构件，以及有助于工程实体形成的周转使用材料和低值易耗品。从价值角度看，材料物资的价值约占建筑安装工程造价的60%甚至70%以上，因此，对材料价格的控制非常重要。因为材料物资的供应渠道和管理方式各不相同，所以控制的内容和所采取的控制方法也将有所不同。

（3）施工机械使用费的控制。合理选择施工机械设备，合理使用施工机械设备对成本控制具有十分重要的意义，尤其是高层建筑施工。据某些工程实例统计，高层建筑地面以上部分的总费用中，垂直运输机械费用占6%～10%。不同的起重运输机械各有不同的特点，因此在选择起重运输机械时，首先应根据工程特点和施工条件确定采取的起重运输机械的组合方式。在确定采用何种组合方式时，首先应满足施工需要，其次要考虑到费用的高低和综合经济效益。

施工机械使用费主要由台班数量和台班单价两个方面决定。因此，为有效控制施工机械使用费支出，应主要从台班数量和台班单价两个方面进行控制。

1）台班数量。

①根据施工方案和现场实际情况，选择适合项目施工特点的施工机械，制订设备需求计划，合理安排施工生产，充分利用现有机械设备，加强内部调配，提高机械设备的利用率。

②保证施工机械设备的作业时间，安排好生产工序的衔接，尽量避免停工、窝工，尽量减少施工中所消耗的机械台班数量。

③核定设备台班定额产量，实行超产奖励办法，加快施工生产进度，提高机械设备单位时间的生产效率和利用率。

④加强设备租赁计划管理，减少不必要的设备闲置和浪费，充分利用社会闲置机械资源。

2）台班单价。

①加强现场设备的维修、保养工作。降低大修、经常性修理等各项费用的开支，提高机械设备的完好率，最大限度地提高机械设备的利用率，避免因使用不当造成机械设备的停滞。

②加强配件的管理。建立健全配件领发料制度，严格按油料消耗定额控制油料消耗，做到修理有记录，消耗有定额，统计有报表，损耗有分析。通过经常分析总结，提高修理质量，降低配件消耗，减少修理费用的支出。

③加强机械操作人员的培训工作。不断提高操作技能，提高施工机械台班的生产效率。

④降低材料成本。做好施工机械配件和工程材料采购计划，降低材料成本。

⑤成立设备管理领导小组，负责设备调度、检查、维修、评估等具体事宜。对主要部件及其保养情况建立档案，分清责任，便于尽早发现问题，找到解决问题的办法。

（4）施工分包费用控制。分包工程价格的高低，必然对项目管理机构的施工项目成本产生一定的影响，因此，施工项目成本控制的重要工作之一是对分包价格的控制。项目管理机构应在确定施工方案的初期就要确定需要分包的工程范围，决定分包范围的因素主要是施工项目的专业性和项目规模。对分包费用的控制主要是要做好分包工程的询价、订立平等互利的分包合同、建立稳定的分包关系网络、加强施工验收和分包结算等工作。

2. 赢得值（挣值）法

（1）赢得值法的概念。赢得值法（Earned Value Management，EVM）作为一项先进的项目管理技术，最初是美国国防部于 1967 年首次确立的。目前，国际上先进的工程公司已普遍采用赢得值法进行工程项目的费用、进度综合分析控制。用赢得值法进行费用、进度综合分析控制，所需的基本参数有三个，即已完工作预算费用、计划工作预算费用和已完工作实际费用。

1）已完工作预算费用（Budgeted Cost for Work Performed，BCWP）。已完工作预算费用是指在某一时间已经完成的工作（或部分工作），以批准认可的预算为标准所需要的资金总额，由于发包人正是根据这个数值为承包人完成的工作量支付相应的费用，也是承包人获得（挣得）的金额，故称为赢得值或挣值。

$$已完工作预算费用（BCWP）＝已完成工作量×预算单价 \qquad (5.1)$$

2）计划工作预算费用（Budgeted Cost for Work Scheduled，BCWS）。计划工作预算费用是指在某一时刻应当完成的工作（或部分工作），以预算为标准所需要的资金总额。一般情况下，除非合同有变更，计划工作预算费用在工程实施过程中应保持不变。

$$计划工作预算费用（BCWS）＝计划工作量×预算单价 \qquad (5.2)$$

3）已完工作实际费用（Actual Cost for Work Performed，ACWP）。已完工作实际费用是指到某一时刻为止，已完成的工作（或部分工作）所花费的实际总金额。

$$已完工作实际费用（ACWP）＝已完成工作量×实际单价 \qquad (5.3)$$

（2）赢得值法的四个评价指标。

1）费用偏差 CV（Cost Variance）。

$$费用偏差（CV）＝已完工作预算费用（BCWP）－已完工作实际费用（ACWP） \qquad (5.4)$$

当费用偏差（CV）为负值时，表示项目运行超出预算费用（超支）；当费用偏差（CV）为正值时，表示项目运行节支，实际费用没有超出预算费用。

2）进度偏差 SV（Schedule Variance）

$$进度偏差（SV）＝已完工作预算费用（BCWP）－计划工作预算费用（BCWS） \qquad (5.5)$$

当进度偏差（SV）为负值时，表示项目进度延误，即实际进度落后于计划进度；当进度偏差（SV）为正值时，表示项目进度提前，即实际进度快于计划进度。

3）费用绩效指数（CPI）。

$$费用绩效指数（CPI）＝已完工作预算费用（BCWP）/已完工作实际费用（ACWP） \qquad (5.6)$$

①当费用绩效指数（CPI）＜1 时，表示项目费用超支，即实际费用高于预算费用。

②当费用绩效指数（CPI）＞1 时，表示项目费用节支，即实际费用低于预算费用。

4）进度绩效指数（SPI）。

$$进度绩效指数（SPI）＝已完工作预算费用（BCWP）/计划工作预算费用（BCWS） \qquad (5.7)$$

①当进度绩效指数（SPI）＜1时，表示项目进度延误，即实际进度比计划进度慢。

②当进度绩效指数（SPI）＞1时，表示项目进度提前，即实际进度比计划快。

费用偏差和进度偏差是反映的绝对偏差，其结果直观简单，有助于管理人员了解项目费用和进度出现偏差的绝对数额，并对此采取相关措施，制订或调整费用、进度计划等。但是，绝对偏差有其自身局限性，如出现15万元的费用偏差，对于总费用2 000万元的项目和总费用1亿元的项目而言，其严重性和影响是不同的。因此，费用偏差和进度偏差仅适用于同一项目的偏差分析，不适用于不同项目的偏差比较分析。

费用绩效指数和进度绩效指数是反映的相对偏差，其不受项目层次的限制，也不受项目实施时间的限制，因而在同一项目和不同项目比较中都可适用。

在讨论偏差时，通常也要考虑局部偏差和累计偏差。

局部偏差有两层含义，一是对于整个项目而言，是指各单项工程、单位工程及分部分项工程的费用（进度）偏差；二是对于整个项目已实施的时间而言，每个控制周期所发生的费用（进度）偏差。

累计偏差是在项目已经实施的时间内累计发生的偏差，累计偏差是一个动态概念，其数值总是与具体的时间联系在一起，不同时刻的累计偏差总是不同，最终的累计偏差即整个项目的费用（进度）偏差。

在每个控制周期内，发生局部偏差的工程内容及其原因一般比较明确，分析结果也就比较可靠，而累计偏差所涉及的工程内容较多、范围较大，原因比较复杂，所以，累计偏差分析必须以局部偏差为基础，但并不是局部偏差的简单汇总。正因为累计偏差必须建立在对局部偏差进行综合分析的基础上，其结果更能显示出代表性和规律性，对费用（进度）控制工作在较大范围内具有指导作用。

在项目的费用、进度综合控制中引入赢得值法，可以克服进度、费用分开控制的缺点，即当发现费用超支时，很难立即知道是由于费用超出预算，还是由于进度提前；当发现费用低于预算时，也很难立即知道是由于费用节省，还是由于进度拖延。引入赢得值法即可定量地判断进度、费用的执行效果及整改措施。

3. 偏差分析的表达方法

偏差分析可以采用不同的表达方法，常用的方法有横道图法、表格法和曲线法。

（1）横道图法。用横道图法进行费用偏差分析，是用不同的横道图标识已完工作预算费用（BCWP）、计划工作预算费用（BCWS）和已完工作实际费用（ACWP），横道的长度与其金额成正比例，如图5.1所示。费用偏差和进度偏差数额可以用数字或横道长度表示，产生偏差的原因应经过分析后填入。

横道图法的优点是简单直观，便于了解项目投资的概况，可以准确表达费用的绝对偏差及其偏差程度。但是其缺点是横道图所显示的信息量较少，有一定的应用局限性。

（2）表格法。表格法是进行偏差分析最常用的一种方法，是将项目编号、名称、各费用参数及费用偏差数综合归纳写入一张表格内，并在表格中进行比较。由于各种偏差参数都在表中列出，使费用管理者可以综合了解处理表中数据。

表格法进行偏差分析具体以下特点。

1）灵活、适用性强，可以根据实际需要设计表格，对表格进行增减。

2）表格所呈现的信息量大，可以反映偏差分析所需的资料，从而有利于费用控制人员及时采取针对性措施，加强控制。

3）可以借助计算机处理表格，进而节约大量数据处理所需的人力，并大大提高速度和效率。

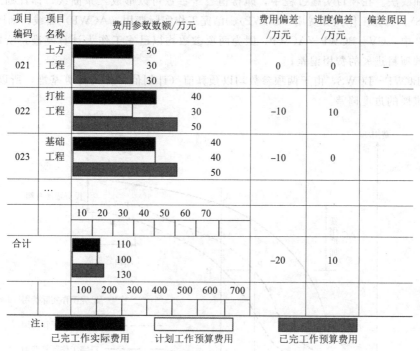

项目编码	项目名称	费用参数数额/万元	费用偏差/万元	进度偏差/万元	偏差原因
021	土方工程	30 / 30 / 30	0	0	—
022	打桩工程	40 / 30 / 50	−10	10	
023	基础工程	40 / 40 / 50	−10	0	
	…				
合计		110 / 100 / 130	−20	10	

注：■ 已完工作实际费用　□ 计划工作预算费用　▨ 已完工作预算费用

图 5.1　费用偏差分析横道图法

用表格法进行偏差分析的例子见表 5.1。

表 5.1　费用进度偏差分析表

项目编码	(1)	021	022	023
项目名称	(2)	土方工程	打桩工程	基础工程
单位	(3)			
预算（计划）单价	(4)			
计划工作量	(5)			
计划工作预算费用（BCWS）	(6) ＝ (5) × (4)	30	30	40
已完成工作量	(7)			
已完工作预算费用（BCWP）	(8) ＝ (7) × (4)	30	40	40
实际单价	(9)			
其他款项	(10)			
已完工作实际费用（ACWP）	(11) ＝ (7) × (9) ＋ (10)	30	50	50
费用局部偏差	(12) ＝ (8) − (11)	0	−10	−10
费用绩效指数（CPI）	(13) ＝ (8) ÷(11)	1	0.8	0.8
费用累计偏差	(14) ＝ $\sum$ (12)		−20	
进度局部偏差	(15) ＝ (8) − (6)	0	10	0
进度绩效指数（SPI）	(16) ＝ (8) ÷ (6)	1	1.33	1
进度累计偏差	(17) ＝ $\sum$ (15)		10	

（3）曲线法。在项目实施过程中，赢得值三个参数可以形成三条曲线，即计划工作预算费用（BCWS）、已完工作预算费用（BCWP）、已完工作实际费用（ACWP）曲线，如图 5.2 所示。

图 5.2 中，CV＝BCWP－ACWP，因为两项参数均以已完工作为计算基准，所以两项参数之差，反映项目进展的费用偏差；

SV＝BCWP－BCWS，由于两项参数均以预算值（计划值）作为计算基准，所以两者之差，反映项目进展的进度偏差。

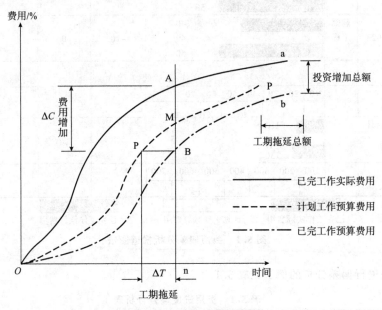

图 5.2　三种费用参数曲线

【例 5.1】某项目进展到 11 周时，对前 10 周的工作进行统计，情况见表 5.2。计算出前 10 周每项工作的 BCWP 及第 10 周末的 BCWP，计算第 10 周末的合计 ACWP、BCWS 及 CV、SV 并进行分析，计算第 10 周末的 CPI、SPI 并进行分析。

表 5.2　某项目前 10 周的工作情况统计

工作	计划完成工作预算费用/万元	已完成工作量/%	实际发生费用/万元	赢得值
A	400	100	400	
B	450	100	460	
C	700	80	720	
D	150	100	150	
E	500	100	520	
F	800	50	400	
G	1 000	60	700	
H	300	100	300	
I	120	100	120	
J	1 200	40	600	
合计				

【解】 计算前 10 周每项工作的 BCWP 及第 10 周末的 BCWP 见表 5.3。计算第 10 周末的合计 ACWP、BCWS 见表 5.3 中"合计"所得值。

表 5.3 每项工作的 BCWP 及第 10 周末的 BCWP、ACWP、BCWS

工作	计划完成工作预算费用/万元	已完成工作量/%	实际发生费用/万元	赢得值 BCWP
A	400	100	400	$400 \times 100\% = 400$
B	450	100	460	$450 \times 100\% = 450$
C	700	80	720	$700 \times 80\% = 560$
D	150	100	150	$150 \times 100\% = 150$
E	500	100	520	$500 \times 100\% = 500$
F	800	50	400	$800 \times 50\% = 400$
G	1 000	60	700	$1\,000 \times 60\% = 600$
H	300	100	300	$300 \times 100\% = 300$
I	120	100	120	$120 \times 100\% = 120$
J	1 200	40	600	$1\,200 \times 40\% = 480$
合计	5 620		4 370	3 960

计算第 10 周末的 CV、SV。

CV＝BCWP－ACWP＝3 960－4 370＝－410，超支；

SV＝BCWP－BCWS＝3 960－5 620＝－1 660，进度拖后；

BCWS＞ACWP＞BCWP，效率低，应增加高效人员的投入。

计算第 10 周末的 CPI、SPI

CPI＝BCWP/ACWP＝3 960/4 370＝0.906，超支；

SPI＝BCWP/BCWS＝3 960/5 620＝0.704，进度拖后。

因此，项目状况与计划不符，必须采取措施加快进度并控制费用。

4. 偏差原因分析与纠偏措施

（1）偏差原因分析。在实际执行过程中，最理想的状态是已完工作实际费用（ACWP）、计划工作预算费用（BCWS）、已完工作预算费用（BCWP）三条曲线靠得很近，平稳上升，表示项目按预定计划目标进行。如果三条曲线离散度不断增加，则可能出现较大的投资偏差。

偏差分析的一个重要目的就是要找出引起偏差的原因，从而采取有针对性的措施，减少或避免相同问题的再次发生。在进行偏差原因分析时，首先应当将已经导致和可能导致偏差的各种原因逐一列举出来。导致不同工程项目产生费用偏差的原因具有一定共性，因而可以通过对已建项目的费用偏差原因进行归纳、总结，为该项目采取预防措施提供依据。

要进行偏差原因的分析，首先应将各种可能导致偏差的原因一一列举出来，并加以适当分类，再对其进行归纳、总结。但这种综合性的分析应以一定数量的数据为基础，因此只有在工程项目实施了一定阶段以后才有意义。

一般来说，引起费用偏差的可能原因，见表 5.4。

表 5.4　费用偏差原因

费用偏差原因	设计原因	设计错误或缺陷
		设计漏项
		设计标准变化
		图纸提供不及时
		其他
	业主原因	投资规划不当
		建设手续不全
		组织不落实
		未能及时提供场地
		协调工作失控
		增加内容
		其他
	施工原因	施工方案不合理
		施工质量出现问题
		进度安排不当
		材料代用
		其他
	客观原因	人工费涨价
		材料及设备价格上涨
		地基因素
		自然因素
		现场环境因素
		社会原因
		法规变化
		利率及汇率变化
		其他

在以上各类偏差原因中，客观原因通常无法控制，施工原因导致的经济损失一般是由施工单位自己承担的，所以，由于业主原因和设计原因所造成的投资偏差是纠偏的主要对象。

（2）偏差分类。为了便于偏差分析，需对偏差类型作出划分，如图 5.3 所示，偏差可分为四种类型。

Ⅰ：费用增加且工期拖延；Ⅱ：费用增加但工期提前；Ⅲ：费用节约且工期提前；Ⅳ：费用节约但工期拖延。

很明显，在上述偏差类型中，纠偏的主要对象应是偏差Ⅰ型，即费用增加且工期拖延，其次是偏差

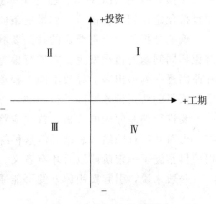

图 5.3　费用偏差类型

172

Ⅱ型，但应适当考虑工期提前可产生的收益；偏差Ⅲ型是较为理想的，但是要注意排除假象；对于偏差Ⅳ型，首先要考虑是否需要对工期纠偏，还要考虑进度纠偏产生的费用。

（3）纠偏措施。纠正偏差通常采用的措施有组织措施、经济措施、技术措施、合同措施四类。

1）组织措施，是指从费用控制的组织管理方面采取的措施。组织措施易被忽视，但实际上是其他措施的前提和保障，且无须增加什么费用，如运用得当，可收到良好的效果。

2）经济措施，是最易于被接受的措施，但不能简单理解为审核工程量及支付工程款，也不仅是财务人员的工作，应从全局出发考虑问题。

3）技术措施，当出现了较大的费用偏差时，往往要采用有效的技术措施解决问题，不同的技术措施有不同的经济效果，应经技术分析后加以选择。

4）合同措施，在纠偏方面主要是指索赔管理。索赔事件发生后，应认真审查有关索赔依据是否符合合同规定、计算是否合理等，还应加强日常的合同管理，研究合同的有关内容以采取预防措施。

5.3.3　决策和设计阶段的投资控制

（1）工程项目决策阶段的投资控制。投资决策和控制是工程项目决策阶段的主要工作内容之一。项目投资决策是选择和决定投资行动方案的过程，是指建设项目投资者根据自己的意图目的，在调查、分析、研究的基础上，对投资规模、投资方向、投资结构、投资分配及投资项目的选择和布局方面进行分析研究，在一定约束条件下，对拟建项目的必要性和可行性进行技术经济论证，对不同建设方案进行技术经济分析，比较和作出判断与决定的过程。其中，最为重要的是对拟建项目的必要性和可行性进行技术、经济论证，对不同建设方案进行技术经济分析、比较、选择及作出判断和决定的过程。

项目决策阶段是工程投资控制的关键阶段，项目决策的正确性是工程投资合理性的前提。据有关资料统计，在项目建设各个阶段中，决策阶段影响工程投资的程度最高，达到70%~90%。同时，投资决策是一个由浅入深、不断深化的过程，依次分为不同的工作阶段，相应的精度也不同，投资估算对于后面的设计概算、施工图预算、合同价、结算价、决算造价都起着控制作用，这样才能保证造价控制在合理范围内，避免失控现象的发生。项目决策阶段形成的投资估算也是进行投资方案比选的重要依据之一，同时，也是决定项目是否可行及主管部门进行项目审批的参考依据，因此项目投资估算的数额，从某种程度上也影响着项目决策。

1）工程项目投资的特点。建设工程项目投资数额巨大，这使它关系到国家、行业或地区的重大经济利益，对国计民生也会产生重大影响。建设工程项目投资的确定依据众多，在不同的建设阶段有不同的确定依据，且互为基础和指导，互相影响。每个建设工程项目的工程内容和实物形态都有其差异性，同样的工程处于不同的地区或不同的时段在人工、材料、机械消耗上也有差异，所以，建设工程项目投资的差异十分明显。建设工程项目只能通过一定的程序，编制估算、概算、预算、合同价、结算价及最后确定竣工决算等，就每个项目单独计算其投资。建设工程项目投资的确定层次繁多，要确定分部分项工程投资、单位工程投资、单项工程投资，最后才能汇总形成建设工程项目投资。建设工程项目投资在整个建设期内都是不确定的，需随时进行动态跟踪、调整，直至竣工决算后才能真正确定建设工程项目投资。

2）工程项目投资估算的概念和方法。工程项目投资估算是在对项目的建设规模、产品方案、工艺技术及设备方案、工程方案及项目实施进度等进行研究并基本确定的基础上，依据一定的方法，估算项目所需资金总额并测算建设期分年资金使用计划。

建设工程项目投资估算是在项目决策阶段对建设项目投资数额的估计和测算。按照工程投资估算的时间和估算精度，投资估算可以分为投资机会研究阶段的投资估算、初步可行性研究阶段的投资估算和详细可行性研究阶段的投资估算等，见表 5.5。

表 5.5 工程项目投资估算的类型

工程项目的决策阶段	投资估算的类型	估算精度
投资机会研究阶段	投资机会研究阶段的投资估算	±30%
初步可行性研究阶段	初步可行性研究阶段的投资估算	±20%
详细可行性研究阶段	详细可行性研究阶段的投资估算	±10%

①投资机会研究阶段的投资估算。该阶段主要是根据投资机会研究的结果，参考已建成的类似项目的投资额对拟建项目的投资额进行粗略的估计，为领导部门审查投资机会、初步选择投资方向提供参考。该阶段的投资估算仅仅是参考已建成的类似项目的投资额而得到的，因此精度比较低，一般为±30%。

投资机会研究阶段投资估算的常用方法是单位生产能力投资估算法和生产能力指数法。

a. 单位生产能力投资估算法。单位生产能力投资估算法假定同类项目的建设投资额和设计生产能力之间存在着简单的线性关系。其计算公式如下：

$$C_2 = Q_2 \left(\frac{C_1}{Q_1} \right) \cdot f \qquad (5.8)$$

式中 C_1——已建成同类项目的建设投资；
    Q_1——已建成同类项目的生产能力；
    C_2——拟建项目的建设投资；
    Q_2——拟建项目的设计生产能力；
    f——综合调整系数。

b. 生产能力指数法。生产能力指数法假定同类项目的建设投资和设计生产能力之间呈现幂指数关系。其计算公式如下：

$$C_2 = C_1 \left(\frac{Q_2}{Q_1} \right)^x \cdot f \qquad (5.9)$$

式中 x——生产能力指数；
    其余符号意义同前。

运用指数法进行项目投资估算的关键是要确定生产能力指数。

生产规模比值为 0.5~2，$x=1$；生产规模比值为 2~30，若拟建项目的规模扩大靠增大设备规模来实现，$x=0.6~0.7$；若拟建项目的规模扩大靠增加规格设备的数量来实现，$x=0.8~0.9$。

当已建类似项目的规模和拟建项目的规模相差大于 50 倍时，该法则不能使用。

上述两种方法虽然计算比较简单，但对类似工程资料的可靠性要求比较高，否则计算结果的误差就比较大。

②初步可行性研究阶段的投资估算。此阶段是在研究投资机会结论的基础上，进一步明确项目的投资规模、原材料来源、工艺技术、厂址、组织机构、建设进度等情况，进行经济效益评价，判断项目的可行性，做出初步投资评价，估算的精度为±20%，是决定是否进行详细可行性研究的依据之一，同时，也是确定哪些关键问题需要进行辅助性专题研究的依据之一。

常用的初步可行性研究阶段的投资估算方法有系数估算法、比例估算法和资金周转率法等。

a. 系数估算法。系数估算法又可分为朗格系数法、设备和厂房系数法等计算方法。

（a）朗格系数法。朗格系数法是以设备购置费乘以适当系数来推算项目的建设投资。其估算公式如下：

$$C = E\left(1 + \sum K_i\right) K_c \tag{5.10}$$

式中　C——建设投资；

　　　E——设备购置费；

　　　K_i——管线、仪表、建筑物等费用的估算系数；

　　　K_c——管理费、合同费、应急费等间接费在内的总估算系数。

建设投资与设备购置费之比称为朗格系数 K，即

$$K = \frac{C}{E} = \left(1 + \sum K_i\right) K_c \tag{5.11}$$

该方法虽然比较简单，但因为没有考虑设备的规格、材质等差异，所以估算的精度较低。

（b）设备和厂房系数法。设备和厂房系数法是在拟建项目工艺设备投资和厂房土建投资估算的基础上，再参照类似项目的统计资料估算其他专业工程的投资，其中与设备关系较大的按设备投资系数计算，与厂房土建关系较大的则以厂房土建投资系数计算，两类投资加起来，再加上拟建项目的其他有关费用，即拟建项目的建设投资。

b. 比例估算法。比例估算法又可分为设备系数估算法和主体专业系数估算法两种。

（a）设备系数估算法

$$C = E(1 + f_1 P_1 + f_2 P_2 + f_3 P_3 + \cdots) + I \tag{5.12}$$

式中　C——拟建工程的投资额；

　　　E——根据拟建项目当时、当地价格计算的设备购置费；

　　　P_1、P_2、P_3——已建项目中建筑工程费、安装工程费及其他工程费用等占设备购置费的百分比；

　　　f_1、f_2、f_3——由于时间因素引起的定额、价格、费用标准等综合调整系数；

　　　I——拟建项目的其他费用。

（b）主体专业系数估算法。

$$C = E'(1 + f_1 P_1' + f_2 P_2' + f_3 P_3' + \cdots) + I \tag{5.13}$$

式中　E'——最主要工艺设备费；

　　　P_1'、P_2'、P_3'——各专业工程费用占最主要工艺设备费用的百分比。

其他符号意义同前。

c. 资金周转率法。这是一种用资金周转率来推测投资的简便方法。其计算公式如下：

$$C = \frac{QA}{t_r} \tag{5.14}$$

式中　C——拟建项目投资额；

　　　Q——产品的年产量；

　　　A——产品的单价；

　　　t_r——资金周转率。

其中，资金周转率的计算公式为

$$t_r = \frac{\text{年销售总额}}{\text{总投资}} = \frac{(\text{产品的年产量} \times \text{产品单价})}{\text{总投资}} \tag{5.15}$$

③详细可行性研究阶段的投资估算。该阶段的投资估算以拟建项目的方案设计为基础，资

料比较全面，投资估算精度可以达到±10％左右。详细可行性研究阶段的投资估算一般采用建设投资分类估算法进行。

（2）工程项目设计阶段的投资控制。工程设计是在技术和经济方面对拟建工程项目进行全面规划和具体描述其实施意图的过程，包括建设设计、结构设计、设备设计等内容。工业设计还包括生产工艺设计。设计是否经济合理，对控制工程投资具有十分重要的意义。

在工业建筑设计中，影响工程投资的主要因素有总平面图设计、工业建筑的平面和立面设计、建筑结构方案的设计、工艺技术方案选择、设备的选型和设计等。

居住建筑是民用建筑中最主要的建筑，在居住建筑设计中，工程投资的影响因素主要有小区建设规划的设计、住宅平面布置、层高、层数、结构类型等。

建筑工程全寿命周期费用包括项目投资和工程交付使用后的经常开支费用，以及该项目使用期满后的报废拆除费用等。设计费一般只相当于建设工程全寿命费用的1％以下，但正是这少于1％的费用，却对全部随后的费用有极大的影响。因此，设计质量的好坏直接影响整个工程建设的效益。

1）设计准备阶段投资控制的内容包括：总投资目标的分析论证；编制总投资切块分解的初步规划；评价项目目标实现的风险；编制设计阶段资金使用计划并进行控制执行。

2）设计阶段投资控制的内容包括：审核项目总投资估算；对设计方案提出投资评价建议；审核项目设计概算；进行市场调查分析和技术经济论证；挖掘节约投资的潜力；审核施工图预算；编制设计资金限额指标；控制设计变更；监督设计合同的履行。

3）设计招标和方案竞选。

①设计招标。建设单位首先就拟建项目的设计任务，编制招标文件，并通过报刊、网络或其他媒体发布招标公告，然后对投标单位进行资格审查，并向合格的设计单位发售招标文件，组织投标单位勘察工程现场，解答投标提出的问题，投标单位编制并投送标书，经过建设单位组织开标、评标活动，决定中标单位并发出中标通知，双方签订设计委托合同。

实行设计招标投标，有利于设计方案的选择和竞争，有利于控制项目建设投资，也有利于缩短设计周期、降低设计费。

a.工程设计招标。招标过程为：招标单位编制招标文件；发布招标广告或发出邀请投标函。招标分为公开招标和邀请招标两种方式。无论采用何种形式招标，投标人都不能少于3个，否则要重新招标；对投标单位进行资格审查。投标单位提出申请并报送申请书，建设单位或委托的咨询公司进行审查。审查内容包括单位性质和隶属关系、勘察设计证书号码和开户银行账号、单位成立时间、近期设计的主要工程情况、技术人员的数量、技术装备及专业情况等。凡在整顿期间的设计单位不得投标；向合格的设计单位发售或发送招标文件；组织投标单位踏勘工程现场，解答招标文件中的问题；接受投标单位按规定时间密封报送的投标书。民用项目的方案设计应包括总体布置、单体建筑的平面图、立面图、主要项目的剖面图（重要公共建筑还需彩色透视图或模型）、文字说明、建设工期、主要施工技术要求与施工组织方案、投资估算与经济分析、设计进度和设计费用报价等；开标、评标、决标、发出中标通知。招标单位开标后，应在一定时间内（一般不超过一个月）进行评标，确定中标单位。评标勘察设计部门的专家应占40％以上。评估机构应根据设计方案的优劣（技术是否先进，工艺是否合理，功能是否符合使用要求及建筑艺术水平等）、投入产出、经济效益好坏、设计进度快慢、设计费报价高低、设计资历和社会信誉等条件，提出综合评价报告，推荐候选的中标单位；签订合同。中标单位接到中标通知书后应按规定在一个月内与建设单位签订设计合同。设计合同应符合我国有关的法律和法规文件。

b. 工程设计投标。设计投标的过程其实就是对以上招标过程的回应，招标和投标同时存在，才构成一个完整的招投标程序。在投标中，要注意：参加设计投标的单位可以独立参与投标，也可以联合申请参加投标；具备相应的设计资质等级并经过招标单位审查选定后，才可以领取招标文件参加投标；投标单位的投标文件（标书）应按照招标文件规定的内容编制。

②设计方案竞选。设计方案竞选由组织竞选活动的单位发布竞选公告，吸引设计单位参加方案竞选，参加竞选的设计单位按照竞选文件和国家相关规定，做好方案设计和编制有关文件，经具有相应资格的注册建筑师签字，并加盖单位法人或委托代理人的印鉴，在规定日期内，密封送达组织竞选单位。竞选单位邀请有关专家组成评定小组，采用科学方法，综合评定设计方案优劣，择优确定中选方案，最后双方签订合同。实践中，建筑工程特别是大型建筑设计的发包习惯上多采用设计方案竞选的方式。

a. 设计方案竞选的组织。有相应资格的建设单位或其委托的有相应工程设计资格的中介机构代理有权按照法定程序组织方案设计竞选活动，有权选择竞选方式和确定参加竞选的单位，主持评选工作，公正确定中选者。

b. 设计方案竞选方式和文件内容。设计方案竞选可采用公开竞选，即由组织竞选活动的单位通过报刊、广播、电视或其他方式发布竞选公告，也可采用邀请竞选，由竞选组织单位直接向有承担该项工程设计能力的三个及以上设计单位发出设计方案竞选邀请书。

c. 设计竞选方案的评定。竞选主办单位聘请专家组成评审委员会，一般为7~11人，其中技术专家人数应占2/3以上，参加竞选的单位和方案设计者不得进入评审委员会。评审委员会当众宣布评定方法，启封各参加竞选单位的文件和补充文件，公布其主要内容。

最后由建设单位负责人作出评选决策。

确定中选单位后，竞选主办单位应于7天内发出中标通知书，同时抄送各未中选单位。对未中选的单位，建设单位一般应付给工作补偿费。中标通知书发出30天内，建设单位与中选单位应依据有关规定签订工程设计承发包合同。中选单位使用未中选单位的方案成果时，须征得该单位的同意，并实行有偿转让，转让费由中选单位承担。

设计竞选的第一名往往是设计任务的承担者，但有时也以优胜者的竞选方案作为确定设计方案的基础，再以一定的方式委托设计，商签设计合同。由此可见设计竞选与设计招标的区别。

4）价值工程的应用。

①价值工程基础原理。价值工程（价值分析）是通过集体智慧和有组织的活动，对研究对象的功能与费用进行系统分析，目的是以研究对象的最低生命周期成本可靠地实现使用者的所需功能，获得最佳综合效益。其表达式为

$$V = \frac{F}{C} \tag{5.16}$$

式中　V——价值系数；

　　　F——功能系数；

　　　C——成本系数。

价值工程是一种技术经济方法，以提高价值为目标，即以最小的资源消耗获取最大的经济效果。研究功能和成本的合理匹配，是技术分析与经济分析的有机结合。研究对象的价值着眼于产品在其寿命周期内所发生的全部费用，包括生产成本和使用费用。价值工程以功能分析为核心，此处的功能，是指必要功能。

应用价值工程的重点是在产品的研究设计阶段，以提高产品价值为中心，从上述价值与功能、费用的关系中可以看出有五条基本途径可以提高产品的价值。

a. 提高功能的同时，降低产品成本，这可使价值大幅度提高，是最理想的途径。

b. 成本不变，提高功能。

c. 功能不变，降低成本。

d. 成本稍有提高，带来功能大幅度提高。

e. 功能稍有下降，发生的成本大幅度降低。

一切发生费用的地方都可以应用价值工程。工程建设需要投入大量人、财、物，因而，价值工程在工程建设方面大有可为。作为一种相当成熟而又行之有效的管理方法，价值工程在许多国家的工程建设中得到广泛运用。

②设计阶段实施价值工程的意义。在工程寿命周期的各个阶段都可以实施价值工程，但在设计阶段实施价值工程意义重大，不仅可以保证各专业的设计符合国家和用户的要求，而且可以解决各专业设计的协调问题，得到全局合理优良的方案。

a. 可以使建筑产品的功能更合理。工程设计实质上是对建筑产品的功能进行设计，而价值工程的核心就是功能分析。

b. 可以更有效地控制目标成本。

c. 可以提高投资效益，节约社会资源。当设计方案确定或设计图纸完成后，其结构、施工方案、材料等也就限制在一定条件内。设计水平的高低，直接影响投资效益。

③价值工程的一般程序和工作步骤。价值工程的一般程序和工作步骤见表 5.6。

表 5.6 价值工程的一般程序和工作步骤

价值工程工作阶段	设计程序	工作步骤		价值工程对应问题
		基本步骤	详细步骤	
准备阶段	制订工作计划	确定目标	1. 对象选择	1. 这是什么？
			2. 信息搜集	
分析阶段	规定评价（功能要求事项实现程度的）标准	功能分析	3. 功能定义	2. 这是干什么用的？
			4. 功能整理	
		功能评价	5. 功能成本分析	3. 它的成本是多少？
			6. 功能评价	4. 它的价值是多少？
			7. 确定改进范围	
创新阶段	初步设计（提出各种设计方案）	制订改进方案	8. 方案创造	5. 有其他方法实现这一功能吗？
	评价各设计方案，对方案进行改进、选优		9. 概略评价	6. 新方案的成本是多少？
			10. 调整完善	
			11. 详细评价	
	书面化		12. 提出提案	7. 新方案能满足功能要求吗？
实施阶段	检查实施情况并评价活动成果	实施评价成果	13. 审批	8. 偏离目标了吗？
			14. 实施与检查	
			15. 成果鉴定	

价值工程已发展成为一项比较完善的管理技术，在实践中已形成了一套科学的工作实施程序。这套实施程序实际上是发现矛盾、分析矛盾和解决矛盾的过程，通常是围绕以下 7 个符合逻辑程序的主要问题展开的。

a. 这是什么？

b. 这是干什么用的？

c. 它的成本是多少？

d. 它的价值是多少？

e. 有其他方法实现这一功能吗？

f. 新方案的成本是多少？功能如何？

g. 新方案能满足功能要求吗？

按以上顺序回答和解决这 7 个问题的过程，就是价值工程的工作程序和步骤。即选定对象，收集情报资料，进行功能分析，提出改进方案，分析和评价方案，实施方案，评价活动成果。

价值工程的应用范围广泛，其活动形式也不尽相同，因此在实际应用中，可参照表 5.6 的工作程序，根据对象的具体情况，应用价值工程的基本原理和思想方法，考虑具体的实施措施和方法步骤。但是对象选择、功能分析、功能评价和方案创新与评价是工作程序的关键内容，体现了价值工程的基本原理和思想，是不可缺少的。

【例 5.2】价值工程在某住宅设计中的应用。

【解】第一步，对住宅进行功能定义和评价。

对住宅进行功能定义和评价，考虑的概念及评价因素见表 5.7。这些因素基本表达了住宅功能，且在住宅功能中占有不同的地位，因而需确定相对重要系数。确定相对重要系数可用多种方法，本项目采用用户、设计、施工单位三家加权评分法，将用户的意见放在首位，结合设计、施工单位的意见综合评分。三者的"权数"分别定为 60%、30% 和 10%，并求出重要系数，见表 5.7。

表 5.7 功能重要系数的评分

功能		用户评分		设计人员评分		施工人员评分		重要系数
		得分 F_1	$F_1 \times 0.6$	得分 F_2	$F_2 \times 0.3$	得分 F_3	$F_3 \times 0.1$	
适用	平面布局	40.25	24.15	31.63	9.489	35.25	3.525	0.371 6
	采光通风	17.375	10.43	14.38	4.314	15.5	1.55	0.162 9
	层高层数	2.875	1.725	4.25	1.275	3.875	0.388	0.033 9
安全	牢固耐用	21.25	12.75	14.25	4.275	20.63	2.063	0.190 4
	"三防"设施	4.375	2.625	5.25	1.575	2.875	0.288	0.044 9
美观	建筑造型	2.25	1.35	5.875	1.763	1.55	0.155	0.032 7
	室外装修	1.75	1.05	4.5	1.35	0.975	0.098	0.025
	室内装饰	6.25	3.75	6.625	1.988	5.875	0.588	0.063 3
其他	环境设计	1.15	0.69	8	2.4	5.5	0.55	0.036 4
	技术参数	1.05	0.63	2	0.6	1.875	0.188	0.014 2
	便于施工	0.875	0.525	1.813	0.544	4.75	0.475	0.015 4
	容易设计	0.55	0.33	1.437	0.431	1.35	0.135	0.009
合计		100	60	100	30	100	10	1

第二步，方案创造。

根据地质等其他条件，对该住宅设计提供的多种方案初评并选用表 5.8 所列 5 个方案作为评价对象，根据各设计方案确定其单方造价见表 5.8。

第三步，求成本系数 C。

C＝某方案成本（或造价）/各方成本（或造价）之和

在表 5.8 中，A 方案成本系数＝1 960/（1 960＋1 490＋1 850＋1 510＋1 560）

＝1 960/8 370＝0.234 2

以此类推，分别计算出 B、C、D、E 方案的成本系数，见表 5.8。

第四步，求功能系数 F。

按照功能重要程度，采用 10 分制加权评分法，对 5 个方案的 12 项功能的满足程度分别评定分数，见表 5.9。

第五步，计算出价值系数（V）并进行方案评价。

按 $V＝F/C$ 分别计算出各方案价值系数列于表 5.10 中。由表 5.10 可知，B 方案价值系数最大，故 B 方案为最佳方案。

表 5.8　5 个方案的造价和成本系数

方案名称	A	B	C	D	E
单方造价/元	1 960	1 490	1 850	1 510	1 560
成本系数	0.234 2	0.178 0	0.221 0	0.180 4	0.186 49

表 5.9　5 个方案功能满足程度评分

功能因素	重要系数	方案名称	A	B	C	D	E
F_1	0.371 6		10	10	9	9	10
F_2	0.162 9		10	9	10	10	9
F_3	0.033 9		9	8	9	10	9
F_4	0.190 9		10	10	10	8	10
F_5	0.044 9		8	7	8	7	7
F_6	0.032 7	方案满足分数 S	10	8	9	7	8
F_7	0.025		6	6	6	6	6
F_8	0.063 3		10	6	8	6	6
F_9	0.036 4		9	8	9	8	8
F_{10}	0.014 2		8	10	8	6	4
F_{11}	0.015 4		8	8	7	6	4
F_{12}	0.009		6	10	6	8	10
方案总分			9.647	9.114	9.100	8.453	9.001
功能评价系数			0.212 9	0.201 1	0.200 8	0.186 5	0.198 6

表 5.10　方案价值系数的计算

方案名称	成本系数 C	功能评价系数 F	价值系数 V	最优
A	0.234 2	0.212 9	0.909 1	
B	0.178 0	0.201 1	1.129 8	最佳方案
C	0.221 0	0.200 8	0.908 6	
D	0.180 4	0.186 5	1.033 8	
E	0.186 4	0.198 6	1.065 5	

　　5）限额设计的应用。

　　①限额设计的含义及作用。限额设计是按照批准的可研报告及投资估算控制初步设计，按照批准初步设计总概算控制技术设计和施工图设计，同时，各专业在保证达到使用功能的前提下，按分配的投资限额控制设计，严格控制不合理变更，保证总投资额不被突破。

　　限额设计目标是在初步设计开始前，根据批准的可行性研究报告及其投资估算确定的。限额设计指标，经项目经理或总设计师提出，经主管院长审批下达，其总额度一般只下达直接工程费的90%，以便项目经理或总设计师留有一定的调节指标。使用完成后，必须经批准才能调整。专业之间或专业内部节约下来的单项费用，未经批准不能相互平衡、自动调用。

　　推行限额设计有利于控制工程投资，有利于提高设计整体质量。健全和加强限额设计的经济责任制，扭转设计概算本身的失控现象，能真正实现资源的合理配置，也可促使设计单位内部使设计与概算形成有机的整体。

　　在积极推行限额设计的同时，应注意的是，限额设计中的投资估算、设计概算、施工图预算等，是指建设项目的一次性投资，对项目建成后的维护使用费、项目使用期满后的报废拆除费用考虑较少，这样可能出现限额设计效果较好，但项目的全寿命周期费用不一定很经济的现象；限额设计如果只强调设计限额的重要性，而忽视工程功能水平的要求及功能与成本的匹配性，可能会出现功能水平过低而增加工程运营维护成本的情况，或者在投资限额内没有达到最佳功能水平的现象；贯彻限额设计重要的一点是在初步设计和施工图设计前就对各工程项目、各单位工程、各分部工程进行合理的投资分配，如果在设计完成后再进行设计变更来满足限额设计要求，则会使投资控制处于被动地位，也会降低设计的合理性。

　　②限额设计的全过程。限额设计的全过程是一个目标分解与计划、目标实施、目标实施检查、信息反馈的控制循环过程。其流程图如图5.4所示。

　　6）设计概算的审查。

　　①审查设计概算的意义。

　　a. 可以促进概算编制单位严格执行国家有关概算的编制规定和费用标准，提高概算的编制质量。

　　b. 有助于促进设计技术先进性与经济合理性。

　　c. 可以防止任意扩大建设规模和减少漏项的可能。

　　d. 可以正确地确定工程造价，合理地分配投资资金。

　　②设计概算审查的主要内容。

　　a. 设计概算的编制依据：国家有关部门的文件，包括设计概算编制方法、设计概算的管理办法和设计标准等有关规定；国务院主管部门和各省、市、自治区根据国家规定或授权制定的各种规定及办法等；建设项目的有关文件。主要审查这些依据的合法性、时效性和适用范围。审查是否有跨部门、跨地区、跨行业应用依据的情况。

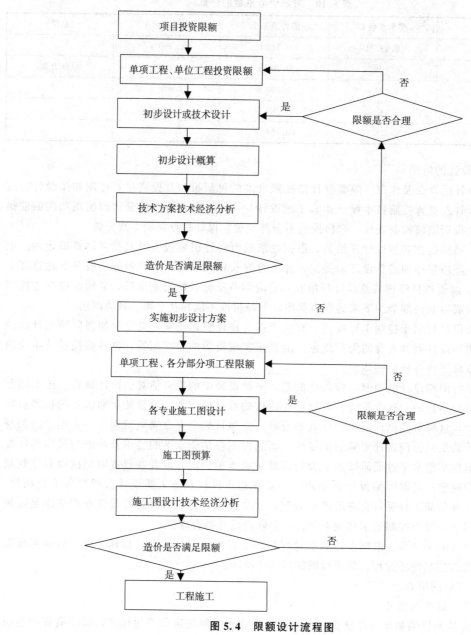

图 5.4　限额设计流程图

b. 概算书。主要审查概算书的编制深度，即是否按规定编制了"三级概算"，有无简化现象；审查建设规模及工程量，有无多算、漏算或重算；审查计价指标是否符合现行规定；审查初步设计与采用的概算定额或扩大结构定额的结构特征描述是否相符；概算书若进行了修正、换算，审查修正部分的增减量是否准确、换算是否恰当；对于用概算定额和扩大分项工程量计算的概算书，还要审查工程量的计算和定额套用有无错误。

c. 审查设计概算的构成。审查设计概算主要由单位工程概算审查和综合概算与总概算审查等部分组成。

对于单位工程概算的审查，主要包括建筑工程概算的审查和设备及安装工程概算的审查。

建筑工程概算的审查内容有工程量审查、采用的定额或指标的审查、材料预算价格的审查，以及其他各项费用的审查。其中，材料预算价格的审查以耗用量大的主要材料作为审查的重点。审查时，应结合项目特点，弄清楚其他各项费用所包含的具体内容，避免重复计算或遗漏。取费标准根据国家有关部门或地方规定标准执行。

审查设备及安装工程概算时，应把注意力集中在设备清单和安装费用的计算方面。

综合概算和总概算的审查，主要包括审查概算的编制是否符合国家的方针、政策要求，审查概算文件的组成，审查总图设计和工艺流程等。

概算是设计的经济反映，对投资的经济效果要进行全面考虑。不仅要看投资的多少，还要看社会效果，并从建设周期、原材料来源、生产条件、产品销路、资金回收和盈利等因素综合考虑，全面衡量。

此外，还要审查项目的"三废"治理。审查一些具体项目，主要审查各项技术经济指标是否经济合理；审查建筑工程费，生产性建设项目的建筑面积和造价指标要根据设计要求和同类工程计算确定；审查设备及安装工程费，审查设备数量、价格、种类等是否符合设计要求和相关规定，安装工程费要与需要安装的设备相符合；审查各项其他费用。

③审查设计概算的形式和方法。审查设计概算不仅审查概算，还要审查设计。一般情况下，是由建设项目的主管部门组织建设单位、设计单位、建设银行等有关部门，采用会审的形式进行审查。

采用适当方法审查设计概算，是确保审查质量、提高审查效率的关键。审查设计概算的方法可以采用对比分析法、主要问题复核法、查询核实法、分类整理法和联合会审法等，经过审查、修改后的设计概算，提交审批部分复核后，正式下达审批概算。

a. 对比分析法。对比分析法中对比要素有建设规模、标准与立项批文对比，工程数量与设计图纸对比，综合范围、内容与编制方法、规定对比，各项取费与规定标准对比，材料、人工单价与统一信息对比，引进设备、技术投资与报价要求对比，技术经济指标与同类工程对比等，对比分析即通过以上对比，发现设计概算存在的主要问题和偏差。

b. 查询核实法。查询核实法是对一些关键设备和设施、重要装置、引进工程图纸不全、难以核算的较大投资进行多方查询核对，逐项落实的方法。主要设备的市场价向设备供应部门或招标机构查询核实；重要生产装置、设施向同类企业（工程）查询了解；引进设备价格及有关费税向进出口公司调查落实；复杂的建筑安装工程向同类工程的建设单位、承包单位、施工单位征求意见，深度不够或不清楚的问题直接向原概算编制人员、设计者询问清楚。

c. 联合会审法。联合会审前，可采取多种形式分头审查，包括设计单位自审，主管、建设、承包单位初审，监理工程师评审，邀请同行专家预审，审批部门复审等，经层层审查把关后，由有关单位和专家进行联合会审。

7）施工图预算的审查。

①审查施工图预算的意义。

a. 有利于控制工程造价，避免和防止预算超概算。

b. 有利于加强固定资产投资管理，节约建设资金。

c. 有利于施工承包合同价的合理确定和控制。

d. 有利于积累和分析各项经济技术指标，不断提高设计水平。

②审查内容。

a. 工程量：按图算，计算规则、有无重漏算、设备数量。

b. 设备、材料预算价格：确定是否合理。

c. 预算单价的套用：内容、名称、规格、计量单位等套用是否合适；是否允许换算、换算的是否正确；是否符合编制依据、价格是否正确。

d. 此外，还应审查有关费用项目及取费标准。

③审查施工图预算的方法。审查施工图预算的方法很多，主要有全面审查法、标准预算审查法、分组计算审查法、对比审查法、筛选审查法和重点抽查法等，见表 5.11。

表 5.11　审查施工图预算的方法

审查方法	定义	特点	适用范围
全面审查法	按预算定额顺序或施工的先后顺序逐一地进行全部审查	全面、细致，差错较少，质量高；工作量大	工程量比较小、工艺比较简单的工程，编制工程预算的技术力量比较薄弱
标准预算审查法	利用标准图纸或通用图纸施工的工程，编制标准预算	时间短，效果好，易定案；适用范围小	适用按标准图纸设计的工程
分组计算审查法	把预算中的项目划分为若干组，审查或计算同一组中某个分项的工作量，判断同组中其他项目计算的准确程度的方法	审查速度快	适用范围较广
对比审查法	用已建工程的预算或未建但已审查修正的预算对比审查类似拟建工程预算的一种方法		适用于存在类似已建工程或未建但已审查修正预算的工程
筛选审查法	以工程量、造价（价值）、用工三个基本值筛选出类似数据的代表值，进行审查修正的方法	简单易懂，便于掌握，审查速度和发现问题快；不能直接确定问题和原因所在	适用于住宅工程或不具备全面审查条件的工程
重点抽查法	抓住工程预算中的重点进行审查的方法	重点突出，审查时间短，效果好；但不全面	工程重点突出的工程
利用手册审查法	把各项整理成预算手册，按手册对照审查的方法	大大简化预结算的编审工作	
分析对比审查法	把单位工程进行分解，分别与审定的标准预算进行对比分析的方法		

④审查施工图预算的步骤。施工图预算审查步骤如下。

a. 做好审查前的准备工作。熟悉施工图纸。施工图是编制预算分项数量的重要依据，必须全面熟悉了解，核对所有图纸，清点无误后，依次识读。了解预算包括的范围。根据预算编制说明，了解预算包括的工程内容。弄清楚预算采用的单位估价表。

b. 选择合适的审查方法，按相应内容审查。

c. 综合整理审查资料，并与编制单位交换意见，确定方案后编制调整预算。

5.3.4　施工阶段的成本控制

工程项目施工阶段是按照设计文件、图纸等要求，具体组织施工建造的阶段，即将设计蓝图付诸实现的过程。

施工阶段工程造价控制的目标就是把工程造价控制在承包合同价或施工图预算内，并力求在规定的工期内生产出质量好、造价低的建筑产品。

在竞争日益激烈的市场环境下，进行成本管理的目标控制、监控成本发生过程、分析成本发生节超原因、采取措施控制成本，达到控制成本、降耗增效的目的，是施工企业工程项目成本管理工作的重点。

施工成本管理就是要在保证工期和质量满足要求的情况下，利用组织措施、经济措施、合同措施、技术措施，将成本控制在计划范围内，并进一步寻求最大限度的成本节约。施工成本管理的任务主要包括成本预测、成本计划、成本控制、成本核算、成本分析和成本考核。

施工成本控制是指在施工过程中，根据项目管理目标责任书的要求，结合项目的成本计划，对影响施工项目成本的各种因素加强管理，对于施工过程中发生的各种费用支出进行监督、控制，并采用各种有效措施，将施工中实际发生的各种消耗和支出严格控制在成本计划范围内，及时发现偏差，及时纠正，以保证项目目标成本的实现。施工项目成本控制应贯穿于施工项目从投标阶段开始直到项目竣工验收的全过程，它是企业全面成本管理的重要环节。

项目成本是一项综合性的指标，它涉及项目组织中各个部门、单位和班组的工作业绩，与每个职工的切身利益有关。施工项目成本的高低需要施工人员的群策群力、共同关心。工程项目确定后，自施工准备开始，到工程竣工交付使用后的保修期结束，其中每项经济业务，都要纳入成本控制的轨道。从过程上讲，施工项目成本控制应包括工程投标阶段工程成本控制、施工准备阶段工程成本控制、施工阶段的工程成本控制和竣工阶段的成本控制。

1. 投标阶段工程成本控制

投标阶段是施工企业获取工程项目的源头，在该阶段成本控制工作是编制竞争力强的投标报价，通过对工程项目事前的目标成本预测控制，确定工程项目的成本期望值，考虑适当的利润，确定投标报价。

根据施工图分解工程项目，结合施工现场的情况，按工序标准成本确定方法预测投标成本，该成本是施工企业的成本期望值，然后根据竞争对手的技术、管理水平及其投标技巧等情况考虑适当的利润，确定投标报价。这样的报价反映了施工企业的先进水平，预测事前的目标成本期望值尽可能低，利润就有较大的弹性空间，竞争力优势明显，而且一旦中标，利润非常可观，极大地提高经济效益。

施工成本预测就是根据成本信息和施工项目的具体情况，运用一定的专门方法，对未来的成本水平及其可能的发展趋势作出科学的估计，其实质就是在施工以前对成本进行估算。施工项目成本预测是施工项目成本决策与计划的依据。

2. 施工准备阶段工程成本控制

工程中标后，在施工准备阶段必须做好目标责任成本分解工作和施工成本计划，编制科学合理的施工组织设计。

（1）施工组织设计的编制与优化。施工组织是指导工程投标、签订承办合同、施工准备和施工全过程的全局性技术经济文件。施工组织设计是指导施工的主要依据，是工程公共的纲领性文件，对规范建筑工程施工管理有相当重要的作用，在目前的市场经济条件下，它已成为建筑工程施工招标投标和组织施工必不可少的重要文件。

编制施工组织设计时，对项目管理机构设置、施工总体部署、施工准备、主要分部分项工程施工方法、工程质量保证措施、安全及文明施工措施、施工现场管理措施等诸多因素尽可能充分考虑，突出科学性、适用性及针对性，对确保优质、低耗、安全、文明、高速完成全部施工任务具有重要的作用。

编制施工组织设计时，充分考虑施工生产过程中的连续性、平行性、协调性和均衡性的相互关系，使建设工程能够最经济地得以实施，从而避免重复施工、突击施工。项目施工中要充分发挥技术人员的主观能动性，作出最优的施工安排，合理配置资源，制订节约和综合利用资源的目标与措施，确定合理的施工程序和施工顺序，保证工程施工的顺利进行。

1）编制施工组织设计的依据。

①与工程建设有关的法律、法规和文件。

②现行国家有关标准和技术经济指标。

③工程所在地区行政主管部门的批准文件，建设单位对施工的要求。

④工程施工合同或招标投标文件。

⑤工程设计文件。

⑥工程施工范围内的现场条件，工程地质及水文地质、气象等自然条件。

⑦与工程有关的资源供应情况。

⑧施工企业的生产能力、机具设备状况、技术水平等。

2）编制施工组织设计的原则。

①符合施工合同或招标文件中有关工程进度、质量、安全、环境保护、造价等方面的要求。

②积极开发、使用新技术和新工艺，推广应用新材料和新设备。

③坚持科学的施工程序和合理的施工顺序，采用流水施工和网络计划等方法，科学配置资源，合理布置现场，采取季节性施工措施，实现均衡施工，达到合理的经济技术指标。

④采取技术和管理措施，推广建筑节能和绿色施工。

⑤与质量、环境和职业健康安全三个管理体系有效结合。

3）施工组织设计编制和审批的规定。

施工组织设计应由项目负责人主持编制，可根据需要分阶段编制和审批。有些分期分批建设的项目跨越时间很长，还有些项目地基基础、主体结构、装修装饰和机电设备安装并不是由一个总承包单位完成，此外还有一些特殊情况的项目，在征得建设单位同意的情况下，施工单位可分阶段编制施工组织设计。相关要求见表 5.12，表中"危险性较大的分部分项工程"和"超过一定规模的危险性较大的分布分析工程"的范围见表 5.13 和表 5.14。

表 5.12　施工组织设计编制和审批的规定

序号	类别	主持编制者	专家论证评审组织者	签字审批者	备注
1	施工组织总设计	项目负责人	—	总承包单位技术负责人	—
2	单位工程施工组织设计	项目负责人	—	施工单位技术负责人或技术负责人授权的技术人员	—
3	施工方案（一般性）	项目负责人	—	项目技术负责人	—
4	施工方案（危险性较大的分部分项工程）	项目负责人	—	施工单位技术负责人、总监理工程师	附具安全验算结果，由专职安全生产管理人员进行现场监督
5	施工方案（超过一定规模的危险性较大的分部分项工程）	项目负责人	施工单位技术部门	施工单位技术负责人、总监理工程师	附具安全验算结果，由专职安全生产管理人员进行现场监督

序号	类别	主持编制者	专家论证评审组织者	签字审批者	备注
6	施工方案（专业承包单位施工的分部分项工程或专项工程）	专业承包单位项目负责人	—	专业承包单位技术负责人或技术负责人授权的技术人员	有总承包单位时，应由总承包单位项目技术负责人核准备案
7	施工方案（规模较大的分部分项工程和专项工程）	项目负责人	—	施工单位技术负责人或技术负责人授权的技术人员	主体结构为钢结构的大型建筑工程，钢结构分部规模很大且占有重要地位，需另行分包，其施工方案应按单位工程施工组织设计进行编制和审批

表 5.13　危险性较大的分部分项工程

序号	工程名称		判定标准
1	基坑支护、降水工程		开挖深度超过 3 m（含 3 m）或虽未超过 3 m 但地质条件和周边环境复杂
2	土方开挖工程		开挖深度超过 3 m（含 3 m）的基坑（槽）的土方开挖工程
3	模板工程及支撑体系	各类工具式模板工程	大模板、滑模、爬模、飞模等
		混凝土模板支撑工程	搭设高度 5 m 及以上；搭设跨度 10 m 及以上；施工总荷载 10 kN/m² 及以上；集中线荷载 15 kN/m² 及以上；高度大于支撑水平投影宽度且相对独立无连系构件的混凝土模板支撑工程
		承重支撑体系	用于钢结构安装等满堂支撑体系
4	起重吊装及安装拆卸工程	起重吊装工程	采用非常规起重设备、方法，且单件起吊重量在 10 kN 及以上的起重吊装工程
		安装工程	采用起重机械进行安装的工程
		设备安装、拆卸	起重机械设备自身的安装、拆卸
5	脚手架工程	落地式钢管脚手架工程	搭设高度 24 m 及以上
		附着式整体和分片提升脚手架工程	都是
		悬挑式脚手架工程	都是
		吊篮脚手架工程	都是
		自制卸料平台、移动操作平台工程	都是
		新型及异形脚手架	都是
6	拆除、爆破工程	建筑物、构筑物拆除工程	都是
		采用爆破拆除的工程	都是

序号		工程名称	判定标准
7	其他	建筑幕墙安装工程	都是
		钢结构、网架和索膜结构安装工程	都是
		人工挖扩孔桩工程	都是
		地下暗挖、顶管及水下作业工程	都是
		预应力工程	都是
		采用新技术、新工艺、新材料、新设备及尚无相关技术标准的危险性较大的分部分项工程	都是

表 5.14　超过一定规模的危险性较大的分部分项工程

序号		工程名称	判断标准
1	深基坑工程	土方开挖、支护、降水工程	开挖深度超过 5 m（含 5 m）的基坑（槽）
		土方开挖、支护、降水工程	开挖深度虽未超过 5 m，但地质条件、周围环境和地下管线复杂，或影响毗邻建筑（构筑）物安全的基坑（槽）
2	模板工程及支撑体系	工具式模板工程	滑模、爬模、飞模
		混凝土模板支撑工程	搭设高度 8 m 及以上； 搭设跨度 18 m 及以上； 施工总荷载 15 kN/m² 及以上； 集中线荷载 20 kN/m² 及以上
		承重支撑体系	用于钢结构安装等满堂支撑体系，承受单点集中荷载 700 kg 以上
3	起重吊装及安装拆卸工程	起重吊装工程	采用非常规起重设备、方法，且单件起吊质量在 100 kN 及以上
		起重设备安装工程	起重量 300 kN 及以上的起重设备安装
		起重设备拆除工程	高度 200 m 及以上内爬起重设备的拆除
4	脚手架工程	落地式钢管脚手架工程	搭设高度 50 m 及以上
		附着式整体和分片提升脚手架工程	提升高度 150 m 及以上
		悬挑式脚手架工程	架体高度 20 m 及以上
5	拆除、爆破工程	采用爆破拆除的工程	都是
		特殊建、构筑物的拆除工程	码头、桥梁、高架、烟囱、水塔，或拆除中容易引起有毒有害气（液）体或粉尘扩散、易燃易爆事故发生的拆除
		可能影响其他因素安全的拆除工程	可能影响行人、交通、电力设施、通信设施或其他建、构筑物安全的拆除
		文物等建筑拆除工程	文物保护建筑、优秀历史建筑或历史文化风貌区控制范围内的拆除

序号	工程名称		判断标准
6	其他	建筑幕墙安装工程	施工高度 50 m 及以上
		钢结构安装工程	跨度大于 36 m 及以上
		网架和索膜结构安装工程	跨度大于 60 m 及以上
		人工挖孔桩工程	开挖深度超过 16 m 的
		地下暗挖工程	都是
		顶管工程	都是
		水下作业工程	都是
		"四新"工程	采用新技术、新工艺、新材料、新设备及尚无相关技术标准的危险性较大的

4）施工组织设计的修改和补充。项目在施工过程中，根据实际发生变化的情况，施工组织设计应及时进行修改或补充。发生变化的情况主要如下。

①工程设计图纸发生重大修改。

②工程设计图纸发生一般性修改。

③有关法律、法规、规范和标准实施、修订和废止。

④主要施工方法有重大调整。

⑤主要施工资源配置有重大调整。

⑥施工环境有重大改变。

经修改或补充的施工组织设计应重新审批后实施。项目施工前应进行施工组织设计逐级交底；项目施工过程中，应对施工组织设计的执行情况进行检查、分析并适时调整。施工组织设计应在工程竣工验收后归档。

5）施工组织设计的优化。

①优化目的。通过技术经济比较分析，可以看出存在有两个或两个以上施工组织设计方案之间的优劣，从而去劣存优，对施工组织设计进行方案、组合、顺序、周期、生产要素等要素调整，以期使设计趋于最优化。同时，通过优化，努力节约资源，注重环境保护，提高机械设备的利用率，并协调好工期、质量、成本三控制的关系。

优化施工组织设计对合理确定工程成本费用具有重要的意义，施工组织设计编制质量的好坏是合理确定工程造价的关键，施工方案的设计则是施工组织设计的中心环节。施工方案的选定应通过认真比较讨论，从技术经济两个方面综合评定；同时，在施工组织设计中应用新技术、新材料、新工艺、新设备，既可以提高生产力，加快施工进度，减少材料设备消耗，又可以降低工程成本。

②施工方案的优化。施工方案优化主要是通过对施工方案的经济、技术比较，选择最优的施工方案，达到加快施工进度并能保证施工质量和施工安全、降低消耗的目的。施工方案优化主要包括施工方法的优化、施工顺序的优化、施工作业组织形式的优化、施工劳动组织优化、施工机械组织优化等。施工方法的优化要能取得好的经济效益，同时，还要有技术上的先进性。施工顺序的优化是为了保证现场秩序，避免混乱，实现文明施工，取得好快省而又安全的效果。施工作业组织形式的优化是指作业组织合理采取顺序作业、平行作业、流水作业三种作业形式的一种或几种的综合方式。施工劳动组织优化是指按照工程项目的要求，将具有一定素质的劳

动力组织起来，选出相对最优的劳动组合方案，使之符合工程项目施工的要求，投入施工项目中。

施工机械组织优化是要从仅仅满足施工任务的需要转到如何发挥其经济效益上。这就是要从施工机械的经济选择、合理配套、机械化施工方案的经济比较及施工机械的维修管理上进行优化，才能保证施工机械在项目施工中发挥巨大的作用。

③资源利用的优化。项目物资是劳动的对象，是生产要素的重要组成部分。施工过程也就是物资是消耗过程。项目物资是指主要原材料、辅助材料、机械配件、燃料、工具、机电设备等，它服务于整个建设项目，贯穿于整个施工过程。因此，对于它的采购、运输、储存、保管、发放、节约使用、综合利用和统计核销，关系到整个工程建设的进度、质量和成本，必须对其进行全面管理。

资源利用的优化主要包括物资采购与供应计划的优化、机械需要计划的优化。项目物资采购与供应计划的优化就是在工程项目建设的全过程中对项目物资供需活动进行计划，必要时需调整施工进度计划。机械需要计划的优化就是尽量考虑如何提高机械的出勤率、完好率、利用率，充分发挥机械的生产效率。

（2）施工成本计划。施工成本计划是以货币形式编制施工项目在计划期内的生产费用、成本水平、成本降低率及为降低成本所采取的主要措施和规划的书面方案，它是建立施工项目成本管理责任制、开展成本控制和核算的基础。

一般来说，一个施工项目成本计划应包括从开工到竣工所必需的施工成本，它是该施工项目降低成本的指导文件，是设立目标成本的依据。可以说，成本计划是目标成本的一种形式。

1）施工成本计划的要求。施工成本计划应满足的要求主要如下。

①合同规定的项目质量和工期要求。

②组织对施工成本管理目标的要求。

③以经济合理的项目实施方案为基础的要求。

④有关定额及市场价格的类型。

2）施工成本计划的类型。

①竞争性成本计划。竞争性成本计划即工程项目投标及签订合同阶段的估算成本计划，这类成本计划是以招标文件中的合同条件、投标者须知、技术规程、设计图纸或工程量清单等为依据，以有关价格条件说明为基础，结合调研和现场考察获得的情况，根据本企业的工、料、机消耗标准、水平、价格资料和费用指标，对本企业完成招标工程所需要支出的全部费用的估算。在投标报价过程中，虽也着力考虑降低成本的途径和措施，但总体上较为粗略。

②指导性成本计划。指导性成本计划即选派项目经理阶段的预算成本计划，是项目经理的责任成本目标。它是以合同标书为依据，按照企业的预算定额标准制订的设计预算成本计划，且一般情况下只是确定责任总成本指标。

③实施性计划成本。实施性计划成本即项目施工准备阶段的施工预算成本计划，它是以项目实施方案为依据，以落实项目经理责任目标为出发点，采用企业的施工定额通过施工预算的编制而形成的实施性施工成本计划。

3）施工成本计划的编制依据和方式。施工成本计划的编制依据包括以下几项。

①合同报价书、施工预算。

②施工组织设计或施工方案。

③人、料、机市场价格。

④公司颁布的材料指导价格、公司内部机械台班价格、劳动力内部挂牌价格。

⑤周转设备内部租赁价格、摊销损耗标准。

⑥已签订的工程合同、分包合同（或估价书）。

⑦结构件外加工计划和合同。

⑧有关财务成本核算制度和财务历史资料。

⑨其他相关资料。

施工成本计划的编制方式有按施工成本组成编制、按项目组成编制和按工程进度编制等。

4）施工成本计划的具体内容。

①编制说明。指对工程的范围、投标竞争过程及合同条件、承包人对项目经理提出的责任成本目标、施工成本计划编制的指导思想和依据等的具体说明。

②施工成本计划的指标。施工成本计划的指标应经过科学的分析预测确定，可以采用对比法、因素分析法等方法进行测定。

a. 施工成本计划一般情况下有以下三类指标。

（a）成本计划的数量指标，如按子项汇总的工程项目计划总成本指标，按分部汇总的各单位工程（或子项目）计划成本指标，按人工、材料、机械等各主要生产要素汇总的计划成本指标等。

（b）成本计划的质量指标，如施工项目总成本降低率。

（c）成本计划的效益指标，如工程项目成本降低额。

b. 按工程量清单列出的单位工程计划成本汇总表。

c. 按成本性质划分的单位工程成本汇总表。

d. 根据清单项目的造价分析，分别对人工费、材料费、机械费、措施费、企业管理费和税金进行汇总，形成单位工程成本计划表。

3. 施工阶段的工程成本控制

施工期间的成本控制是事中目标成本控制，在项目经理的领导下，从影响成本的因素着手，制订相应的组织措施、技术措施和经济措施，将实际发生的成本控制在目标计划成本内。

（1）施工项目成本控制的基本措施。成本控制的方法有很多，且具有一定的随机性，即在某种情况下，采取与之适应的控制手段和方法。常用的方法如下。

1）以施工图预算控制费用支出。按照施工图预算，在人工费、材料费、周转材料费、施工机械使用费、构件加工费和分包工程费等方面实行以收定支，量入为出。具体的控制措施如下。

①人工费的控制。将各种作业用工及零星用工按定额工日的一定比例综合确定用工数量与单价，在劳务合同中明确各种用工的价格，并在项目进行中加强对用工的控制，尽可能避免窝工。

②材料费的控制。在施工项目中材料费约占建筑安装工程造价的60％以上，因此，在项目实施过程中对材料费进行控制的重要性是非常重要的。材料费的控制可分为对材料价格的控制和材料用量的控制两个方面；材料价格的控制可以在保证符合设计要求和质量标准的前提下，采取各种措施降低选用材料的价格，如合理确定材料等级标准、通过招标选择材料供应商等；材料的用量可以通过限额发料、指标管理、包干使用等方法进行有效控制。

③施工机械使用费的控制。主要通过合理选择施工机械、合理安排施工生产、加强现场的设备管理和加强现场的人员管理等方法进行控制。

④施工分包费用的控制。项目经理部应在制订施工方案的过程中就确定好分包的工程范围、做好分包工程的询价和发包方案的制订工作。施工准备阶段应严格按照制订好的分包工程的发包方案进行发包。在施工过程中，项目经理部还应该加强对分包商的管理，避免由于分包商的

违约而引起索赔。

2）以施工预算控制人力资源和物资资源的消耗。资源消耗数量的货币表现就是成本费用，因此，控制了资源消耗，就等于控制了成本费用。项目开工前，计算工程量，编制施工预算，作为指导和管理施工的依据；对生产班组任务安排通过施工任务单和限额领料单等来控制消耗；根据消耗数量，建立资源消耗台账，实行资源消耗中间控制，结合当月工程完工数量，分析消耗水平和节超原因。

3）加强项目合同管理。项目合同作为投资者与承包者的联系纽带，是工程项目全过程造价控制的核心和提高工程项目管理、经济效益的关键所在。在施工过程中，严格恪守合同条款要求，按合同办事。

4）严格控制工程变更，尽量减少设计变更费用。在工程建设中，出现设计变更很正常，但要加强设计变更管理，尽可能把设计变更控制在设计阶段的初期，如图纸会审、技术咨询会；若涉及影响投资的重大设计变更，更要先计算经济账，再确定变更的解决办法，尽量使工程成本费用得到有效控制。

5）建立项目成本审核签证制度，控制成本费用支出。严格现场签证管理，必须以施工合同的条款及造价清单、施工图为基础，认真做到签证内容与实际相符，且内容不能超过应签证的范围。工程项目在实施过程中，施工现场有很多相关资料，由经济技术人员深入现场，对照图纸与施工现场情况，了解收集资料，及时掌握现场实际，协助管理好变更、签证的费用。同时，为投资者做好反索赔工作准备。签证内容必须量化，签证单上的每个数据、字母均要清晰明确，同时要与工程经济人员相互配合。审核成本费用的支出必须以有关规定和合同为依据，最后由项目经理签字方可支付。根据实际情况，在需要或可能的条件下，可适当将金额较小的经济业务授权给财务和业务部门。

6）加强质量管理，控制质量成本。质量成本是指为保证和提高项目质量而支出的一切费用，以及为达到质量指标而发生的一切损失费用之和。

7）坚持现场管理标准。现场管理标准化的重点是现场平面布置管理和现场安全生产管理。

8）定期开展"三同步"检查，防治项目成本盈亏异常。施工三同步具体表现为完成多少业务、消耗多少资源、发生多少成本，三者应该同步，即形象进度、产值统计、实际成本归集"三同步"，三者的取值范围应是一致的，形象进度表达的工程量、统计施工产值的工程量和实际成本归集所依据的工程量均应是相同的数值。施工到什么阶段，就应当发生相应的成本费用，如果成本和进度不对应，就要将其作为"不正常"现象进行分析。

经过核算的"三同步"具体是统计核算、业务核算、会计核算的"三同步"。统计核算即产值统计，业务核算即人力资源和物资资源的消耗统计。会计核算即成本会计核算。经济核算是以获得最佳经济效益为目标，运用会计核算、统计核算和业务核算等手段，对生产经营过程中劳动和物资消耗及取得的成果，用价值形式进行记录、计算、对比和分析，借以发掘增产节约的潜力和途径。

（2）工程成本控制的责任制。施工管理中经常出现一些问题导致工程成本偏差，如原成本计划数据不准确、预算低、施工组织混乱、劳动效率低，发生预算外开支，成本责任不明、成本控制意识弱，采购劣质材料，工人培训不充分、发生返工，以及管理制度不健全等，均可能造成工程成本超支的问题。所以，项目施工过程中成本控制的责任分工必须加以重视，施工项目日常成本控制，必须由项目全员参加，根据各自的责任成本对自己分工的内容负责成本控制。各部门及其职能人员的成本控制责任可参照表5.15设置。

表 5.15　各部门及其职能人员的成本控制责任

相关部门	成本控制责任
施工技术和计划经营部门	(1) 根据施工项目管理大纲，科学地组织施工。 (2) 及时组织已完工程的计量、验收、计价、收回工程价款，保证施工所用资金的周转。 (3) 按建设工程施工合同示范文本通用条款规定，资金到位组织施工，避免垫付资金施工
材料、设备部门	(1) 根据施工项目管理规划的材料需用量计划制订合理的材料采购计划。严格控制主材的储备量，既保证施工需要，又不增大储备资金。 (2) 按采购计划和经济批量进行采购订货，严格控制采购成本。 (3) 使用量大的主要材料可以公开或邀请招标，以降低成本，保证材料质量，按时供应，保证连续施工。 (4) 签订材料供应合同，保证采购材料质量。供应商违约，可以利用索赔减少损失或增加收益。 (5) 坚持限额领料，控制材料消耗。可以分别按施工任务书控制，定额控制，指标控制，计量控制，小型配件或零星材料可以钱代物包干控制
财务部门	(1) 按间接费使用计划控制间接费用。其中，特别是财务费和项目经理部不可控的成本费用等。财务费用主要是控制资金的筹集和使用，调剂资金的余缺，减少利息的支出，增加利息收入。 (2) 严格其他应收预付款的支付手续。如购买材料、配件等预付款。 (3) 其他费用按计划、标准、定额控制执行。 (4) 对分包商、施工队支付工程价款时，手续应齐全，有计量、验工计价单，项目部领导签字方可支付
其他职能部门	其他职能部门，根据分工不同控制施工成本，如合同管理部门既要防止自己违约，又要避免对方向自己索赔等
施工队	主要控制人工费、材料费、机械使用费的发生和可控的间接费
班组	主要控制人工费、材料费、机械使用费的使用。要严格领料退料，避免窝工、返工，注重提高劳动效率。机组主要控制燃料费、动力费和经常修理费，认真执行维修保养制度，保持设备的完好率和出勤率

4. 竣工阶段的成本控制

工程项目竣工验收阶段成本控制工作的主要内容包括竣工结算的编制与审查及竣工决算的编制。

(1) 竣工结算。竣工结算是承包人在完成合同所规定的全部内容并经质量验收合格后，向发包人提出自己应得的全部最终工程价款的工程造价文件。

$$竣工结算价款＝合同价＋施工过程中合同价款调整数额－预付及已结算工程价款－保修金$$

$$(5.17)$$

在结算时，工程造价人员计算出各分部分项工程的直接成本并与调整的目标计划成本对比，对项目经理部进行考核，项目经理部对班组进行考核，按照制订的规章制度进行奖罚。在确定工程项目投资时，坚持以现行造价、投资管理的规定为依据按照甲乙双方施工合同的相关约定，根据竣工图纸结合设计变更、现场签证和隐蔽签证进行审核。工程竣工结算一般由施工单位编制，提交给业主后，业主自行审核或委托工程造价咨询单位进行审核。工程竣工结算审查的内容包括以下几项。

1) 核对合同条款。审核竣工工程内容是否符合合同条件要求，竣工验收是否合格，结算价款是否符合合同的结算方式。

2）核实工程数量。根据竣工图、设计变更单及现场签证等进行核算。

3）审查材料价格。

4）审查隐蔽工程验收记录。隐蔽工程是否有有效的验收记录。

5）审查设计变更签证。认真核实每项设计变更是否真正实施，审核现场签证的合理性。

6）审查工程定额的套用，审查各项费用的计取。

7）防止各种计算误差。

（2）竣工决算。竣工决算是建设项目从筹建到竣工投产全过程中发生的所有实际支出费用，包括设备工器具购置费、建筑安装工程费和其他费用等。

竣工决算由竣工财务决算报表、竣工财务决算说明书、竣工工程平面示意图、工程造价比较分析四部分组成。竣工决算由业主财务部门编制，决算审查结果对承包单位的竣工结算不具有约束力。

竣工决算审核是审计机构根据《审计法》和《基本建设竣工决算审计工作要求》，对整个项目的资金来源、基建计划、前期工程、土地征用、勘察设计、建设施工中的一切财务收支及违纪行为进行审查，对项目投资效益进行评价。

5.4　工程项目成本分析与考核

5.4.1　成本分析的依据、内容和程序

1. 成本分析的依据

项目成本分析的依据包括项目成本计划、项目成本核算资料、项目的会计核算、统计核算和业务核算的资料。成本分析的主要依据是会计核算、业务核算和统计核算所提供的资料。

（1）会计核算。会计核算主要是价值核算。会计是对一定单位的经济业务进行计量、记录、分析和检查，作出预测、参与决策、实行监督，旨在实现最优经济效益的一种管理活动。它通过设置账户、复式记账、填制和审核凭证、登记账簿、成本计算、财产清查和编制会计报表等一系列有组织有系统的方法，来记录企业的一切生产经营活动，然后据此提出一些用货币来反映有关各种综合性经济指标的数据，如资产、负债、所有者权益、收入、费用和利润等。因为会计记录具有连续性、系统性、综合性等特点，所以它是成本分析的重要依据。

（2）业务核算。业务核算是各业务部门根据业务工作的需要建立的核算制度，它包括原始记录和计算登记表，如单位工程及分部分项工程进度登记，质量登记，工效、定额计算登记，物资消耗定额记录，测试记录等。业务核算的范围比会计、统计核算要广泛。会计和统计核算一般是对已经发生的经济活动进行核算，而业务核算不但可以核算已经完成的项目是否达到原定的目的、取得预期的效果，而且可以对尚未发生或正在发生的经济活动进行核算，以确定该项经济活动是否有经济效果，是否有执行的必要。它的特点是对个别的经济业务进行单项核算，如各种技术措施、新工艺等项目。业务核算的目的是迅速取得资料，以便在经济活动中及时采取措施进行调整。

（3）统计核算。统计核算是利用会计核算资料和业务核算资料，将企业生产经营活动客观现状的大量数据，按统计方法加以系统整理，以发现其规律性。它的计量尺度比会计宽，可以用货币计算，也可以用实物或劳动量计量。它通过全面调查和抽样调查等特有的方法，不仅能提供绝对数指标，还能提供相对数和平均数指标，可以计算当前的实际水平，还可以确定变动

速度以预测发展的趋势。

2. 成本分析的内容

成本分析的内容包括以下几项。

（1）时间节点成本分析。

（2）工作任务分解单元成本分析。

（3）组织单元成本分析。

（4）单项指标成本分析。

（5）综合项目成本分析。

3. 成本分析的程序

成本分析方法应遵循下列步骤。

（1）选择成本分析方法。

（2）收集成本信息。

（3）进行成本数据处理。

（4）分析成本形成原因。

（5）确定成本结果。

5.4.2　成本分析的方法

项目成本涉及的范围很广泛，需要分析的内容较多，因此，应该在不同的情况下采取不同的分析方法，除基本的分析方法外，还有综合成本的分析方法、成本项目的分析方法和专项成本的分析方法等。

1. 成本分析的基本方法

（1）比较法。比较法又称为"指标对比分析法"，是指对比技术经济指标，检查目标的完成情况，分析产生差异的原因，进而挖掘降低成本的方法。这种方法通俗易懂、简单易行、便于掌握，因而得到了广泛的应用，但在应用时必须注意各技术经济指标的可比性。比较法的应用通常有以下形式。

1）将实际指标与目标指标对比。以此检查目标完成情况，分析影响目标完成的积极因素和消极因素，以便及时采取措施，保证成本目标的实现。在进行实际指标与目标指标对比时，还应注意目标本身有无问题，如果目标本身出现问题，则应调整目标，重新评价实际工作。

2）本期实际指标与上期实际指标对比。通过本期实际指标与上期实际指标对比，可以看出各项技术经济指标的变动情况，反映施工管理水平的提高程度。

3）与本行业平均水平、先进水平对比。通过这种对比，可以反映本项目的技术和经济管理水平与行业的平均及先进水平的差距，进而采取措施提高本项目管理水平。

以上三种对比可以在一张表中同时反映。例如，某项目本年计划节约"三材" 100 000 元，实际节约 120 000 元，上年节约 95 000 元，本企业先进水平节约 130 000 元。根据上述资料编制分析，见表 5.16。

表 5.16　实际指标与上期指标、先进水平对比表　　　　　　　　　　　　　　　元

指标	本年计划数	上年实际数	企业先进水平	本年实际数	差异数		
					与计划比	与上年比	与先进比
"三材"节约额/元	100 000	95 000	130 000	120 000	20 000	25 000	−10 000

（2）因素分析法。因素分析法又称为连环置换法，可用来分析各种因素对成本的影响程度。在进行分析时，假定众多因素中的一个因素发生了变化，而其他因素则不变，然后逐个替换，分别比较其计算结果，以确定各个因素的变化对成本的影响程度。因素分析法的计算步骤如下。

1）确定分析对象，计算实际与目标数的差异。

2）确定该指标是由哪几个因素组成的，并按其相互关系进行排序（排序规则是先实物量，后价值量；先绝对值，后相对值）。

3）以目标数为基础，将各因素的目标数相乘，作为分析替代的基数。

4）将各个因素的实际数按照已确定的排列顺序进行替换计算，并将替换后的实际数保留下来。

5）将每次替换计算所得的结果，与前一次的计算结果相比较，两者的差异即该因素对成本的影响程度。

6）各个因素的影响程度之和，应与分析对象的总差异相等。

【例 5.3】商品混凝土目标成本为 443 040 元，实际成本为 473 697 元，比目标成本增加 30 657 元，资料见表 5.17，分析成本增加的原因。

表 5.17　商品混凝土目标成本与实际成本对比表

项目	单位	目标	实际	差额
产量	m³	600	630	+30
单价	元	710	730	+20
损耗率	%	4	3	−1
成本	元	443 040	473 697	+30 657

【解】（1）分析对象是商品混凝土的成本，实际成本与目标成本的差额为 30 657 元，该指标是由产量、单价、损耗率三个因素组成的，其排序见表 5.17。

（2）以目标数 443 040 元（目标数＝600×710×1.04＝443 040）为分析替代的基础。

第一次替代产量因素，以 630 替代 600：

$$630×710×1.04＝465 192（元）$$

第二次替代单价因素，以 730 替代 710，并保留上次替代后的值：

$$630×730×1.04＝478 296（元）$$

第三次替代损耗率因素，以 1.03 替代 1.04，并保留上两次替代后的值：

$$630×730×1.03＝4736 977（元）$$

（3）计算差额：

第一次替代与目标数的差额＝465 192−443 040＝22 152（元）

第二次替代与第一次替代的差额＝478 296−465 192＝13 104（元）

第三次替代与第二次替代的差额＝473 697−478 296＝−4 599（元）

（4）产量增加使成本增加了 22 152 元，单价提高使成本增加了 13 104（元），而损耗率下降使成本减少了 4 599 元。

（5）各因素的影响程度之和＝22 152＋13 104−4 599＝30 657（元），与实际成本与目标成本的总差额相等。

为了使用方便，企业也可以通过运用因素分析表来计算各因素变动对实际成本的影响程度。其具体形式见表 5.18。

表 5.18　商品混凝土成本变动因素分析表

顺序	连环替代计算	差异/元	因素分析
目标数	600×710×1.04		
第一次替代	630×710×1.04	22 152	由于产量增加了 30 m³，成本增加 22 152 元
第二次替代	630×730×1.04	13 104	由于单价提高了 20 元，成本增加 13 104 元
第三次替代	630×730×1.03	−4 599	由于损耗率下降了 1%，成本减少 4 599 元
合计	22 152+13 104−4 599=30 657	30 657	

（3）差额计算法。差额计算法是因素分析法的一种简化形式，它利用各个因素的目标值与实际值的差额来计算其对成本的影响程度。

【例 5.4】某施工项目某月的实际成本降低额比计划提高了 2.40 万元，见表 5.19，根据表 5.19，应用"差额计算法"分析预算成本和成本降低率对成本降低额的影响程度。

表 5.19　降低成本计划与实际对比表

项目	单位	计划	实际	差额
预算成本	万元	300	320	+20
成本降低率	%	4	4.5	+0.5
成本降低额	万元	12	14.40	+2.40

【解】（1）预算成本增加对成本降低额的影响程度：

$$（320−300）×4\%=0.80（万元）$$

（2）成本降低率提高对成本降低额的影响程度：

$$（4.5\%−4\%）×320=1.60（万元）$$

以上两项合计：0.80+1.60=2.40（万元）

（4）比率法。比率法是指用两个以上的指标的比例进行分析的方法。它的基本特点是先把对比分析的数值变成相对数，再观察其相互之间的关系。常用的比率法有以下几种。

1）相关比率法。项目经济活动的各个方面是相互联系、相互依存、相互影响的，因而可以将两个性质不同且相关的指标加以对比，计算出比率，并以此来考察经营成果的好坏。例如，产值和工资是两个不同的概念，但两者是投入与产出的关系。一般情况下，都希望以最少的工资支出完成最大的产值。因此，用产值工资率指标来考核人工费的支出水平，可以很好地分析人工成本。

2）构成比率法。构成比率法又称为比重分析法或结构对比分析法。通过构成比率法，可以考查成本总量的构成情况及各成本项目占总成本的比重，同时，也可看出预算成本、实际成本和降低成本的比例关系，从而寻求降低成本的途径，见表 5.20。

表 5.20　成本构成比例分析表

成本项目	预算成本		实际成本		降低成本		
	金额/万元	比重/%	金额/万元	比重/%	金额/万元	占本项/%	占总量/%
直接成本	1 263.79	93.2	1 200.31	92.38	63.48	5.02	4.68
1. 人工费	113.36	8.36	119.28	9.18	−5.92	−1.09	−0.44
2. 材料费	1 006.56	74.23	939.67	72.32	66.89	6.65	4.93

成本项目	预算成本		实际成本		降低成本		
	金额/万元	比重/%	金额/万元	比重/%	金额/万元	占本项/%	占总量/%
3. 机具使用费	87.6	6.46	89.65	6.9	−2.05	−2.34	−0.15
4. 措施费	56.27	4.15	51.71	3.98	4.56	8.1	0.34
间接成本	92.21	6.8	99.01	7.62	−6.8	−7.37	0.5
总成本	1 356	100	1 299.32	100	56.68	4.18	4.18
比例/%	100	—	95.82	—	4.18		

3）动态比率法。动态比率法是将同类指标不同时期的数值进行对比，计算出比率，以分析该项指标的发展方向和发展速度。动态比率的计算通常采用基期指数和环比指数两种方法，见表 5.21。

表 5.21　指标动态比较表

指标	第一季度	第二季度	第三季度	第四季度
降低成本/万元	45.60	47.80	52.50	64.30
基期指数/%（第一季度＝100%）		104.82	115.13	141.01
环比指数/%（上一季度＝100%）		104.82	109.83	122.48

2. 综合成本的分析方法

综合成本是指涉及多种生产要素，并受多种因素影响的成本费用，如分部分项工程成本、月（季）度成本、年度成本等。这些成本都是随着项目施工的进展而逐步形成的，与生产经营有着密切的关系，因此，做好上述成本的分析工作，无疑将促进项目的生产经营管理，提高项目的经济效益。

（1）分部分项工程成本分析。分部分项工程成本分析是施工项目成本分析的基础。分部分项工程成本分析的对象为已完成分部分项工程。分析的方法是进行预算成本、目标成本和实际成本的"三算"对比，分别计算实际偏差和目标偏差，分析偏差产生的原因，为今后的分部分项工程成本寻求节约途径。

分部分项工程成本分析的资料来源为预算成本来自投标报价成本，目标成本来自施工预算，实际成本来自施工任务单的实际工程量、实耗人工和限额领料单的实耗材料。

由于施工项目包括很多分部分项工程，无法也没有必要对每个分部分项工程都进行成本分析，特别是一些工程量小、成本费用少的零星工程。但是，对于那些主要分部分项工程必须进行成本分析，而且要做到从开工到竣工进行系统的成本分析。因为通过主要分部分项工程成本的系统分析，可以基本上了解项目成本形成的全过程，为竣工成本分析和今后的项目成本管理提供参考资料。

（2）月（季）度成本分析。月（季）度成本分析是施工项目定期的、经常性的中间成本分析，对于施工项目来说具有特别重要的意义。通过月（季）度成本分析可以及时发现问题，以便按照成本目标指定的方向进行监督和控制，保证项目成本目标的实现。

月（季）度成本分析的依据是当月（季）的成本报表，分析通常包括以下几个方面。

1）通过实际成本与预算成本的对比，分析当月（季）的成本降低水平；通过累计实际成本与累计预算成本的对比，分析累计的成本降低水平，预测实现项目成本目标的前景。

2）通过实际成本与目标成本的对比，分析目标成本的落实情况及目标管理中的问题和不足，进而采取措施，加强成本管理，保证成本目标的实现。

3）通过对各项目的成本分析，可以了解成本总量的构成比例和成本管理的薄弱环节。例如，在成本分析中，若发现人工费、机械费等项目大幅度超支，则应该对这些费用的收支配比关系进行研究，并采取应对措施，防止今后再超支。如果是属于规定的"政策性"亏损，则应从控制支出着手，将超支额压缩到最低限度。

4）通过主要技术经济指标的实际与目标对比，分析产量、工期、质量、"三材"节约率、机械利用率等对成本的影响。

5）通过对技术组织措施执行效果的分析，寻求更加有效的节约途径。

6）分析其他有利条件和不利条件对成本的影响。

（3）年度成本分析。企业成本要求一年结算一次，不得将本年成本转入下一年度。而项目成本则以项目的周期为结算期，要求从开工到竣工直至保修期结束连续计算，最后计算出总成本及其盈亏。由于项目的施工周期一般较长，除进行月（季）度成本核算和分析外，还要进行年度成本的核算和分析。这不仅是企业汇编年度成本报表的需要，同时，也是项目成本管理的需要，通过年度成本的综合分析，可以总结一年来成本管理的成绩和不足，为今后的成本管理提供经验和教训，从而可对项目成本进行更有效的管理。

年度成本分析的依据是年度成本报表。年度成本分析的内容除月（季）度成本分析的六个方面外，重点是针对下一年度的施工进展情况制订切实可行的成本管理措施，以保证施工项目成本目标的实现。

（4）竣工成本的综合分析。凡是有几个单位工程且单独进行成本核算（成本核算对象）的施工项目，其竣工成本分析应以各单位工程竣工成本分析资料为基础，再加上项目管理层的经营效益（如资金调度、对外分包等所产生的效益）进行综合分析。如果施工项目只有一个成本核算对象（单位工程），就以该成本核算对象的竣工成本资料作为成本分析的依据。

单位工程竣工成本分析应包括以下三个方面内容。

1）竣工成本分析。

2）主要资源节超对比分析。

3）主要技术节约措施及经济效果分析。

通过以上分析，可以全面了解单位工程的成本构成和降低成本的来源，对今后同类工程的成本管理提供参考。

3. 成本项目的分析方法

（1）人工费分析。项目施工需要的人工和人工费，由项目管理机构与作业队签订劳务分包合同，明确承包范围、承包金额和双方的权利、义务。除按合同规定支付劳务费外，还可能发生一些其他人工费支出，主要有以下几项。

1）因实物工程量增减而调整的人工和人工费。

2）定额人工以外的计日工工资（如果已按定额人工的一定比例由作业队包干，并已列入承包合同的，不再另行支付）。

3）对在进度、质量、节约、文明施工等方面作出贡献的班组和个人进行奖励的费用。

项目管理层应根据上述人工费的增减，结合劳务分包合同的管理进行分析。

（2）材料费分析。材料费分析包括主要材料、结构件和周转材料使用费的分析及材料储备的分析。

1）主要材料和结构件费用的分析。主要材料和结构件费用的高低，主要受价格和消耗数量的影响。而材料价格的变动，受采购价格、运输费用、途中损耗、供应不足等因素的影响；材料消耗数量的变动，则受操作损耗、管理损耗和返工损失等因素的影响。因此，可在价格变动较大和数量超用异常的时候再作深入分析。为了分析材料价格和消耗数量的变化对材料与结构件费用的影响程度，可按下式计算：

$$因材料价格变动对材料费的影响 = （计划单价 - 实际单价）\times 实际数量 \quad (5.18)$$

$$因消耗数量变动对材料费的影响 = （计划用量 - 实际用量）\times 实际价格 \quad (5.19)$$

2）周转材料使用费分析。在实行周转材料内部租赁制的情况下，项目周转材料费的节约或超支，取决于材料周转率和损耗率，周转减慢，则材料周转的时间增长，租赁费支出就增加；而超过规定的损耗，则要照价赔偿。

3）采购保管费分析。材料采购保管费属于材料的采购成本，包括材料采购保管人员的工资、工资附加费、劳动保护费、办公费、差旅费，以及材料采购保管过程中发生的固定资产使用费、工具用具使用费、检验试验费、材料整理及零星运费和材料物资的盘亏及毁损等。材料采购保管费一般应与材料采购数量同步，即材料采购多，采购保管费也会相应增加。因此，应根据每月实际采购的材料数量（金额）和实际发生的材料采购保管费，分析保管费费率的变化。

4）材料储备资金分析。材料的储备资金是根据日平均用量、材料单价和储备天数（从采购到进场所需要的时间）计算的。上述任何一个因素变动，都会影响储备资金的占用量。材料储备资金的分析，可以应用"因素分析法"。

【例5.5】某项目水泥的储备资金变动情况见表5.22。

表5.22　储备资金计划与实际对比表

项目	单位	计划	实际	差异
日平均用量	t	50	60	10
单价	元	400	420	20
储备天数	d	7	6	-1
储备金额	万元	14	15.12	1.12

根据表5.22所列的数据，分析日平均用量、单价和储备天数等因素的变动对水泥储备资金的影响程度，见表5.23。

表5.23　储备资金因素分析表

顺序	连环替代计算	差异	因素分析
计划数	50×400×7=14.00（万元）		
第一次替代	60×400×7=16.80（万元）	+2.80（万元）	由于日平均用量增加10 t，增加储备资金2.80万元
第二次替代	60×420×7=17.64（万元）	+0.84（万元）	由于水泥单价提高20元/t，增加储备资金0.84万元
第三次替代	60×420×6=15.12（万元）	-2.52（万元）	由于储备天数缩短1天，减少储备资金2.52万元
合计	2.80+0.84-2.52=1.12（万元）	+1.12（万元）	

从以上分析可以发现，储备天数是影响储备资金的关键因素。因此，材料采购人员应该选

择运距短的供应单位，尽可能减少材料采购的中转环节，缩短储备天数。

（3）机械使用费分析。由于项目施工具有一次性，项目管理机构不可能拥有自己的机械设备，而是随着施工的需要，向企业动力部门或外单位租用。在机械设备的租用过程中，存在两种情况：一种是按产量进行承包，并按完成产量计算费用，如土方工程。项目管理机构只要按实际挖掘的土方工程量结算挖土费用，而不必考虑挖土机械的完好程度和利用程度。另一种是按使用时间（台班）计算机械费用的，如塔式起重机、搅拌机、砂浆机等，如果机械完好率低或在使用中调度不当，必然会影响机械的利用率，从而延长使用时间，增加使用费。因此，项目管理机构应该给予一定的重视。

由于建筑施工的特点，在流水作业和工序搭接上往往会出现某些必然或偶然的施工间隙，影响机械的连续作业；有时，又因为加快施工进度和工种配合，需要机械日夜不停地运转，这样便造成机械综合利用效率不高，如机械停工，则需要支付停班费。因此，在机械设备的使用过程中，应以满足施工需要为前提，加强机械设备的平衡调度，充分发挥机械的效用；同时，还要加强平时的机械设备的维修保养工作，提高机械的完好率，保证机械的正常运转。

（4）管理费分析。管理费分析也应通过预算（或计划）数与实际数的比较来进行。预算与实际比较的表格形式见表5.24。

表5.24　管理费预算（计划）与实际比较

序号	项目	预算	实际	比较	备注
1	管理人员工资				包括职工福利费和劳动保护费
2	办公费				包括生活水电费、取暖费
3	差旅交通费				
4	固定资产使用费				包括折旧及修理费
5	工具用具使用费				
6	劳动保险费				
…	…				
合计					

4. 专项成本分析方法

针对与成本有关的特定事项的分析，包括成本盈亏异常分析、工期成本分析和资金成本分析等内容。

（1）成本盈亏异常分析。施工项目出现成本盈亏异常情况，必须引起高度重视，必须彻底查明原因并及时纠正。

检查成本盈亏异常的原因，应从经济核算的"三同步"入手。因为项目经济核算的基本规律是在完成多少产值、消耗多少资源、发生多少成本之间，有着必然的同步关系。如果违背这个规律，就会发生成本的盈亏异常。

"三同步"检查是提高项目经济核算水平的有效手段，不仅适用于成本盈亏异常的检查，也可用于月度成本的检查。"三同步"检查可以通过以下五个方面的对比分析来实现。

1）产值与施工任务单的实际工程量和形象进度是否同步。

2）资源消耗与施工任务单的实耗人工、限额领料单的实耗材料、当期租用的周转材料和施工机械是否同步。

3）其他费用（如材料价、超高费和台班费等）的产值统计与实际支付是否同步。

4）预算成本与产值统计是否同步。

5）实际成本与资源消耗是否同步。

通过以上五个方面的分析，可以探明成本盈亏的原因。

（2）工期成本分析。工期成本分析是计划工期成本与实际工期成本的比较分析。计划工期成本是指在假定完成预期利润的前提下计划工期内所耗用的计划成本；而实际成本是在实际工期中耗用的实际成本。

工期成本分析一般采用比较法，即将计划工期成本与实际工期成本进行比较，然后应用"因素分析法"分析各种因素的变动对工期成本差异的影响程度。

（3）资金成本分析。资金与成本的关系是指工程收入与成本支出的关系。根据工程成本核算的特点，工程收入与成本支出有很强的相关性。进行资金成本分析通常应用"成本支出率"指标，即成本支出占工程款收入的比例。其计算公式如下：

计算期实际成本支出：

$$成本支出率 = \frac{计算期实际成本支出}{计算期实际工程款收入} \times 100\% \qquad (5.20)$$

通过对"成本支出率"的分析，可以看出资金收入中用于成本支出的比重。结合储备金和结存资金的比重，分析资金使用的合理性。

5.4.3 成本考核

成本考核是衡量成本降低的实际成果，也是对成本指标完成情况的总结和评价。组织应根据项目成本管理制度，确定项目成本考核目的、时间、范围、对象、方式、依据、指标、组织领导、评价与奖惩原则。

1. 成本考核的依据

成本考核的依据包括成本计划、成本控制、成本核算和成本分析的资料。成本考核的主要依据是成本计划确定的各类指标。成本计划一般包括以下三类指标。

（1）成本计划的数量指标。

1）按子项汇总的工程项目计划总成本指标。

2）按分部汇总的各单位工程（或子项目）计划成本指标。

3）按人工、材料、机具等各主要生产要素划分的计划成本指标。

（2）成本计划的质量指标，如项目总成本降低率。

1）设计预算成本计划降低率＝设计预算总成本计划降低额/设计预算总成本。

2）责任目标成本计划降低率＝责任目标总成本计划降低额/责任目标总成本。

（3）成本计划的效益指标，如项目成本降低额。

1）设计预算总成本计划降低额＝设计预算总成本－计划总成本。

2）责任目标总成本计划降低额＝责任目标总成本－计划总成本。

2. 成本考核的方法

公司应以项目成本降低额、项目成本降低率作为对项目管理机构成本考核主要指标。要加强公司层对项目管理机构的指导，并充分依靠管理人员、技术人员和作业人员的经验和智慧，防止项目管理在企业内部异化为靠少数人承担风险的以包代管模式。成本考核也可分别考核公司层和项目管理机构。

公司应对项目管理机构的成本和效益进行全面评价、考核与奖惩。公司层对项目管理机构进行考核与奖惩时，既要防止虚盈实亏，也要避免实际成本归集差错等的影响，使成本考核真正做到公平、公正、公开，在此基础上落实成本管理责任制的奖惩措施。项目管理机构应根据成本考核结果对相关人员进行奖惩。

5.5 工程项目价款结算及变更管理

5.5.1 工程价款结算（预付款、起扣点、进度款）

1. 工程价款结算的概念

工程价款结算是指承包商在工程实施过程中，依据承包合同中关于付款条款的规定和已经完成的工程量，并按照规定的程序向建设单位（业主）收取工程价款的一项经济活动。

2. 工程价款的主要结算方式

（1）按月结算。实行旬末或月中预支，月终结算，竣工后清算的方法。跨年度竣工的工程，在年终进行工程盘点，办理年度结算。

（2）竣工后一次结算。建设项目或单项工程全部建筑安装工程建筑期在 12 个月以内，或者工程承包合同价值在 100 万元以下的，可以实行工程价款每月月中预支，竣工后一次结算。

（3）分段结算。即当年开工，当年不能竣工的单项工程或单位工程按照工程形象进度，划分不同阶段进行结算。分项结算可以按月预支工程款。

（4）目标结款方式。即在工程合同中，将承包工程的内容分解成不同的控制界面，以业主验收控制界面作为支付工程价款的前提条件。

3. 工程预付款及其计算

工程预付款是施工合同签订以后由发包人按照合同约定，在工程开工前预先支付给承包人的工程款，用于施工准备及所需的主要材料和构件的备料，因此又称为预付备料款。

（1）工程预付款及其计算。《建设工程工程量清单计价规范》（GB 50500—2013）关于预付款的规定如下。

1）承包人应将预付款专用于合同工程。

2）包工包料工程的预付款的支付比例不得低于签约合同价（扣除暂列金额）的 10%，不宜高于签约合同价（扣除暂列金额）的 30%。

3）承包人应在签订合同或向发包人提供与预付款等额的预付款保函后向发包人提交预付款支付申请。

4）发包人应在收到支付申请的 7 天内进行核实，向承包人发出预付款支付证书，并在签发支付证书后的 7 天内向承包人支付预付款。

5）发包人没有按合同约定按时支付预付款的，承包人可催告发包人支付；发包人在预付款期满后的 7 天内仍未支付的，承包人可在支付期满后的第 8 天起暂停施工。发包人应承担由此增加的费用和延误的工期，并应向承包人支付合理利润。

6）预付款应从每个支付期应支付给承包人的工程进度款中扣回，直到扣回的金额达到合同约定的预付款金额为止。

7）承包人的预付款保函的担保金额根据预付款扣回的数额相应递减，但在预付款全部扣回之前一直保持有效。发包人应在预付款扣完后的 14 天内将预付款保函退还给承包人。

（2）工程预付款的额度。预付款的额度要保证施工所需材料和构件的正常储备，一般由双方在合同中约定。

（3）工程预付款的扣回。工程预付款的扣回方式如下。

1）在承包方完成金额累计达到合同总价的一定比例后采用等比率或等额扣款的方式分期扣回。

2）工期较短、造价较低的，也可在工程竣工时一次扣回（留3%~5%尾款）。

3）按公式计算起扣点和起扣额。

发包单位拨付给承包单位的备料款属于预支性质，工程实施后，随着工程所需主要材料储备的逐步减少，应以抵充工程价款的方式陆续扣回。通常，从未施工工程尚需的主要材料及构件的价值相当于备料款数额时起扣，从每次结算工程价款中，按材料比重抵扣工程价款，竣工前全部扣清。其计算公式如下：

$$当月实际付款金额=应签证的工程款-应扣回的预付款 \qquad (5.21)$$

预付款起扣点 T 为

$$T=P-M/N \qquad (5.22)$$

式中　T——起扣点，即开始扣回预付款时的累计完成工程金额；

P——工程合同金额；

M——工程预付款数额；

N——主要材料、构件占全部工程合同金额的比例。

【例5.6】某工程合同总额为200万元，工程预付款为24万元，主要材料及构件占工程合同总金额的比例为60%，试计算工程预付款的起扣点。

【解】预付款起扣点 $T=P-M/N=200-24/60\%=160$（万元）

即当工程完成160万元时，本项工程预付款开始起扣。

4. 工程进度款

（1）工程进度款的计算。工程进度款的计算主要涉及工程量的计算和单价的确定两个方面。单价主要根据承发包双方在合同中约定的计价方法来确定。常见的计价方法有工料单价法和综合单价法两种。工料单价法一般采用可调价格方式；综合单价法通常采用固定价格方式。

（2）工程进度款的支付。工程进度款支付要遵循一定的程序，严格按照合同执行。在双方确认计量结果后14天内，发包方应向承包方支付工程进度款。按约定时间发包方应扣回的预付款，与工程款（进度款）同期结算。

工程进度款支付中通常要扣除预付款及工程质量保修金（保证金、保留金）。支付款项不仅包括合同中规定的初始收入，还包括由于合同变更、索赔、奖励等原因而形成的追加收入。

《建设工程施工合同（示范文本）》（GF—2017—0201）中规定：预付款的支付按照专用合同条款约定执行，但最迟应在开工通知载明的开工日期7天前支付。预付款应当用于材料、工程设备、施工设备的采购及修建临时工程、组织施工队伍进场等。

（3）工程保修金的预留。工程项目总造价中应预留出一定比例的尾款作为质量保修费用，待工程项目保修期结束后最后拨付。尾款的扣留有以下两种方法。

1）当工程进度款支付累计达到工程造价的一定比例（如95%）时，停止支付，剩余部分作为尾款。

2）从第一次支付的工程进度款开始，每次从工程进度款中按一定比例扣留，扣满为止。

【例5.7】承发包双方就某工程签订了施工合同，合同工程量为5 000 m³，合同单价为200元/m³，合同工期为4个月。合同中有关付款的条款包括开工前发包人向承包人支付合同总价 20%的预付款，自第 1 月起发包人从承包人的工程进度款中按 5%的比例扣留质量保修金；当实际完成的工程量超过合同工程量 10%时，超过部分单价在原单价基础上浮动 10%；监理签发月度付款的最低金额为 25 万元；预付款在最后两个月内均匀扣除。

承包单位每月实际完成并经监理工程师签证确认的工程量见表 5.25。

表 5.25　每月实际完成的工程量

月份	1	2	3	4
完成工程量/m³	1 000	1 500	2 000	1 400
累计完成工程量/m³	1 000	2 500	4 500	5 900

试求：预付款；每月完成的工程价款；监理应签证的工程进度款；监理实际签发的支付证书金额。

【解】工程预付款＝5 000×200×20%＝20（万元）

每月完成工程价款、监理应签证的工程进度款及监理实际签发的支付证书金额为

第一个月

$$完成的工程价款＝1 000×200＝2（万元）$$

$$应签证的工程进度款＝20×95%＝19（万元）$$

由于本月应签证的工程款小于 25 万元，故监理工程师不予签发支付证书。

第二个月

$$完成的工程价款＝1 500×200＝30（万元）$$

$$应签证的工程进度款＝30×95%＝28.5（万元）$$

$$实际签发的支付证书金额＝28.5＋19＝47.5（万元）$$

第三个月

$$完成的工程价款＝2 000×200＝40（万元）$$

$$应签证的工程进度款＝40×95%＝38（万元）$$

$$应扣预付款＝20×50%＝10（万元）$$

$$实际签发的支付证书金额＝38－10＝28（万元）$$

第四个月

$$超过估算工程量 10%的工程量＝5 900－5 000×（1＋10%）＝400（m^3）$$

$$超出部分的单价＝200×（1－10%）＝180（元/m^3）$$

$$完成的工程价款＝1 000×200＋400×180＝27.2（万元）$$

$$应签证的工程进度款＝27.2×95%＝25.84（万元）$$

$$应扣预付款＝20×50%＝10（万元）$$

$$实际签发的支付证书金额＝25.84－10＝15.84（万元）$$

5.5.2　工程价款变更

1. 工程变更的分类

在工程项目的实施过程中，由于各种原因，常常会出现设计、工程量、计划进度、使用材料等方面的变化，这些变化统称为工程变更。

（1）按照工程变更主要来源分类。按照工程变更主要来源可分为以下几项。

1）发包人为改变使用功能或基于客观条件等所提出的工程变更。

2）承包人鉴于现场情况的施工条件或遇到不可预见的地质情况等而提出的工程变更。

3）第三人出于相邻权而提出的工程变更。

4）设计单位为了修正或完善原设计而提出的设计变更。

（2）按工程变更的性质和对工程造价的影响程度分类。按工程变更的性质和对工程造价的影响程度，一般可将工程变更分为以下三类。

1）第一类变更（重大变更）。第一类变更是指改变技术标准和设计方案的变更，如结构形式的变更、重大防护设施及其他特殊设计的变更等。

2）第二类变更（重要变更）。第二类变更是指改变工程尺寸或工程质量的变更，如改变标高、位置等。

3）第三类变更（一般变更）。第三类变更是指由于原设计图纸中明显的差错或遗漏，不降低原设计标准前提下的材料代换和现场必须立即决定的局部修改的变更。

（3）按工程变更的具体内容分类。按工程变更的具体内容，一般可将工程变更分为设计变更与其他变更两大类。工程变更往往伴随合同价款变更。

1）设计变更。设计变更包括更改工程有关部分的高程、基线、位置、尺寸；增减合同中约定的工程量。

2）其他变更。其他变更是指除设计变更外，其他能够导致合同内容变化的变更，如变更质量标准；对工期要求的变化；施工条件和环境变化导致施工机械和材料的变化等。

2.《建设工程施工合同（示范文本）》（GF—2017—0201）条件下的工程变更

（1）变更的范围。除专用合同条款另有约定外，合同履行过程中能够构成设计变更的事项包括以下变更。

1）增加或减少合同中任何工作，或追加额外的工作。

2）取消合同中任何工作，但转由他人实施的工作除外。

3）改变合同中任何工作的质量标准或其他特性。

4）改变工程的基线、标高、位置和尺寸。

5）改变工程的时间安排或实施顺序。

（2）工程变更的程序。工程变更程序一般由合同规定。按国际惯例，合同中通常都赋予业主（或工程师）直接指令变更工程的权力，承包商接到指令后必须立即执行，价格、工期事后协商确定。

《建设工程施工合同（示范文本）》（GF—2017—0201）中规定的变更程序如下。

1）发包人提出变更。发包人提出变更的，应通过监理人向承包人发出变更指示，变更指示应说明计划变更的工程范围和变更的内容。

2）监理人提出变更建议。监理人提出变更建议的，需要向发包人以书面形式提出变更计划，说明计划变更工程范围和变更的内容、理由，以及实施该变更对合同价格和工期的影响。发包人同意变更的，由监理人向承包人发出变更指示。发包人不同意变更的，监理人无权擅自发出变更指示。

3）变更执行。承包人收到监理人下达的变更指示后，认为不能执行，应立即提出不能执行该变更指示的理由。承包人认为可以执行变更的，应当书面说明实施该变更指示对合同价格和工期的影响，且合同当事人应当按照《建设工程施工合同（示范文本）》（GF—2017—0201）中变更估价原则确定变更估价。

4）承包人的合理化建议。发包人和监理人均可以提出变更。变更指示均通过监理人发出，监理人发出变更指示前应征得发包人同意。承包人收到经发包人签认的变更指示后，方可实施变更。未经许可，承包人不得擅自对工程的任何部分进行变更。

承包人提出合理化建议的，应向监理人提交合理化建议说明，说明建议的内容和理由，以及实施该建议对合同价格和工期的影响。

除专用合同条件另有约定外，监理人应在收到承包人提交的合理化建议后 7 天内审查完毕并报送发包人，发现其中存在技术上的缺陷，应通知承包人修改。发包人应在收到监理人报送的合理化建议后 7 天内审批完毕。合理化建议经发包人批准的，监理人应及时发出变更指示，由此引起的合同价格调整按照《建设工程施工合同（示范文本）》（GF—2017—0201）中变更估价原则执行。发包人不同意变更的，监理人应书面通知承包人。

合理化建议降低了合同价格或者提高了工程经济效益的，发包人可对承包人给予奖励，奖励的方法和金额在专用合同条款中约定。

（3）变更估价。

1）变更估价原则。除专用合同条款另有约定外，变更估价按照以下规定处理。

①已标价工程量清单或预算书有相同项目的，按照相同项目单价认定。

②已标价工程量清单或预算书无相同项目的，但有类似项目的，参照类似项目的单价认定。

③变更导致实际完成的变更工程量与已标价工程量清单或预算书中列明的该项目工程量的变化幅度超过 15%的，或已标价工程量或预算书中无相同项目及类似项目单价的，按照合理的成本与利润构成的原则，由合同当事人进行商定或确定，合同当事人不能达成一致的，由总监理工程师按照合同约定审慎作出公正的确定。

2）变更估价程序。承包人应在收到变更指示后 14 天内，向监理人提出变更估价申请。监理人应在收到承包人提交的变更估价申请后 7 天内审查完毕并报送发包人，监理人对变更估价申请有异议，通知承包人修改后重新提交。发包人应在承包人提交变更估价申请后 14 天内审批完毕。发包人逾期未完成审批或未提出异议的，视为认可承包人提交的变更估价申请。

因变更引起的价格调整应计入最近一期的进度款中支付。

3. FIDIC 合同条件下的工程变更

在颁发工程接收证书前的任何时间，工程师可通过发布指令或要求承包人提交建议书的方式，提出变更。

（1）变更范围。

1）改变合同中任何工作的工程量。

2）任何工作质量或其他特性的变更。

3）工程任何部分高程、位置和尺寸的改变。

4）删减任何合同约定的工作内容。

5）改变原定的施工顺序或时间安排。

6）进行永久工程所必需的任何附加工作、永久设备、材料供应或其他服务。

7）新增工程按单独合同对待。

（2）变更程序。

1）工程师将计划变更事项通知承包商，并要求承包商实施变更建议书。

2）承包商应尽快作出书面回应，或提出他不能照做的理由（如果情况如此），或提交依据工程师的指示递交实施变更的说明，包括对实施工作的计划及说明、对进度计划作出修改的建议、对变更估价的建议、提出变更费用的要求。若承包商由于非自身原因无法执行此项变更，承包商立刻通知工程师。

3）工程师收到此类建议书后，应尽快给予批准、不批准，或提出意见的回复。

4）承包商在等待答复期间，不应延误任何工作，应由工程师向承包商发出执行每项变更并附做好各项记录的任何要求的指示，承包商应确认收到该指示。

（3）变更估价。各项工作内容的适宜费率或价格，应为合同对此类工作内容规定的费率或价格，如合同中无某项内容，应取类似工作的费率或价格。但在以下情况下，宜对有关工作内容采取新的费率或价格。

1）该项工作测出的数量变化超过工程量表或其他资料表中所列数量的10%以上。

2）此数量变化与该项工作上述规定的费率或单价的乘积，超过中标合同金额的0.01%。

3）由数量变化直接导致该项工作的单位工程费用变动超过1%。

4）合同中没有规定该项工作为"固定费率项目"。

工程变更及合同价款调整对比见表5.26。

表5.26　工程变更及合同价款调整对比

工程变更	《建设工程施工合同（示范文本）》 （GF—2017—0201）	FIDIC 合同条件
工程变更的范围	主要是设计变更，也包括其他变更，设计变更主要包括：更改有关部分的标高、基线、位置和尺寸；增减合同中约定的工程量	主要范围包括：工程量的改变；质量和其他特征改变；标高、位置或尺寸改变；删减工作内容；新增工程；改变原定的施工顺序和时间安排
发包人或工程师提出的变更	承包人对于发包人的变更通知没有拒绝的权力，变更超过原设计标准或者批准的建设规模时，须经原规划管理部门和其他有关部门审查批准，并由原设计单位提供变更的相应图纸和说明	工程师可以直接发布变更指示，也可以要求承包商递交建议书
承包商提出的变更	承包人不得随意变更设计，合理化建议必须经工程师同意。工程师同意后，也须经原规划管理部门和其他有关部门审查批准，并由原设计单位提供变更的相应图纸和说明，否则一切后果由承包人承担	未经工程师批准，承包商不得擅自变更。承包商首先提出变更建议，以证明变更能为业主带来利益。若变更涉及部分永久工程设计，承包商应自行设计或委托有资质单位进行。工程师批准建议后，调整合同价
变更估价	套用已有价格；参照类似价格；承包人提出适当的变更价格，经工程师确认后执行	按原费率计算变更工程费用；在原单价和价格的基础上制订合理的新单价或价格；确定新的费率或价格

思考练习题

1．某独立土方工程，招标文件中估计工程量为 $100 \times 10^4 \mathrm{m}^3$，合同中规定：土方工程单价为 70 元/$\mathrm{m}^3$，当实际工程量超过估计工程量 15% 时，调整单价，单价调整为 65 元/m^3。工程结束时实际完成土方工程量为 $130 \times 10^4 \mathrm{m}^3$，则土方工程款为多少万元？

2．某工程施工合同约定根据价格调整公式调整合同价，已知不调值部分占合同价的比例为 15%，可参与调值部分的费用类型、占合同总价的比例和相关价格指数见表 5.27，若结算当月完成的合同额为 1 000 万元，则调整后的合同金额为多少？（保留小数点后 3 位）

表 5.27　相关价格指数

项目	占合同总价的比例/%	基准日期价格指数	合同签订时价格指数	结算时价格指数
人工	35	101	103	106
钢筋	25	101	110	105
混凝土	20	105	109	115
木材	10	102	102	105

3. 某项目部对基坑围护工程提出了三个方案：A 方案成本为 8 750.00 万元，功能系数为 0.33；B 方案成本为 8 640.00 万元，功能系数为 0.35；C 方案成本为 8 525.00 万元，功能系数为 0.32。最终运用价值工程方法确定了实施方案。请回答以下问题。

(1) 列式计算 3 个基坑围护方案的成本系数、价值系数（保留小数点后 3 位）。

(2) 请确定最终选择哪个方案作为最优方案。

4. 某工程项目招标控制价为 2 000 万元，中标价格为 1 900 万元，其中暂列金额为 90 万元，安全文明施工费为 200 万元。工期 10 个月，部分合同条款约定如下。

(1) 预付款比例为合同价款的 20%，主材所占比重为 40%。

(2) 工程预付款从未完成施工工程尚需的主要材料及构件的价值相当于工程预付款数额时起扣，从每次中间结算工程价款中按材料及构件比重抵扣预付款，直至全部扣清。

(3) 在施工过程中，业主方设计变更新增土方回填工程量 4 000 m³，当地土方回填指导价为 28 元/m³。

(4) 工程保修金为合同总价的 3%，在最后两次支付进度款时平均扣除，保修期为正常使用条件下建筑工程法定的最低保修期限。

施工中有如下事件发生。

事件一：经监理工程师确认的承包商实际完成工作量价款（前 5 个月）见表 5.28。

表 5.28　工作量价款

月份	一月	二月	三月	四月	五月
实际完成工作量价款/万元	100	200	400	200	100

事件二：因不可抗力造成损失。承包人及时向项目监理机构提出了索赔申请，并附有相关证明材料，要求补偿的经济损失如下。

1) 永久工程损失 26 万元。

2) 承包人受伤人员医药费、补偿金 4.5 万元。

3) 施工机具损坏损失 12 万元。

4) 停工期间按照发包人要求清理和修复工程的费用 3.5 万元。

请回答下列问题。

问题 1：本工程预付款和起扣点分别是多少万元？（保留两位小数）

问题 2：新增土方回填结算价是多少？（列式计算）

问题 3：事件一中，前 5 个月监理工程师应签发的工程款各是多少万元？（列出计算过程）

问题 4：逐项分析事件二中的经济损失是否补偿给承包人，分别说明理由。项目监理机构应批准的补偿金额为多少元？

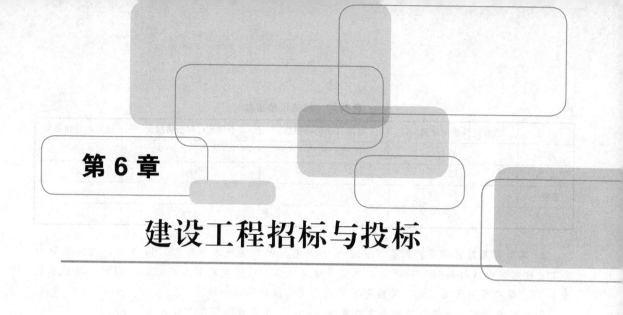

第6章

建设工程招标与投标

6.1 建设工程招标

6.1.1 建设工程招标人

1. 招标基本概念

《中华人民共和国招标投标法》第八条规定：招标人是依照本法规定提出招标项目、进行招标的法人或者其他组织。

（1）"提出招标项目"是指根据自身情况和《中华人民共和国招标投标法》的有关规定，提出和确定拟招标的项目，办理有关审批手续，落实项目的资金来源等。

（2）进行招标，是指提出招标方案，撰写或决定招标方式，编制招标文件，发布招标公告，审查潜在投标人资格，主持开标，组建评标委员会，确定中标人，订立合同等。根据招标人自身情况可自行办理或委托招标代理机构代理。招标代理机构在招标人授权范围内进行的有关招标活动，仍被视为招标人进行招标。

（3）法人，是指具有民事权利能力和民事行为能力并依法享有民事权利和承担民事义务的组织，包括企业法人、机关法人和社会团体法人。

（4）其他组织，是指不具备法人条件的组织，主要包括法人的分支机构、企业之间或企业和事业单位之间联营且不具备法人条件的组织、合伙组织、个体工商户等。

2. 招标人的权益

招标人的主要权益有以下几项。

（1）制订招标方案，规定招标条件、招标文件等，并选择合适的招标代理机构和依法组建的评标委员会。

（2）对投标人提供的资格证明、投标文件及有关资料进行审查，有权决定接受或拒绝投标。

（3）根据评标委员会提出的书面评标报告和推荐的中标候选人确定中标人，依法与中标人签订合同，监督合同履行情况，并对违约行为采取相应的法律措施。

（4）自行选择招标代理机构，委托其办理招标事宜。如果招标人具有编制招标文件和组织评标的能力，可以自行办理招标事宜。

3. 招标人的义务

（1）遵守国家有关法律法规和政策，保障招标公开、公平、公正。

（2）制订符合实际情况和市场状况的招标方案、招标条件和招标文件。

（3）严格按照招标程序和规定，对所有投标人公正、公平、公开地评标。

（4）按照规定支付中标企业的款项并监督合同的履行情况。

（5）提供招标所需资料并支付委托费。

（6）不歧视潜在投标人，不限制其投标资格。

（7）不得要求或标明特定的生产供应者。

（8）不透露潜在投标人的名称、数量及其他可能影响公平竞争的情况。

（9）确定投标人编制投标文件所需时间，但最短不得少于 20 天。

（10）拆封、宣读所有投标文件。

（11）保证评标在严格保密的情况下进行。

4. 招标人的法律责任

招标人在招标过程中违反相关法律法规，将承担相应的法律责任，包括但不限于以下几项。

（1）必须进行招标的项目而不招标的，将必须进行招标的项目化整为零或以其他任何方式规避招标的，将责令限期改正，可以处项目合同金额 5‰以上、10‰以下的罚款；对全部或者部分使用国有资金的项目，可以暂停项目执行或者暂停资金拨付；对单位直接负责的主管人员和其他直接责任人员依法给予处分。

（2）招标人以不合理的条件限制或者排斥潜在投标人的，对潜在投标人实行歧视待遇的，强制要求投标人组成联合体共同投标的，或者限制投标人之间竞争的，将责令改正，可以处 1 万元以上、5 万元以下的罚款。

（3）招标人向他人透露已获取招标文件的潜在投标人的名称、数量或可能影响公平竞争的有关招标投标的其他情况的，或者泄露标底的，给予警告，可以并处 1 万元以上、10 万元以下的罚款；对单位直接负责的主管人员和其他直接责任人员依法给予处分；构成犯罪的，依法追究刑事责任。所列行为影响中标结果的，中标无效。

（4）依法必须进行招标的项目的招标人向他人透露已获取招标文件的潜在投标人的名称、数量或者可能影响公平竞争的有关招标投标的其他情况的，或者泄露标底的，给予警告，可以并处 1 万元以上、10 万元以下的罚款；对单位直接负责的主管人员和其他直接责任人员依法给予处分；构成犯罪的，依法追究刑事责任。所列行为影响中标结果的，中标无效。

（5）依法必须进行招标的项目，与投标人就投标价格、投标方案等实质性内容进行谈判的，给予警告，对单位直接负责的主管人员和其他直接责任人员依法给予处分。所列行为影响中标结果的，中标无效。

（6）依法必须进行招标的项目，招标人违反招投标法相关规定，与投标人就投标价格、投标方案等实质性内容进行谈判的，给予警告，对单位直接负责的主管人员和其他直接责任人员依法给予处分。所列行为影响中标结果的，中标无效。

（7）招标人在评标委员会依法推荐的中标候选人以外确定中标人的，依法必须进行招标的项目在所有投标被评标委员会否决后自行确定中标人的，中标无效。责令改正，可以处中标项目金额 5‰以上、10‰以下的罚款；对单位直接负责的主管人员和其他直接责任人员依法给予处分。

（8）招标人与中标人不按照招标文件和中标人的投标文件订立合同的，或者招标人、中标人订立背离合同实质性内容的协议的，责令改正；可以处中标项目金额 5‰以上、10‰以下的罚款。

6.1.2　建设工程招标投标

建设工程招标是招标人通过招标竞争机制，从而在众多投标人中择优选定一家具备完成当前所有建设工程任务的法人的过程。

招标投标也是一种商品交易方式，与承发包制相结合，形成带有竞争性质的建设工程交易方式。许多行业的竞争表现为商品的竞争，而建设工程的竞争则表现为建设工程企业之间的竞争，招标人不是直接选择建设工程商品，而是选择提供商品的建设工程企业，通过竞争迫使建设工程企业加强管理，不但要在施工工艺、管理、质量、效率、业绩等方面显示优势，而且还要注重企业的信用、信誉。

2017 年 12 月 17 日，我国颁布的新版《中华人民共和国招标投标法》第一章总则规定，在我国境内进行工程项目建设包括项目勘察、设计、施工、监理，以及与工程建设有关的重要设备、材料等的采购，达到一定规模和要求的必须进行招标，具体有以下内容。

（1）大型基础设施、公用事业等关系社会公共利益、公众安全的项目。

（2）全部或部分使用国有资金投资或国家融资的项目。

（3）使用国际组织或外国政府贷款、援助资金的项目。

同时，规定必须进行招投标的项目，任何单位和个人不得将其化整为零或规避招标；招标活动不受地区或部门的限制；不得以任何方式非法干涉招标投标活动；有关行政监督部门可依法对相关将招标投标活动进行监督。

6.1.3　建设工程招标的形式

一个建设工程一般会涉及的建设相关单位有勘察单位、设计单位、施工单位、材料和设备供应单位、监理单位等，根据不同的建设相关范围，可将建设工程招标形式分为以下几类。

（1）建设工程勘察设计招标，是把工程建设一个重要的前期阶段勘察和设计工作进行单独招标，目的是为工程建设的真正施工做好准备，主要成果为设计图纸。

（2）建设工程施工招标，是指工程施工阶段的招标活动全过程，是目前国内国际工程项目建设经常采用的一种发包形式，也是建设工程市场的基本竞争方式。其包括建设工程总承包、施工承包、施工管理总承包等多种形式。其优点是招标范围灵活多样，有利于施工单位的专业化。

（3）建设工程全过程招标，即"交钥匙"工程承包，简称 EPC。建设工程全过程是指建设工程项目从项目建议书开始直到交付使用的全过程，包括可行性研究、勘察设计、设备和材料询价及采购、工程施工、竣工验收等过程。但全过程工程承包中不包括监理的相关工作。

（4）建设工程材料和设备供应招标，是指将建设工程所需的主要材料和设备选供应商的招标活动。在实际工作中，一般会对材料和设备分别进行招标。

根据建设工程所需，工程材料和设备可分为由施工单位全部包料、部分包料和由建设单位全部包料三种情况，因此，施工单位也可能作为招标单位进行材料招标。

（5）建设工程监理招标，是指招标人为了委托选择监理单位而进行的活动。监理单位依法对建设工程质量、造价、进度进行控制，对合同、信息进行管理，对工程建设相关方进行协调，并履行安全生产管理的职责。

6.1.4　建设工程招标方式

《中华人民共和国招标投标法》第十条规定，招标方式分为公开招标和邀请招标两种。招标人应根据项目的规模、技术、管理的特点和要求，同时考虑选择范围、实施紧迫性等，依法选择合适的招标方式。

1. 公开招标

公开招标是指招标人以招标公告的方式邀请不特定的法人或其他组织投标。招标单位通过国家指定的报纸、专业性刊物或利用其他媒介上发布招标公告，招标公告应载明招标人的名称、地址，以及招标工程项目的名称、性质、规模、建造地点、建设要求、招标文件获取方式等事项。凡是对该工程感兴趣且符合规定条件的承包商都允许参加投标，竞争最为激烈。

公开招标的优点是给了符合资格审查要求的承包商以平等竞争的机会，可广泛地吸引投标人，从而使招标人有较大的选择范围，可以在众多投标单位之间选择报价合理、工期较短、信誉良好的承包商，有助于提高竞争程度和节约投资；所有投标者平等参与，公平竞争，有助于维护公共利益，避免腐败；促进承包商在增强竞争实力修炼内功，努力提高工程质量，缩短工期，降低造价，求得节约和效率，创造最合理的利益回报。

公开招标也有缺点，如招标成本大、时间长，公开招标程序复杂，需要花费更多的时间和精力进行招标文件的准备与评审工作；费用较高，包括公开登报、招标文件制作和印刷、开标场所布置等费用。通常会在接收投标文件前发布资格预审公告，通过资格预审的投标人才可以参与后续的投标活动。

2. 邀请招标

邀请招标是指招标人以投标邀请书的方式邀请特定的法人或其他组织投标。招标人对已经基本了解或通过征询意向的潜在投标人，以投标邀请书的方式直接邀请符合条件的特定的法人或其他组织参与投标，按照法律程序和招标文件规定的评标方法、标准选择中标人的招标方式。邀请招标中合格的投标人应不少于 3 个。邀请招标的优点包括所需时间较短，工作量小，目标集中，招标花费较省；但邀请招标也存在一些缺点，如不利于招标单位获得最优报价，获得最佳投资效益；投标单位的数量少，竞争性较差等。

招标单位在选择邀请人前所掌握的信息存在局限性，常会忽略一些在技术、报价方面更具竞争力的企业，使招标单位不易获得最合理的报价。

依据《中华人民共和国招标投标法实施条例》依法必须公开招标的项目中，满足以下条件且经过核准或备案的可以采用邀请招标。

（1）技术复杂、有特殊要求或者受自然环境限制，只有少量潜在投标人可供选择。

（2）采用公开招标方式的费用占项目合金额比例过大。

3. 公开招标与邀请招标的区别

公开招标和邀请招标的主要区别在于发布信息的方式、选择的范围、竞争的范围、公开程度和时间与费用等方面。

（1）发布信息的方式：公开招标采用公告的形式发布，而邀请招标则采用投标邀请书的形式发布。

（2）选择的范围：公开招标针对一切潜在的对招标项目感兴趣的法人或其他组织，招标人事先不知道投标人的数量。而邀请招标则针对已经了解的法人或其他组织，并且事先已经知道投标人的数量。

（3）竞争的范围：因为公开招标使所有符合条件的法人或其他组织都有机会参加投标，所以竞争的范围较广，竞争性体现得也比较充分。而邀请招标的投标人的数目有限，竞争的范围有限，招标人拥有的选择余地相对较小。

（4）公开程度：公开招标中所有的活动都必须严格按照预先指定并为大家所知的程序和标准公开进行，大大减少了作弊串通的可能。而邀请招标的公开程度相对较低，产生不法行为的机会也就多一些。

（5）时间和费用：邀请招标不发公告，招标文件只送几家，使整个招投标的时间大大缩短，招标费用也相应减少。而公开招标的程序比较复杂，从发布公告，投标人作出反应，评标，到签订合同，有许多时间上的要求，要准备许多文件，因而耗时较长，费用也比较高。

6.1.5 建设工程招标的条件和范围

1. 建设工程招标的条件

（1）建设单位应当具备的条件。招标组织形式可分为自行组织招标和委托代理机构代理招标两种。如果自行招标须具备自行招标的能力，具体要求如下。

1）招标人是法人，依法成立的其他组织。

2）招标人有与招标工程相适应的经济、技术管理人员。

3）招标人有组织编制招标文件的能力。

4）招标人有审查投标单位资质的能力。

5）招标人有组织开标、评标、定标的能力。

不具备上述项条件的，必须委托具有相应资质的咨询、监理等单位代理招标。另外，依法必须招标的项目，招标范围、招标方式、招标组织形式应当报批核准，并通报行政监督部门。

（2）工程建设项目招标应具备的条件。我国《工程建设项目施工招标投标办法》第八条规定，依法必须招标的工程建设项目应当具备下列条件才能进行施工招标。

1）招标人已经依法成立。

2）初步设计及概算应当履行审批手续的，已经批准。

3）相应资金或资金来源已经落实。

4）有招标所需的设计图纸及技术资料。

（3）可进行邀请招标的工程建设项目。我国《工程建设项目施工招标投标办法》第十一条规定，依法必须进行公开招标的工程建设项目，有下列情形之一，可以邀请招标。

1）项目技术复杂或有特殊要求，或者受自然地域环境限制，只有少量潜在投标人可供选择。

2）涉及国家安全、国家秘密或者抢险救灾，适宜招标但不宜公开招标。

3）采用公开招标方式的费用占项目合同金额的比例过大。

全部使用国有资金投资或者国有资金投资占控股或者主导地位的并需要审批的工程建设项目的邀请招标，应当经项目审批部门批准。

（4）可不进行工程招标的工程建设项目。我国《工程建设项目施工招标投标办法》第十二条规定，依法必须进行招标的工程建设项目，有下列情形之一，可以不进行施工招标。

1）涉及国家安全、国家秘密、抢险救灾或者属于利用扶贫资金实行以工代赈需要使用农民工等特殊情况，不适宜进行招标。

2）施工主要技术采用不可替代的专利或者专有技术。

3）已通过招标方式选定的特许经营项目投资人依法能够自行建设。

4）采购人依法能够自行建设。

5）在建工程追加的附属小型工程或者主体加层工程，原中标人仍具备承包能力，并且其他人承担将影响施工或者功能配套要求。

6）国家规定的其他情形。

2. 建设工程招标的范围

（1）《中华人民共和国招标投标法》相关规定。《中华人民共和国招标投标法》第三条规定如下：在中华人民共和国境内进行下列工程建设项目包括项目的勘察、设计、施工、监理以及与工程建设有关的重要设备、材料等的采购，必须进行招标。

1）大型基础设施、公用事业等关系社会公共利益、公众安全的项目。

2）全部或者部分使用国有资金投资或者国家融资的项目。

3）使用国际组织或者外国政府贷款、援助资金的项目。

前款所列项目的具体范围和规模标准，由国务院发展计划部门会同国务院有关部门制定，报国务院批准。法律或者国务院对必须进行招标的其他项目的范围有规定的，依照其规定。

（2）《中华人民共和国招标投标法实施条例》相关规定。《中华人民共和国招标投标法实施条例》第二条规定如下。

工程建设项目，是指工程以及与工程建设有关的货物、服务。

工程，是指建设工程，包括建筑物和构筑物的新建、改建、扩建及其相关的装修、拆除、修缮等。

与工程建设有关的货物，是指构成工程不可分割的组成部分，且为实现工程基本功能所必需的设备、材料等。

与工程建设有关的服务，是指为完成工程所需的勘察、设计、监理等服务。

（3）《必须招标的工程项目规定》相关规定。2018年修订的《必须招标的工程项目规定》对《中华人民共和国招标投标法》第三条的规定进行了细化，具体如下。

全部或者部分使用国有资金投资或者国家融资的项目包括以下几项。

1）使用预算资金200万元人民币以上，并且该资金占投资额10%以上的项目。

2）使用国有企业事业单位资金，并且该资金占控股或者主导地位的项目。

使用国际组织或者外国政府贷款、援助资金的项目包括以下内容。

1）使用世界银行、亚洲开发银行等国际组织贷款、援助资金的项目。

2）使用外国政府及其机构贷款、援助资金的项目。

勘察、设计、施工、监理以及与工程建设有关的重要设备、材料等的采购达到下列标准之一的，必须招标。

1）施工单项合同估算价在400万元人民币以上。

2）重要设备、材料等货物的采购，单项合同估算价在200万元人民币以上。

3）勘察、设计、监理等服务的采购，单项合同估算价在100万元人民币以上。

同一项目中可以合并进行的勘察、设计、施工、监理以及与工程建设有关的重要设备、材料等的采购，合同估算价合计达到前款规定标准的，必须招标。

（4）《必须招标的基础设施和公用事业项目范围规定》相关规定。2018年修订的《必须招标的基础设施和公用事业项目范围规定》对必须招标的大型基础设施和公用事业项目范围进行了细化，具体如下。

1）煤炭、石油、天然气、电力、新能源等能源基础设施项目。

2）铁路、公路、管道、水运，以及公共航空和A1级通用机场等交通运输基础设施项目。

3）电信枢纽、通信信息网络等通信基础设施项目。

4）防洪、灌溉、排涝、引（供）水等水利基础设施项目。

5）城市轨道交通等城建项目。

6.1.6 建设工程招标程序

招标程序是指招标活动内容的逻辑关系，一般包括准备阶段、招标阶段、成交阶段三个阶段。

1. 准备阶段

准备阶段主要工作是发布招标公告前时间段，具体包括以下几项。

（1）工程建设项目报建，建设项目立项文件获得批准后，招标人需要向住房城乡建设主管部门履行建设项目报建手续。只有报建申请批准后，才可以开始项目的建设。

（2）研究招标策略，确定招标方式和范围，明确任务和目标，并落实责任。

（3）收集整理招标所需的物资计划，包括招标项目的规格型号、技术要求、交货日期地点、交货条件等信息。

（4）申请办理招标审批手续。

（5）编制招标有关文件，包括招标准备阶段应编制好招标过程中可能涉及的文件，如招标控制价、标底、资格预审文件、招标公告、招标文件正文等。

2. 招标阶段

招标阶段是对于投标人的投标阶段，从发出招标公告之日起至投标截止之间的时间段，主要工作包括以下几项。

（1）资格预审公告发布，如需进行资格预审，应发布资格预审公告。公告期限从发出之日起至资格预审文件提交之日起不少于 5 日，资格预审文件应详细说明投标人须知，包括资格审查标准、审查程序等。

（2）资格审查，对投标人进行资格审查，审查内容主要包括投标人的财务状况、技术能力、资信等方面。通过资格预审少于 3 个，应重新招标。资格审查可分为资格预审和资格后审。

资格预审一般用于公开招标，由依法组建的资格审查委员会按照招标资格预审公告和资格预审文件规定的资格预审条件标准与方法，对投标申请人的经营资格、专业资质、财务状况、类似项目业绩、履约信誉、企业认证体系等条件进行评审，确定合格的潜在投标人。资格预审的办法包括合格制和有限数量制，一般情况下应采用合格制，潜在投标人过多的，可采用有限数量制。资格预审可以减少评标阶段的工作量，缩短评标时间，减少评审费用，避免不合格投标人浪费不必要的投标费用。资格预审适用于技术难度较大或投标文件编制费用较高，且潜在投标人数量较多的招标项目。

资格后审一般用于邀请招标，资格后审是开标后的初步评审阶段，由依法组建的评标委员会根据招标文件规定的投标资格条件对投标人资格进行评审。资格后审方法比较适合潜在投标人数量不多的招标项目。

（3）招标公告的发布，公开招标应发布招标公告。招标公告应通过报刊或其他形式发布，内容应包括招标项目名称、招标范围、投标人资格要求、招标文件获取方式、投标截止日期等。

（4）招标文件的发售，编制招标文件，包括技术规格书、投标须知等。招标文件应详细说明投标人须知、技术要求、合同条款等。招标文件发出至截止投标日不得少于 20 日，发售时间不少于 5 日。招标文件发售费用仅限于补偿印刷、邮寄成本，不得营利为目的。

（5）踏勘现场与召开投标预备会，如有需要，可安排踏勘现场与召开投标预备会，解答投标人对招标文件和勘察现场所提出的问题。

（6）接收投标书，在招标文件规定的时间和地点接收投标人送达的投标书，在开标前不得开启，超过截止之日送达的投标书应当拒收。

3. 成交阶段

成交阶段从投标截止之日起到与中标人签订合同为止的时间段，主要工作有以下几项。

（1）开标，投标截止日期即开标日期，按规定地点在投标人和授权人在场的情况下举行开标会议按规定的议程进行开标，由招标人主持。

（2）评标，招标人按有关规定成立评标委员会，依据评标原则、评标方法，对投标人的各主要投标要素进行综合评价，提出书面评标报告，推荐中标候选人。评标委员会名单随机抽取，并在中标结果确定前应保密，要求 5 人以上单数，技术和经济专家占总数的 2/3 以上，与投标人有利害关系的应当避让。

（3）中标，评标委员会提出书面评标报告后，确定中标人，并进行公示无异议后，招标人发出中标通知书。

（4）签订承发包合同，招标人与中标的投标单位在规定的时间之内，即发出中标通知书以后 30 日内签订书面的建设工程承发包合同。招标人和投标人不得订立违背合同实质性内容的其他协议。

（5）标后备案，依法必须招标的项目，招标人应当在中标通知书发出之日起 15 日内，向当地有关行政监督部门提交招标投标情况的书面报告。书面报告包括以下内容：招标范围，招标和发布招标公告的媒介招标文件中投标人须知、技术条款、评标标准和方法，合同主要等，以及评标委员会的组成和评标报告、中标结果。

6.1.7　招标文件

1. 招标文件的作用

招标文件是提供给投标人的投标依据，其内容是签订合同的基础，也是合同文件的有效组成部分。招标文件中应清楚无误地向投标人介绍实施工程项目的有关内容和要求，包括工程基本情况、预计工期、工程质量要求、支付规定等方面的信息，以便投标人据以编制投标书。对招标文件中的某些内容或补充和澄清的修改意见也是招标文件的一部分，且以后发生的为准。

2. 对商品的要求

（1）招标文件中不得在无任何理由的情况下含有对某一特定的潜在投标人有利的技术要求。不得限制、排斥潜在投标人。

（2）设备的采购方在编制招标文件技术要求时，只能对性能、品质及控制性的尺寸提出要求，不得提出具体的式样、外观上的要求，避免使用某一特定产品或生产企业的名称、商标、目录号、分类号、专利、设计等相关内容，不得要求或注明特定的生产供应者及含有倾向或排斥潜在制造商、供应商的内容。

（3）在编制技术要求时应慎重对待商标、制造商名称、产地等信息，如果不引用这些名称或样式不足以说明买方的技术要求时，必须加上"与某某同"等字样。

3. 招标文件主要内容

招标文件是招标人向供应商或承包商提供的信息，用于编写投标书，并通知他们招标将根据规则和程序进行。招标文件通常包括以下主要内容。

（1）招标公告或投标邀请书。

（2）投标人须知。投标人须知包括投标人须知前附表、正文和附表格式等内容。包括项目概况、资金来源和落实情况、招标范围、计划工期、质量要求、投标人资格要求、保密方式、计量单位、勘察现场说明、投标预备会说明、分包要求、偏离、投标有效期、投标保证金要求、履约担保要求、合同要求、开标时间、开标地点、对投标人的要求等内容。

（3）评标办法。招标文件中的评标办法主要包括选择评标方法、确定评审因素和标准及确定评标程序三方面内容。评标方法有经评审的最低投标价法、综合评估法和法律及行政法规允许的其他评标方法。招标文件应针对初步评审和详细评审分别制订相应的评审因素与标准。

评标工作一般包括初步评审、详细评审、投标文件的澄清和补正及评标结果等具体程序。初步评审是指按照初步评审因素和标准评审投标文件进行废标认定与投标报价算术错误修正。详细评审是按照详细评审因素和标准分析、评定投标文件。投标文件的澄清和补正是指初步评审和详细评审阶段，评标委员会可以书面形式要求投标人对投标文件中不明确的内容进行书面澄清和说明，或者对细微偏差进行补正。评标结果确定，对于最低投标法，评标委员会按照经评审的评标价格由低到高的顺序推荐中标候选人。对于综合评估法，评标委员会按照得分由高到低的顺序推荐中标候选人。评标委员会按照招标人授权可以直接确定中标人或推荐中标候选人。推荐的中标候选人不多于 3 个，且进行排序。评标委员会完成评标后，应当向招标人提交书面评标报告。

（4）合同条款格式。施工合同的内容包括双方责任和义务、工程范围、建设工期、开工和竣工时间、工程质量、工程造价、技术资料交付时间、材料和设备供应责任、拨付结算、竣工验收、质量保修范围和质量保证期双方相互协作等内容。合同附件格式包括合同协议书格式、履约担保格式、预付款担保格式等。

（5）投标文件格式。投标文件格式的主要作用是为投标人编制投标文件提供固定的格式和编排顺序，以规范投标文件的编制，同时便于评标委员会评标。

（6）工程量清单和图纸。工程量清单是表现拟建工程实体性项目和非实体性项目名称与相应数量的明细清单以满足工程建设项目具体量化和计量支付的需要，是投标人报价的重要依据，一般由分部分项工程费、措施项目费、其他项目费、规费和税金组成，并且应采用综合单价计价。

设计图纸是合同文件的重要组成部分，是编制工程量清单及投标报价的重要依据，也是进行施工及验收的依据。通常，招标时的图纸并不是工程所需的全部图纸，在投标人中标后还会陆续颁发新的图纸，或对招标时的图纸进行修改。因此，在招标文件中，除附上招标图纸外，还应该列明图纸目录。图纸目录一般包括序号、图名、图号、版本、出图日期等。图纸目录及相对应的图纸将对施工过程的合同管理与争议发挥重要的作用。

（7）技术标准和要求。技术标准和要求也是构成合同文件的组成部分。技术标准的内容主要包括各项工艺指标、施工要求、材料检验标准，以及各分部分项工程施工成型后的检验手段和验收标准等。

6.1.8　建设工程开标

开标是指在投标人提交投标文件后，招标人依据招标文件规定的时间和地点，开启投标人提交的投标文件，公开宣布投标人的名称、投标价格及其他主要内容等并记录在案的行为。开标是招标投标活动中公开原则的重要体现。

1. 开标时间和地点

《中华人民共和国招标投标法》第三十四条规定，开标应当在招标文件确定的提交投标截止时间的同时间公开进行；开标地点应当为招标文件中预先确定的地点。

（1）开标时间和地点。开标时间和地点应在招标文件中具体明示。

开标时间和提交投标文件截止时间应为同一时间，同时，也是投标有效期起算之日，应具体确定到某年某月某日的几时几分，并在招标文件中明示。超过投标截止日提交的投标文件招标人应当拒收。

开标地点应具体确定到要进行开标活动的房间，以便投标人和有关人员准时参加开标。注意开标地点和发售标书的地点可能会不一致。

招标人和招标代理机构必须按照招标文件中的规定的时间与地点开标。不得擅自提前或拖后开标。

（2）开标时间和地点的修改。开标时间和地点的修改在性质上是对招标文件的修改。如果基于合理原因确需修改开标时间和地点的，招标人应依法办理，并及时以书面形式通知所有接收招标文件的潜在投标人。

投标截止日前收到的有效投标文件少于3份，不得开标，招标人应当重新招标。

2. 开标相关方

《中华人民共和国招标投标法》第三十五条规定，开标由招标人主持，邀请所有投标人参加。

（1）招标人。开标由招标人主持，招标人也可以委托招标代理机构主持。在实际招标投标活动中，绝大多数为委托招标项目，开标都是由招标代理机构主持的。

（2）投标人。招标人邀请所有投标人参加开标。投标人可自主决定是否参加开标会，或委托代理人参加开标会。一般开标时，招标人会要求所有投标人带授权证明文件参加开标会议，现场确定一些开标的重要内容，如检查标书的密封情况、唱标记录情况、接受评标委员会的澄清说明、提出异议等。投标人对开标有异议的，应当在开标现场提出，即不参加现场开标的投标人无权对开标现场提出异议。

（3）其他参加人员。根据项目的不同情况，招标人可以邀请除投标人外的人员参加开标。例如，招标人可以委托公证机构在现场对投标文件进行检查，邀请行政监督人员现场进行监督等。

3. 开标流程

招标人在开标前可向招标管理机构申请开标的监督，通过专家信息库随机抽取专家成立评标委员会，接收投标人的投标文件，一些准备妥当后按时按地点召开开标大会。投标人应尽可能参加开标大会，以便了解竞争对手的情况，如报价、工期、质量等，为其他投标做好准备工作。开标大会的流程一般如下。

（1）宣布开标纪律和开标现场的要求，介绍开标人、唱标人、记录人、监标人等有关人员姓名。

（2）宣布有效投标人的名称，并确认投标人是否派代表到达现场。

（3）邀请投标人或公证机构检查投标文件密封情况，并宣布投标文件开标顺序。

（4）设有标底的，公布标底。

（5）唱标，按照宣布的开标顺序当众开标，公布投标人名称、投标标段、投标报价、质量目标、工期等，并做记录存档。

（6）相关代表方在开标记录表签字确认。

（7）按招标文件要求，投标人讲标和接收质疑。

（8）开标结束。

近年随电子投标的进一步应用，开标流程会有变化，如到提交标书要求、到达现场情况、唱标情况等都有所不同，但实质工作和内容没有变化。

6.1.9 建设工程评标

建设工程评标是指评标委员会根据招标文件规定的评标标准和方法，对投标文件进行评审和比较，确定中标候选人的过程。

1. 评标委员会

评标委员会是招标过程中必不可少的一部分，其职责是负责评标活动，向招标人推荐中标候选人或者根据招标人的授权直接确定中标人。

（1）评标委员会组成。评标委员会由招标人负责依法组建。依法必须进行招标的项目，其评标委员会由招标人的代表和有关技术、经济等方面的专家组成，成员人数为五人以上单数，其中技术、经济等方面的专家不得少于成员总数的三分之二。评标委员会设组长的，组长由评标委员会成员推举产生或者由招标人确定，评标委员会组长与评标委员会的其他成员有同等的表决权。

评标委员会评标专家可以采取随机抽取或直接确定的方式。一般项目采取随机抽取的方式，技术特别复杂、专业性要求特别高或国家有特殊要求的招标项目，采取随机抽取方式确定的专家难以胜任的，可以由招标人直接确定。

评标委员会成员名单在开标前确定，在中标结果宣布前应当保密。

（2）评标专家的条件。评标专家需要遵守评标纪律，对评标过程和结果保密，不得与任何投标人进行接触，不得泄露评标过程和结果。同时，评标专家应当坚持原则、秉公办事、廉洁自律，认真履行职责，保证评标活动的公正、公平和透明。入选评标专家库的专家应具备的条件有：要求从事相关专业领域工作满 8 年，并具有高级职称或者同等专业水平；熟悉有关招标投标的法律法规、技术规范和标准规范；能够认真、公正、诚实、廉洁地履行职责；身体健康，能够胜任评标工作等，且无不良记录，未被取消过评标专家资格。

（3）评标委员会成员回避制度。评标委员会成员应当客观、公正地履行职责，遵守职业道德，对所提出的评审意见承担个人责任。评标委员会成员不得与任何投标人或者与招标结果有利害关系的人进行私下接触，不得收受投标人、中介人、其他利害关系人的财物或者其他好处，不得向招标人征询其确定中标人的意向，不得接受任何单位或者个人明示或者暗示提出的倾向或者排斥特定投标人的要求，不得有其他不客观、不公正履行职务的行为。

有下列情形之一的人员应当主动提出回避，不得担任评标委员会成员：投标人主要负责人的近亲属；项目主管部门或行政监督部门的人员；与投标人有经济利益关系，可能影响投标公正评审的人员；曾因在招标、评标及其他与招标投标有关的活动中从事违法行为而受过行政处罚或刑事处罚的人员。

（4）评标委员会成员的抽取时间。按照《中华人民共和国招标投标法》和《评标委员会和评标方法暂行规定》，评标委员会成员名单一般在开标前确定。为防止串标，一般在开标前 2 小时以内抽取，名单要保密，如果需要提前一天抽取，抽取后要集中评标委员会的成员。

2. 评标原则

评标的原则是公开、公平、公正原则。评标委员会按照招标文件规定的评标标准和方法，客观、公正地对投标文件提出评审意见。招标文件没有规定的评标标准和方法不得作为评标的依据。招标人应当采取必要的措施，保证评标在严格保密的情况下进行。

3. 评标

建设工程评标由发包人依法组建的评标委员会进行。评标程序一般可分为评标准备、初步评审、详细评审、编写评标报告等。详见6.1.10节评标程序。

4. 经评审的最低投标价法

（1）经评审的最低投标价法概念。经评审的最低投标价法是指对招标文件作出了实质性响应，在技术和商务部分能满足招标文件的前提下，将投标人的报价经过算术错误纠正、折算、为遗漏和偏差进行调整及其他规定的评比因素修正后得出的最低报价推荐为中标人的方法。经评审的最低投标价法强调的是优惠而合理的价格，这种评审方法主要适用于具有通用技术、性能标准或者招标人对其技术、性能没有特殊要求的招标项目，其工期较短，质量、工期、成本受不同施工方案影响较小，工程管理要求一般。

（2）经评审的最低投标价法衡量因素。经评审的最低投标价法是以评审价格作为衡量标准，它将一些因素（不含投标文件的技术部分）折算为价格，然后再计算其评标价。

评标价的折算因素主要有工程项目工期的提前量；投标标书中的优惠及其幅度；合理化建议生成的经济效益。

《中华人民共和国招标投标法实施条例》规定，标底只能作为评标的参考，不可以投标报价是否接近标底作为中标条件。采用经评审的最低投标价法评审，一般不事先设定基准价，以评审后的价格为准。再次强调投标报价低于成本的除外。"成本"是指企业的个别成本，包括各种费用、开支和利润等。如果投标人的投标报价低于其个别成本，很可能是通过不正当手段来降低成本，这种情况下，即使投标人的报价最低，也不能中标。

（3）应用实践。某工程施工项目采用资格预审方式招标，并采用经评审的最低投标价法进行评标。现有4个投标人进行投标分别为甲、乙、丙、丁，全部通过了初步评审时，评标委员会对经算术修正后的投标报价进行详细评审。

招标文件规定：最大工期为20个月，不得超过；工期每提前1个月给招标人带来的预期效益为100万元；招标人提供机械设备设施15台，每台使用费为10万元，计入投标费用。评标价的折算考虑两个因素：投标人使用招标机械设备费用和提前竣工的效益。

唱标时数据如下。

投标人甲：修正后的投标报价为5 000万元，提出需要使用招标人机械设施8台，承诺的工期为17个月。

投标人乙：修正后的投标报价为4 500万元，提出需要使用招标人机械设施10台，承诺的工期为18个月。

投标人丙：修正后的投标报价为4 300万元，提出需要使用招标人机械设施15台，承诺的工期为20个月。

投标人丁：修正后的投标报价为4 000万元，提出需要使用招标人机械设施5台，承诺的工期为22个月。

问题：评标委员会应推荐谁为第一中标候选人？为什么？

分析：因投标人丁工期超过招标要求的工期，会被评标委员会直接否决其投标，否决后还有甲乙丙三个投标人形成有效竞争，可以继续评标。

工期因素调整：

投标人甲：（17－20）×100＝－300（万元）；

投标人乙：$(18-20) \times 100 = -200$（万元）；

投标人丙：$(20-20) \times 100 = 0$（万元）。

使用招标人机械设备因素的调整：

投标人甲：$8 \times 10 = 80$（万元）；

投标人乙：$10 \times 10 = 100$（万元）；

投标人丙：$15 \times 100 = 150$（万元）。

经评审的最终投标价见表 6.1。

表 6.1　经评审的最终投标价

项目	投标人甲	投标人乙	投标人丙
修正后的投标报价/万元	5 000	4 500	4 300
工期影响因素调整/万元	−300	−200	0
使用招标人机械设备调整/万元	80	100	150
评标价/万元	4 780	4 400	4 450
排序	3	1	2

投标人乙的报价为经评审的最低投标价，评标委员会推荐其为第一中标候选人。但需要特别注意招标人与投标人乙签订合同的合同价还是 4 500 万的投标价，并不是评标价。

5. 综合评估法

（1）综合评估法是一种应用于建设工程招标活动的评审方法，它综合考虑投标报价、技术方案、服务质量、企业实力等多个因素，以此评估投标人的综合得分，并以此为依据确定中标人。综合评估法按其具体分析方式的不同，一般有定性综合评估法和定量综合评估法。

定性综合评估法通常由评标组织对工程报价、工期、质量、施工组织设计、主要材料消耗、安全保障措施、业绩、信誉等评审指标进行定性比较分析，综合考虑后，选出其中被大多数评标组织成员认为各项条件都比较优良的投标人为中标人。这种评估方法的特点在于不量化各项评审指标，而是通过综合分析各种因素评估投标人的综合实力。它是一种定性的优选法，操作简单易行，综合性强，需要的数据资料少，可充分利用评估者自身经验。但是，这种方法也可能会受到评标组织成员的主观因素影响，评估结果的准确性可能会受到影响。

定量综合评估法又称为打分法百分制计分评议法，是一种基于数学方法和计算机技术的评估方法，通过对各项评审指标进行定量化分析，综合考虑各项因素后得出评估结果。需事先在招标文件或评标定标办法中将内容进行分类，形成若干评审因素，并确定各项评审因素占的百分比和评分标准，开标后由评标组织中的每位成员按评标规则进行打分，最后统计投标人的得分，得分最高者（排序第一名）即中标。定量综合评估法的优点在于能够通过数学方法和计算机技术对各项指标进行精确计算与分析，减少了评标委员会成员的主观因素影响，提高了评估结果的准确性和可靠性。但是，这种评估方法需要大量的数据支撑和技术支持，操作相对较为复杂。通常综合评估法即这种定量结合评估法。

（2）综合评估法的评审因素。综合评估法需量化各类评审因素，如报价、技术、商务、服务等，需确定各个评审因素的分值分配，一般需要考虑因素有评审因素的重要性、对招标形成竞争的体现、对招标意图的影响、与资格审查的关系等。

（3）各评审因素的分值。所有评审因素的总分值一般都是 100 分，根据招标人的意图在法律法规允许范围内进行最优分配。一般每个子项都设置得分要求，加分要求，最高得分等。根据不同的项目特点会设置不同的细分得分子项。

1) 报价。对投标报价的打分，首先需要确定评标基准价。评标基准价确定的方式有一般为投标人平均价、去掉最高分和最低分的算术平均值或权重调整后的算术平均值、满足招标条件的最低报价、标底等。但在使用标底时需注意，《中华人民共和国招标投标法实施条例》规定，不得以投标报价是否接近标底为中标条件，也不得以投标报价超过标底上下浮动范围为否决投标的条件。

再对报价进行打分，如报价占得分的 30%，则报价得分即（评标基准价/投标报价）×30%×100 分。也取区间值的算法，如在 -2% 至 2% 范围得满分，在 -5% 至 5% 范围得 90 分等。

2) 技术部分。对工期、质量、技术指标、施工方案（施工组织设计）等的评分，需将其内容进一步分解为若干子项。如施工组织设计的评分还可再细分为项目管理机构情况、施工准备及布置、现场总平面布置图、工程总体网络进度计划、主要施工机具配置情况、主要劳动力配置情况、技术、质量保证措施、安全生产和文明施工保证措施等。分别对每一子项设定相不相等的子分值，如每个子项各占 1~2 分，或者有的占 1 分，有的占 2 分，有的占 3 分等，打分的一般标准是招标文件中有满足此项内容的，根据评分标准得分，有欠缺或不科学、不合理的，适当扣分没有欠缺的得满分等。工期、质量、技术指标同理评分。

3) 商务部分。商务部分是对投标人企业实力的结合评分，一般包括类似业绩、企业各类资质、企业各类获奖证书、财务能力、企业信誉等进行细分评分。

4) 服务部分。对售后服务的要求，如各类服务承诺、响应时间、排除故障时间等多方面因素。如防水按规定最低要求售后服务 5 年，如提供 5 年售后服务不得分，提供 8 年加 1 分等。

（4）应用案例。某工程施工采用资格预审方式招标，并采用综合评估法进行评标，共有 5 个投标人进行投标，且均通过了初步评审，评标委员会按照招标文件规定的评标办法进行详细评审打分。评审权重为投标报价权重为 40 分，技术评审权重为 40 分，商务评审权重 15 分，服务评审权重 5 分。其中，技术部分细分为施工组织方案设计为 20 分、拟投入的人员及机械设备20 分；商务部分细分为财务能力为 5 分、类似业绩（近三年）5 分、企业资质信誉部分 5 分；服务部分细分为室内外防水、供热、管道、装修装饰等设施多提供一年服务加 1 分，最高 5 分。

1) 投标报价的评审。招标文件规定评标基准价确定原则为：所有合格的有效投标人的投标价去掉一个最高值和一个最低值后的算术平均值；当有效投标人少于 5 家，则投标价平均值直接作为评标基准价。

招标文件规定得分原则为：当投标人的投标价等于评标基准价时得 40 分，每高于一个百分点扣 2 分，每低于一个百分点扣 1 分。

2) 技术管理能力的评审。

①施工组织方案：20 分。施工平面布置合理，施工方法基本可行，有安全措施及雨期施工措施，并具有一定操作性和针对性，施工点难点分析较突出、较清晰，得基本分 12 分；施工平面布置合理且周密细致，有针对性，加 1~2 分；施工工序安排合理，工序及进度衔接缜密，加1~2 分；组织机构图很清晰，施工方案具体、详细、科学，施工方法先进，加 1~2 分；安全措施及雨期施工措施具有操作性和针对性强，施工重点和难点分析突出、清晰，加 1~2 分。

②人员及机械设备：20 分。项目管理机构设置人员及投入的机械设备基本合理，项目经理、技术负责人、其他主要人员数量及资格满足最低要求，得 12 分。项目经理、技术负责人、其他主要技术人员的任职资格与业绩高于招标文件的最低要求，评标委员会酌情加 1~4 分；机械设备种类和数量超出招标文件最低要求，评标委员会酌情加 1~4 分。

3) 商务部分的评审

①财务能力：为5分，财务能力满足招标文件最低要求，得3分；财务能力超出招标文件最低要求，评标委员会酌情加1~2分。

②类似业绩（近三年）：5分，具有类似项目业绩1 000万元以上每项得1分，500万~1 000万元每项得0.5分，200万~500万元每项得0.2分，200万元以下不得分，累计最高得5分。

③企业资质信誉部分：5分，信誉满足招标文件最低要求，得2分，有其他类似项目全国或行业获奖情况，每项加1分，最高加3分。

4）服务部分的评审。满足招标文件和法律法规要求的最低保修年限得2分，其他每超出1项得1分，总加分不超3分。

最后的评审得分计算见表6.2。

表6.2　评审得分计算表

投标人		投标人A	投标人B	投标人C	投标人D	投标人E
报价部分 （满分40分）	投标报价/万元	1 000	950	980	1 050	1 020
	基准价/万元	去掉最高价1 050，去掉最低价950，（1 000+980+1 020）÷3=1 000				
	报价得分（满分40分）	40	35	38	30	36
技术部分 （满分40分）	施工方案（满分20分）	16	18	16	14	16
	人员机械（满分20分）	14	18	12	16	16
商务部分 （满分15分）	财务能力（满分5分）	4	4	3	3	3
	类似业绩（满分5分）	3	5	4	3	4
	资质信誉（满分5分）	3	4	4	5	3
服务部分（满分5分）		3	2	2	4	4
总得分		83	86	79	75	82
综合评分排名		2	1	4	5	3

按综合评分排序，评标委员会依次推荐第一中标候选人为投标人B，推荐第二中标候选人为投标人A，推荐第三中标候选人为投标人E。

6.1.10　建设工程评标程序

建设工程评标程序一般可分为评标准备、初步评审、详细评审、编写评标报告等。

1. 评标准备

评标委员会成员在正式对投标文件进行评审前，应当认真研究招标文件，主要了解招标的目标、招标工程项目的范围和性质、招标文件中规定的主要技术要求，标准和商务条款、招标文件规定的评标标准、评标方法和在评标过程中考虑的相关因素等。因为招标文件中没有规定的标准和方法不得作为评标的依据，所以评标委员会成员应当重点了解招标文件规定的评标标准和方法。

2. 初步评审

初步评审是指从有效的投标书中筛选出符合最低要求的合格投标书，剔除无效投标书，以减少后期评审的工作量。初步评审一般包括对投标文件的符合性评审、技术性评审、商务性评审等。根据招标项目的不同，如勘察设计招标、货物招标、施工招标等评审过程会有略微差别。

（1）符合性评审。符合性评审是评标委员会对投标文件是否符合招标文件进行评审的过程。

投标文件的符合性评审包括形式评审、资格评审、响应性评审、商务符合性评审、技术符合性评审等。投标文件应实质上响应招标文件的所有条款和条件，无显著的差异或保留，允许出现偏差的在偏差范围要求内。

确定投标文件的有效性。确认投标文件是否按招标文件要求的格式进行了响应及签章等，以确认是否为一份合格的投标文件。一般确定的内容有：投标文件格式符合要求；投标人是否已通过资格预审；法人资格证书及授权委托证书；如是联合体，是否提交了合格的联合体协议书；投标保证的格式、内容、金额、有效期、出具单位是否符合招标文件要求；投标文件是否按要求进行了有效的签署。

投标文件的完整性确认。确认投标文件的内容是否完整，包括封面、目录、正文、图纸、表格、签名等格式要求，以及标价工程量清单、报价汇总表，施工进度计划、施工方案、施工人员和施工机械设备的配等招标文件规定应递交的全部文件。

投标文件一致性确认。包括投标人基本信息一致和投标文件内容一致。投标人基本信息一致是指公司名称、营业执照编号、法人代表等是否一致。投标文件内容一致是指投标文件应对招标文件格式要求填写，并作出明确的回答，如招标书要求填写的空白栏、招标文件响应、招标文件要求的技术规格及数量价格、招标文件规定不可修改的条款、附加条件等。

初步评审的第一步，如果发现投标文件实质上不响应招标文件的要求，或说明是否有任何修改、保留和附加条件等情况应否决其投标，且不允许投标人修正或撤销其不符合要求的差异。

（2）商务性评审。商务性评审是评标委员会对投标文件中的商务内容进行评审的过程。目的是评估投标文件中的商务内容是否满足招标文件的要求，以及投标人是否具有足够的商业能力和信誉。包括投标报价校核、审查全部报价数据计算的正确性、分析报价构成的合理性，并与标底价格进行对比分析。如果报价中存在算术计算上的错误，应进行修正。修正后的投标报价经投标人确认后对其起约束作用。一般包括投标价格是否合理，是否满足招标文件的要求；投标人财务状况是否良好，是否有足够的资金承担项目费用；投标人过去的商业信誉和商业伙伴的评价是否良好，是否有违约、欺诈等不良记录；投标人是否具有履行合同的能力和经验，包括人力资源、设备、技术等；投标人是否具有符合招标文件规定的资格条件。

（3）技术性评审。技术性评审是评标委员会对投标文件中的技术内容进行评审的过程。目的是评估投标文件中的技术内容是否满足招标文件的要求，以及投标人是否具有足够的技术能力和技术水平。一般包括总体技术方案是否可行，是否满足招标文件的要求；技术细节是否合理、可行，是否达到招标文件的技术规格和要求；技术建议和改进方案是否具有优势和可行性，是否能够提高投标质量、降低成本、缩短工期等；投标文件中是否提供了足够的证明材料，如试验报告、检测报告、专利证书等，以证明技术方案的有效性和可行性。

（4）投标文件的澄清和说明。评标委员会可以要求投标人对投标文件中含意不明确、对同类问题表述不一致或者有明显文字和计算错误的内容作必要澄清或说明，投标人的澄清、说明应当采用书面形式，并不得超出投标文件的范围或者改变投标文件的实质性内容。评标委员会不得暗示或者诱导投标人作出澄清、说明，不得接受投标人主动提出的澄清、说明。一般规定：投标文件中的大写金额和小写金额不一致的，以大写金额为准；总价金额与单价金额不一致的，以单价金额为准，单价金额小数点有明显错误的除外；正本与副本不同的，以正本为准；对不同文字文本投标文件的解释发生异议的，以招标文件规定的主要语言为准。

（5）否决投标情况。根据相关法律法规，评标委员会可以否决投标的情况如下。

1）投标人有串通投标、弄虚作假、行贿等违法行为。在评标过程中，评标委员会发现投标人以他人的名义投标、串通投标、以行贿手段谋取中标或者以其他弄虚作假方式投标的，该投标人的投标应作为废标处理。

2）投标报价低于成本或者高于招标文件设定的最高投标限价。最高投标限价在招标文件中明示或说明计算方法，超过最高限价会被直接否决。低于成本价是指在评标过程中，评标委员会发现投标人的报价明显低于其他投标报价或者在设有标底时明显低于标底，使其投标报价可能低于其个别成本的，应当要求该投标人作出书面说明并提供相关证明材料。投标人不能合理说明或者不能提供相关证明材料的，由评标委员会认定该投标人以低于成本报价竞标，其投标应作为废标处理。

3）投标人不具备资格条件。包括投标人资格条件不符合国家有关规定和招标文件要求的，或者拒不按照要求对投标文件进行澄清、说明或者补正的，评标委员会可以否决其投标。

4）投标文件不符合形式要求。如投标文件无单位，法定代表人或其代理人的印鉴，或未按规定加盖投标单位盖章和单位负责人签字；投标联合体没有提交共同投标协议；同一投标人提交两个以上不同的投标文件或者投标报价，但招标文件要求提交备选投标的除外；未按规定的格式填写，内容不全或字迹模糊辨认不清；逾期送达。

5）投标文件没有对招标文件的实质性要求和条件作出响应。未能在实质上响应的投标，应作为废标处理。如果投标文件与招标文件有重大偏差，也认为未能对招标文件作出实质性响应。

6）投标偏差。投标偏差分为重大偏差和细微偏差。重大偏差会直接否决其投标；细微偏差达到规定的最大数同样会否决期投标，未达到最大规定数也会影响评标得分。

属于重大的偏差的有没有按照招标文件要求提供投标担保或者所提供的投标担保有瑕疵；投标文件没有投标人授权代表签字和加盖公章；投标文件载明的招标项目完成期限超过招标文件规定的期限（投标有效期）；明显不符合技术规格、技术标准的要求；投标文件载明的货物包装方式、检验标准和方法等不符合招标文件的要求；投标文件附有招标人不能接受的条件；不符合招标文件中规定的其他实质性要求等。

细微偏差是指投标文件在实质上响应招标文件要求，但在个别地方存在漏项或者提供了不完整的技术信息和数据等情况，并且补正这些遗漏或者不完整不会对其他投标人造成不公平的结果。细微偏差不影响投标文件的有效性。评标委员会应当书面要求存在细微偏差的投标人在评标结束前予以补正。拒不补正的，在详细评审时可以对细微偏差作不利于该投标人的量化评分，其标准应当在招标文件中规定。

投标有效期是指自截止投标之日至确定中标人或订立合同之时。招标文件应当规定一个适当的投标有效期（一般为90天），以保证招标人有足够的时间完成评标和与中标人确立订立合同事宜。如果在原投标有效期结束前出现特殊情况，招标人可以书面形式要求所有投标人延长投标有效期和延长投标保证金的有效期，投标人拒绝延长投标保证金有效期，其投标无效。

3. 详细评审

详细评审是通过全面了解每个投标人的技术、商务和价格等方面的优势与劣势，为招标人选择最合适的投标人提供重要的参考依据，是对经初步评审合格的投标文件，评标委员会按照招标文件确定的评标标准和方法，每个投标文件进行独立评审，并根据招标文件中规定的评分标准和权重，对技术部分和商务部分（含价格）作进一步评审和比较，对每个投标文件的各项指标进行量化和加权评分。最终，评标委员会将根据每个指标的总得分，确定中标候选人或中标人。

根据招标项目的特点选择适宜评标办法。评标办法一般包括经评审的最低投标价法、综合评估法。

4. 编写评标报告

评标报告是完成评标后向招标人提出书面评标结论性的报告，评标委员会根据评标过程和结果编写的一份总结性报告，用于向招标人汇报评标结果和提出建议。以下是编写评标报告的一般步骤。

（1）编写评标概述：在评标报告的开头，简要介绍评标委员会的组成、评标时间、评标地点、评标标准和程序、开标记录、符合要求的投标人信息表、否决投标等信息。

（2）列出评标标准：在评标概述之后，列出评标委员会根据招标文件制订的评标标准，包括技术、商务和价格等方面的标准。

（3）描述投标文件评审情况：描述评标委员会对投标文件的评审情况，包括投标文件的完整性、规范性、技术方案、价格等方面的评审结果。

（4）提供评分和排名：根据评标标准和评审情况，对每个投标文件进行评分，并排列出优劣次序，提供中标候选人的推荐意见。包括经评审的价格或者评分比较一览表和经评审的投标人排序。

（5）列出评审中的问题：在评标报告中列出评审中的问题，包括投标文件的重大偏差、不符合招标文件要求等问题，以及解决方案。

（6）提出评审意见和建议：根据评标结果和评审中的问题，提出评审意见和建议，包括技术方案、合同条件等方面的意见和建议。

（7）附加证明材料：在评标报告后附加证明材料，包括评标委员会的签到表、评审记录、投标文件，以及澄清、说明、补正事项纪要等证明材料。

当编写评标报告时，评标委员会应当根据招标文件的要求，客观、公正、准确地描述评标过程和结果，并提出明确的建议。同时，评标委员会应当严格遵守保密规定，不得泄露评标过程中的机密信息。

评标结果是由评标委员会按照得分由高到低的顺序推荐中标候选人，被授权的评标委员会也可直接确定中标人。对使用国有资金投资或者国家融资的项目，招标人应当确定排名第一的中标候选人为中标人。排名第一的中标候选人放弃标，因不可抗力提出不能履行合同，或者招标文件规定应当提交履约保证金而在规定的期内未能提交的，招标人可以确定排名第二的中标候选人为中标人。

6.1.11 建设工程定标

《中华人民共和国招标投标法》及《中华人民共和国招标投标实施条例》中有关中标的相关规定如下所示。

1. 中标条件

中标人的投标应当符合下列条件：能够最大限度地满足招标文件中规定的各项综合评价标准或能够满足招标文件的实质性要求，并且经评审的投标价格最低或综合评估得分最高，但是投标价格低于成本的除外。

在确定中标人前，招标人不得与投标人就投标价格、投标方案等实质性内容进行谈判。

2. 中标候选人公示

依法必须进行招标的项目，招标人应当自收到评标报告之日起 3 日内公示中标候选人，公示期不得少于 3 日。

投标人或者其他利害关系人对依法必须进行招标的项目的评标结果有异议的，应当在中标候选人公示期间提出。招标人应当自收到异议之日起 3 日内作出答复；作出答复前，应当暂停招标投标活动。

3. 发出中标通知书

招标人根据评标委员会提出的书面评标报告和推荐的中标候选人确定中标人。招标人也可以授权评标委员会直接确定中标人。

中标人确定后，招标人应当向中标人发出中标通知书，并同时将中标结果通知所有未中标的投标人。

中标通知书对招标人和中标人具有法律效力。中标通知书发出后，招标人改变中标结果的，或者中标人放弃中标项目的，应当依法承担法律责任。

4. 合同签订

招标人和中标人应当自中标通知书发出之日起 30 日内，按照招标文件和中标人的投标文件订立书面合同。招标人和中标人不得再行订立背离合同实质性内容的其他协议。

招标文件要求中标人提交履约保证金的，中标人应当提交。

中标人应当按照合同约定履行义务，完成中标项目。中标人不得向他人转让中标项目，也不得将中标项目肢解后分别向他人转让。但中标人按照合同约定或者经招标人同意，可以将中标项目的部分非主体、非关键性工作分包给他人完成。接受分包的人应当具备相应的资格条件，且不得再次分包。中标人应当就分包项目向招标人负责，分包项目与分包人就分包项目应承担连带责任。

5. 其他情况

评标委员会经评审认为所有投标都不符合招标文件要求的，可以否决所有投标。依法必须进行招标的项目所有授标被否决的，招标人应当依照《中华人民共和国招标投标法》重新招标。重新招标后投标人少于 3 个的，属于必须审批的工程建设项目，报经原审批部门批准后可以不再进行招标，其他工程建设项目，招标人可自行决定不再进行招标。

6.2　建设工程投标

6.2.1　建设工程投标人

1. 投标人及要求

《中华人民共和国招标投标法》第二十五条规定：投标人是响应招标、参加投标竞争的法人或者其他组织。依法招标的科研项目允许个人参加投标的，投标的个人适用本法有关投标人的规定。

第二十六条规定：投标人应当具备承担招标项目的能力；国家有关规定对投标人资格条件或者招标文件对投标人资格条件有规定的，投标人应当具备规定的资格条件。

第二十七条规定：投标人应当按照招标文件的要求编制投标文件。投标文件应当对招标文件提出的实质性要求和条件作出响应。

可见投标人既可以是法人也可以是自然人，但都必须有与招标文件要求相适应的人力、物力、财力及符合的资质证书、业绩经验等。但在建设工程中投标规定投标人必须为法人，且在投标文件中标明拟派出项目负责人和主要技术人员的简历、业绩、拟用于完成项目的设备机械等。建设工程投标人主要有勘察设计单位、施工企业、材料设备供应单位、咨询单位、监理单位、工程总承包单位等。

2. 联合体投标

两个以上法人或其他组织可以组成一个联合体，以一个投标人的身份共同投标。联合体各方均应当具备承担招标项目的相应能力；国家有关规定或招标文件对投标人资格条件有规定的，联合体各方均应当具备规定的相应资格条件。由同一个专业的单位组成的联合体，按照资质等级较低的单位确定资质等级。联合体各方应当签订共同投标协议，明确约定各方拟承担的工作和责任，并将共同投标协议连同投标文件一并提交招标人。联合体中标的，联合体各方应当共同与招标人签订合同，就中标项目向招标人承担连带责任。招标人不得强制投标人组成联合体共同投标，不得限制投标人之间的竞争。

同一个法人不得在同一个招标项目中再作为其他投标人出现，包括其他联合体、单独投标，否则所有投标全部无效。联合体共同投标协议在投标截止日后不得进行变更。

3. 投标人的权利

（1）投标人有权按照招标文件的要求，在规定的时间和地点，向招标人递交投标文件，也同样有权利放弃投标竞争。

（2）投标人有权获得招标文件的查阅权，了解其中的与招标有关的信息，如招标要求、招标截止日期等，并组合市场情况，确定自己的投标价格，做到优质优价。

（3）投标人有权提出澄清要求，即在发现招标文件中的错误、疏漏或者不明确之处，可以向招标人提出询问，要求其给予解释和澄清。

（4）投标人有权在符合条件的情况下，组成联合体投标。

（5）投标人有权平等获得和利用招标信息，若投标人发现其他投标人的行为违法或侵害了自己的权益，有权向相关机构提出投诉或申诉。

4. 投标人的义务

（1）遵守相关法律法规，遵守诚实信用原则，如实提供自己的真实信息，保证所提供的文件的真实性，不得弄虚作假，不得进行串标、围标等违法行为，不得以不正当手段干扰招标工作，不得侵犯其他投标人的合法权益。

（2）按照招标文件要求编制投标文件，投标文件应当对招标文件提出的实质性要求和条件作出响应。

（3）依法在规定的时间内提交投标保证金，保证金为基本户转出。

（4）如中标，按招标文件要求提交履约保证金，按合同约定履行义务，完成中标项目。不得将中标项目转包和非法分包。

（5）依法接受管理机构的监督管理及其他义务，如对投标文件的答疑。

6.2.2 投标活动的主要内容

投标活动是为本单位增加业务的机会，根据招标公告及招标文件的内容，结合本单位的实际情况进行的从决策阶段至签订合同阶段的一系列活动。其主要包括投标决策阶段、参加资质预审、购买招标文件及参加现场勘察、答疑、编写投标文件、参加开标、签订合同等阶段。

1. 投标决策

投标人对拟建项目进行分析和判断，包括项目的范围、规模、工期等基本要求、资质技术要求、本单位的承担能力、中标概率、利率等进行初步分析，决定是否参与投标。参与投标本身是一件消耗财力、物力、人力的工作。

2. 投标小组

投标的结果决定单位是否有了新的业务，与其他单位争取同一个项目的施工权，也是一个非常激烈的竞争过程，为了提高中标的概率，一般会成立一个投标的专项小组，并要求单位其他部门进行配合，共同完成投标工作。专项投标小组人员一般包括以下几项。

（1）决策领导，根据单位的经营方针与规划，负责投标工作的全面筹划和安排、协调其他配合部门事务，并对在授权范围内作出决策，超出范围的及时向单位领导汇报。

（2）专业技术人员，负责解读招标文件中的技术内容和要求，并编制投标文件的技术内容，考虑各项专业实施方案。在必要时，还需要进行现场勘察。

（3）预算及财务人员，负责核算成本，编制工程造价，并与商务人员等共同确定投标报价，具有工程预算、结算、索赔、税收、保险、保函等专业知识。

（4）商务人员，负责收集和分析相关信息和情报，并与招标机构沟通，获取招标的各项资料。掌握招标投标的程序，解读合同中的风险与责任。分析招标投标市场，向供应商询价和购货。与其他人员共同编制投标文件，并负责投标文件的校对、审定与提交。

3. 参加资格预审，购买招标书

投标人按照招标公告或投标邀请书的要求向招标人提交相关资质资料。资格预审通过后购买招标文件。

4. 参加现场踏勘及投标预备会

现场踏勘是指招标人组织投标人对项目实施现场的地理、地质、气候等客观条件和环境进行现场调查。招标人须邀请所有的潜在投标进行现场勘察。

投标预备会是经过踏勘和熟悉技术资料后，招标人组织所有投标人对发现的问题进行解答和补充的会议，会议记录作为招标文件的一部分，并书面通知所有的潜在投标人，包括未参加投标预备会的投标人。

5. 编制施工组织设计

施工组织设计是具体施工如何进行有效的组织的计划，包括人员机构、施工机具安全措施、技术措施、施工方案和节能降耗措施等。编制时需根据法律法规要求、项目要求、施工现场的情况、项目当地的情况、本单位的情况等多个因素。不同的施工组织有不同的措施费，会直接影响投标的报价。

6. 编制标价工程量清单

根据招标文件、施工图、现场情况等，结合施工图预算文件或单位施工预算文件，编制已标价的工程量清单，确定投标价。

7. 投标最终决策

企业高层根据收集到的招标单位情况、市场竞争情况、主客观因素、法律法规、利润、付款条件、招标条件等作出最终投标报价决策。

8. 制作投标书

按照招标文件规定投标格式，汇总整理并检查遗漏、瑕疵，开成最终的投标文件书，并按招标文件要求装订成册，加盖密封公章。其包括商务标、技术标、正本、副本、电子版等。

9. 参加开标会

在投标截止日前按招标文件规定的时间和地点提交投标文件、投标保证金，投标截止时间即开标时间。参加招标人组织的开标，并等待招标人或评标委员会要求的答疑等工作。

6.2.3 投标文件

1. 投标文件的组成

投标人应当按照当前法律法规、招标文件的要求、施工图纸，并结合现场条件编制投标文件。投标文件应当对招标文件提出的实质性要求和条件作出响应。

投标文件一般包括下列内容：

（1）投标函。投标函的内容主要包括投标项目的投标总报价、总工期、程质量标准、投标保证金的提交资料、中标后在规定的时间内签订合同以及各种承诺等。

（2）投标报价。投标报价主要由投标总价、投标单价及投标单价分析组成。如果采用工程量清单招标，投标总价由分部分项工程量报价、项目清单报价、其他项目费、规费和税金组成。无论何种报价，投标总价都由人工费、机械费、设备使用费、措施费、管理费、规费、利润和税金组成。

（3）施工组织设计。施工组织设计主要由施工方案、施工保证措施、施工总平面图、材料计划表等组成。

（4）商务和技术偏差表。投标人根据招标文件载明的项目实际情况，拟在中标后将中标项目的部分非主体、非关键性工作进行分包的，应当在投标文件中载明。

2. 投标文件内容的编制

依照投标文件的组成，主要编制的内容有封面、目录、正文。一般封面和目录在招标文件中都有固定的格式要求，封面一般包括项目的主要信息，如项目名称、标段号、日期，投标人名称、法定代表人或委托人签字等，单位名称处应该盖章。目录投标文件的内容顺序编写，注明索引内容和页次。正文是投标文件的主要和关键部分，内容有投标函部分、商务标部分和技术标部分。投标文件需对标文件作出实质性要求和响应，否则会被否定投标。

（1）投标函及投标函附录。投标函及投标函附录应按照招标文件格式文本填写，一般情况下，格式文件已对要约人的法律责任作出了统一的规定。其是投标人应对投标报价、工期、质量、履约担保等作出具体明确的意思表示，需要加盖投标人单位公章，并由法定代表人签字或盖章。

投标报价是投标函的核心内容，是投标人的正式报价，包括大写金额和数字小写金额，并确保两者完全一致。如不一致在评标时会以大写为准。

投标函的工期包括开、竣工日期和总工期日历天数，必须满足招标文件对工期的要求，并与施工进度计划的开、竣工日期和总工期日历天数一致。

履约担保按招标文件规定的数额填写。一般不超中标合同价的10%。

投标担保必须按招标文件规定的担保方式和金额填写，并在递交投标文件时按承诺的方式和金额提供投标保证。

投标函附录是明示投标文件中的重要内容和投标人的承诺的表格，应按招标文件格式要求和相关法律法规的要求填写。

（2）法定代表人身份证明及授权委托书。法定代表人身份证明是投标单位对法定代表人进行的身份证明，包括投标人名称，单位性质，单位地址，成立时间，经营期限，法定代表人的姓名、性别、年龄、职务等内容。

授权委托书是投标单位法定代表人委托代理人处理有关招标项目事宜的委托书，一般要求是注明委托期限，委托事项范围等，由投标单位盖章，由法定代表人、委托代理人签字，并写明双方的身份证号码或身份证复印件。

一般招标文件中已经有规定的格式。

（3）联合体协议书的填写。联合体投标是指多个投标企业联合组成一个整体对招标项目进行投标。如果招标文件允许，且进行联合体投标，应签订联合体协议书。联合体协议书应注明所有联合体成员的名称，指定牵头人、各成员单位的内部分工、对外承担连带责任的承诺，要由各成员单位盖章和法定代表人或其委托代理人签字，由委托代理人签字的，应附有法定代表人签字的授权委托。

（4）投标保证金。投标保证金是由担保人为投标人向招标人提供的担保。如果投标人在规定的投标文件有效期内撤销或修改其投标文件，或者投标人在收到中标通知书后无正当理由拒签合同或拒交规定履约担保的，担保人承担保证责任。

投标人应当按照招标文件要求的方式和金额将投标保证金随投标文件提交给招标人，投标人不按招标文件要求提交投标保证金的，该投标文件将被否决。如为自己为自己担保，要求从企业的基本户转出。

（5）商务证明文件。商务证明文件一般包括营业执照、资质证明文件、荣誉和奖励情况、类似项目业绩证明文件等。其包括投标人基本情况表、近年财务状况表、近年完成的类似项目情况、正在施工和新承接的项目情况表、近年发生的诉讼及仲裁情况等内容。

（6）已标价工程量清单。已标价工程量清单应按法规要求、省造价部门发布的计价规范和招标单位编制的招标项目工程量清单进行编制。已标价工程量清单重点是分项工程量清单、措施项目清单和其他项目清单等，主要内容有以下几项。

1）投标总价封面。投标总价应注明招标人、工程名称、投标总价（含小写、大写）、投标人（单位盖章）、法定代表人或其授权人（签字或盖章）、编制人（造价人员签字盖专用章）和编制时间。应与工程项目总价表的合计金额一致。

2）汇总表。汇总表包括报价汇总表、单项工程报价汇总表、单位工程报价汇总表。工程项目投标报价汇总表是各单项工程的汇总合计，表中单项工程名称应按单项工程费汇总表的工程名称填写，金额应按单项工程费汇总表的合计金额填写，并列出其中的暂估价、安全文明施工费和规费等；单项工程投标报价汇总表是各单位工程的合计，表中单位工程名称应按单位工程费汇总表的工程名称填写，金额应按单位工程费汇总表的合计金额填写，并列出其中的暂估价、安全文明施工费和规费等；单位工程投标报价汇总表由分部分项工程量清单计价合计、措施项目清单计价合计、其他项目清单计价合计、规费、税金等几部分组成，金额应分别按分部分项工程量清单计价表、措施项目清单计价表、其他项目清单计价表，以及按有关规定计算的规费、税金的合计金额填写，分部分项工程金额还要列出其中的暂估价。规费和税金按法律法规规定提取，其中规费一般以人工费为基数进行提取，包括社会保险费和住房公积金，税金简易计税税率为3%，增值税税率为9%。

3）分部分项工程量清单：表明了拟建工程的全部分项实体工程名称和相应数量的清单。其内容包括序号、项目编码、项目名称、项目特征描述、计量单位、工程量综合单价、合价、暂估价、本页小计、合计等内容，其序号、项目编码、项目名称、项目特征描述、计量单位、工程量必须按招标文件中分部分项工程量清单中的相应内容填写，数量及单位不得修改。

4）措施项目清单：为了完成分项实体工程而必须采取的一些措施性工作的清单。措施项目清单有通用项目清单和专业项目清单两种。通用项目清单主要包括安全文明施工、临时设施、二次搬运、模板及脚手架等；专业项目清单根据各专业的特殊要求列项。措施项目清单计价表中的序号、项目名称必须按措施项目清单中的相应内容填写，并根据投标工程的具体情况、投标单位的施工能力、技术和管理水平确定。投标人也可根据施工组织设计采取的措施增加项目。

5）综合单价分析表。工程量清单综合单价分析表包括项目编码项目名称、计量单位、清单综合单价组成明细（定额编号、定额名称、定额单位、数量、单价、合价）及主要材料费明细，其中单价、合价包括人工费、材料费、机械费、管理费、利润等内容；主要材料费明细包括主要材料名称、规格、型号、单位、数量、单价、合价、暂估单价、暂估合价等内容。工程量清单综合单价分析表应按招标人的要求填写，其项目编码、项目名称、综合单价必须按分部分项工程量清单中的相应内容填写。

6）其他项目清单：招标人提出的一些与拟建工程有关的特殊要求的项目清单，由暂列金额、暂估价（材料暂估价、专业工程暂估价）、计日工、总承包服务费等组成。其暂列金额、材料暂估价、专业工程暂估价、计日工、总承包服务费分别按暂列金额明细表、材料暂估价格表、专业工程暂估价表、计日工表、总承包服务费计价表填写。暂列金额明细表、材料暂估价格表、专业工程暂估价表、计日工表由招标人填写。总承包服务费主要是指由发包人发包专业工程和发包人供应材料给承包人增加的费用，其计价表由发包人填写，包括项目名称、项目价值、服务内容、费率、金额等内容。

（7）施工组织设计。施工组织设计是一个技术、经济文件，用于指导施工组织与管理、施工准备与实施、施工控制与协调、资源的配置与使用等全面性的技术、经济活动。施工组织设计是用以指导施工活动的全过程，对施工活动的全过程进行科学管理的重要手段。它不仅是施工企业投标和签订承包合同的重要依据，也是工程项目施工准备和实施的技术、经济文件。就根据勘察现场后结合招标工程特点，提出切实可行的保证工程质量，安全生产、文明施工、工程进度的技术组织措施。必须对关键工序、复杂环节等重点提出相应的技术措施，如冬、雨期施工技术措施、降低噪声和环境污染的技术措施、地下管线及其他相邻设施的保护加固措施等。一般包括的内容有以下几项。

1）工程概况：说明工程的基本情况，包括工程性质和作用、工程类型、使用功能、建设目的、建成后的地位和作用等。

2）施工部署及施工方案：说明施工安排及施工前的准备工作，各个分部分项工程的施工方法及工艺。

3）施工进度计划：采用四级网络计划控制，包括总进度、滚动计划、月进度计划和周进度计划等。

4）施工平面图：包括各类起重机械的数量、位置及其开行路线；搅拌站、材料堆放仓库和加工场的位置，运输道路的位置，行政、办公、文化活动等设施的位置，水电管网的位置等内容。

5）主要技术经济指标：包括施工工期、施工质量、施工成本、施工安全、施工环境和施工效率，以及其他技术经济指标。

除以上内容外，施工组织设计文件还可以包括施工组织结构图、风险控制措施、技术措施和环保措施等。这些内容都是为了确保施工活动的顺利进行，保障工程的质量和安全。

（8）项目管理机构。项目管理机构的配备应根据工程大小和现场管理的需要确定，大中型工程的项目经理部通常配备项目经理、项目副经理、技术负责人、施工员、材料员、质量员、安全员，以及混凝土工、木工和钢筋翻样等技术岗位人员等，形成项目管理机构表。项目经理、技术负责人等主要管理人员需附相关简历，包括个人介绍、相关个人资质证明文件、业绩证明文件等，其他人员如特种作业人员还需附特种作业人员资质证明文件。

（9）拟分包项目情况表。根据招标项目是否允许分包，如允许也计划中标后拟将部分工程分包出去，应按规定格式如实填表，提供分包单位相关资料，如果不准备分包出去，则在规定表格内填"无"。在中标后经发包人同意也可进行分包，但不得违法分包。

3. 投标文件编制步骤

投标人在购买了招标文件后，就要进行投标文件的编制工作。编制投标文件的一般步骤如下。

（1）研究招标文件：重点是投标须知、合同条件、专用条款、技术规范、工程范围、工程量清单及图纸。

（2）熟悉招标文件、图纸、资料：以便更好地理解工程规模、性质、特点、设计意图、工程材料、施工方法和技术要求。参加现场踏勘、招标答疑及投标准备会，考察人、材、机等的市场行情及价格，了解招标人的相关情况等。

（3）复核清单中的工程量，计算施工工程量（依据工程设计图纸、市场价格、相关定额及计价方法进行工程量及相应工程量费用计算）。根据招标文件的研究情况、图纸的研究情况、现场调查情况选择施工方案，并编制施工组织设计，不同的施工组织方式会影响最终的报价表。

为编制好投标文件和投标报价，应收集现行定额标准、取费标准及各类标准图集，并收集掌握政策性调价文件及材料和设备价格情况。确定投标策略（主要是确定投标报价）。投标报价是投标人采取投标的方式承揽工程项目时，计算和确定承包该工程的投标总价格。报价是进行工程投标的核心环节，投标人要根据工程价格的构成对工程进行合理估价，可采用高价报价、中间价报价或低价报价等策略，但是不得以低于成本的报价竞标。

（4）按照招标文件中规定的各种因素，依据计算报价，并仔细核对，确保准确，保证对招标文件进行了实质性响应，在此基础上正确运用报价技术和策略，并用科学方法作出报价决策。

（5）填写各种投标表格，制作投标文件。投标文件应完全按照招标文件的各项要求编制，包括格式、内容、要求的相关资料、顺序、依据等。

（6）投标文件的封装：投标文件的复核、成册、签字、盖章、密封，按招标文件要求的方式分装。一般分正本一本，副本若干本，电子版一份。

4. 编制投标文件的注意事项

投标文件是评标的主要依据，是投标者能否中标的关键文件。投标文件制作不当容易引起否决投标，所以要认真对待招标文件中关于否决投标的条件，以免被判无效标。一般需要注意以下几个问题。

（1）保证投标文件清晰。投标文件正本及副本均使用不能擦去的墨水打印或书写，以保证文件的清晰度和持久性。

投标文件中的文字应清晰，尽量不要修改。若修改，在修改处加盖法人单位公章。

（2）投标文件签署。投标文件均应由投标人的法定代表人或被授权人签署、加盖印章，并加盖法人单位公章，以保证文件的合法性和权威性。

投标函及投标函附录、已标价工程量清单（或投标报价表、投标报价文件）、调价函及调价后报价明细目录等内容，应由投标人的法定代表人或其委托代理人逐页签署姓名（该页正文内容已由投标人的法定代表人或其委托代理人签署姓名的不签署），并逐页加盖投标人单位印章或按招标文件签署规定执行。

以联合体形式参与投标的，投标文件由联合体牵头人的法定代表人或其委托代理人按上述规定签署，并加盖联合体牵头人单位印章。

（3）投标文件格式要求。投标文件要按照招标文件的目录、格式的要求编制，当表格的内容书写不下时，可以按照表格的格式进行扩展。

封面格式应与招标文件要求格式一致，文字打印应无错字，投标项目内容一致，特别是分标段的项目。

企业法人或委托代理人应按照规定签字或盖章，并加盖单位公章，投标单位名称应与资格审查时的单位名称相符。投标日期应正确。

（4）投标文件响应。投标文件应严格按照招标文件的要求和规定的格式编写，必须使用招标文件提供的投标文件表格格式以确保响应招标文件的要求。

招标文件中需要填写、回答的内容及问题，要给出明确的答复，不得有附加条件。

投标文件应对招标文件有关工期、投标有效期、质量要求技术标准和要求、招标范围等实质性内容作出全面具体的响应。

（5）投标文件装订。投标文件正本与副本应分别装订成册，并编制目录，需要明确标明"投标文件正本"和"投标文件副本"字样，正本和副本的份数应符合招标文件的规定。

投标文件正本与副本一般为胶装，不得采用活页夹，并要求逐页标注连续页码，招标人对由于招标文件装订松散而造成的丢失或其他后果不承担任何责任。如果正副本内容不一致，以正本为准。

目录内容从顺序到文字表述应与招标文件要求一致，目录编号、页码、标题应与内容编号、页码（内容首页）、标题一致。

（6）投标文件提交时间。在招标文件规定的投标截止时间前，投标人可以修改或撤回已递交的投标文件，为投标文件的组成部分。应以书面形式通知招标人。修改的内容为投标文件的组成部分。

修改的投标文件应按照招标文件规定进行编制、密封、标记和递交，并标明"修改"字样。

（7）其他注意事项。投标文件当中的计算数据应前后一致，保证分项和汇总计算无错误。投标人应反复校核填报的投标文件，确保分项和汇总计算均无错误，以避免因细节错误而导致的整体投标失败。

避免招标文件中规定的废标条件的情况出现。仔细阅读招标文件，按招标文件的要求逐项填写，需要签字、盖章、提供证明材料的项目不能遗漏。

6.2.4　建设工程投标决策

1. 投标项目选择决策

（1）投标决策主要依据。建设工程投标决策任务是在获取招标信息后，对是否参加投标竞争进行分析、论证，并作出选择。投标决策的主要依据有以下几项。

1）资格预审公告或招标公告：对于招标人来说，发布招标公告是进行招标工作的第一步，也是最重要的一步。投标人需要仔细阅读招标公告，了解招标人的要求和条件，以便做出是否投标的决策。特别需要注意资格预审公告，是否投标必须在投标人参加投标资格预审前完成，在通过资格预审后还可以再决定是否进行投标，但没有参加和通过资格预审即丧失了后期投标的机会。

2）公司对招标工程业主情况的调研及了解程度：投标人需要了解招标工程业主的情况，包括其背景、资金实力、信誉等方面。只有在对招标工程业主情况有充分了解的基础上，才能作出更加准确的投标决策。

3）是否具备投标资格：投标人需要了解自己是否具备投标资格，包括是否符合招标文件中的要求、是否拥有相应的资质和证书等方面。

4）对投标项目的可行性和可能性进行分析：投标人需要对自己的技术水平、管理水平、资金实力等方面进行全面分析，以确定自己是否有能力承揽该投标项目。

5）了解竞争对手的情况：投标人需要了解竞争对手的情况，包括其实力、技术水平、报价等方面。只有在对竞争对手的情况有充分了解的基础上，才能制订更加科学的投标策略。

（2）选择放弃的投标项目。经过一定的分析，有一些项目需要放弃投标。

1）企业的业务范围和经营能力之外的项目：如果招标项目超出了投标企业的业务范围或经营能力，企业可能会决定放弃投标，以避免无法完成项目或因为不熟悉领域而导致的风险。

2）工程规格和资质要求超过本企业资质等级的项目：如果招标项目的资质要求超过了投标企业的资质等级，企业可能会决定不参与投标，以避免因为资质不足而无法满足项目要求。

3）本施工企业生产任务饱满，无力承担的工程项目：如果投标企业的生产任务已经非常饱满，无法再承担新的工程项目，企业可能会决定放弃投标。

4）招标工程的盈利水平较低或风险较大的项目：如果招标项目的盈利水平较低或风险较大，企业可能会综合考虑后决定放弃投标。

5）本施工企业技术等级、信誉、施工水平明显不如潜在竞争对手参加的项目：如果投标企业的技术等级、信誉、施工水平明显不如潜在竞争对手，那么企业可能会决定放弃投标，以避免在竞争中处于明显劣势。

（3）建设工程投标主观条件。建设工程投标的主观条件主要取决于投标单位自身的实力和能力，包括以下几个方面。

1）技术方面的实力：主要是指投标单位是否具有高素质人才，包括精通本行业的工程师、会计师、管理方面的专家、经验丰富的施工队伍等；是否具有解决技术难度大和工程施工中各类技术难题的能力；是否具有与招标项目同类型工程的施工和管理经验；是否具有一定技术实力的合作伙伴、分包单位、代理商等。

2）经济方面的实力：包括投标单位是否具有垫付资金的能力；是否具有固定资产和机具设备；是否具有支付各种担保的能力；是否具有支付各种纳税和保险的能力；是否能承担不可抗力带来的风险等。

3）管理方面的实力：包括投标单位是否具有科学和规范的管理制度；是否具有高效和专业的施工队伍；是否具有在招标项目所在地的管理机构和队伍；是否具有处理突发事件的应急预案等。近年来，随着竞争的激烈，更多的企业越来越关注管理效率，开始向管理要效益。

4）信誉方面的实力：包括投标单位是否具有良好的商业信誉；是否具有良好的社会形象；是否在最近三年内没有骗取中标和严重违约及重大工程质量问题；是否具有被限制投标的情况等。

（4）投标决策的客观因素。投标决策的客观因素主要是指招标项目本身所处的环境、招标人的要求和条件、竞争对手的情况及法律、法规的情况等。

1）发包人和监理工程师的情况：把握发包人的合法地位、支付能力、履约能力、公正性等，以及监理工程师处理问题的公正性、合理性等，这些因素都会直接影响到投标单位是否能顺利中标及项目的完成质量。

2）竞争对手和竞争形势的分析：了解竞争对手的情况，包括其实力、技术水平、报价等方面，对于投标决策来说是非常重要的。同时，对于竞争形势的分析，包括市场竞争状况、招标人的倾向、信息的掌握情况等，也是作出准确投标决策的关键因素。

3）法律、法规的情况：了解和遵守相关的法律、法规是投标单位必须遵守的基本要求。此外，对于招标文件中的规定和要求，投标单位也需要认真研究和遵守，以免在投标过程中出现违规行为。

4）风险问题：投标单位需要考虑的风险问题包括技术风险、市场风险、履约风险等。在作出投标决策时，投标单位需要认真分析风险，制订相应的风险应对策略，以减少风险对项目的影响。

2. 投标项目报价决策

建设工程项目投标是一项复杂且具有相当风险的行为，投标的报价一般会占投标评分很大的比重，既要考虑中标的可能性又要考虑利润乃至企业的生存，所以，投标要战胜竞争对手而获得工程项目的承包权，除自身具备很强的实力、良好的信誉外，在很大程度上取决于能否提出有竞争的报价。

为了企业的生存和利润，结合企业现阶段的战略和竞争情况，投标策略主要有生存策略、竞争策略、盈利策略。

（1）生存策略。生存策略主要用于企业面临困境、处于投标环境不利或竞争激烈的情况下，通过低成本、低利润的方式来中标。其主要以中标为目的，采取不盈利甚至赔本也要夺标的态度，抱着能维持生存渡过难关就会有东山再起的希望，在基本能维持现状的情况下报以最低价，力争夺标。

（2）竞争策略。竞争策略主要适用于投标环境竞争较为激烈的情况，通过提高自身的技术和管理水平，增强自身的竞争力，以争取中标。一般适用于企业目前经营状况一般，接到的邀请招标项目较少，竞争对手有一定的实力，对本企业会构成严重威胁；企业试图开辟新的市场；发包方招标项目风险小，工艺简单，工程量大，有较好的社会影响；发包方还有其他正准备开发的项目等使用。但在生存策略和竞争策略下，也需注意低价也不能低于成本价；否则会被否决投标。

（3）盈利策略。盈利策略主要用于投标环境较好、竞争对手较少、自身实力较强的情况，主要通过高利润、高回报的方式来中标，以盈利为目的。企业的施工能力强、信誉好、任务饱满、经营状况好，同时，又具备较突出的技术优势，发包方对这样的施工企业最有信心，也最放心，尽管报价会稍高，但最能保障工程项目的质量。

3. 投标报价技巧

报价技巧与报价策略是相辅相成、互相渗透的，如果运用得当，不仅投标报价可使业主接受，而且中标后可获得更多的利润。

常用的投标报价技巧主要有以下几项。

（1）不平衡报价法。不平衡报价法是控制投标总报价不变，在单价合同中综合单价分析合理的情况下，调整工程量清单中的分项报价，使清单报价最有利于工程施工计量及工程结算，使正常报价中标的工程在施工中能够获取最大限度的利润，使深本报价、无利润报价、亏损报价而中标的工程也能获取预计的利润。要求调整后的报价必须等于确定好的报价，调整报价后的综合单价分项必须合理，不违反招标文件要求。不平衡报价法是投标报价中应用最为广泛的一种技巧。一般用于分期付款、工程量有增减、暂定项目、单价项目等，目的是尽早收回投资成本。

（2）突然降价法。在报价截止日之前，可以适当降低总价，或者对某些分项的报价进行修改，以换取更高的中标机会。但需要注意的是不能进行总价优惠，需要调整综合单价。

（3）先亏后盈法。对于一些大型且工期长、风险大的工程，可以适当压低报价，以保证在项目初期获得一定的优势，然后在后续的工程中逐渐提高报价。

（4）增加建议方案法。在设计投标时，可以在原设计方案上增加新的设计，以提高中标机会。

（5）许诺优惠法。在投标时承诺一些优惠条件，如提前工期、提供质量保证、降低后期维修费用等，以吸引业主的注意。

6.3 建设工程合同管理

6.3.1 建设工程合同概述

1. 建设工程合同的概念

建设工程合同是承包人进行工程建设，发包人支付价款的依据，双方是平等的民事主体。通常包括建设工程勘察、设计、施工合同，是一种承揽合同。承发包双方签订施工合同必须具备相应的资质条件和履行建设工程施工合同的能力，承包人必须具备有关部门核定的资质等级并持有营业执照等证明文件。一般比较常见的是建设工程施工合同，约定了双方的权利和义务，同时，也约定了建设质量、工期、总价等。

国家对相关的合同有立法保护，如《中华人民共和国建筑法》《中华人民共和国招标投标法》《建设工程质量管理条例》《建设工程施工合同（示范文本）》（GF—2017—0201）等，特别示范文本为指导建设工程施工合同当事人的签约行为，维护合同当事人的合法权益提供了保障。

2. 建设工程合同的特点

建设工程合同除具有一般合同的共同特点外，还有具有自身的独有特点，如合同标的特殊；合同建设工期长，质量要求高；合同金额大；合同及实施监督严格；合同约定内容多且复杂等。

（1）合同标的的特殊性。建设工程合同的标的是各类建筑产品，建筑产品是不动产，建造过程中会受到各种因素的影响，因此，每个施工合同的标的物都是特殊的，相互之间具有不可替代性。

（2）合同履行期限的长期性。由于建设工程规模大、结构复杂、技术含量高，建设周期往往比较长，有的工程甚至需要数年。此外，由于外部条件的影响，如天气、政府法规等，也可能会影响合同的履行。

（3）合同履行过程的阶段性。在建设工程合同的履行过程中，需要分阶段进行，如设计阶段、施工阶段、验收阶段等。每个阶段都有不同的任务和要求，合同双方必须按照规定的程序和要求进行合作。

（4）合同内容的复杂性。由于建设工程涉及的技术问题和经济问题都比较复杂，合同内容也相对比较复杂。在合同中，需要明确约定工程范围、建设工期、中间交工工程的开工和竣工时间、工程质量、工程造价、技术资料交付时间、材料和设备供应责任、拨款和结算、竣工验收、质量保修期等重要事项。

（5）合同效力的约束性。在建设工程合同的履行过程中，合同双方的行为受到合同效力的约束。合同双方必须按照合同约定的要求进行合作，如果一方违反合同约定，另一方可以要求其承担相应的法律责任。

3. 建设工程合同主要内容

建设工程合同条款是对当事人双方的法律约束，直接关系到合同双方的权利、义务，主要包括双方的权利和义务、违约责任、项目的质量、项目的工期、项目的价格、保修服务等，合同用词要准确，应采用书面形式订立，并尽量使用示范合同文本。

（1）当事人信息。当事人信息主要是指合同签约双方的基本信息，包括发包人和承包人的名称、地址、账户信息，以及项目双方授权负责人姓名、职务、联系方式等。

（2）当事人一般义务。规定当事人双方在一般法律法规要求下的责任和义务，如发包方提供施工现场场地、设计图纸、验收工程项目、支付工程款等；承包人按图施工、配合质量检查、保护施工现场等，以及施工现场的道路、水、电、通信、居住环境等设施的供应方。另外，也会约定一些保险责任和方式，不可预见的自然条件规定等。

（3）工程名称和范围条款。明确工程的名称和承包人需要完成的工作范围，包括施工、设备采购、安装调试等。合同应范围清楚、责任明确，工程范围的变动会直接影响合同的价格。另外，一个很重要的内容即分包的部分的约定，是否进行分包，分包单位的相关情况等。

（4）工程组织设计和工期条款。工期主要规定工程组织设计、施工方案、工期等要求。这里有一个很重要的概念即工期和合同期。合同期是指合同生效至合同终止之日的时间；工期是指承包方完成所有合同约定内容所规定的时间。双方需约定开工所具备的条件、设计变更引起的延长工期、里程碑时间、恶劣气候或其他影响因素的处理方式等。

（5）工程质量和检验条款。合同中必须严格规定工程的质量标准、质量检验程序和方法等。其主要包括承包人应对工程达到的质量标准作出承诺；合同应约定工程质量需符合何种标准，包括国家标准和行业标准；在工程施工过程中，甲方委派的监理工程师或驻场代表有权随时对工程质量进行监督检查；对隐蔽工程和中间工程的验收程序及双方责任等；验收组织和参与单位及人员等。

（6）价款及其支付条款。明确工程的造价、支付方式、支付时间、货币种类等。其主要包括确定工程造价，包括工程总价、单价、计价方式等；明确支付方式和时间，包括预付款、进度款、结算款的支付方式和时间等；规定款项支付的凭证和程序，包括提供发票、验收单、签证等支付凭证的要求和程序；约定滞纳金或违约金的条款包括滞纳金或违约金的计算方式和标准等；大型设备、关键材料等重要物资的采购方式和支付方式等。

（7）材料及设备供应条款。约定规定工程所需材料和设备的供应方式、质量要求等包括明确材料和设备的供应责任，即由哪一方负责供应材料和设备；规定材料和设备的质量要求包括品牌、规格、型号、质量保证等；规定材料和设备的验收程序和标准包括验收方式、验收标准、验收时间等；规定材料和设备的保管和保养责任包括保管方式、保养要求等。

（8）竣工验收与结算条款。约定工程的竣工验收程序、验收标准、结算方式等主要包括竣工验收程序，包括竣工报告的提交、验收的程序、验收标准等；竣工验收合格的标准和条件包括满足设计要求、质量标准和法律法规等；竣工资料的要求包括完整性、准确性、真实性等；竣工结算方式包括按照合同约定的结算方式和调整内容进行结算；结算期限和结算违约责任包括发包方收到竣工结算报告及结算资料后一定期限内进行核实、提出修改意见或拒绝支付的后果等。

（9）违约责任及索赔条款。规定违约责任和索赔程序等主要包括：违约责任包括违反合同约定的行为应承担的违约责任和赔偿范围等；索赔程序包括索赔的方式、时间、证据等；索赔争议的解决方式包括协商、仲裁、诉讼等。

（10）保修责任条款。规定保修范围、保修期限、保修责任等，主要包括：保修范围，明确工程哪些方面属于保修范围，哪些不属于；保修期限，明确工程保修的期限，以及保修期满后的维护和修理责任；保修服务方式，明确保修服务的具体方式，如上门维修、寄送配件等；保修费用承担方式，明确保修费用的分摊方式和费用承担责任。

（11）其他条款。其他条款主要为补充的一些条款，如合同变更、解除、争议解决、保密等条款。合同变更：规定合同的变更程序和方式，包括合同内容的变更、合同主体的变更等；合同解除：规定合同的解除条件和程序，包括违约解除、协议解除等；争议解决：规定合同争议的解决方式，包括协商解决、仲裁解决、诉讼解决等；保密条款：规定双方应保守商业机密，不得泄露给第三方，以确保商业机密的安全。

4. 建设工程示范文本的组成和主要内容

（1）建设工程示范文本的组成。建设工程合同示范文本由协议书、通用合同条款、专用合同条款、附件组成。

1）协议书是纲领性文件，包括工程概况、工程承包范围、合同工期、质量标准、合同价款、合同生效时间等内容，并明确对双方有约束力的合同文件组成。

2）通用条款是一般工程所共同具备的共性条款，包括词语定义及合同文件、双方一般权利和义务、施工组织设计和工期、质量与检验、安全施工、合同价款与支付、材料设备供应、工程变更、竣工验收与结算、违约、索赔和争议、其他条款。

3）专用条款与通用条款序号一致，是当事人双方结合具体工程特点，对通用条款进行补充或修正。具体内容由当事人根据发包工程的实际要求细化。

4）附件，包括"承包人承揽工程项目一览表"等三个标准化附件。

（2）示范文本通用条款内容。第一部分是一般约定，主要内容是词语定义与解释；语言文字律；标准和规范；合同文件的优先顺序；图纸和承包人文件；联络；严禁贿赂；化石、文物；交通运输；知识产权；保密；工程量清单错误的修正。

第二部分是发包人，主要内容是许可或批准；发包人代表；发包人员；施工现场、施工条件和基础资料的提供；资金来源证明及支付担保；支付合同价款；组织竣工验；现场统一管理协议。

第三部分是承包人，主要内容是承包人的一般义务；项目经理；承包人现场统一管理协议。承包人现场查勘；分包；工程照管与成品、半成品保护；履约担保；联合体。

第四部分是监理人，主要内容是监理人的一般规定；监理人员；监理人的指示；商定或确定。

第五部分是工程质量，主要内容是质量要求；质量保证措施；隐蔽工程检；合格工程的处理；质量争议检测。

第六部分是安全文明施工与环境保护，主要内容是安全文明施工；职业健康；环境保护。

第七部分是工期和进度，主要内容是施工组织设计；施工进度计划；开工；测量放线；工期延误；不利物质条件；异常恶劣的气候条件；暂停施工；提前竣工。

第八部分是材料与设备，主要内容是发包人供应材料与工程设备；承包人采购材料与工程设备；材料与工程设备的接收与拒收；材料与工程设备的保管与使用；禁止使用不合格的材料和工程设备；样品；材料与工程设备的替代；施工设备和临时设施；材料与设备专用 要求。

第九部分是试验与检验，主要内容是试验设备与试验人员；取样；材料、工程设备和工程的试验和检验；现场工艺试验。

第十部分是变更，主要内容是变更的范围；变更权；变更程序；变更估价；承包人的合理化建议；变更引起的工期调整；暂估价；暂列金额；计日工。

第十一部分是价格调整，主要内容是市场价格波动引起的调整；法律变化引起的调整。

第十二部分是合同价格、计量与支付，主要内容是合同价格形式；预付款；计量；工程进度款支付；支付账户。

第十三部分是验收和工程试车，主要内容是分部分项工程验收；竣工验收；工程试车；提前交付单位工程的验收；施工期运行；竣工退场。

第十四部分是竣工结算，主要内容是竣工结算申请；竣工结算审核；竣工协议；最终结清。

第十五部分是缺陷责任与保修，主要内容是工程保修的原则；缺陷责任期；保证金；保修。

第十六部分是违约，主要内容是发包人违约；承包人违约；第三人造成的违约。

第十七部分是不可抗力，主要内容是不可抗力的确认；不可抗力的通知；不可抗力后果的承担；因不可抗力解除合同。

第十八部分是保险，主要内容是工程保险；工伤保险；其他保险；持续保险；保险凭证；未按约定投保的补救；通知义务。

第十九部分是索赔，主要内容是承包人的索赔；对承包人索赔的处理；发包人的索赔；对发包人索赔的处理；提出索赔的期限。

第二十条是争议解决，主要内容是和解；调解；争议评审；仲裁或诉讼；争议解决条款效力。

（3）合同文件的解释顺序。合同协议书、中标通知书、招投标文件、设计图纸等都是项目合同的组成部分，当出现解释不一致时，按照以下的解释顺序：合同协议书，中标通知书，投标书及附件，合同专用条款，合同通用条款，标准、规范及相关技术文件，图纸，工程量清单等顺序为准。如相同的文件有补充修改，以后修改的为准。

6.3.2 建设工程合同实施

1. 合同中履约管理

合同的实施即合同履行，是指合同各方当事人按照合同的规定，全面履行各自的义务，实现各自的权利，使各方的目的得以实现的行为，如交付约定的标的物、完成约定的工作成果并交付工作成果、提供约定的服务等。合同实施包括合同执行和合同控制两个主要过程。合同执行是按合同规定完成工程设计、工程采购、工程承包、设备供应、建筑安装、性能考核、竣工验收、缺陷修复和投料开车等工作；合同控制是监督、检查合同的执行情况，根据其与合同要求的一致性进行评价，并采取措施进行纠偏。也包括当事人双方在合同执行中出现的纠纷和索赔。

（1）抗辩权。在合同履行中，当事人双方都有抗辩权，这是一项法律权利。抗辩权是指在双方合同的履行中，双方都应当履行自己的债务，一方不履行或有可能不履行时，另一方可以据此拒绝对方的履行要求。抗辩权具体有同时履行抗辩权、先履行抗辩权、不安抗辩权。

1）同时履行抗辩权：当事人互负债务，没有先后履行顺序的，应当同时履行。一方在对方履行之前有权拒绝其履行要求，一方在对方履行债务不符合约定时，有权拒绝其相应的履行要求。

2）先履行抗辩权：当事人互负债务，有先后履行顺序，先履行一方未履行的，后履行一方有权拒绝其履行要求。先履行一方履行债务不符合约定时，后履行一方有权拒绝其相应的履行

3）不安抗辩权：应当先履行债务的当事人，有确切证据证明对方有下列情况之一的，可以中止履行：经营状况严重恶化；转移财产、抽逃资金，以逃避债务；丧失商业信誉；有丧失或可能丧失履行债务能力的其他情形。

在一般合同的执行过程中，抗辩权的行使必须符合法律规定，不能滥用。如果一方无理拒绝履行自己的债务，另一方可以通过法律途径要求其承担违约责任。

（2）合同履行实施的原则。为了保证合同当事人按约定履行合同义务，《民法典》规定，在合同履行过程中必须遵循全面履行原则与诚实信用原则两个基本原则，另外，还应遵循公平、平等、自由等原则。

1）全面履行原则是指合同当事人应当按照合同的约定全面履行自己的义务，不能以单方面的意思改变合同义务或解除合同。全面履行原则对合同当事人的要求相当严格，因此，合同当事人各方都应严肃、认真、完整地履行合同义务，否则应承担相应的责任。根据全面履行原则可以确定当事人在履行合同中是否有违约行为及违约的程度，对合同当事人应当履行的义务给予全面制约，充分保护当事人的合法权益。

2）诚实守信原则是当事人应当诚实守信，严格履行自己的合同义务，并基于诚实信用原则要求对方当事人协助其履行债务。它是民事活动中最重要的基本原则，它要求合同当事人讲究信用，恪守信用，以善意的方式履行合同，不得滥用权力及规避法律或合同规定的义务。诚实信用原则一方面要求当事除应履行法律和合同规定的义务外，还应当履行依据诚实信用原则所产生的各种义务；另一方面在法律和合同规定的内容不明确或欠缺的情况下，当事人应当依据诚实信用原则履行义务。如果发生了订立合同时当事人不能预见并且不能克服的情况，改变了订立合同时的基础，使合同的履行失去意义或履行合同将使当事人之间的利益发生重大失衡，应当允许当事人变更合同或解除合同。

3）公平原则是指当事人应当遵循公平原则，合理分配合同履行的风险和责任。

4）平等原则是指当事人应当平等地享有合同履行的权利和承担合同履行的义务。

5）合同自由原则是指当事人应当自主决定合同事项，自主选择合同方式，自主协商合同内容。

（3）承包人合同管理工作。建设工程施工阶段管理的主要工作由施工承包企业完成。通常，施工承包企业为了保证建设项目的顺利实施，会建立企业、项目部两级合同管理制，根据项目的特点成立不同组织类型的项目部，正式任命项目经理。不同的管理组织针对合同的管理侧重点也不同。

1）施工企业合同管理。施工承包企业设立专职合同管理部门，在企业经理授权范围内负责全公司的合同管理制度，组织全企业所有施工项目的各类合同的管理工作，以保证合同的严谨性和合法性、合同的规范性和风险性控制、强化监督合同的执行、完善合同管理制度和组织架构。具体工作包括：编写本企业施工项目分包、材料供应统一合同文本，参与重大施工项目的投标、谈判、签约工作；定期汇总合同的执行情况，向经理汇报，提出建议；负责基层上报企业的有关合同的审批、检查，监督工作，并给予必要的指导与帮助。

施工企业要根据拟建项目的规模、结构特点和复杂程度组建项目部，选派适应工程复杂程度和类型相匹配资质等级的项目经理，并配备项目副经理、技术管理人员、质量管理人员材料管理人员、计划管理人员、成本管理人员和安全管理人员等。

2）项目部合同管理。项目部是合同的直接执行人，通过质量、工期、造价控制，以保证工程项目的完成。项目部一般合同的管理包括按照施工合同中确定的开工日期、竣工日期及计划组织劳动力进场；结合施工合同中的施工要求，加强对项目部人员的安全、质量和文明工程等方面的教育和监督；向参加合同履行的施工人员进行施工组织设计和技术交底，以保证工程项目严格按照要求进行施工；建立考核制度，调动职工的施工生产经营积极性和创造性，提高合同的执行效率；建立工地各项管理制度，保障合同的全面履行等。

3）项目经理合同管理。项目经理是建设施工企业法人代表在项目上的委托代理人，是项目承包方的责任者和动态管理的体现者，项目总合同、分合同的执行者和管理者，项目生产要素合理投入和优化组织的组织者，直接对企业经理负责。项目经理在合同实施执行过程的作用有项目经理有权代表承包人向发包人提出要求和发送通知，承包人的要求和通知以书面形式由项目经理签字后送交发包人或监理工程师；项目经理按发包人认可的施工组织设计（或施工方案）和依据合同发出的指令、要求组织施工。项目经理全面负责施工合同的履行，如果发生不可抗力致使合同不能履行或不能完全履行，应及时向企业报告，并在委托权限内依法及时进行处理。

（4）合同交底。合同交底是合同管理人员向项目部全体成员介绍合同意图、合同关系、合同各业务工作的合同约定和要求等内容，确保他们对合同内容有充分的理解和认识。通过合同交底，可以确保项目部成员对合同内容有充分了解，更好地执行合同任务，降低合同风险，保障项目的顺利进行。一般合同交底的内容有合同背景、合同范围、合同主要条款、风险管理、变更管理、档案管理等。

1）合同背景：向项目部成员介绍合同的背景情况，包括与客户的沟通记录、招投标过程、合同谈判等。

2）合同范围：明确合同的工程范围、工作内容、完成标准、时间进度等，确保项目部成员对合同范围有充分了解。

3）合同主要条款：详细解释合同中的关键条款，包括质量要求和验收要求、合同价格、结算和支付方式、履行方式、违约责任、争议解决、索赔处理等，以便项目部成员了解并遵守合同条款。

4）风险管理：分析合同中隐藏的各类风险，用语含糊、界限不清的条款及防范措施，向项目部成员介绍合同风险管理策略，包括风险识别、评估、应对和监控等方面的措施，以便项目部成员了解如何应对合同风险。确保在合同执行过程中所承担风险的范围在可承受的范围内，以及超出风险范围（幅度）的调整方法。

5）变更管理：详细解释合同变更的流程和规定，包括变更请求的提出、审查、批准和实施等步骤，以便项目部成员了解如何处理合同变更。

6）档案管理：向项目部成员介绍合同档案管理规定，包括合同文件的收集、整理、存档和保护等，以便项目部成员了解如何管理合同文件。

建设工程施工合同交底必须做到全面、全员、全过程交底，有利于合同目标的实现和管理目标的明确。对项目所涉及的所有合同内容要交底，包括招标书、投标书、询标文件、合同文件及其他承诺等。除主合同进行合同交底外，在项目建设的整个过程中，当出现补充材料、协议及其他签证活动的时候，部门人员之间也要开会互相交底，同时，向企业合同管理部门进行备案。

2. 合同中质量管理

建设工程的质量是建设项目的重中之重，对于质量要求要以国家标准、行业标准、规范等为参考在合同中进行说明，包括需要使用到的经批准的施工图纸。图纸可以由发包人提供，也可以由承包人提供，但必须得到认可和批准，以此为标准进行质量的验收和工程量的核算，由责任方承担违约责任。有异议的，可以进行鉴定。在建设工程中质量管控，一般质量控制包括建设使用材料的质量管理、施工过程中的检查、隐蔽工程检查、重新检验、试车、竣工验收、质量保修等。

（1）建设使用材料的质量管理。建设工程使用的材料分为发包人供应和承包人供应。不管谁负责采购，承包人在使用前都应负责相应的质量检查，质量检查合格才可投入建设工程使用。

材料质量管理要点有：约定材料供应方及清单；发包人供应的应在材料到货前 24 小时通知承包人；承包人负责到货材料的保管；承包人负责材料的检验和试验；质量检验不合格处理等。

对于检验不合格的材料，应有序退出施工现场。

（2）施工过程中的检查。在工程施工过程中，发包人或其委托的监理工程师会对工程进行检查检验，承包人应认真按照标准、规范和设计要求以及发包人发出的指令施工，随时接受检查检验并为检查检验提供便利条件。工程质量达不到约定标准的部分，可要求承包人拆除和重新施工，并承担由于自身原因导致拆除和重新施工的费用，工期不予顺延。

检查检验不得影响施工的正常进行，如影响施工正常进行，检查检验不合格时，影响正常施工的费用由承包人承担。除此之外，影响正常施工的追加合同价款由发包人承担，相应顺延工期。

因工程师指令失误和其他非承包人原因发生的追加合同价款，由发包人承担。

（3）隐蔽工程检查。隐蔽工程检查是指在施工过程中，对一些会被后续工作掩盖或隐藏的工程进行检查和验收的过程。隐蔽工程检查的目的是确保工程质量，防止在后续的施工过程中出现问题。

隐蔽工程检查包括对一些关键部位、关键环节的质量进行检查，如基础工程、钢筋工程、管道工程等。在检查过程中，需要按照相应的规范和技术标准进行检测和测量，并对检查结果进行记录和评估。

工程具体隐蔽条件和达到专用条款约定的中间验收部位，承包人自检合格后，在隐蔽中间验收前 48 小时以书面形式通知监理工程师验收。未通知监理工程师自行覆盖的，监理人有权拒绝在验收记录上签字，并要求重新检测，检测结果无论合格与否，都由承包人承担由此造成的工期拖延。承包人准备验收记录，验收合格，工程师在验收记录上签字后，承包人可进行隐蔽和继续施工。验收不合格，承包人在工程师限定的时间内修改后重新验收。监理工程师不能按时参加隐蔽工程验收的，应在验收前 24 小时通知承包人，未到达现场进行验收的，视为监理工程师已经批准，承包人可进行隐蔽或继续施工。

（4）重新检验。重新检验是指在之前的检验已经完成之后，为了验证结果是否可靠或需要进一步确认，而对同一对象进行再次检验的过程。重新检验通常发生在以下情况：之前的检验结果存在争议或可疑之处，需要再次验证；之前的检验结果被怀疑不准确或不可靠，需要进行再次检验；需要对之前的检验结果进行确认，以避免出现误判或漏检等情况。

无论检验过的工程是否合格，当发包人或其委托的监理单位提出对已经隐蔽的工程重新检验的要求时，承包人应按要求进行剥露开孔，并在检验后重新覆盖或修复。检验合格，发包人承担由此发生的全部追加合同价款，赔偿承包人损失，并相应顺延工期；检验不合格，承包人承担发生的全部费用，工期不予顺延。

（5）试车。试车是指工程竣工后，由建设单位、监理单位和施工单位对工程进行最后的质量验收试验，以确定工程是否达到设计要求，是否可以进行使用。试车的主要内容包括检验机器设备的工作情况、检查材料的质量、测试建筑物的性能等。试车过程中需要记录相关数据，并提交试车报告，作为工程竣工验收的依据之一。一般会经过单机无负荷试车、联动无负荷试车、投料试车等阶段。由设计原因造成试车失败，由发包人承担重新施工的费用和工期；由设备本身原因造成试车失败，由设计采购方承担责任；由承包人原因造成试车失败，由承包人承担重新施工的费用，不顺延工期。试车相关费用在合同中进行约定，一般试车时使用的水、电费用由发包人承担。

（6）竣工验收。竣工验收是工程建设项目的全面质量检验，一般由发包人组织，邀请承包人、勘察设计单位、监理单位、质量监督机构、专家等出席，形成最后的验收意见。达到竣工验收的主要条件有已完成设计和合同规定的各项内容；有完整的技术档案和施工管理资料；有工程使用的主要建筑材料、建筑构配件和设备的进场试验报告；有勘察、设计、施工、工程监理等单位分别签署的质量合格文件；有施工单位签署的工程保修书等。

竣工验收结果有合格、瑕疵、不合格。

建设工程未经验收合格，不得投入使用，发包人强行使用的，由发包人承担由此发生的质量问题和责任，但不免除承包人的保修责任。

（7）质量保修。质量保修是指建设工程办理交工验收手续后，在规定的期限内，因勘察、设计、施工、材料等原因造成的质量缺陷，应当由施工单位负责维修。所谓质量缺陷，是指工程不符合国家或行业现行的有关技术标准、设计文件及合同中对质量的要求。

质量保修书的主要内容包括质量保修项目内容及范围；质量保证期限；质量保修责任；质量修金的支付方法等。

质量保修期从工程竣工验收合格之日起算，在工程质量保修范围按合同约定进行质量保证，但期限不得低于国家最低标准。具体有地基基础工程和主体结构工程为设计文件规定的该工程合理使用年限；屋面防水工程，有防水要求的卫生间、房间和外墙面的防渗漏，为5年；供热与供冷系统为2个采暖期和供冷；电气管线和给水排水管道、设备安装和装修工程，为2年。

质量保修责任划分，在质量保修期内因发包人使用不当或第三方造成的质量缺陷，以及不可抗力造成的质量缺陷，不属于承包人保修范围，保修费用由造成质量缺陷的责任方承担。若承包人不按工程质量保修书约定履行保修义务或拖延履行保修义务，由承包人承担未及时维修造成的相应责任，发包人有权另行委托其他单位保修，扣除维修费用相等的质量保证金，质量保证金不足支付时可以对承包人进一步索赔。

3. 合同中价款管理

在工程建设合同中经常出现的款项有预付款、进度款、结算款、质量保证金返回等，以及价款的调整和变更。是在工程开工前发包人预先支付给承包人用来进行工程准备的一笔款项。

（1）工程预付款。工程预付款又称为预付备料款。根据工程承发包合同规定，由建设单位在开工前预先支付给施工单位，用于施工准备和主要材料、结构件及配件采购流动资金。合同当事方应在合同中作出具体的约定，如预付款金额、支付方式、支付时间、扣除方式和比例、违约责任及担保等。

1）预付工程款的数额。原则上不低于合同金额的10%，不高于合同金额的30%；对于重大工程项目，按年度工程计划逐年预付。

2）预付工程款的支付方式和时间。预付款一般要求在约定的开工日期前7天，可以采用现金、银行汇款、银行汇总等方式支付。预付款应当用于材料、工程设备、施工设备的采购及修建临时工程、组织施工队伍进场等。

3）预付款的扣除方式与比例。预付款一般应在工程竣工前全部扣回，可采取当工程进款额度比例支付到某一阶如完成合同额的40%~65%时开始起扣，也可从每月的工程付款中扣回，同时，一般也会同时扣除5%~10%工程质量保证金。

预付款担保是指承包人与发包人签订合法的合同，并合理使用发包人支付的预付工程款的担保。该担保在签订合同后，承包人正确、合理使用发包人支付的预付工程款的担保。预付款担保可采用银行保函、担保公司担保等形式，具体由合同当事人在专用合同条款中约定。预付款担保与扣除后的预付款同比例减少，在预付款完全扣回之前，承包人应保证预付款担保持续有效。

发包人逾期支付预付款超过 7 天的，承包人有权向发包人发出要求预付的催告通知，发包人收到通知后 7 天内仍未支付的，承包人有权暂停施工。发包人承担违约责任，并向承包人支付应付款的贷款利息，并承担违约责任。

（2）工程进度款。工程进度款是指在施工过程中，按逐月、多个月份合计（或形象进度，或控制界面等）完成的工程数量计算的各项费用总和。在建设工程一般按月进行支付，在每个月的 25 日前报送上月 20 日至本月 20 日的工程量，并经监理单位核实确认后报送发包人同意，监理单位签发支付凭证。

关于工程量确认的原则是以实计量，对承包人超出设计图纸范围和因承包人原因造成返工的工程量，不予计量。

工程款（进度款）支付申请单一般应列明各类工程量及金额，包括截至本次付款周期已完成工作对应的金额；（变更）应增加和扣减的变更金额；（预付款）约定应支付的预付款和扣减的返还预付款；（质量保证金）约定应扣减的质量保证金；（索赔）应增加和扣减的索赔金额；对已签发的进度款支付证书中出现错误的修正，应在本次进度付款中支付或扣除的金额，以及其他约定应增加和扣减的其他金额等，最后进行汇总得出本月应支付的进度款金额。

（3）竣工结算。竣工结算是指工程进行工程竣工验收后，承包人向发包人递交竣工结算报告及完款结算，是当事双方对该工程发生的应付、应收款项作最后清理结算。

1）工程竣工验收报告经发包人认可后 28 天内，承包人向发包人递交竣工结算报告及完整的结算资料，发包人自收到竣工结算报告及结算资料后 28 天内进行核实，确认后支付工程竣工结算价款，承包人收到竣工结算价款后 14 天内将竣工工程交付发包人。

2）工程竣工验收报告经发包人认可后 28 天内，承包人未能向发包人递交竣工结算报告及的结算资料。造成工程竣工结算不能正常进行或工程竣工结算价款不能及时支付，发包人要求交付工程的，承包人应当交付；发包人不要求交付工程的，承包人承担保管责任。

3）发包人收到竣工结算报告及结算资料后 28 天内无正当理由不支付工程竣工结算价款，从第 29 天起按承包人同期向银行贷款利率支付拖欠工程价款的利息，并承担违约责任，承包人可以催告发包人支付结算价款。发包人在收到竣工结算报告及结算资料后 56 天内仍不支付的，承包人可以与发包人协议将该工程折价，也可以由承包人申请人民法院将该工程依法拍卖，承包人就该工程折价或者拍卖的价款优先受偿。

（4）质量保证金返回。保修金由承包人向发包人支付，也可由发包人从应付承包人工程款内预留。质量保修金的比例及金额由双方约定，但不应超过施工合同价款的 3％。

工程的质量保证期满后，发包人应当及时结算和返还（如有剩余）质量保修金。发包人应当在质量保证期满后 14 天内，将剩余保修金和按约定利率计算的利息返还承包人。

4. 合同中工期管理

工期是指发包人、承包人在协议书中约定，按总日历天数（包括节假日）计算的承包天数。决定最终工期的因素有开工日期、暂停施工、工期延误、竣工日期等。

（1）开工日期。开工日期是指发包人、承包人在签订的合同协议书中约定和承包人开始施工的绝对或相对日期。承包人应当按照协议书约定的开工日期开工。

承包人不能按时开工的，应当不迟于协议书约定的开工日期前 7 天，以书面形式向提出延期开工的理由和要求。工程师不同意延期要求或承包人未在规定时间内提出延期开工要求的，工期不予顺延。

因发包人原因致使承包人不能按照协议约定的日期开工，应以书面形式通知承包人推迟开工日期。发包人赔偿承包人因延期开工造成的损失，并相应顺延工期。

如有监理单位，应在正式开工前7日签发开工令，以开工令中载明的开工日期为正式开工日期。

（2）暂停施工。因发包人原因造成停工的，由发包人承担所发生的追加合同价款，赔偿承包人由此造成的损失，并相应顺延工期。因承包人原因造成停工的，由承包人承担发生的费用，工期不予顺延。会造成暂停施工的可能情况有建设单位要求暂停施工且工程需要暂停施工；未经批准擅自施工或拒绝项目监理机构管理；施工单位未按审查通过的工程设计文件施工；擅自使用未经监理机构审查认可的分包单位进入现场施工；使用不合格的或未经专业监理工程师验收的材料、构配件、设备或擅自使用未经审查认可的代用材料的；工程施工完成后，未经监理机构验收或验收不合格而擅自进行下一道工序施工的；已发生质量事故等。

（3）工期延误。工期延误是指在工程建设过程中，由于某些原因，承包人未能按照合同约定的工期完成工程，导致工期向后拖延的情况。工期延误的原因可能包括设计变更、异常恶劣的气候条件、由发包人造成的延迟、合同所涉及的任何可能造成工期延期的原因等。如果承包人由于其自身的原因造成工期延误，应当承担违约责任。如非承包人原因，竣工日期可以相应顺延。

常见的可以顺延工期的情况有：发包人不能按专用条款的约定提供开工条件；发包人不能按约定日期支付工程预付款进度款，致使工程不能正常进行；监理工程师未按合同约定提供所需指令、批准等，致使施工不能正常进行；设计变更和工程量增加；不可抗力。

（4）竣工日期。竣工日期是指发包人、承包人在协议中约定，承包人完成承包范围内工程的绝对或相对竣工日期。常见的竣工日期有建设工程经竣工验收合格的，以竣工验收合格之日为竣工日期；承包人已经提交竣工验收报告，发包人拖延验收的，以承包人提交验收报告之日为竣工日期；建设工程未经竣工验收，发包人擅自使用的，以转移占有建设工程之日为竣工日期。

（5）合同工期控制注意事项。在工程建设过程中，合同工期控制是十分重要的环节。为了确保工程能够按照合同约定的期限完成，承包人和发包人都需要关注以下合同工期控制的注意事项。

1）明确合同工期的约定：在合同中，双方应当明确约定工期的起点和终点，并明确工期。这样可以避免因工期约定不明确而产生争议。

2）详细描述施工进度：在合同中，双方应当对施工进度进行详细描述，包括各个阶段的任务、时间节点、工期等。这样可以更好地把握施工进度，避免因进度延误而造成损失。

3）合理规划施工进度：承包人需要根据实际情况，合理规划施工进度，并充分考虑可能出现的延误因素。同时，也需要根据合同约定，及时向发包人提供施工进度计划和报告。

4）加强沟通协调：在施工过程中，承包人和发包人需要保持密切的沟通协调，及时解决可能出现的问题。同时，也需要关注可能影响工期的因素，如设计变更、资源供应等，并采取相应的措施。

5）遵循工期变更程序：如果需要变更工期，承包人需要及时向发包人提出书面申请，并经发包人同意后才能生效。同时，在工期变更期间，承包人需要妥善保护工程，并提供必要的安全保障。

注意工期延误的影响：如果发生工期延误，承包人需要及时通知发包人，并采取有效措施尽快完成工程。同时，也需要关注因工期延误而对发包人造成的损失，并协商相应的赔偿方案。

在合同工期控制过程中，双方应当充分了解合同的约定，密切关注工期的进展情况，及时采取措施应对可能出现的问题，确保工程能够按照合同约定的期限完成。

（6）进度落后一般采取的补救措施。在工程建设过程中，进度落后的现象是较为常见的。当出现进度落后的情况时，可以采取以下措施：

1）重新调整、编排施工总进度计划：对总进度计划进行重新调整，将关键工序的时间提前，对于滞后或无法赶工的工序进行调整或委托其他具有专业能力的单位完成。

2）增加资源投入：增加人力、材料、机械设备等资源，以满足施工进度的需求。

3）提高劳动效率：采取技术培训、激励机制等措施，提高劳动效率，加快施工进度。

4）采取赶工措施：制订详细的赶工计划，并采取相应的技术、经济和管理措施，确保进度目标的实现。

5）与相关单位协调配合：与设计、材料供应、运输等单位进行协调配合，确保各方面工作的进度能够配合整个工程的进度。

6）合理安排施工流水作业：根据施工进度计划，合理安排施工流水作业，避免出现窝工、等工等现象，提高施工效率。

7）优化网络计划中工程活动的逻辑关系和搭接关系：对网络计划中工程活动的逻辑关系和搭接关系进行优化，以缩短关键线路的长度，加快关键工序的施工进度。

8）加强对进度的监控和管理：加强对进度的监控和管理，及时发现和解决问题，确保进度目标的实现。

采取适当的措施应对进度落后的情况，可以有效地缩短工期，提高施工效率，确保工程能够按照合同约定的期限完成。

5. 合同中安全管理

《建设工程安全生产管理条例》对发包人、承包人、设计勘察和监理等建设工程参与的各方都明确了责任范围。对于施工合同的安全管理，主要是指发包人、承包人和监理单位三方的安全责任的划分。

（1）发包人的安全责任。发包人需向承包人提供必要的施工资料和场地，并办理相关的施工手续，主要如下。

1）发包人不得对勘察、设计、施工、工程监理等单位提出不符合建设工程安全生产法律、法规和强制性标准规定的要求，不得压缩合同约定的工期，并保证安全费用的投入。

2）发包人不得明示或暗示承包人购买、租赁、使用不符合安全施工要求的安全防护用具、机械设备、施工机具及配件、消防设施和器材。

3）发包人应当向施工单位提供有关资料。

4）办理相关与施工、验收相关的手续，如施工许可证或开工报告、报送安全施工措施、组织工程验收等。特别注意拆除工程施工，应在施工 15 日前，将施工单位资质等级证明、拟拆除建筑物和构筑物及可能危及毗邻建筑的说明、拆除施工组织方案、堆放及清除废弃物的措施等资料报送建设工程所在地的县级以上地方人民政府主管部门或其他有关部门备案。同时，实施爆破作业的，还应当遵守国家有关民用爆炸物品管理的规定。

5）发包人应对其现场机构雇佣的全部人员的工伤事故承担责任，按规定缴纳工伤保险。

（2）承包人的安全责任。《建筑工程安全生产管理条例》中详细列举了承包人的安全生产责任，其中常见的有以下几项。

1）设立安全生产管理机构，配备专职安全生产管理人员。做好安全生产，进行现场监督检查，发现安全事故隐患时及时向项目负责人和安全生产管理机构报告，并对违章指挥、违章操作等立即制止。

2）特种作业人员，持证上岗。现场作业的电工、焊工、登高作业、安装拆卸工、垂直运输机械作业人员、起重信号工、爆破作业人员等特种作业人员，必须按照国家有关规定经过专门的安全作业培训，并取得特种作业操作资格证书后，方可上岗作业。

3）编制安全技术措施和施工现场临时用电方案，经审批通过后严格执行。对达到一定规模的危险性较大的分部分项工程编制专项施工方案，并附安全验算结果（必要时邀请专家进行审议）经施工单位技术负责人、总监理工程师签字后实施，由专职安全生产管理人员进行现场监督。

4）在危险部位，设置明显的符合国家标准的安全警示标志。

5）为现场所有施工人员缴纳工伤保险，为危险性较大的现场施工人员购买意外保险，配备必要的个人防护用品等，保证安全费用的投入和使用。

6）施工现场的办公、生活区与作业区分开设置，并保持安全距离，严禁在尚未竣工的建筑物内设置员工集体宿舍。

7）特种作业设备应符合法规要求，如在使用施工起重机械和整体提升脚手架、模板等自升式架设设施前，应当组织有关单位进行验收，验收合格后方可使用，同时，向行政主管部门或其他有关部门登记，登记标志应当置于或者附着于该设备的显著位置。

（3）监理人的安全责任。

1）工程监理单位应当审查施工组织设计中的安全技术措施或者专项施工方案是否符合工程建设强制性标准。

2）工程监理单位在实施监理过程中，发现存在安全事故隐患的，应当要求施工单位整改；情况严重的，应当要求施工单位暂时停止施工，并及时报告建设单位。

3）施工单位拒不整改或者不停止施工的，工程监理单位应当及时向有关主管部门报告。

4）工程监理单位和监理工程师应当按照法律、法规和工程建设强制性标准实施监理，并对建设工程安全生产承担监理责任。

6. 合同中风险管理

（1）合同风险的概念。建设工程合同风险是指在建设工程合同的签订、履行、变更直至终结的整个过程中，由于客观或主观原因，可能引起损失的风险。合同风险可分为合同工程风险和合同信用风险两类。合同工程风险通常是由于客观原因和非主观故意导致的，如不利物质条件、工程变更、物价上涨、不可抗力等。合同信用风险则是由于主观故意原因导致的，如业主拖欠工程款，承包商层层转包、非法分包等。

（2）产生风险的原因。工程合同风险产生的主要原因在于合同的不完全性特征及合同当事人的有限理性理解，同时，存在外在环境的复杂性和不确定性，信息的不对称、交易成本，以及机会主义行为的存在等多方面的原因。产生工程合同风险产生的原因主要有以下四种。

1）外界风险：政治、经济、法律、自然等外界因素可能影响工程合同的履行，如政策变化、物价上涨、自然灾害等。

2）组织成员资信与能力风险：业主和承包商的资信与能力不足，如业主的资金实力、承包商的技术水平和施工能力等，可能影响工程合同的履行。

3）管理风险：对环境调查和预测的风险、合同条款不严密、错误、二义性，工程范围和标准存在不确定性，承包商投标策略错误，错误地理解业主意图等管理方面的因素可能导致合同风险。

4）技术风险：承包商的技术设计、施工方案存在缺陷，可能导致合同风险。

（3）风险应对流程。风险管理过程包括项目实施全过程的项目风险识别、项目风险评估、项目风险应对和项目风险监控。

1）项目风险识别。项目风险识别的任务是识别项目实施过程存在哪些风险，其工作程序包括收集与项目风险有关的信息；确定风险因素；编制项目风险识别报告等。

2）项目风险评估。项目风险评估包括利用已有数据资料（主要是类似项目有关风险的历史资料）和相关专业方法分析各种风险因素发生的概率；分析各种风险的损失量，包括可能发生的工期损失、费用损失，以及对工程的质量、功能和使用效果等方面的影响；根据各种风险发生的概率和损失量，确定各种风险的风险量和风险等级等。

3）项目风险应对。常用的风险对策包括风险回避、转移、减轻、接受及其组合等策略。对难以控制的风险，向保险公司投保是风险转移的一种措施。项目风险应对指的是针对项目风险而采取的相应对策。

4）项目风险监控。在项目进展过程中应收集和分析与风险相关的各种信息，预测可能发生的风险，对其进行监控并提出预警。除要监控已知的风险外，还要监控新出现的未知风险。

（4）风险应对策略。为了防范工程合同风险，需要采取一系列措施，如制订预防计划、灾难计划、应急计划，对投资单位的诚信和社会信誉度进行评价，审查投资单位提出的条件，加入必要的索赔条款，以及采用风险转移等策略。在合同谈判阶段，需要充分了解相关法律法规，认真研究工程项目的特殊性，对投资单位的不合理要求进行据理力争。在合同签订时，应确保合同条款的严密完整，文字准确恰当，避免留下漏洞。在合同履行过程中，应积极处理风险后果，启动灾难计划和应急计划，对风险后果进行补救。综合来说针对工程合同风险，可以采取以下应对策略。

1）风险回避：如果建筑企业发现合同存在较大的风险，可以选择放弃合同或改变合同中某些不利于自身的条款，以降低风险。

2）风险转移：通过合同条款的约定，将可能的风险转移给其他合同方，或者购买保险将风险转移给保险公司。另外一种是非保险转移，如采取分包合同。

3）风险减轻：通过采取措施，降低风险发生的概率或减少风险的影响程度，如制订详细的预防计划、灾难计划和应急计划等。

4）风险接受：准备好接受可能的风险，并采取适当的措施来应对这些风险。风险接受可分为主动和非主动风险接受，特别要注意防范非主动风险接受。

这些应对策略可以根据具体情况灵活选择和组合使用，以达到有效管理合同风险的目的，但风险接受不能单独使用，需与其他策略共同使用。

7. 合同中变更、解除、终止管理

（1）合同变更。

1）合同变更的起因。建设工程施工合同变更是指在施工合同的权利和义务尚未履行或尚未完全履行时，合同当事人在原合同的基础上对合同内容进行的修改和补充，主要包括工程实施内容的变更和合同文件的变更。合同的变更会引起合同的索赔。

工程实施内容的变更有积极的也有消极的，积极的工程变更，是指建设项目主体各方针对建设项目合同控制目标主动采取的优化设计和施工措施方案，以及调整工程实施计划等手段以达到降低工程成本、提高工程质量和缩短建设工期的工程变更。消极的工程变更是指由于各类客观因素影响（如工程地质条件变化等），为保障建设项目顺利实施而必须作出调整的工程变更引起此类变更的主要原因是由于设计原因或发包人有新的意图而改变原有工程的内容，致使合同内容变更，如发包人有新的意图，发包人修改项目总计划，削减预算，发包人要求变化或者承包人的合理建议经发包人同意；设计错误导致的图纸修改；工程环境的变化，预定的工程条件发生改变使得原设计、实施方案、实施计划变更或由于发包人的责任造成承包商施工方案的变更；由于新的技术和知识的产生，有必要改变原设计、实施方案或实施计划；政府部门对工程提出新的要求，如国家计划变化、环境保护要求、城市规划变动等原因。

合同文件变更是由于合同签订的时候考虑不周，虽然工程内容没有任何改变，但是由于合同条款履行出现问题，必须调整合同目标，或修改合同条款，如合同价格及结算方式的变更、合同担保的变更、合同工期的变更等。合同的变更通常不能免除或改变承包商的合同责任但对合同实施影响很大。

2）合同变更的范围。合同变更的范围很广泛，在合同签订后，所有工程范围、进度、工程质量要求、合同条款内容、合同双方责权利关系的变化等都可以被看作合同变更。根据受影响的程度，一般合同变更的主要内容有可以取消合同中任何一项工作，但被取消的工作不得转由发包人或其他人实施；可以改变合同中任何一项工作的施工时间或改变已批准的施工工艺或顺序；可以完成工程需要追加的额外工作；可以改变合同中任何一项工作的质量或其他特性；可以改变工程合同的基线、标高、位置或尺寸；专用条款中其他改变合同条款的任何约定。

3）合同变更的流程。合同的变更会直接影响到项目建设的进度控制、质量控制、投资控制，因此，需要合理地确定好变更，一般合同变更需要经过变更提出、变更分析及批准、变更指令确认及执行、变更验收等。

①变更提出。合同变更提出方可以是发包人、承包人、监理人，但承包人提出的变更不一定会被接收。承包人提出的变更一般情况下是工程遇到不能预见的地质条件、地下障碍或加快工程进度等。发包人一般通过监理工程师提出合同变更，一般为合同工程的增减。监理工程师会根据工地现场工程进度的具体情况，认为确有必要时才会提出合同变更。

②变更分析及批准。收到提出的变更请求后，应综合进行分析对项目工期、质量、造价、风险等方面因素的影响，必要时邀请专家进行论证，最终形成发包人、承包人、监理人、设计人等共同认可的变更确认表。发包人提出的变更一般通过监理人代为发出，承包人接收到监理人发出的变更通知，也默认为已经得到发包人的认可。

③变更指令确认及执行。变更指令主要说明工程变更的原因及详细的变更内容，包括实施时间、费用、工期、质量要求等。承包人按指令实施。

④变更验收。变更工程完成后，按变更指令进行必要的验收。验收合格应将已完变更工程的费用加入合同总价中，同时列入当月的支付证书中支付，并将同意延长的工期加入合同工期。

（2）合同解除。

1）合同解除的概念。合同解除是指在合同没有履行或没有完全履行时，因订立合同的主观、客观情况发生变化，致使合同的履行成为不可能或不必要，依照法律规定的程序和条件，合同当事人的一方或协商一致后的双方终止原合同法律关系。合同的解除方式有约定解除和法定解除两种。约定解除是指当事人通过行使约定的解除权或双方协商决定而进行的合同解除；法定解除是指解除条件直接由法律规定的合同解除，当法律规定的解除条件具备时，当事人可以解除合同。法定解除与合同约定解除一样，都是在具备一定解除条件时由一方行使解除权，区别在于解除条件的来源不同。

2）发包人提出合同解除。发包人提出合同解除一般是承包人有过错的行为，包括但不仅限于以下行为。

①承包人明确表示或以行为表明将不履行合同主要义务的。明确表示不履行合同的情形较少，以行为表示主要以停工为主。

②合同约定的期限内没有完工，且在发包人催告的合理期限内仍未完工的。例如，由于施工者组织水平的因素，发包人在施工合同中压缩工期，发生工期延误时未能及时签证致使合同产生纠纷等。

③已完成的建设工程质量不合格，并拒绝修复的。质量不合格不能通过竣工验收，工程就不能投入使用，发包人的合同目的就会落空。如果承包人拒绝修复，应允许发包人解除合同。

④承包人将承包的工程非法转包、违法分包的。

3）承包人解除合同的情形。承包人提出合同解除一般是发包人的过错行为，致使承包人无法施工，且在催告的合理期限内仍未履行相应义务的，包括但不仅限于以下情形：按照约定支付工程款的；提供的主要建筑材料、建筑构配件和设备不符合强制性标准的；不履行约定的协助义务的。

4）合同解除后的处理。根据《民法典》规定，合同解除后，尚未履行的，终止履行；已经履行的，根据履行情况和合同性质，当事人可以要求恢复原状或采取其他补救措施，并有权要求赔偿损失。建设工程施工合同不影响其合同约定的结算和争议条款，有过错的一方应当赔偿因合同解除给对方造成的损失。

对于建设工程来说，合同解除后承包人应当妥善做好已完工程和已购材料、设备的保护和移交工作，按照发包人要求，将自有机械设备和人员撤出施工场地。发包人应为承包人撤出提供必要条件，支付以上所发生的费用；并按合同约定支付已完工程价款。这里已完工程价款是指验收合格的工程价款，如验收不合格，由承包人负责维修并承担维修费用，维修后验收合格，支付相应的工程价款，如维修后验收还不合格的，发包人有权拒绝支付或折价支付工程价款。对材料和设备，已经订货的材料、设备由订货方负责退货或解除订货合同，不能退还的货款和退货、解除订货合同发生的费用，由发包人承担，但因未及时退货造成的损失由责任方承担。

（3）合同终止。

1）合同终止的概念。合同终止是指合同效力归于消灭，合同中的权利和义务对双方当事人不再具有法律约束力，是合同履行的终止。合同终止后，权利义务主体不复存在。此外，合同终止后有些内容具有独立性，并不因合同的终止而失去效力。一般仅有合同解除与履行完毕两种情况有现实意义，履行完毕包括质量保修期的结束。合同终止后，当事人应当遵循诚实信用的原则，根据交易习惯履行通知、协助、保密等义务。

2）合同终止的条件。合同的终止原因有多种，如合同履行完毕、双方和解、合同当事人消亡、合同抵消、法院判决等，但合同需要满足一定的条件才能终止，一般条件有债务已经按照约定履行；合同解除；债务相互抵消；债权人依法将标的物提存；债权人免除债务；债权债务同归于一人；法律规定的其他情形。

3）合同终止与合同变更和合同解除的不同。

①合同终止与合同变更的不同。合同变更是指合同关系中内容要素的变化，变更后合同关系依然存在，而合同的终止则是消灭既存的合同权利义务关系。

②合同终止与合同解除的不同。合同解除通常被视为对违约的一种补救措施，是对违约方的制裁。因此，合同的解除一般仅适用于违约场合。合同的终止虽然也适用于一方违约的情形，但主要是适用于非违约的情形，如合同因履行、双方协商一致、抵销、混同等终止。另外，从合同法律关系上来说，合同的终止只是使合同关系消灭，向将来发生效力，不产生恢复原状的效力。而合同的解除即能向过去发生效力，使合同关系溯及既往地消灭，发生恢复原状的效力，

也能向将来发生效力，即不发生溯及既往的效力。

（4）违法分包合同。

存在下列情形之一的，属于违法分包。

1）承包单位将其承包的工程分包给个人的。

2）施工总承包单位或专业承包单位将工程分包给不具备相应资质单位的。

3）施工总承包单位将施工总承包合同范围内工程主体结构的施工分包给其他单位的，钢结构工程除外。

4）专业分包单位将其承包的专业工程中非劳务作业部分再分包的。

5）专业作业承包人将其承包的劳务再分包的。

6）专业作业承包人除计取劳务作业费用外，还计取主要建筑材料款和大中型施工机械设备、主要周转材料费用的。

补充释疑：专业工程的发包单位不是该工程的施工总承包或专业承包单位的，并不是说明专业承包单位可以发包专业工程，而是说如果专业承包单位发包专业工程，属于违法分包，就不是属于转包的情形了；同理，施工总承包单位或专业承包单位将工程分包给不具备相应资质单位的，意思是专业承包单位本不能发包专业工程，还发包给了没有资质的单位，错上加错，当然是违法分包，而不是说明专业承包单位可以发包专业工程。

补充对比：根据《建设工程质量管理条例》（2019 年 4 月 23 日修正版）第七十八条，本条例所称违法分包，是指下列行为。

1）总承包单位将建设工程分包给不具备相应资质条件的单位的。

2）建设工程总承包合同中未有约定，又未经建设单位认可，承包单位将其承包的部分建设工程交由其他单位完成的。

3）施工总承包单位将建设工程主体结构的施工分包给其他单位的。

4）分包单位将其承包的建设工程再分包的。

6.3.3　建设工程合同计价方式

建设工程合同的计价方式需要根据工程项目的情况，选择合适的计价方式，对于工程质量和成本控制都具有重要的意义。建议在选择计价方式时，应充分考虑工程特点、风险分配和合同条款等因素。其主要计价方式有三种，即单价合同、总价合同、成本加酬金合同。

1. 单价合同

（1）单价合同的概念及特点。发包人的工程内容和工程量尚不能十分明确、具体地予以规定时，一般采用单价合同，即根据计划工程内容和估算工程量，在合同中明确每项工程内容的单位价格（如每米、每平方米或每立方米的价格），实际支付时根据实际完成工程量乘以合同单价计算该项工作的应付工程款。

单价合同的特点是单价优先，发包人给出的工程量清单表中的数量一般为参考预估量，而实际工程款则按实际完成的工程量和合同中确定的单价计算。由于单价合同允许随工程量变化而调整工程总价，业主和承包商都不存在工程量方面的风险，相对比较公平。同时在招标时，发包人无须对工程范围作出完整的、详尽的规定，从而可以缩短招标准备时间，投标人也只需对所列工程内容报出自己的单价，从而缩短投标时间。采用单价合同也有缺点，如工程量的统计和核实，可能远大于或小于计划量，不利于投资的控制。

（2）固定单价合同。同样的工作，会因为工程量的多少而影响单价。单价合同中的单价是投标人按招标人的预估量进行的综合计算，如变动幅度过大也会引起相应单价的变化，所以，单价合同又可分为固定单价合同和变动单价合同。

在固定单价合同条件下，无论发生哪些影响价格的因素都不对单价进行调整，因而，对承包商而言就存在一定的风险。固定单价合同适用于工期较短、工程量变化幅度不会太大的项目。

（3）可变动单价合同。当采用变动单价合同时，合同双方可以约定一个估计的工程量，当实际工程量发生较大变化时可以对单价进行调整，同时，还应该约定如何对单价进行调整；也可以约定，当通货膨胀达到一定水平或国家政策发生变化时，可以对哪些工程内容的单价进行调整及如何调整等。因此，承包商的风险就相对较小。

一般约定为工程量变动超过15％时，调整单价。增加量超过15％计划工程量时，增加部分工程量单价调减，或进行折扣。减少量超过15％的计划工程量时，剩余部分工程量单价调增。

一般约定为市场价格变动超过5％时，调整单价。此时调整单价时还需要考虑招标时的折扣率和招标指导价。

2. 总价合同

（1）总价合同的概念。总价合同是指根据合同规定的工程施工内容和有关条件，发包人应付给承包商的款额是一个规定的金额，即明确的总价。当根据施工招标时的要求和条件，当施工内容和有关条件不发生变化时，发包人付给承包商的价款总额不发生变化。

采用总价合同时，对承发包工程的内容及其各种条件都应基本清楚、明确，否则，承发包双方都有蒙受损失的风险。因此，一般是在施工图设计完成，施工任务和范围比较明确，业主的目标、要求和条件都清楚的情况下才采用总价合同。对业主来说，由于设计花费时间长，因而开工时间较晚，开工后的变更容易带来索赔，而且在设计过程中也难以吸收承包商的建议。

（2）总价合同的特点。

1）发包单位可以在报价竞争状态下确定项目的总造价，可以较早确定或者预测工程成本。

2）业主的风险较小，承包人将承担较多的风险。

3）评标时易于迅速确定最低报价的投标人。

4）在施工进度上能极大地调动承包人的积极性。

5）发包单位能更容易、更有把握地对项目进行控制。

6）必须完整而明确地规定承包人的工作。

7）必须将设计和施工方面的变化控制在最小限度内。

总价合同和单价合同有时在形式上很相似，在有的总价合同的招标文件中也有工程量表，也要求承包商提出各分项工程的报价，与单价合同在形式上很相似，但两者在性质上是完全不同的。总价合同是总价优先，承包商报总价，双方商讨并确定合同总价，最终也按总价结算。总价合同又可分为固定总价合同和变动总价合同两种。

1）固定总价合同。固定总价合同的价格计算是以图纸及规定、规范为基础，工程任务和内容明确，发包人的要求和条件清楚，合同总价固定不变，即不再因为环境的变化和工程量的增减而变化。在这类合同中，承包商承担了全部的工作量和价格的风险。因此，承包商在报价时应对一切费用的价格变动因素及不可预见因素都做充分的估计，并将其包含在综合单价中。

固定总价合同的特点有：发包人在合同签订时就可以基本确定项目的总投资额，对投资控制有利；在双方都无法预测的风险条件下和可能有工程变更的情况下，承包商承担了较大的风险，发包人的风险较小。但当发生工程变更和不可预见风险时也会引起合同双方的纠纷或者诉讼，最终导致其他费用的增加。为避免此类风险的发生，也可在固定总价合同中约定，在发生重大工程变更、累计工程变更超过一定幅度或者其他特殊条件下可以对合同价格进行调整。

对于承包商即要承担价格风险，又要承担工作量风险。价格风险有报价计算错误、漏报项目、物价和人工费上涨等；工作量风险有工程量计算错误、工程范围不确定、工程变更或者由于设计深度不够所造成的误差等。所以，在投标时需将风险费用折算在综合单中。

所以，固定总价合同一般适用的项目如下。

①工程量小、工期短，估计在施工过程中环境因素变化小，工程条件稳定并合理。

②工程设计详细，图纸完整、清楚，工程任务和范围明确。

③工程结构和技术简单，风险小。

④投标期相对宽裕，承包商可以有充足的时间详细考察现场、复核工程量、分析招标文件、拟订施工计划。

2）变动总价合同。变动总价合同又称为可调总价合同，合同价格是以图纸及规定、规范为基础，按照时价进行计算，得到包括全部工程任务和内容的暂定合同价格。它是一种相对固定的价格，在合同执行过程中，通货膨胀等原因而使所使用的工、料成本增加时，可以按照合同约定对合同总价进行相应的调整。一般由于设计变更、工程量变化和其他工程条件变化所引起的费用变化也可以进行调整。因此，通货膨胀等不可预见因素的风险由业主承担，对承包商而言，其风险相对较小，但对业主而言，不利于其进行投资控制，突破投资的风险就增大了。

在工程施工承包招标时，施工期限一年左右的项目一般实行固定总价合同，通常不考虑价格调整问题，以签订合同时的单价和总价为准，物价上涨的风险全部由承包商承担。但是对建设周期一年半以上的工程项目，则应考虑下列因素引起的价格变化问题。

①劳务工资及材料费用的上涨。

②其他影响工程造价的因素，如运输费、燃料费、电力等价格的变化。

③外汇汇率的不稳定。

④国家或省、市立法的改变引起工程费用的上涨。

3. 成本加酬金合同

(1) 成本加酬金合同的含义。成本加酬金合同也称为成本补偿合同，是与固定总价合同正好相反的合同，工程施工的最终合同价格将按照工程的实际成本再加上一定的酬金进行计算。在合同签订时，工程实际成本往往不能确定，只能确定酬金的取值比例或计算原则。

采用这种合同，承包商不承担任何价格变化或工程量变化的风险，这些风险主要由业主承担，对业主的投资控制很不利。而承包商则往往缺乏控制成本的积极性，常常不仅不愿意控制成本，甚至还会期望提高成本以提高自己的经济效益，因此，这种合同容易被那些不道德或不称职的承包商滥用，从而损害工程的整体效益。所以，应该尽量避免采用这种合同。

对业主而言，这种合同形式也有一定优点。

1）可以通过分段施工缩短工期，而不必等待所有施工图完成才开始招标和施工。

2）可以减少承包商的对立情绪，承包商对工程变更和不可预见条件的反应会比较积极与快捷。

3）可以利用承包商的施工技术专家，帮助改进或弥补设计中的不足。

4）业主可以根据自身力量和需要，较深入地介入和控制工程施工与管理。

5）也可以通过确定最大保证价格约束工程成本不超过某一限值，从而转移一部分风险。对承包商来说，这种合同比固定总价的风险低，利润比较有保证，因而比较有积极性。其缺点是合同的不确定性，由于设计未完成，无法准确确定合同的工程内容、工程量及合同的终止时间，有时难以对工程计划进行合理安排。

（2）成本加酬金合同的特点和适用条件。成本加酬金合同通常用于工程特别复杂，工程技术、结构方案不能预先确定，或者尽管可以确定工程技术和结构方案，但是不可能进行竞争性的招标活动并以总价合同或单价合同的形式确定承包商，如研究开发性质的工程项目；时间特别紧迫，如抢险、救灾工程，来不及进行详细的计划和商谈。

（3）成本加酬金合同的形式。成本加酬金合同有许多种形式，常见的形式有以下几种。

1）成本加固定费用合同。根据双方讨论同意的工程规模、估计工期、技术要求、工作性质及复杂性、所涉及的风险等来考虑确定一笔固定数目的报酬金额作为管理费及利润，对人工、材料、机械台班等直接成本则实报实销。如果设计变更或增加新项目，当直接费超过原估算成本的一定比例（如 10%）时，固定的报酬也要增加。在工程总成本一开始估计不准，可能变化不大的情况下，可采用此合同形式，有时可分几个阶段谈判付给固定报酬。这种方式虽然不能鼓励承包商降低成本，但为了尽快得到酬金，承包商会尽力缩短工期。有时也可在固定费用之外根据工程质量、工期和节约成本等因素，给承包商另加奖金，以鼓励承包商积极工作。

2）成本加固定比例费用合同。工程成本中直接费加一定比例的报酬费，报酬部分的比例在签订合同时由双方确定。这种方式的报酬费用总额随成本加大而增加，不利于缩短工期和降低成本。一般在工程初期很难描述工作范围和性质，或工期紧迫，无法按常规编制招标文件招标时采用。

3）成本加奖金合同。奖金是根据报价书中的成本估算指标制订的，在合同中对这个估算指标规定一个底点和顶点，分别为工程成本估算的 60%、75% 和 110%、135%。承包商在估算指标的顶点以下完成工程则可得到奖金，超过顶点则要对超出部分支付罚款。如果成本在底点之下，则可加大酬金值或酬金百分比。采用这种方式通常规定，当实际成本超过顶点对承包商罚款时，最大罚款限额不超过原先商定的最高酬金值。

在招标时，当图纸、规范等准备不充分，不能据以确定合同价格，而仅能制订一个估算指标时可采用这种形式。

4）最大成本加费用合同。在工程成本总价合同基础上加固定酬金费用的方式，即当设计深度达到可以报总价的深度时，投标人报一个工程成本总价和一个固定的酬金（包括各项管理费、风险费和利润）。如果实际成本超过合同中规定的工程成本总价，由承包商承担所有的额外费用，若实施过程中节约了成本，节约的部分归业主，或者由业主与承包商分享，在合同中要确定节约分成比例。在非代理型（风险型）CM 模式的合同中就采用这种方式。

6.4 建设工程索赔

6.4.1 建设工程索赔的概念、起因及种类

1. 建设工程索赔的概念

建设工程索赔是指在工程合同履行过程中，合同当事人一方因对方不履行或未能正确履行合同或者由于其他非自身因素而受到经济损失或权利损害，通过合同规定的程序向对方提出经

济或时间补偿要求的行为。索赔是一种合法的权利主张，它是合同执行阶段的一项重要工作。

索赔是相互的、双向的，承包方可以向发包方索赔，发包方也可以向承包方索赔。索赔是当事人保护自身正当利益、弥补损失、减少违约的有效手段，是一种以法律和合同为依据的行为，是双方在分担工程风险方面的责任再分配。

2. 建设工程索赔的起因

虽然索赔是相互的，但是在实际工作中以承包方索赔为主。现以承包方索赔为例介绍常见的索赔原因。

（1）业主违约：业主没有按合同规定的要求交付设计资料、图纸，未按合同规定的日期交付施工场地，提供道路、水电等施工条件，使承包商的施工人员和设备不能进场，或进场后不能正常开展工作，出现人员窝工、停工和机械闲置等，从而造成承包商的损失。

（2）不利的自然条件与人为障碍：在施工过程中，承包商遇到了现场气候条件以外的外界障碍或条件，或遇到了图纸上并未说明的地下构筑物或文物等，如地质断层、天然溶洞、沉陷和不明地下构筑物等，使施工无法进行，引起工期延长和成本增加。

（3）设计变更：由于工程项目建设周期长，工程受地形、地质、水文、气象等自然条件变化和技术、经济环境变化的影响，导致项目施工时实际情况与招投标时相比发生变化，引起设计变更，从而引发索赔。

（4）业主不正当地终止工程：由于业主不正当地终止工程，承包商有权要求补偿损失，其数额是承包商在被终止工程中的人工、材料、机械设备的全部支出，以及各项管理费用、保险费、贷款利息、保函费用的支出，并有权要求赔偿其盈利损失。

（5）风险分担不公：在工程合同履行过程中，由于各种无法预料和控制的因素，如地震、台风、流沙泥、地质断层、天然溶洞、沉陷和不明地下构筑物等，导致承包商损失，需由业主承担责任的风险。

（6）不依法履行施工合同：承发包双方在履行施工合同的过程中往往因一些意见分歧和经济利益驱动等人为因素，不严格执行合同文件而引起施工索赔。

（7）工程项目建设承发包管理原因：当前建筑市场中工程建设项目的承发包包括总包、分包、指定分包、劳务承包、设备材料供应承包等多种方式，使承发包工作变得复杂和管理难度增大。当其中任何一个承包合同不能顺利履行或管理不善，都可能会引发其他承包合同在工期、质量、数量和经济等方面的索赔。

（8）价格调控引起的索赔和法规变化引起的索赔：如政策法令的变化及汇率变化等引起承包商的索赔。

3. 建设工程索赔的种类

索赔一般可分为工期索赔和费用索赔，可单独索赔，也可同时要求索赔。特别注意如果工程存在分包的情况，分包商需通过总包才可向发包人提出索赔，分包商不能直接向发包人提出索赔。

（1）工期索赔。工期索赔是指在工程合同履行过程中，由于非因自身原因造成工期延误，承包人向发包人提出要求合同工期顺延的行为，如由于发包方未能按合同规定提供施工条件，如未及时交付施工图纸、技术资料、场地、道路等，或非承包方原因发包方指令停止工程实施，或其他不可抗力因素作用等原因。索赔的目的主要是获得合同工期的补偿，避免因工期延误而遭受经济和法律方面的损失。如非关键路径或未造成关键路径变化引起的工期延误不可进行索赔。

（2）费用索赔。费用索赔是指在工程合同履行过程中，由于非因自身原因造成承包人损失，承包人向发包人提出要求赔偿自身经济损失的行为。如因发包人或第三方的迟延、错误等原因造成经济损失，或者因合同规定以外的因素导致成本增加。索赔的目的是获得经济补偿，以弥补因他人原因造成的经济损失。在进行费用索赔时，承包人需要提供详细的证据和计算方式，包括经济损失的具体内容和金额等。一般来说，索赔的证据应该来自合同履行过程中的实际记录，如施工日志、验收记录、财务记录、来往信函、会议纪要等。此外，承包人还需要了解相关的法律法规和合同条款，以便在索赔过程中能够合理、准确地提出自己的要求。同时，费用索赔包含基本费用索赔和利润索赔，在不同的情况下会有所不同。

在处理索赔时，发包人应该根据实际情况进行评估和裁定，并与承包人进行合理的协商。如果发包人认为承包人的索赔要求合理，可以根据合同条款给予工期或经济补偿。如果承包人的索赔要求不符合合同规定或缺乏证据支持，发包人可以拒绝该索赔要求。协商不成可提起裁决或诉讼。

6.4.2 建设工程索赔的条件及依据

1. 建设工程索赔成立的条件

建设工程索赔成立的条件包括以下三个前提条件。

（1）与合同对照，事件已造成了承包人工程项目成本的额外支出，或直接工期损失。

（2）造成费用增加或工期损失的原因，按合同约定不属于承包人的行为责任或风险责任。

（3）承包人按合同规定的程序和时间提交索赔意向通知和索赔报告。

以上三个条件必须同时满足，才能构成一次有效的索赔。

2. 建设工程索赔的依据

造成缺失后进行索赔，需要做到有理可依，才能顺利实施索赔，可以作为证据使用的材料主要有书证、物证、证人证言，视听材料，当事人陈述，鉴定结论和勘验、检验笔录等。一般按建设工程归类的索赔依据如下。

（1）建设工程施工合同、施工过程中增减工程量的补充合同：这些合同文件是建设工程施工合同的核心文件，包括合同双方的权利和义务、工程范围、工程款支付方式等。其包括施工过程中合法的进一步磋商、洽谈、备忘录、会议纪要等。

（2）招标文件、中标通知书：这些文件是建设工程施工合同的重要组成部分。其包括招标条件、施工要求、合同条款、设计图纸、工程量清单等。

（3）工程验收、质检报告等：这些文件记录了工程项目的验收、结算和质量情况，如施工现场的工程文件，工程照片，气候报告，工程中的各种检查验收报告和各种技术鉴定报告，工地的交接记录（应注明交接日期，场地平整情况，水、电、路情况等）、图纸和各种资料交接记录，建设工程材料和设备的采购、订货、运输、进场、使用方面的记录、凭证和报表等。

（4）工程预、决算报告、支付工程款的付收款凭证：这些文件记录了工程的预决算和款项支付情况，如市场行情资料（包括市场价格、官方的物价指数工资指数、中央银行的外汇比率等公布材料），各种社会核算资料等。

（5）法律法规：索赔必须符合法律法规、标准、规范的规定，如果索赔的要求违反了法律法规的规定，那么索赔请求将无法得到支持。

6.4.3　建设工程索赔的程序和报告内容

1. 建设工程索赔的程序

索赔程序是指从索赔事件产生最终处理全过程所包括的工作内容及程序，一般有提出索赔意向、正式提出索赔及报送索赔资料、监理审核答复、持续索赔等步骤。

（1）提出索赔意向。当出现索赔事项时，承包方应在索赔事项发生后的 28 天以内，以索赔通知书的形式向工程师提出索赔意向通知。

（2）报送索赔资料。在索赔通知书发出后的 28 天内，向监理工程师或发包人提交延长工期和（或）补偿经济损失的索赔报告及有关资料。

（3）监理工程师的审核答复。监理工程师在收到承包单位送交的索赔报告和有关资料后，应于 28 天内给予答复，或要求承包单位进一步补充索赔理由和证据。如监理工程师在收到承包单位送交的索赔报告和有关资料后 28 天内未给予答复或未对承包人作进一步要求的，视为该项索赔已经被认可。

（4）持续索赔。当索赔事件持续进行时，承包单位应当阶段性地向监理工程师发出索赔意向，在索赔事件终了后 28 天内向工程师送交索赔的有关资料和最终索赔报告。工程师应在 28 天内给予答复或要求承包单位进一步补充索赔理由和证据，逾期未答复者，视为该项索赔成立。

2. 建设工程索赔报告的内容

索赔文件即索赔报告，是合同一方正式向对方提出索赔要求的书面文件，索赔报告的内容应该准确、清晰、充分，符合逻辑。索赔报告主要包括总论部分、引证部分、索赔计算部分、证据部分 4 个部分。

（1）总论部分。简述索赔事项的背景和原因，如事项发生的日期和过程、承包方为该索赔事项付出的努力和附加开支，提出索赔的目的和理由，以及承包方的具体索赔要求，并列举相关的合同条款和法律法规作为依据。

（2）合同引证部分。索赔报告关键部分之一，是索赔成立的基础。一般包括以下内容。

1）概述索赔事项的处理过程。

2）发出索赔通知书的时间。

3）引证索赔要求的合同条款。

4）指明所附的证据资料。

（3）索赔额计算部分。索赔报告书的主要部分，也是经济索赔报告的第 3 部分。索赔款计算的主要组成部分是：由于索赔事项引起的额外开支的人工费、材料费、设备费、工地管理费、总部管理费、投资利息、税收、利润等等。索赔额计算需提供合同引证和索赔额计算的详细依据，包括合同条款、技术规范、施工图纸、工程量清单等。此部分应清晰地说明索赔事项与合同条款之间的联系，并准确计算索赔金额。

（4）证据部分。通常以索赔报告书附件的形式出现，它包括了该索赔事项所涉及的一切有关证据，以及对这些证据的说明。列出索赔事项所涉及的一切证据，包括施工记录、验收报告、付款记录、往来信函等。此部分应对证据进行详细的说明和分析，证明索赔要求的真实性和可信度。对索赔事项进行详细的论证，包括对索赔事项的描述、原因分析、影响分析等。此部分是索赔报告的关键部分，其目的是说明自己有索赔权，是索赔能否成立的关键。

6.4.4 工期索赔和费用索赔

1. 工期索赔

（1）单方原因造成的延误。单方原因造成的工期延误，其工期索赔的计算方法主要有网络图分析法和比例计算法两种。

1）网络图分析法。网络图分析法是利用进度计划的网络图分析其关键线路。如果延误的工作为关键工作，则总延误的时间为批准顺延的工期；如果延误的工作为非关键工作，当该工作由于延误超过时差限制而成为关键工作时，可以批准延误时间与时差的差值；若试作延误后仍为非关键工作，则不存在工期索赔问题。

2）比例计算法。该方法主要应用于工程量有增加时工期索赔的计算。其计算公式如下：

工期索赔值＝额外增加工程量的价格÷原合同总价×原合同总工期

（2）共同延误。在实际施工过程中，工期拖期很少是只有一方造成的，往往是两三种原因同时发生或相互作用形成的，这种情况被称为共同延误。例如，由于发包方、工程师或承包方及某些客观因素共同作用导致工期延误。当共同延误发生时，要具体分析哪一种原因是最先发生的，即确定"初始延误"者，它应对工程拖期负责。在初始延误发生作用期间，其他并发的延误者不承担拖期责任。

初始延误者可能是发包人原因、客观原因或承包人原因。如果初始延误者是发包人原因，则在发包人原因造成的延误期内，承包人既可得到工期延长，又可得到经济补偿。如果初始延误者是客观原因，则在客观因素发生影响的延误期内，承包人可以得到工期延长，但很难得到费用补偿。如果初始延误者是承包人原因，则在承包人原因造成的延误期内，承包人既不能得到工期补偿，也不能得到费用补偿。

2. 费用索赔

（1）索赔费用的计算方法。索赔费用的计算方法主要有实际费用法、总费用法和修正总费用法。

1）实际费用法。实际费用法是按照索赔事件所引起损失或成本增加，将费用项目分别分析计算索赔值，然后将各费用项目的索赔值汇总，得到的总索赔费用值。

2）总费用法。计算出索赔工程的总费用，减去原合同报价，即得索赔金额。

3）修正总费用法。在总费用计算的原则上，去掉一些不确定的可能因素和未受事件影响而完成该项目的合理费，对总费用法进行相应的修改和调整，使其更加合理。

（2）费用索赔的内容。费用索赔主要为综合单价的组成，如人工费、材料费、施工机械使用费、管理费、合理的利润，以及影响而造成的保险费、利息的增加等。

1）人工费。人工费包括人员闲置费、加班工作费、额外工作所需人工费用、劳动效率降低和人工费的价格上涨等费用。但不能简单地用计日工费计算。

2）施工机械使用费。施工机械使用费包括机械闲置费、额外增加的机械使用费和机械作业效率降低费用等。

3）材料费。材料费包括额外材料使用费、增加的材料运杂费、增加的材料采购及保管作业效率降低费等。

4）管理费。管理费又可分为现场管理费和企业管理费两部分。现场管理费包括承包商现场管理人员食宿设施费、交通设施费等；企业管理费包括办公费、通信费、差旅费和职工福利费等。

5）利润。利润主要包括合同变更利润、工程延期利润机会损失、合同解除利润和其他利润补偿等。并非所有的索赔都可以索赔利润，有时仅可索赔正常的费用。

6）规费和税金。索赔规费与税金的金额计算通常是与原报价单中的百分率保持一致。

7）保险费及手续费增加。工程延期时，保险费用及手续费相应增加；反之，取消部分工程且发包方与费用和材料价格上涨费用等。承包方达成提前竣工协议时，承包方的保险金额相应折减，则计入合同价内的保函手续费也相应扣减。

8）贷款利息。贷款利息包括由于工程变更和工程延期使承包商不能按原计划收到合同款。造成资金占用，产生利息，也包括延迟支付工程款利息。

6.4.5 建设工程常见索赔

在不同的索赔事件可以索赔的费用是不同的，不同的合同文本规定也不完全一致。以《标准施工招标文件》规定为例，常见的索赔内容见表6.3。

表6.3 常见的索赔内容

序号	主要内容	可索赔内容		
		工期	费用	利润
1	提供图纸延误	√	√	√
2	施工过程发现文物、古迹及其他遗迹、化石、钱币或物品	√	√	
3	延迟提供施工场地	√	√	
4	承包人遇到不利物质条件	√	√	
5	发包人要求向承包人提前交付材料和工程设备		√	
6	发包人提供的材料和工程设备不符合合同要求	√	√	√
7	发包人提供资料错误导致承包人的返工或造成工程损失	√	√	
8	采取合同未约定的安全作业环境及安全施工措施		√	
9	因发包人原因造成承包人人员工伤事故		√	
10	发包人的原因造成工期延误	√	√	√
11	异常恶劣的气候条件	√		
12	发包人要求承包人提前竣工		√	√
13	发包人原因引起的暂停施工	√	√	√
14	发包人原因造成暂停施工后无法按时复工	√	√	√
15	发包人原因造成工程质量达不到合同约定验收标准的	√	√	√
16	监理人对隐蔽工程重新检查，经检验证明工程质量符合合同要求的	√	√	√
17	因发包人提供的材料、工程设备造成工程不合格	√	√	√
18	承包人应监理人要求对材料、工程设备和工程重新检验且检验结果合格	√	√	√
19	基准日后法律变化引起的价格调整		√	
20	发包人在全部工程竣工前，使用已接收的单位工程导致承包人费用增加的	√	√	√
21	发包人的原因导致试运行失败的		√	√
22	发包人原因导致的工程缺陷和损失		√	√
23	工程移交后因发包人原因出现的缺陷修复后的试验和试运行		√	

序号	主要内容	可索赔内容		
		工期	费用	利润
24	不可抗力	√	√ 部分费用	
25	因发包人违约导致承包人暂停施工	√	√	√

《标准施工招标文件》也会在必要时进行修订，不同的版本可能会出现索赔内容不一致的情况，以最新版为准。

6.4.6　应用案例

某工厂建设单位和施工单位依据建设工程施工合同示范文本，签订了施工合同，签约合同价为 8 100 万元，其中暂列金额 100 万元（含税费）。合同工期为 10 个月，施工合同约定部分条款如下。

单价约定：人工费为 80 元/工日，施工机械台班费为 2 000 元/台班，计日工单价为 150 元。

其他费用约定：企业管理费费率为 12%（以人、材、机之和为基数），利润率为 5%（以人、材、机及企业管理费之和为基数），规费综合费费率为 8%（以分部分项工程费、措施项目费及其他项目费之和为基数）。增值税税率为 9%（上述费用均不含增值税进项税额）。

在施工过程发生了如下事件。

事件 1：基坑在开挖过程中，受建设单位平行发包的另一家施工单位施工不当影响，造成基坑局部坍塌，因此，发生修理基坑维护工程费用为 30 万元，变配电用房费用为 5 万元，工程停工 5 天，施工单位提出索赔要求补偿费用 35 万元，工程延期为 5 天，建设单位同意补偿基坑维护工程费 30 万元，但不同意顺延工期。

事件 2：结构工程施工过程中，建设单位提出工程变更，由此增加用工 150 工日施工机械 30 台班及计日工 160 工日，施工单位在合同约定期限内，向项目监理机构提出费用补偿申请。

事件 3：装修工程施工中发生不可抗力造成下列后果：①装修材料损失 3 万元；②施工机械损失 12 万元；③施工单位应建设单位要求照管清理修复工程，发生费用 15 万元；④施工人员医疗费为 1.8 万元。为保证合同工期，建设单位要求施工单位赶工，施工单位为此提出增加不可抗力解除后复工的，若不能按期竣工，应合理延长工期。发包人要求赶工的，赶工费用应由发包人承担。

问题 1：针对事件 1，承包单位可以索赔的内容有什么？

问题 2：针对事件 2，项目监理机构应批准费用补偿应为多少万元？

问题 3：针对事件 3，指出发包人可以索赔的内容有什么？

【解析】

解析问题 1：因非承包人原因造成承包人损失，全部可以进行索赔，其中可索赔工期为 5 天，费用索赔为 35 万元（30 万元＋5 万元）。

解析问题 2：赔偿的费用有：

增加用工费用 ＝ 80 × 150/10 000 ＝ 1.20（万元）；

施工机械费用 ＝ 30 × 2 000/10 000 ＝ 6.00（万元）；

计日工费用 ＝ 150 × 160/10 000 ＝ 2.40（万元）。

监理机构应批准费用补偿＝［（6＋1.2）×（1＋12%）×（1＋5%）＋2.4］×（1＋8%）×（1＋9%）＝12.79（万元）。

此处需要注意计日工单价不再计算企业管理费和利润，但产生费用就会相应产生规费和税金。另外，在发生机械窝工索赔时需要注意自有机械只计算折旧费用，租用机械只计算租赁费。

解析问题3：发生不可抗力后可以索赔工期和部分费用，此处部分费用指建设单位的损失重建费用（包括运达现场的材料和已完工工程重新施工的费用）和应建设单位要求现场的照管清理费用。所以，承包人可以索赔的费用有装修材料损失3万元；施工单位应建设单位要求照管清理修复工程费用15万元；建设单位要求赶工的赶工费。发生不可抗力可以索赔工期，但此时建设单位要求赶工，所以不存在工期的索赔，但赶工工期应在合理的范围内。施工机械、施工人员的医疗费用属于承包人自己承担的风险，不可进行索赔。

思考练习题

1. 工程项目施工招标有哪些方式？其在招标程序上有什么区别？

2. 哪些建设项目可不进行招标？

3. 建设工程施工招标文件由哪些内容组成？

4. 建设工程招标控制价的作用是什么？

5. 建设工程投标报价技巧有哪些？

6. 建设工程合同一般包括哪些内容？

7. 建设工程交底包括哪些内容？

8. 建设工程合同中的风险应对策略主要有哪些？

9. 建设工程承包人可以申请索赔的条件有哪些？

10. 建设工程合同变更的条件有哪些？

11. 建设工程合同解除和合同终止的区别有哪些？

12. 依据案例回答问题。

某依法必须进行招标的工程施工项目采用资格后审组织公开招标，在投标截止时间前，招标人共受理了6份投标文件，随后组织有关人员对投标人的资格进行审查，核对有关证明，证件的原件。有一个投标人没有派人参加开标会议，还有一个投标人少携带了一个证件的原件，没能通过招标人组织的资格审查。招标人对通过资格审查的投标人甲、乙、丙、丁组织了开标。开标过程中发生了如下事件。

投标人甲没有递交投标保证金，招标人当场宣布甲的投标文件为无效投标文件，不进入唱标程序。在唱标过程中，投标人乙的投标函上有两个投标报价，招标人要求其确认了其中一个报价进行唱标。投标人丙在投标函上填写的报价大写与小写不一致，招标人检查其投标文件中的工程报价汇总表，发现投标函上报价的小写数值与投标报价汇总表一致，于是按照其投标函上小写数值进行了唱标。投标人丁的投标函没有盖投标人单位印章，同时，又没有法定代表人或其委托代理人签字，招标人唱标后，当场宣布丁的投标为废标。这样仅剩乙、丙两个投标人，招标人认为有效投标少于3家，不具有竞争性，所以否决了所有投标。

问题1：招标人确定进入开标或唱标的做法是否正确？为什么？

问题2：招标人在唱标过程中针对一些特殊情况的处理是否正确？为什么？

问题3：开标会议上，招标人是否有权否决所有投标？为什么？

13. 依据案例回答问题。

某大型工程项目由政府投资建设，业主委托某招标代理机构招标。招标代理公司确定该项目采用公开招标的方式招标。招标文件中规定：投标担保可采用投标保证金或投标保函的方式担保，评标方法采用经评审的最低投标价法，投标有效期为 60 天。

发包人对招标代理公司提出以下要求：为了避免潜在投标人过多，项目招标公告只在本市日报上发布，且采用邀请招标方式招标。

项目施工招标信息发布后，共有 12 家潜在的投标人报名参加投标。发包人认为，报名参加投标的人数太多，为减少评标工作量，要求招标代理公司仅对报名的潜在投标人的资质条件、业绩进行资格审查。开标后情况如下：A 投标人的投标报价为 8 000 万元，为最低投标价，经评审后推荐其为中标候选人；B 投标人在开标后又提交了一份补充说明，提出可以降价 5%；C 投标人提交的银行保函有效期为 70 天；D 投标人投标文件的投标函盖有企业及企业法定代表人的印章，但没有项目经理责任协议书；E 投标人与其他投标人组成了联合体投标，附有各方资质证书，但没有联合体共同投标协议书；F 投标人的投标报价最高，F 投标人在开标后第二天撤回了其投标文件。经过标书评审，A 投标人被确定为中标候选人。

问题 1：发包人对招标代理公司提出的要求是否正确？请说明理由。

问题 2：分析 A、B、C、D、E 投标人的投标文件是否有效？请说明理由。

问题 3：F 投标人的投标文件是否有效？对其撤回投标文件的行为应如何处理？

14. 依据案例回答问题。

某涉及国家秘密的大型建设工程经过项目主管部门审批核准，采用邀请招标确定施工承包人。该工程施工技术复杂、难度大且工期紧张，对承包人以往类似工程业绩施工设备要求较高。招标人经过考察施工企业的业绩及在建项目，确定了 3 家施工企业为邀请对象，这 3 家企业均为国有大型施工企业，均具备房屋建设工程施工总承包特级资质。招标文件中确定的评标标准为：施工组织设计及项目管理机构 30 分，投标报价 70 分，施工组织及项目管理机构评审因素及评标标准见表 6.4。

表 6.4　施工组织及项目管理机构评审因素及评标标准

序号	评审因素	评分标准	最高得分
1	施工方案与技术措施	分为 A、B、C、D、E 五个等级进行横向比较，获得 A 级的得 8 分，B 级的得 6 分，C 级的得 4 分，D 级的得 2 分，E 级的得 0 分	8
2	质量管理体系与措施	获得质量管理体系 ISO 9000 体系认证且成功运行 2 年以上的得 2 分，否则得 0 分 质量措施分为 A、B、C 三个等级进行横向比较，获得 A 级的得 3 分，B 级的得 2 分，C 级的得 1 分	5
3	职业健康安全管理体系与措施	获得职业健康安全管理体系认证且成功运行 1 年以上的得 1 分，否则得 0 分 安全管理措施分为 A、B、C 三个等级进行横向比较，获得 A 级的得 3 分，B 级的得 2 分，C 级的得 1 分	4
4	环境管理体系与措施	获得环境管理体系认证且成功运行 1 年以上的得 1 分，否则得 0 分 环境保护措施分为 A、B、C 三个等级进行横向比较，获得 A 级的得 2 分，B 级的得 1 分，C 级的得 0 分	3

序号	评审因素	评分标准	最高得分
5	工程进度计划与措施	工期满足招标文件要求的得1分，比招标文件中的计划工期36个月每提前1个月得0.5分，不足1个月的不得分，最多得3分 将工程进度计划保证措施分为A、B，C三个等级进行横向比较，获得A级的得3分，B级的得2分，C级的得1分	6
6	资源配备计划	主要施工设备配备齐全且设备完好率在90%以上的得2分，其余得1分	2
7	项目管理机构	项目经理、技术负责人具有类似项目业绩的得1分，否则得0分；其他项目部人员均具有上岗证书的得1分，每缺1个证书扣0.5分，扣完为止	2

报价不超过标底的105%者为有效投标报价。评标基准价为有效投标报价的算术平均数。投标报价等于评标基准价得70分，每高于评标基准价1%扣3分，每低于评标基准价1%扣2分，不足1%的按1%计取。招标人标底价格为3 550.00万元人民币投标人得分保留小数点后两位，第三位四舍五入。各投标单位的有关情况见表6.5。

表6.5　各投标单位的有关情况

投标人	报价/万元	工期/月	质量目标	投标保证金
1	3564.20	33	满足要求	满足要求
2	3436.40	31	满足要求	满足要求
3	3386.70	32	满足要求	满足要求

经过评标委员对其施工组织设计和项目管理机构的评审与比较，评审结果见表6.6。

表6.6　评审结果

投标人	施工方案与技术措施	质量管理体系与措施	职业健康安全管理体系与措施	环境管理体系与措施	进度计划与措施	资源配备计划	项目管理机构
1	A	2+B	1+A	1+B	1.5+A	1	2
2	A	2+B	1+B	1+B	2.5+B	1	2
3	C	2+C	1+B	1+C	2+B	1	1.5

问题1：仅邀请3家施工单位投标是否违反有关规定？为什么？

问题2：3家投标人均通过了初步审查，计算3家投标人的最终得分。

问题3：若将施工组织设计与项目管理机构得分增加到40分，其中施工方案与技术措施调整为18分，相应的评标标准改为A级的得18分，B级的得16分，C级的得12分，D级的得8分，E级的得4分，其余不动；投标报价由70分减少为60分，重新计算推荐中标候选人的排序。

15. 依据案例回答问题。

某国有资金投资建设项目，采用公开招标方式进行施工招标，业主委托具有相应招标代理和造价咨询资质的中介机构编制了招标文件与招标控制价。该项目招标文件包括如下规定：招标人不组织项目现场勘察活动；投标人对招标文件有异议的，应当在投标截止时间 10 日前提出，否则招标人拒绝回复；投标人报价时必须采用当地住房城乡建设管理部门造价管理机构发布的计价定额中分部分项工程人工、材料、机械台班消耗量标准；招标人将聘请第三方造价咨询机构在开标后评标前开展清标活动；投标人报价低于招标控制价幅度超过 30％的，投标人在评标时须向评标委员会说明报价较低的理由，并提供证据；投标人不能说明理由、提供证据的，将认定为废标。

在项目的投标及评标过程中发生了以下事情：投标人 A 为外地企业，对项目所在区域不熟悉，向招标人申请希望招标人安排一名工作人员陪同勘察现场，招标人同意安排一位普通工作人员陪同投标人勘察现场；清标发现，投标人 A 和投标人 B 的总价和所有分部分项工程综合单价相差相同的比例；通过市场调查，工程量清单中某材料暂估单价与市场调查价格有较大偏差，为规避风险，投标人 C 在投标报价计算相关分部分项工程项目综合单价时采用了该材料市场调查的实际价格；评标委员会某成员认为投标人 D 与招标人曾经在多个项目上合作过，从有利于招标人的角度，建议优选选择投标人 D 为中标候选人。

问题1：请逐一分析项目招标文件各项规定是否妥当，并分别说明理由。

问题2：对投标人 A 的要求及招标人的做法是否妥当？并说明理由。

问题3：对于投标人 A 和投标人 B 总价及所有分部分项综合单价相差相同，投标评标委员会应该如何处理？并说明理由。

问题4：投标人 C 的做法是否妥当？并说明理由。

问题5：该评标委员会成员认为 D 为中标候选人的做法是否妥当？并说明理由。

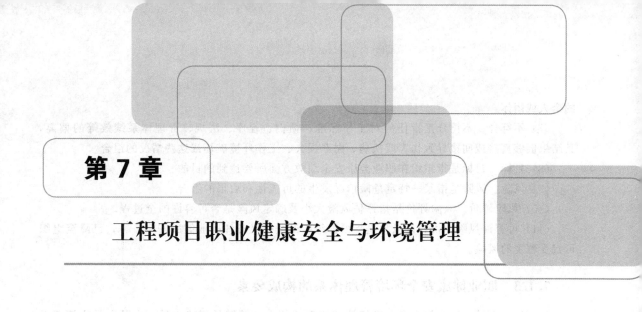

第7章

工程项目职业健康安全与环境管理

7.1　工程项目职业健康安全与环境管理概述

7.1.1　职业健康安全管理体系

职业健康安全管理体系是 20 世纪 80 年代后期在国际上兴起的现代安全生产管理模式，它与 ISO 900 等标准体系一并被称为"后工业化时代的管理方法"。职业健康安全管理体系产生的主要原因是企业自身发展的要求，随着企业规模的扩大，包括安全生产管理在内的所有生产经营活动变得更加规范化、法治化。

随着世界经济发展一体化，我国为加强与世界接轨，并为了加强企业的相应管理工作，提出要提高现代化管理水平而采取较为有效的标准化技术手段。为此我国 2001 年制订了相应的职业健康安全管理体系。该体系是一整套系统化和规范化的现代职业健康安全管理方法。它尤为强调事故预防，也就是提前找出所有存在的危险和隐患，并采取对应的技术和管理措施及时消除或控制，使生产和工作一直保持在相对安全的状态。同时，它也强调以防万一，即对于可能发生的事故，应事先做好应急准备，加强应急演练，以确保在未来事故发生时尽可能减少事故所造成的人身伤害和财产损失。

7.1.2　职业健康安全管理体系的基本内容

（1）事故。事故是指造成死亡、疾病、伤害等其他损失的意外情况，如砖头坠落，砸到人并造成伤害是事故。

（2）持续改进。持续改进是指为改进职业健康安全总体绩效，根据职业健康安全方针，组织强化职业健康安全管理体系的过程。也就是通常所说的长效机制，职业健康安全管理体系不是通过认证就算完事了，而需要长期保持。

（3）危险源。危险源是指可能导致伤害或疾病、财产损失、工作环境破坏或这些情况组合的根源或状态。

（4）危险源辨识。危险源辨识是指识别危险源的存在并确定其特性的过程。

（5）事件。事件是指导致或可能导致事故的情况。事件指未造成死亡、疾病和伤害，如砖头坠落，没砸到人是事件。

（6）相关方。相关方是指与组织的职业健康安全绩效有关的或受其职业健康安全绩效影响的个人或团体。

(7) 不符合。不符合是指任何对工作标准、惯例、程序、法规、管理体系绩效等的偏离，其结果能够直接或间接导致伤害或疾病、财产损失、工作环境破坏或这些情况的组合。

(8) 目标。目标是指组织在职业健康安全绩效方面所要达到的目的。

(9) 风险。风险是指某一特定危险情况发生的可能性和后果的组合。

(10) 风险评价。风险评价是指评估风险大小及确定风险是否可容许的全过程。

(11) 可容许风险。可容许风险是指根据组织的法律义务和职业健康安全方针，已降至组织可接受程度的风险。

7.1.3 职业健康安全环境管理体系的构成要素

(1) 战略方针。职业健康安全环境管理体系的核心和关键是战略方针。它是由最高管理者制订的，以文件的形式表述职业健康安全与环境的意图和原则。

(2) 策划。策划包括职业健康安全与环境因素、法律与其他要求、目标和指标及管理方案 4 个体系要素。

在策划阶段要从组织管理现状出发、明确管理重点、识别并评价出重要的职业健康安全环境因素；准确获取组织适用的法律与其他要求；根据组织所确定的重要因素和技术经济条件，确定组织的职业健康安全与环境目标和指标要求；并提出明确的管理方案，即实现组织职业健康安全与环境目标的职责、方法与时间表。

(3) 实施与运行。实施与运行包括组织结构和职责、培训、意识与能力、信息系统、职业健康安全与环境管理体系文件、文件控制、运行控制及应急准备和响应 7 个管理体系要素。在实施与运行阶段要明确组织各职能与层次的机构和职责，任命管理代表；要实施必要的培训，提高员工的职业健康安全与环境保护意识和工作技能；及时有效地沟通和交流有关职业健康安全与环境因素和管理体系的信息，注重相关方所关注的环境问题，形成管理体系。

(4) 检查与纠偏。检查和纠正措施包括监测和测量、纠正与预防措施、记录、职业健康安全与环境管理体系审核 4 个要素。在检查和纠正措施阶段要对影响职业健康安全与环境状况的重大活动与运行中的关键特性进行监测，及时发现问题并采取纠正与预防措施解决问题，防止问题的再次发生，监测的内容包括组织的职业健康安全与环境（绩效）表现、运行控制和目标指标的符合情况等；管理活动应有相应的记录以追溯职业健康安全和环境管理体系实施与运行，对产生的记录应进行良好管理。组织还要定期进行管理体系的内部审核，从整体上了解组织管理理体系的实施情况，判断其有效性和对本体系的符合性。

(5) 管理评审。管理评审是由组织的最高管理者进行的评审活动，以在组织内外部变化条件下确保职业健康安全与环境管理体系的持续适用性、有效性和充分性，支持组织实现持续改进。

7.2 工程项目安全管理

7.2.1 安全生产管理

建设工程项目应该贯彻"安全第一，预防为主"的方针政策，加强安全生产管理工作，落实安全生产责任。

项目经理部应该成立安全生产管理小组，制订相应的安全管理方针，确保安全生产和控制措施及组织实施等。

7.2.2　危险源辨识与风险评价

(1) 危险源辨识有多种方法。危险源辨识的方法有很多种，如询问交谈、现场观察、查阅有关记录、获取外部信息、工作任务可能导致的事故类别和导致事故发生的直接任务分析、安全检查表、危险与可操作性研究、事件树分析、故障树分析等。但在工程项目中，危险源既存在于施工活动场所，也存在于可能影响到施工场所的周围区域；既可能存在于施工前期的勘察设计，也可能存在于后期施工过程中。因此，危险源辨识要采用科学规范的方法，针对不同的作业条件选择合理的方法，找出其存在的原因，制订分级控制方案，才能有效监控事故（危害）的发生。其中，安全检查表法是最基础、最常见的一种方法。

安全检查表（Safety Check List）实际上就是实施安全检查和诊断项目的明细表，是进行安全检查、发现潜在危险、督促各项安全法规、制度、标准实施的一个较为有效的工具。它能找出系统中的不安全因素。把系统加以剖析，列出各层次的不安全因素，然后确定检查项目，以提问的方式把检查项目按系统的组成顺序编制成表，以便进行检查或评审。它是进行安全检查，发现和查明各种危险与隐患，监督各项安全规章制度的实施，及时发现并制止违章行为的一个有力工具。由于安全检查表可以事先编制并组织实施，已发展成为预测和预防事故的重要手段。

安全检查表法的优点是简单易懂、容易掌握，可以事先组织专家编制检查项目，使安全检查做到系统化、完整化；缺点是一般只能作出定性评价。

(2) 风险评价。在风险识别和风险估测的基础上，对风险发生的概率、损失程度，结合其他因素进行全面考虑，评估发生风险的可能性及危害程度，并与公认的安全指标相比较，以衡量风险的程度，并决定是否需要采取相应措施的过程。以下介绍两种常用的风险评价方法：

1) 方法 1。将安全风险的大小用事故发生的可能性（p）与发生事故后果的严重程度（f）的乘积来衡量。即

$$R = p \cdot f$$

式中　R——风险大小；

　　　p——事故发生的概率（频率）；

　　　f——事故后果的严重程度。

根据上述估算结果，可按表 7.1 对风险的大小进行分级。

2) 方法 2。将可能造成安全风险的大小用事故发生的可能性（L）、人员暴露于危险环境中的频繁程度（E）和事故后果（C）三个自变量的乘积衡量，即

$$D = L \cdot E \cdot C$$

式中　D——风险大小；

　　　L——事故发生的可能性，按表 7.2 所给的定义取值。

　　　E——人员暴露于危险环境中的频繁程度，按表 7.3 所给的定义取值；

　　　C——事故后果的严重程度，按表 7.4 所给的定义取值。

此方法因为引用了 L、E、C 三个自变量，故也称为 LEC 方法。

根据经验，危险性（D）的值在 20 分以下为可忽略风险；危险性分值在 20~70 分为可容许风险，见表 7.5。

表 7.1　风险分级表

后果 (f) 风险级别（大小）可能性 (p)	轻度损失（轻微伤害）	中度损失（伤害）	重大损失（严重伤害）
很大	III	IV	V
中等	II	III	IV
极小	I	II	III

表 7.2　事故发生的可能性 (L)

分数值	事故发生的可能性	分数值	事故发生的可能性
10	必然发生的	0.5	很不可能，可以设想
6	相当可能	0.2	极不可能
3	可能，但不经常	0.1	实际不可能
1	可能性极小，完全意外		

表 7.3　暴露于危险环境中的频繁程度 (E)

分数值	人员暴露于危险环境中的频繁程度	分数值	人员暴露于危险环境中的频繁程度
10	连续暴露	2	每月一次暴露
6	每天工作时间暴露	1	每年几次暴露
3	每周一次暴露	0.5	非常罕见的暴露

表 7.4　发生事故产生的后果 (C)

分数值	事故造成的后果	分数值	事故发生造成的后果
100	大灾难，许多人死亡	7	严重，重伤
40	灾难，多人死亡	3	较严重，受伤较重
15	非常严重，一人死亡	1	引人关注，轻伤

表 7.5　危险性等级划分表

危险性量值 (D)	危险程度	危险性量值 (D)	危险程度
≥320	不容许风险，不能继续作业	20~70	可容许风险，需要注意
160~320	重大风险，需要立即整改	≤20	可忽略风险，可以接受
70~160	中度风险，需要整改		

7.2.3　施工安全技术措施

施工安全技术措施是针对施工中存在的不安全因素或安全隐患进行的，需要找出危险源，并且从技术上和管理上采取措施加以预防，消除影响工程的不安全因素，确保安全施工。

1. 编制安全技术措施计划

安全技术措施计划包括工程概况、控制目标、控制程序、组织结构、职责权限、规章制度等。根据组织机构、职责权限、规章制度、资源配置的不安全因素，制订相应的施工安全技术措施，真正做到从技术上采取措施保证其安全实施。如对施工难度大、专业性较强的工程项目，除制订项目总体保证计划外，还必须制订单位工程的分部分项工程的安全技术措施；对高处作业的专业性工种作业，应制订单项安全技术规程，并应对管理人员和操作人员的安全作业资格和身体情况进行合格检查。制订和完善施工安全操作规程，编制各施工工种。特别基于危险性较大工种的安全施工操作要求，可以作为规范和检查考核员工安全生产行为的依据。

施工安全技术措施包括安全防护设施的设置和安全预防措施，主要有防火、防造、防爆、防洪、防尘、防雷击、防触电、防坍塌、防物体打击、防机械伤者、防起重设备滑落、防高空坠落的交通事故、防寒、防暑、防疫、防环境污染等内容。

2. 安全生产责任制

安全生产责任制以制度的形式明确企业各级领导、各职能部门、各类人员在施工生产活动中应负的安全职责，是最基本的一项安全管理制度。近年来，施工企业安全管理的经验表明，严格执行安全生产责任制，使各级领导、各职能部门负起责任，建立健全安全专职机构，加强安全部门的领导，严格执行安全检查制度，这是搞好安全生产有力的组织保证体系。通过制订安全生产责任制，做到安全生产"事事有其主，人人有其责"，从而实现"纵向到底，横向到边"。

施工管理的所有各方对安全都必须认真对待，定期举行安全会议、安全培训、安全检查等，工程承（分）包方的施工管理必须符合有关法规制度和施工现场的安全要求。

一般来说，每个施工项目应根据具体情况，成立以项目经理为主的安全生产委员会或领导小组。同时，根据建设工程的性质、规模和特点，配备规定数量的专职和兼职安全管理员。督促检查各类人员贯彻执行安全管理，协助项目经理推动安全管理工作，保证施工管理顺利进行。

（1）项目经理安全生产责任制。项目经理应对项目施工过程中的劳动保护和安全生产工作负具体的领导与经济责任，为所在施工单位负责施工安全管理的责任人。领导、编制本项目安全管理的目标、措施，建立安全保障体系，分解安全管理职能。

（2）项目工程师安全生产责任制。项目工程师对项目的劳动保护和安全技术工作负总的技术责任。在编制施工组织设计中，根据建设工程的性质、规模、特点及施工现场的环境条件，制订和组织落实专项的施工安全技术措施，并向所有的施工人员（包括按照有关规定使用的其他建筑劳务人员）进行安全技术交底和安全技术教育。

（3）项目施工员安全生产责任制。项目施工员对所管辖工程（工种）的安全生产负直接责任。坚决贯彻有关的安全技术措施和施工组织设计中规定的安全措施，对违章作业的班组和个人及时提出批评与防范措施，防止安全事故的发生。

（4）项目安全员安全生产责任制。认真贯彻、执行各安全生产的规章、制度和规定，做好安全生产宣传教育工作，检查安全设施落实情况，指导和督促班组搞好安全生产。

3. 安全技术交底

（1）安全技术交底的基本要求。

1）项目经理部必须实行逐级安全技术交底制度，纵向延伸到班组全体作业人员。

2）技术交底必须具体、明确、针对性强。

3）技术交底的内容应针对分部分项工程施工中给作业人员带来的潜在危害和存在问题。

4）应优先采取新的安全技术措施。

5）应将工程概况、施工方法、施工程序、安全技术措施等向工长、班组长进行详细交底。

6）定期向由两个以上作业队和多工种进行交叉施工的作业队伍进行书面交底。

7）保留书面安全技术交底签字记录。

（2）安全技术交底主要内容。

1）本工程项目的施工作业特点和危险点。

2）针对危险点的具体预防措施。

3）应注意的安全事项。

4）相应的安全操作规程和标准。

5）发生事故后应及时采取避难和急救措施。

7.2.4　安全检查与预防措施

工程项目安全检查的目的是消除隐患、防止事故、改善劳动条件及提高员工安全生产意识，是安全控制工作的一项重要内容。通过安全检查可以发现工程中的危险因素，以便有计划地采取措施，保证安全生产。施工项目的安全检查应由项目经理组织，定期进行。

（1）日常性检查。日常性检查即经常的、普遍的检查。企业一般每年进行 1~4 次；工程项目组、车间、科室每月至少进行一次；班组每周、每班次都应进行检查。专职安全技术人员的日常检查应该有计划，针对重点部位周期性的进行。

（2）专业性安全检查。分公司、项目部根据当前安全生产普遍存在的薄弱环节、上级主管部门的要求，每年组织 1~2 次专业性安全检查。专业性安全检查是针对施工机械、临时用电、脚手架、安全防护设施、大型机械设备、消防安全等专业安全问题进行检查。

（3）季节性安全检查。公司、分公司、项目部应根据季节的特点，在每年的冬季、夏季、雨季开展专门的安全检查。冬季安全检查，主要检查防火、防寒、防冻、防中毒、防滑；夏季、雨季安全检查，主要检查防汛、防暑、防台风、防触电、防坍塌、防雷击。

（4）节假日前后的检查。节假日前后的检查是针对节假日期间容易产生麻痹思想的特点而进行的安全检查，包括节日前后进行安全生产的检查、节日后要进行遵章守纪的检查。

7.2.5　安全检查的主要内容

（1）查思想。查思想主要检查企业的领导和职工对安全生产工作的认识。

（2）查管理。查管理主要是检查工程的安全生产管理是否有效，其主要内容包括安全生产责任制、安全技术措施计划、制订安全组织机构、制订安全保证措施、制订安全技术交底、制订安全教育、制订持证上岗、制订安全设施、制订安全标识、制订操作规程、制订违规行为、安全记录等。

（3）查隐患。查隐患主要检查作业现场是否符合安全生产、文明生产的要求。

（4）查整改。查整改主要检查对过去提出问题的整改情况。

（5）查事故处理。对安全事故的处理应达到查明事故原因、明确责任并对责任者作出处理、明确和落实整改措施等要求。同时，应该检查对伤亡事故是否及时报告、认真调查、严肃处理。

安全检查的重点是违章指挥和违章作业。安全检查后应编制安全检查报告，说明已经达标的项目；未达标的项目，针对存在的问题，进行原因分析，并采取纠正和预防措施。

7.3 工程项目职业健康管理

7.3.1 工程项目安全生产与职业健康体系的运行

（1）建立管理组织。明确组织结构和职责是实施职业健康安全管理体系的必要前提。工程项目对从事与安全有关的管理、操作和检查人员，特别是需要独立行使权力来开展工作的人员，应规定其权、责、利的关系，并形成文件。

（2）运行管理体系。危险源辨识、风险评价和风险控制的策划是职业健康安全管理体系的基础，安全生产管理法规应符合建筑业企业和本工程项目施工生产管理的现状及体系，并使之符合安全生产法规的要求。

（3）实施采购控制。项目经理部应对自行采购的安全设施所需的材料、设备及防护用品进行控制，确保其符合安全规定的要求。

（4）分承包方控制。项目经理部应明确对分包单位进行控制的负责人、主管部门和相关部门规定其相应的职权。

（5）施工过程控制。项目经理部应对施工过程中可能影响安全生产的因素进行控制，确保工程项目按安全生产的规章制度、操作规程和程序要求进行施工。

（6）安全检查、检验和标识。项目经理部应定期对施工过程、行为及设施进行检查、检验或验证，确保其符合安全要求，并对检查、检验或验证的状态进行记录和标识，对安全设施所需的材料、设备及防护用品进行进货检验。

（7）事故隐患控制。项目经理部应对存在隐患的安全设施、过程和行为进行控制，确保不合格的设施不使用、不合格的物资不放行、不合格的过程不通过、不安全的行为不放过。

（8）纠正和预防措施。项目经理部应对已经发生或潜在的安全事故隐患进行分析，并针对存在问题的原因采取纠正和预防措施。

7.3.2 建筑安全生产与职业健康管理的要求

（1）管理意识方面的要求。管理意识方面的要求是指事事有人管、人人有专责、办事有程序、检查有标准、问题有处理。

（2）管理技术方面的要求。管理技术方面的要求是指人才资源和专业技能充足，设计、研制、制造、检验和试验设备齐全，仪器、仪表、设备和计算机软件先进。

7.3.3 建筑安全生产与职业健康管理的责任

（1）建设单位的安全责任。建设单位在工程建设中居主导地位，对建设工程的安全生产负有重要的责任。建设单位应在工程概算中确定并提供安全作业环境和安全施工措施费用；不得要求勘察、设计、监理、施工单位违反国家法律、法规和强制性标准规定，不得任意压缩合同约定的工期；有义务向施工单位提供工程所需的有关资料，有责任将安全施工措施报送有关主管部门备案，并应将拆除工程发包给有施工资质的单位等。

（2）勘察、设计单位的安全责任。勘察单位应当按照法律、法规和工程建设强制性标准进行勘察，提供的勘察文件应当真实、准确，以满足建设工程安全生产的需要。在进行勘察作业时，应当严格执行操作规程，采取措施保证各类管线、设施和周边建筑物及构筑物的安全。

设计单位应当按照法律、法规和工程建设强制性标准进行设计，考虑施工安全操作和防护的需要，涉及施工安全的重点部位和环节应在设计文件中注明，并对防范生产安全事故提出指导性意见。对采用新结构、新材料、新工艺和特殊结构的建设工程，设计单位应当在设计中提出保障施工作业人员安全和预防生产安全事故的措施建议。

（3）工程监理单位的安全责任。工程监理单位受建设单位的委托。根据国家批准的工程项目建设文件，依照法律、法规和《建设工程监理规范》（GB/T 50319—2013）的规定。对工程建设实施监督管理。工程监理单位因受建设单位的委托，作为公正的第三展示承担监理责任。故不仅要对建设单位负责，同时，也应承担国家法律、法规和《建设工程监理规范》（GB/T 50319—2013）所要求的责任。工程监理单位承担建设工程安全生产责任，也有利于控制和减少生产安全事故。

工程监理单位是建设工程安全生产的重要保障。工程监理单位应审查施工组织设计中的安全技术措施或专项施工方案是否符合工程建设强制性标准，若发现存在安全事故隐患，应要求施工单位整改或暂停施工，并报告建设单位。若施工单位拒不整改或不停止施工，应及时向有关主管部门报告。监理单位应按照法律、法规和工程建设强制性标准实施管理，并对建设工程安全生产承担监理责任。监理单位还应建立安全管理制度，即安全技术施工审查制度、专项施工方案审查制度、安全隐患处理制度、严重安全隐患报告制度及执行法律法规与标准监理制度。

（4）施工单位的安全责任。施工单位在建设工程安全生产中处于核心地位。施工单位要建立主要负责人和项目责任人的安全责任、施工总承包和分包单位的安全生产责任等。同时，施工单位必须建立企业安全生产管理机构并配备专职安全管理人员，在施工前向作业班组和人员作出安全施工技术要求的详细说明，对因施工可能造成损害的毗邻建筑物、构筑物和地下管线采取专项限制措施，向作业人员提供安全防护用具和安全防护服装，并书面告知危险岗位操作规程。此施工现场应正确使用安全警示标志，作业和生活环境标准也应符合要求。

7.4 工程项目环境管理

建设工程是人类社会发展过程中一项规模浩大、旷日持久的频密生产活动，其不仅改变了自然环境，还不可避免地对环境造成污染和损害。因此，在建设工程生产过程中，要竭尽全力控制工程对资源环境污染和损害程度，采用组织、技术、经济和法律等综合手段，对不可避免的环境污染和资源损害给予治理，保护环境，造福人类，促进社会的可持续发展。

建设工程造成的环境污染主要体现在大气、水、噪声及固体废弃物。

7.4.1 大气污染的防治

大气污染物的种类很多，其通常以气体状态和粒子状态存在于空气中。气体状态污染物具有运动速度较快，扩散较快，在周围大气中分布比较均匀的特点。粒子状态污染物又称为固体颗粒污染物，是分散在大气中的微小液滴和固体颗粒，粒径为 $0.01 \sim 100 \ \mu m$，是一个复杂的非均匀体。施工现场空气污染的防治措施有以下几个方面。

（1）施工现场垃圾渣土要及时清理出现场。

（2）大建筑物清理施工垃圾时，要使用封闭式的容器或采取其他措施处理高空废弃物。禁止凌空随意抛撒。现场道路应指定专人定期洒水清扫，形成制度，防止道路扬尘。

（3）对于细颗粒散体材料（如水泥、烟尘、白灰等）的运输、储存要注意遮盖、密封、防止和减少飞扬。车辆开出工地要做到不带泥沙，基本做到不撒土、不扬尘，减少对周围环境的污染。

除设有符合规定的装置外，禁止在重工现场焚烧油毡、橡胶、塑料、皮革、树叶、枯草、各种包装物等废弃物品，以及其他会产生有毒、有害烟尘和恶臭气体的物质。

（4）机动车都要安装减少尾气排放的装置，确保符合国家标准。

（5）工地茶炉应尽量采用电热水器，若只能使用烧煤茶炉和锅炉，应选用消烟除尘型茶炉。大灶应选用消烟节能回风炉灶，使烟尘降至允许排放范围。大城市市区的建设工程已不容许搅拌混凝土。在容许设置搅拌站的工地，应将搅拌站封闭严密，并在进料仓上方安装除尘装置，采取可靠措施控制工地粉尘污染。

（6）拆除旧建筑物时，应该适当洒水，防止扬尘。

7.4.2 水污染的防治

施工过程水污染的防治措施有以下几个方面。

（1）禁止将有毒有害废弃物用作土方回填。

（2）施工现场搅拌站废水、预制水磨石的污水、电石（碳化钙）的污水必须经沉淀池沉淀合格后再排放，最好将沉淀水用于工地洒水降尘或采取措施回收利用。

（3）现场存放油料必须对库房地面进行防渗处理。如采用防渗混凝土地面、铺油毡等措施。使用时，要采取防止油料跑、冒、滴、漏的措施，以免污染水体。

（4）施工现场 100 人以上的临时食堂，污水排放时可设置简易有效的隔油池，定期清理，防止污染。

（5）工地临时厕所、化粪池应采取防渗漏措施。中心城市施工现场的临时厕所可采用水冲式厕所，并有防蝇、灭蛆措施，防止污染水体和环境。

（6）化学用品、外加剂等要妥善保管，库内存放，防止污染环境。

7.4.3 施工现场的噪声控制

噪声按照振动性质可分为气体动力噪声、机械噪声、电磁性噪声。噪声按来源可分为交通噪声、工业噪声、建筑施工的噪声、社会生活噪声等。

噪声控制技术可从声源、传播途径、接收者防护等方面来考虑，主要包括以下内容。

（1）从声源上降低噪声是防止噪声污染的最根本措施，正确选用噪声小的施工工艺，可减少噪声的强度。应尽量采用低噪声设备和工艺代替高噪声设备与工艺，如采用低噪声振捣器、风机、电动空压机、电锯等；也可以在声源处安装消声器消声，即在通风机、鼓风机、压缩机、燃气机、内燃机及各类排气放空装置等进出风管的适当位置设置消声器；同时，要注意严格控制人为噪声，夜间施工应减少指挥哨声、大声喊叫，要教育职工减少噪声，注意文明施工。在人口稠密区进行强噪声作业必须严格控制作业时间，晚 10 点到次日早 6 点之间停止强噪声作业。建筑施工场界噪声限值：夜间限值均为 55 dB，夜间不允许打桩施工；昼间噪声限值按照打桩、土石方、结构、装修分别为 85 dB、75 dB、70 dB、65 dB。传播途径控制可考虑吸声、隔声、消声、减振降噪等方法对产生噪声的施工机械采取控制措施，包括打桩锤的锤击声，以及其他以柴油机为动力的建筑机械、空压机、振动器等。可以利用吸声材料（大多由多孔材料制成）或由吸声结构形成的共振结构（金属或木质薄板钻孔制成的空腔体）吸收声能、降低噪声；

应用隔声结构阻碍噪声向空间传播，将接收者与噪声声源分隔；利用消声器阻止噪声传播等；对由振动引起的噪声，可通过降低机械振动减小噪声。

（2）接收者防护，在有可能的条件下将电锯、柴油发动机等尽量设置在离居民区较远的地点，降低扰民噪声。此外，让处于噪声环境下的人员使用耳塞、耳罩等防护用品，减少相关人员在噪声环境中的暴露时间，以减轻噪声对人体的危害。

7.4.4 施工现场废弃物处理

固体废物是生产、建设、日常生活和其他活动中产生的固态、半固态废弃物质。固体废物处理的基本思想是采取资源化、减量化和无害化的处理，对固体废物进行综合利用，建立固体废物回收体系。

固体废物的主要处理和处置方法有物理处理、化学处理、生物处理、热处理、固化处理、回收利用及其他处置等。

施工工地上常见的固体废物包括建筑渣土、废弃的散装建筑材料、生活垃圾、设备和材料等的包装材料、粪便等。建筑渣土包括砖瓦、碎石、渣土、混凝土碎块、废钢铁、碎玻璃、废屑、废弃装饰材料等；废弃的散装建筑材料包括散装水泥、石灰等；生活垃圾，包括炊厨废物、丢弃食品、废纸、生活用具、玻璃和陶瓷碎片、废电池、废旧日用品、废塑料制品、煤灰渣、废交通工具等。建筑垃圾应有指定堆放地点，并随时进行清理。高空废弃物可使用密闭式的圆筒作为传送管道或者采用其他措施处理。提倡采用商品混凝土，减少建筑垃圾的数量。

7.5 绿色施工管理

7.5.1 绿色施工的组织与管理

1. 组织和制度管理

（1）施工现场应成立以项目经理为第一责任人的文明施工管理组织。分包单位应服从总包单位的文明施工管理组织的统一管理，并接受监督检查。

（2）各项施工现场管理制度应有文明施工的规定，包括个人岗位责任制、经济责任制、安全检查制度、持证上岗制度、奖惩制度、竞赛制度和各项专业管理制度等。

（3）加强和落实现场文明检查、考核及奖惩管理，以促进文明施工管理工作的提高。检查范围和内容应全面、周到，包括生产区、生活区、场容场貌、环境文明及制度落实等内容。检查发现的问题应采取整改措施。

2. 建立收集文明施工的资料及其保存的措施

（1）上级关于文明施工的标准、规定、法律法规等资料。

（2）施工组织设计（方案）中对文明施工的管理规定，各阶段施工现场文明施工的措施。

（3）文明施工自检资料。

（4）文明施工教育、培训、考核计划的资料。

（5）文明施工活动的各项记录资料。

3. 加强文明施工的宣传和教育

（1）在坚持岗位练兵基础上，要采取派出去、请进来、短期培训、上技术课、登黑板报、广播、看录像、看电视等方法狠抓教育工作。

（2）要特别注意对临时工的岗前教育。

（3）专业管理人员应熟悉并掌握文明施工的规定。

7.5.2 绿色施工的具体要求

1. 施工现场的平面布置与划分

施工现场的平面布置图是施工组织设计的重要组成部分，必须科学合理地规划、绘制施工现场平面布置图，在施工实施阶段应按照施工总平面图的要求，设置道路、组织排水、搭建临时设施、堆放物料和设置机械设备等。

施工现场按照功能可划分为施工作业区、辅助作业区、材料堆放区和办公生活区。施工现场的办公生活区应当与作业区分开设置，并保持安全距离。办公生活区应当设置在在建建筑物的坠落半径之外，与作业区之间应设置防护措施，进行明显的划分隔离，以免人员误入危险区域。办公生活区如果设置于在建建筑物的坠落半径之内，则必须采取可靠的防砸措施。功能区在规划设置时还应考虑交通、水电、消防、卫生、环保等因素。

2. 施工现场的场地

施工现场的场地应当平整，障碍物应清除，无坑洼和凹凸不平现象，雨季不积水，暖季应适当绿化。施工现场应具有良好的排水系统，设置排水沟及沉淀池，现场废水不得直接排入市政污水管网和河流。现场存放的油料、化学溶剂等应设有专门的库房，地面应进行防渗漏处理，还应当经常洒水，对粉尘源也应进行覆盖遮挡。

3. 施工现场的道路

（1）施工现场的道路应畅通，要有循环干道，以满足运输、消防要求。

（2）主干道应当平整、坚实且有排水措施，硬化材料可以采用混凝土、预制块或石屑、焦渣、砂头等压实整平，保证不沉陷、不扬尘，防止将泥土带入市政道路。

（3）道路应当中间起拱，两侧设有排水设施，主干道宽度不宜小于 35 m，载货汽车转弯半径不宜小于 15 m。如有条件限制，应当采取相应措施。

（4）施工现场道路的布置要与现场的材料、构件、仓库等料场和起重机位置相协调、相配合。

（5）施工现场主要道路应尽可能利用永久性道路或先建好永久性道路的路基，在土建工程结束之前再铺路面。

4. 施工现场的封闭管理

施工现场的作业条件差、不安全因素多，在作业过程中既容易伤害作业人员，也容易伤害现场以外的人员。因此，施工现场必须实行封闭式管理，将施工现场与外界隔离，防止扰民和民扰问题，同时保护环境、美化市容。

（1）圈挡。

1）施工现场的围挡应沿工地四周连续设置，不得留有缺口，并应根据地质、气候、围挡材料等进行设计与计算，确保围挡的稳定性和安全性。

2）围挡的用材应坚固、稳定、整洁、美观，宜选用砌体、金属板材等硬质材料，不宜使用彩布条、竹笆或安全网等。

3）施工现场的围挡一般应高于 18 m。

4）禁止在围挡内侧堆放泥土、砂石等散状材料及架管、模板等，严禁将围挡作为挡土墙使用。

5）雨后、大风后及春融季节应当检查围挡的稳定性，若发现问题应及时处理。

（2）大门。

1）施工现场应当有固定的出入口，出入口处应设置大门。

2）施工现场的大门应该牢固美观，大门上应该标有企业名称或企业标志。

3）出入口应该设置专职的保卫人员，并制订门卫管理制度及交接班记录制度。

4）施工现场的施工人员应该佩戴工作卡。

5. 施工现场的临时设施

施工现场的临时设施较多，这里主要是指施工期间临时搭建、租赁的各种房屋等。临时设施必须合理选址、正确选用材料，以确保使用功能和满足安全、卫生、环保、消防要求。

临时设施主要有办公设施、生活设施、生产设施、辅助设施，具体包括通路、现场排水设施、围墙、大门、供水处、吸烟处等。

（1）临时设施的选址。办公生活区临时设施的选址首先应考虑与作业区相隔离，并保持安全距离；其次，周边环境必须具有安全性，例如，不得设置在高压线下，也不得设置在沟边、崖边、河流边、高墙下及滑坡、泥石流等灾害地质带上和山洪可能冲击到的区域。

施工现场临时设施的设置应考虑与作业区相隔离，保持安全距离。安全距离是指即使发生事故，也不致损害员工的人身安全的最小距离，办公区和生活区应处于在建筑物坠落半径和高压线防电距离之外。建筑物高度 2~5 m，其坠落半径为 2 m；高度 5~15 m，坠落半径为 3 m；高度 15~30 m，其坠落半径为 4 m；高度大于 30 m，其坠落半径为 5 m（若因条件限制，办公生活区设置在坠落半径区域内，则必须有防护措施）。

（2）临时设施的布置方式。

1）生活性临时房屋设置在工地现场以外，生产性临时设施按照生产的需要在工地选择适当的位置，行政管理办公室等应靠近工地或在工地现场出入口设置。

2）生活性临时房屋设置在工地现场以内时，一般布置在现场的四周或集中于一侧。

3）生产性临时设施，如混凝土搅拌站、钢筋加工厂、木材加工厂等，应全面分析比较后再确定位置。

（3）临时设施的搭设与使用管理。

1）办公室。施工现场应设置办公室。办公室内布局应合理，文件资料宜归类存放，并应保持室内清洁卫生。

2）职工宿舍。

①宿舍应当设置在通风、干燥的位置，以防止雨水、污水流入。

②不得在尚未竣工的建筑物内设置员工集体宿舍。

③宿舍必须设置可开启式窗户和外开门。

④宿舍内应保证必要的生活空间。室内净高不得小于 2.4 m，通道宽度不得小于 0.9 m，每间宿舍居住人员不应超过 16 人。

⑤宿舍内的单人铺不得超过两层，严禁使用通铺，床铺应高于地面 0.3 m，人均床铺面积不得小于 1.9 m×0.9 m，床铺间距不得小于 0.3 m。

⑥宿舍内应设置生活用品专用柜，有条件的宿舍宜设置生活用品储藏室。宿舍内严禁存放施工材料、施工机具和其他杂物。

⑦宿舍周围应当维护好环境卫生，设置垃圾桶、鞋柜或鞋架；生活区内应为作业人员提供

有晾衣物的场地，房屋外道路应平整，晚间应有充足的照明。

⑧寒冷地区冬季宿舍应采取保暖和防煤气中毒措施，火炉应当统一设置和管理，炎热季节应该采取消暑和防蚊虫叮咬措施。

7.6 工程项目风险管理

7.6.1 风险管理概述

（1）风险管理是指经济单位对可能遇到的风险进行预测；识别、评估、分析，并在此基础上有效地处置风险，以最低的成本实现最大安全保障的科学管理方法。

（2）工程项目风险管理的含义。工程项目风险管理是工程项目管理组织通过对风险的识别、分析、应对和监控，以最小的代价，在最大程度上实现项目目标的科学方法。这一定义包含以下要点。

1）工程项目管理的主体是其项目管理组织。

2）风险管理的核心是对风险识别、评估、分析、应对和监控。

3）工程项目风险管理的目标是用最小的代价实现工程建设目标。

（3）风险管理的特点。

1）风险管理尽管有一些通用的方法，但研究具体项目的风险，必须与该项目的特点相联系。

2）风险管理需要获取大量的信息并了解情况，需要对项目系统及系统环境有十分深入的了解，并要进行预测。

3）虽然风险管理的理论很重要，但风险管理在很大程度上依赖于管理者过去的工程对项目的了解程度和对项目的熟悉程度，在整个风险管理的过程中，人的因素影响很大，如人的认识程度、人的精神和创造力，所以，风险管理过程中要注意针对专家经验和教训的调查分析。

4）风险管理在项目管理中属于一种高层次的综合性管理工作，它涉及项目管理的各个阶段、各个方面、各个子系统，它必须与合同管理、费用管理、工期管理、质量管理、环保和安全管理合为一体。

5）风险管理的目的不是消灭风险，而是有准备地、理性地进行项目实施，减少风险的损失或利用某些风险牟取利益。

（4）风险管理的过程。风险管理过程是一个循环系统，随着风险处置计划的实施，风险会出现许多变化，这些变化的信息可以及时反馈，风险预测和识别者就能及时对新情况进行风险评估和分析，从而调整风险处置计划。这样循环往复，保持风险管理过程的动态性就能达到风险管理的预期目的。

（5）风险管理的主要内容。

1）风险识别。风险识别是风险管理的第一步，是对工程项目所面临的和潜在的风险加以分析、判断和归类的过程。工程项目周围存在的风险是各种各样的，包括项目外部的和内部的、技术的和非技术的风险，风险存在于什么地方，发生的条件是什么，发生的可能性有多大，发生后的损失如何，这些在风险识别中均应该有初步的分析和判断。

2）风险估计。风险估计是在风险识别的基础上，通过对所收集的大量资料进行分析，利用概率统计理论，估计和预测风险发生的可能性和相应损失的大小。风险估计是对风险的定量化分析，可为风险管理者进行风险决策提供可靠的、科学的数据。

3）风险应对。风险应对就是在风险发生时实施风险管理计划中的预定措施。风险应对措施包括规避、缓解、利用、自留和转移等。

4）风险监控。风险监控是跟踪已识别的风险，监视残余风险和识别新的风险，保证计划执行，并评估这些计划对降低风险的有效性。

7.6.2　工程项目风险管理的重点

风险管理是一个连续不断的过程，可以在项目生命周期的任何一个阶段进行。对于从事风险管理的不同主体，风险管理的侧重点会有所不同；对不同的项目，风险的因素和控制的方法也有所差异。但是，无论什么项目，越是在项目的早期，进行风险管理的效果就越好。在项目进行过程中出现未曾预料的新情况，或者项目进展出现转折，或有一些特殊的目标需要实现时，项目风险管理的重要性就更加突出了。

（1）重点关注的项目。从项目类型上看，下列工程项目或工程项目的活动应该进行风险分析和风险控制。

1）创新或使用新技术、新工艺的工程项目。

2）投资规模大的工程项目。

3）实行边计划、边设计、边施工的工程项目。

4）涉及敏感问题（生态环境、征地移民）的工程项目。

5）受到法律、法规、安全等方面严格要求的工程项目。

6）具有重要政治、经济和社会意义，以及财务影响很大的工程项目。

（2）重点关注的阶段。

1）工程项目进展过程中出现未曾预料的新情况。

2）工程项目有一些特别的目标必须实现，如水利水电工程中的截流时间。

3）工程项目进展出现转折点或提出变更时期。

7.6.3　工程项目风险的分类

风险是一个不确定的事件或条件，如果发生将会对预期目标造成负面的影响。一般来说，风险具备的要素包括：事件，即不希望发生的变化；可能性，即这个事件发生的概率有多大；后果，即事件发生后的影响有多大；原因，即事件发生的原因是什么。

项目风险是指由于项目所处环境和条件的不确定性，项目的最终结果与项目干系人的期望产生背离，并给项目干系人带来损失的可能性。项目的风险是由项目的不确定性造成的，不能消除，只能降低，是项目的一种固有和难以避免的特点。

工程项目风险是所有影响工程项目目标实现的不确定因素的集合，是指在工程项目全寿命周期中各个阶段可能遭到的风险。

根据不同的分类标准，可以把工程项目风险分成不同的类型。

（1）根据风险后果，风险可以分为纯粹风险和投机风险。纯粹风险是指只会造成损失，而不会带来机会或收益的风险，如自然灾害等。纯粹风险造成的损失是绝对损失，没有哪个人、哪一方可以获利。投机风险是指既可能带来机会、获得收益，又可能造成损失、隐含威胁的风险。

（2）根据风险来源或损失产生的原因，风险可以分为政治风险、法律风险、经济风险、自然风险、技术风险、行为风险、组织风险、信用风险、商务风险及其他风险等。

1）政治风险是指由于政局变化、政权更迭、战争等政治背景变化引起社会动荡而造成的财产损失和人员伤亡的风险。

2）法律风险是指由于法律变动给工程项目带来的风险，如在一些项目中由于法律变动改变对项目各参与方的约束，进而改变各参与方的地位和相互之间的关系，而使项目面临的风险。

3）经济风险是指国家或社会经济因素变化带来的风险，如供求关系变化、通货膨胀、汇率变动等所导致的经济损失。

4）自然风险指由于自然力的作用或自然因素带来的风险，如洪水、暴雨、地震等带来的财产损害和人员伤亡等。

5）技术风险是指因科学技术发展带来的风险，如采用新技术过程中的失误等；也包括一些技术条件的不确定可能带来的风险。

6）行为风险是指由于个人或组织的过失、疏忽、侥幸、恶意等行为引发的风险。

7）组织风险是指项目各参与方之间关系的不确定性或不协调，或者对项目的理解、态度和行动不一致而产生的风险。

8）信用风险是指工程项目中合同一方的业务能力、管理能力、财务能力等有缺陷或者不能或拒绝圆满履行合同而给合同另一方带来的风险。

9）商务风险是指合同中有关经济方面的条款及规定变化可能带来的风险，如支付、工程变更、风险分配、担保、违约责任、费用和法规变化、货币及汇率等方面的条款，以及合同条款中写明分配的、条款有缺陷的或合同一方有意设置的如"开脱责任"条款等引发的风险。

10）其他风险指工程项目所在地的周边环境如社区环境、公众等对工程项目的态度，包括生活条件、运输及能源供应条件等带来的风险。

（3）根据风险的影响范围，风险可以分为局部风险和总体风险。局部风险是指对工程项目影响范围较小，后果不至于影响项目总体目标的风险。总体风险指对工程项目影响范围大，后果比较严重，可能影响整个项目目标实现的风险。局部风险和整体风险是相对的。

（4）根据项目实施及运行过程阶段划分，可以分为在项目目标设计和可行性研究过程中的风险、在设计和计划工作过程中的风险、在工程施工过程中的风险及项目结束阶段的风险。

（5）根据项目行为主体不同，可将产生的风险分为业主和投资者应承担的风险、承包商（分包商、供应商）应承担的风险、项目管理公司应承担的风险、运营单位或其他方面应承担的风险等。

思考练习题

1. 简述职业健康安全、环境管理的目的。
2. 安全管理的范围和基本原则是什么？
3. 试着分析施工中的不安全因素。
4. 发生安全事故时应该如何处理？
5. 工程施工中环境保护的重点是什么？
6. 建筑工程施工风险的类型有哪些？

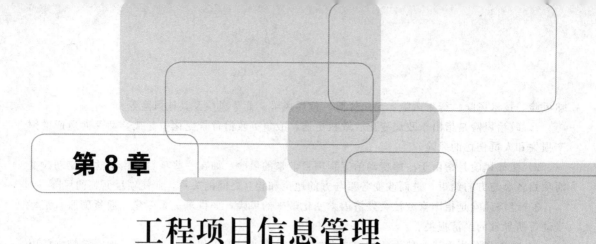

第8章

工程项目信息管理

8.1 工程项目信息管理概述

我国从发达工业国家引进项目管理的概念、理论、组织、方法和手段,历时30余年,在工程实践中取得了不少成绩。但是,至今多数业主和施工单位的信息管理水平还相当落后,其落后表现在尚未正确理解信息管理的内涵和意义,以及现行的信息管理的组织、方法和手段基本还停留在传统的方式与模式上。应指出,当前我国在建设工程项目管理中最薄弱的工作领域是信息管理。

应用信息技术提高建筑业生产效率及应用信息技术提升建筑业行业管理和项目管理的水平与能力,是21世纪建筑业发展的重要课题。作为重要的物质生产部门,中国建筑业的信息化程度一直低于其他行业,也远低于发达国家的先进水平。因此,我国工程管理信息化任重而道远。

8.1.1 项目信息管理概述

1. 信息

信息指的是用口头的方式、书面的方式或电子的方式传输(传达、传递)的知识、新闻,或可靠的或不可靠的情报。声音、文字、数字和图像等都是信息表达的形式。建设工程项目的实施需要人力资源和物质资源,应认识到信息也是项目实施的重要资源之一。

2. 信息管理

信息管理指的是信息传输的合理组织和控制。

3. 项目的信息管理

项目的信息管理是通过对各个系统、各项工作和各种数据的管理,使项目的信息能方便和有效地获取、存储、存档、处理和交流。项目的信息管理的目的旨在通过有效的项目信息传输的组织和控制为项目建设的增值服务。

4. 建设工程项目的信息

建设工程项目的信息包括在项目决策过程、实施过程(设计准备、设计、施工和物资采购过程等)和运行过程中产生的信息,以及其他与项目建设有关的信息。其包括项目的组织类信息、管理类信息、经济类信息、技术类信息和法规类信息。

8.1.2 工程项目信息化的概念

工程项目信息化是指从工程项目规划、招标、概预算、计划、合同、进度、竣工结算等过程中充分利用现代信息技术和信息资源，逐步提高工程项目集约化经营管理程度，使信息对工程项目的贡献达到较高水平的过程。工程项目信息化属于基建企业或施工企业信息化范畴，是国家信息化的基础，也是国家信息化的重要组成部分。

8.1.3 工程项目信息化的内容

1. 网络建设

在工程项目实施过程中所需的网络环境建设，如局域网的组网、服务器的安装和配置、权限的设置、Internet 的接入等。

2. 应用软件的开发与购买

在工程项目实施过程中所需的应用软件，包括以下几项。

（1）MIS 或 ERP 软件，例如，招标、概预算、施工组织设计、计划、合同、物资、进度、用户服务管理等管理系统的开发或购买，并付诸实施。

（2）企业对外网站。

（3）网上发文批文为主的办公管理自动化、信息化系统 OA。

（4）决策支持系统 DSS 或领导信息系统。以上应用软件实现工程项目的联合运行和集成化管理，应包括 3 个层次，即业务处理层、管理控制层、辅助决策层。

8.2 工程项目信息管理的任务

8.2.1 信息管理手册

业主和项目参与各单位都有各自的信息管理任务，为充分利用和发挥信息资源的价值，提高信息管理的效率及实现有序的和科学的信息管理，各单位都应编制各自的信息管理手册，以规范信息管理工作。信息管理手册描述和定义信息管理做什么、谁做、什么时候做和其工作成果是什么等，它的主要内容包括以下几项。

（1）信息管理的任务（信息管理任务目录）。

（2）信息管理的任务分工表和管理职能分工表。

（3）信息的分类。

（4）信息的编码体系和编码。

（5）信息输入输出模型。

（6）各项信息管理工作的工作流程图。

（7）信息流程图。

（8）信息处理的工作平台及其使用规定。

（9）各种报表和报告的格式，以及报告周期。

（10）项目进展的月度报告、季度报告、年度报告和工程总报告的内容及其编制。

(11) 工程档案管理制度。

(12) 信息管理的保密制度等。

8.2.2 信息管理部门的工作任务

项目管理班子中各个工作部门的管理工作都与信息处理有关，而信息管理部门的主要工作任务如下。

(1) 负责编制信息管理手册，在项目实施过程中进行信息管理手册的必要修改和补充，并检查和督促其执行。

(2) 负责协调和组织项目管理班子中各个工作部门的信息处理工作。

(3) 负责信息处理工作平台的建立和运行维护。

(4) 与其他工作部门协同组织收集信息、处理信息和形成各种反映项目进展和项目目标控制的报表与报告。

(5) 负责工程档案管理等。

在国际上，许多建设工程项目都专门设立信息管理部门（或称为信息中心），以确保信息管理工作的顺利进行；也有一些大型建设工程项目专门委托咨询公司从事项目信息动态跟踪和分析，以信息流指导物质流，从宏观上对项目的实施进行控制。

8.2.3 信息工作流程

各项信息管理任务的工作流程如下。

(1) 信息管理手册编制和修订的工作流程。

(2) 为形成各类报表和报告，收集信息、录入信息、审核信息、加工信息、信息传输和发布的工作流程。

(3) 工程档案管理的工作流程等。

8.2.4 应重视基于互联网的信息处理平台

由于建设工程项目大量数据处理的需要，在当今的时代应重视利用信息技术的手段进行信息管理。其核心手段是基于互联网的信息处理平台。

8.3 工程项目信息的分类、编码和处理方法

8.3.1 项目信息的分类

建设工程项目有各种信息，如图 8.1 所示。

业主和项目参与各单位可根据各自项目管理的需求确定其信息的分类，但为了信息交流的方便和实现部分信息共享，应尽可能作一些统一分类的规定，如项目的分解结构应统一。

可以从不同的角度对建设工程项目的信息进行分类，具体如下。

(1) 按项目管理工作的对象，即按项目的分解结构，如子项目 1、子项目 2 等进行信息分类。

(2) 按项目实施的工作过程，如设计准备、设计、招标投标和施工过程等进行信息分类。

（3）按项目管理工作的任务，如投资控制、进度控制、质量控制等进行信息分类。

（4）按信息的内容属性，如组织类信息、管理类信息、经济类信息、技术类信息和法规类信息。

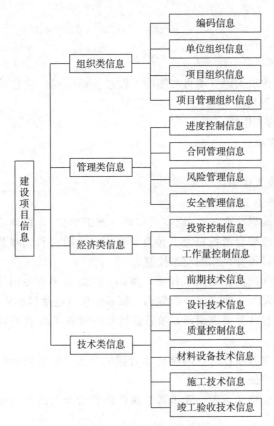

图 8.1　工程项目的信息

为满足项目管理工作的要求，往往需要对建设工程项目信息进行综合分类，即按多维进行分类，如第一维按项目的分解结构，第二维按项目实施的工作过程，第三维按项目管理工作的任务。

8.3.2　项目信息编码的方法

1. 编码的内涵

编码由一系列符号（如文字）和数字组成。编码是信息处理的一项重要的基础工作。

2. 服务于各种用途的信息编码

一个建设工程项目有不同类型和不同用途的信息，为了有组织地存储信息、方便信息的检索和信息的加工整理，必须对项目的信息进行编码。

（1）项目的结构编码，依据项目结构图对项目结构的每一层的每一个组成部分进行编码。

（2）项目管理组织结构编码，依据项目管理的组织结构图，对每一个工作部门进行编码。

（3）项目的政府主管部门和各参与单位编码（组织编码），包括以下几项。

1）政府主管部门。

2）业主的上级单位或部门。

3）金融机构。

4）工程咨询单位。

5）设计单位。

6）施工单位。

7）物资供应单位。

8）物业管理单位等。

（4）项目实施的工作项编码（项目实施的工作过程的编码）应覆盖项目实施的工作任务目录的全部内容，包括以下几项。

1）设计准备阶段的工作项。

2）设计阶段的工作项。

3）招标投标工作项。

4）施工和设备安装工作项。

5）项目动用前的准备工作项等。

（5）项目的投资项编码（业主）/成本项编码（施工单位），它并不是概预算定额确定的分部分项工程的编码，它应综合考虑概算、预算、标底、合同价和工程款的支付等因素，建立统一的编码，以服务于项目投资目标的动态控制。

（6）项目的进度项（进度计划的工作项）编码，应综合考虑不同层次、不同深度和不同用途的进度计划工作项的需要，建立统一的编码，服务于项目进度目标的动态控制。

（7）项目进展报告和各类报表编码，项目进展报告和各类报表编码应包括项目管理形成的各种报告与报表的编码。

（8）合同编码，应参考项目的合同结构和合同的分类，应反映合同的类型、相应的项目结构和合同签订的时间等特征。

（9）函件编码，应反映发函者、收函者、函件内容所涉及的分类和时间等，以便函件的查询和整理。

（10）工程档案编码，应根据有关工程档案的规定、项目的特点和项目实施单位的需求等而建立。

以上这些编码是因不同的用途而编制的，如投资项编码（业主）/成本项编码（施工单位）服务于投资控制工作/成本控制工作；进度项编码服务于进度控制工作。但是有些编码并不是针对某一项管理工作而编制的，如投资控制/成本控制、进度控制、质量控制、合同管理、编制项目进展报告等都要使用项目的结构编码，因此就需要进行编码的组合。

8.3.3　项目信息处理的方法

在当今时代，信息处理已逐步向电子化和数字化的方向发展，但建筑业和基本建设领域的信息化已明显落后于许多其他行业，建设工程项目信息处理基本上还沿用传统的方法和模式。应采取措施，使信息处理由传统的方式向基于网络的信息处理平台方向发展，以充分发挥信息资源的价值，以及信息对项目目标控制的作用。

基于网络的信息处理平台由一系列硬件和软件构成。

（1）数据处理设备（包括计算机、打印机、扫描仪、绘图仪等）。

（2）数据通信网络（包括形成网络的有关硬件设备和相应的软件）。

（3）软件系统（包括操作系统和服务于信息处理的应用软件）等。

数据通信网络主要有以下三种类型。

（1）局域网（LAN——由与各网点连接的网线构成网络，各网点对应于装备有实际网络接口的用户工作站）。

（2）城域网（MAN——在大城市范围内两个或多个网络的互联）。

（3）广域网（WAN——在数据通信中，用来连接分散在广阔地域内的大量终端和计算机的一种多态网络）。

互联网是目前最大的全球性的网络，它连接了覆盖100多个国家的各种网络，如商业性的网络（.com 或 .co）、大学网络（.ac 或 .edu）、研究网络（.org 或 .net）和军事网络（.mil）等，并通过网络连接数以千万计的计算机，以实现连接互联网的计算机之间的数据通信。互联网由若干个学会、委员会和集团负责维护与运行管理。

建设工程项目的业主和项目参与各单位往往分散在不同的地点，或不同的城市，或不同的国家，因此，其信息处理应考虑充分利用远程数据通信的方式，如：

（1）通过电子邮件收集信息和发布信息。

（2）通过基于互联网的项目专用网站（PSWS—Project Specific Web Site）实现业主内部、业主和项目参与各单位，以及项目参与各单位之间的信息交流、协同工作和文档管理（图8.2）；或通过甚于互联网的项目信息门户（PIP——Project Information Portal）ASP 模式为众多项目服务的公用信息平台实现业主内部、业主和项目参与各单位，以及项目参与各单位之间的信息交流、协同工作和文档管理。

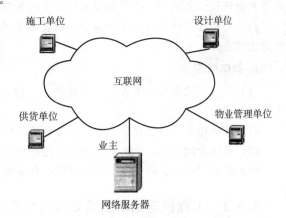

图 8.2　基于互联网的信息处理平台

（3）召开网络会议。

（4）基于互联网的远程教育与培训等。

8.4　工程项目文档资料管理

8.4.1　工程项目文档资料概述

（1）建设工程文件：在工程建设过程中形成的各种形式的信息记录。

（2）建设工程档案：在工程建设活动中直接形成的具有归档保存价值的文字、图表、声像等各种形式的历史记录。

（3）建设工程文件档案资料：建设工程文件和档案组成建设工程文件档案资料，其载体可为纸张、微缩胶卷、光盘、磁带、磁盘。

（4）文件档案资料归档。

与工程建设有关的重要活动、记载工程建设主要过程和现状、具有保存价值的各种载体的文件均应收集齐全，整理立卷后归档。

（5）施工单位在建设工程竣工档案编报工作中的职责。

1）配备专职资料人员负责收集、整理、汇总施工过程中形成的技术文件资料。

2) 严格采用国家及北京市档案管理统一的施工技术文件表式。

3) 按规定编制各专业竣工图。

4) 对于整理组卷后的竣工档案资料，各级施工技术负责人必须审核，由竣工档案资料编制单位负责人或技术主管签字或盖章。

5) 向建设单位提交完整的本工程技术档案作为工程质量等级核定和验收的依据。

8.4.2 档案资料管理

1. 基本规定

(1) 各部门填写的档案应以规范、合同、设计文件、质量验收统一标准为依据。

(2) 档案资料应随工程进度及时收集、整理，并应按专业归类，认真书写，字迹清楚，项目齐全、准确、真实、无未了事项，并应采用统一表格。

(3) 档案资料进行分级管理，各单位技术负责人负责本单位工程档案资料的全过程组织工作并负责审核，各相关单位档案管理员负责档案资料的收集、整理工作。

(4) 对档案资料进行涂改、伪造、随意抽撤或损毁、丢失等应以处罚，情节严重的应依法追究法律责任。

2. 具体措施

(1) 实行技术负责人负责制，逐级建立、健全施工文件管理岗位责任制，配备专人负责施工资料管理。

(2) 总承包单位负责收集、汇总各分包单位形成的工程档案。

(3) 可按合同约定，接受建设单位委托进行工程档案的组织、编制工作。

(4) 按要求在竣工前将施工文件整理汇总完毕，再移交建设单位进行竣工验收。

8.4.3 工程档案编制质量要求与组卷方法

1. 质量要求

(1) 归档文件一般为原件，其内容及深度必须符合国家有关技术规范、标准和规程。内容必须真实、准确，与工程实际相符合。

(2) 工程文件应字迹清楚、图样清晰、图表整洁，签字盖章、手续齐备。文字材料宜采用A4纸，书写材料和纸张要耐久性好。

(3) 图纸宜采用国家标准图幅，一般采用蓝晒图。计算机绘图必须清晰，不得用复印件。

(4) 竣工图应是新图，加盖竣工图章。

2. 组卷方法

(1) 组卷原则。

1) 遵循工程文件的自然形成规律，保持卷内文件的有机联系，便于档案保管和利用。

2) 一个项目由多个单位工程组成时，工程文件应按单位工程组卷。

(2) 组卷方法。按单位工程、分部工程、专业、阶段等组卷。

8.4.4 工程档案验收与移交

1. 验收

(1) 为确保工程档案质量，各编制单位、地方城建档案管理部门、住房城乡建设管理部门要对档案进行严格检查验收。

（2）工程档案由建设单位验收。重点验收内容如下。

1）种类齐全、系统完整、内容真实，准确地反映工程建设活动和工程实际情况。

2）文件的形成、来源符合实际，文章签章手续完备。

3）文件材质、幅面、书写、绘图、用墨等符合要求。

4）工程档案已整理立卷，立卷符合规范规定。

5）竣工图绘制方法、图式及规格等符合专业技术要求，图面整洁，盖有竣工图章。

2. 移交

（1）施工单位应在竣工前将工程档案按合同规定的时间、套数移交给建设单位，并办理移交手续。

（2）停建、缓建工程的工程档案暂由建设单位保管。

思考练习题

单选题

1. 信息是以口头、书面或电子等方式传递的（　　）、新闻、情报。

　　A. 数据　　　　　　B. 数字　　　　　　C. 文字　　　　　　D. 知识

2. 信息管理指的是（　　）。

　　A. 信息的存档和处理　　　　　　B. 信息传输的合理的组织和控制

　　C. 信息的处理和交流　　　　　　D. 信息的收集和存储

3. 由于建设工程项目大量数据处理的需要，应重视利用（　　）技术的手段进行信息管理。

　　A. 信息　　　　　　　　　　　　B. 通信

　　C. 计算　　　　　　　　　　　　D. 存储

4. 建设工程项目信息编码是信息处理的一项重要的基础工作，编码是由一系列（　　）组成。

　　A. 符号和数字　　　　　　　　　B. 字母和数字

　　C. 字母和符号　　　　　　　　　D. 文字和符号

5. 项目的结构编码应依据（　　），对项目结构的每一层的组成部分进行编码。

　　A. 项目管理组织矩阵图　　　　　B. 项目组织结构图

　　C. 系统结构图　　　　　　　　　D. 项目结构图

6. 项目的进度项编码应综合考虑不同层次、不同深度和不同用途的进度计划工作项的需要，建立统一的编码，服务于（　　）。

　　A. 项目进度控制　　　　　　　　B. 项目进度目标的动态控制

　　C. 项目进度计划的编制　　　　　D. 项目进度的对比分析

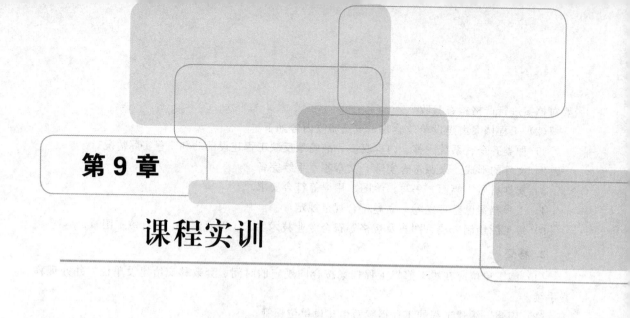

第9章

课程实训

9.1 质量管理实训

案例一

某国家机关新建一办公楼,建筑面积为 50 000 m²,通过招标投标手续,确定了由某建筑公司进行施工,并及时签署了施工合同。双方签订施工合同后,该建筑公司又进行了劳务招标,最终确定江苏某劳务公司为中标单位,并与其签订了劳务分包合同,在合同中明确了双方的权利和义务。该工程由本市某监理单位实施监理任务。该建筑公司为了承揽该项施工任务,采取了低报价策略而获得中标,在施工中,为了降低成本,施工单位采用了一个小砖厂的价格低的砖,在砖进场前未向管理单位申报。在施工过程中,屋面带挂板大挑檐悬挑部分根部突然断裂。建设单位未按规定办理工程质量监督手续。经事故调查、原因分析,发现造成该质量事故的主要原因是施工队伍素质差,致使受力钢筋反向,构件厚度控制不严。

问题:

1. 该建筑公司对砖的选择和进场的做法是否正确?如果不正确,施工单位应如何做?
2. 施工单位的现场质量检查的内容有哪些?
3. 施工单位为了降低成本,对材料的选择应如何去做才能保证其质量?
4. 对该起质量事故该市监理公司是否应承担责任?原因是什么?
5. 政府对建设工程质量监督的职能是什么?

案例二

某监理单位与业主签订了某钢筋混凝土结构商住楼工程项目施工阶段的监理合同,专业监理工程师例行在现场巡视检查、旁站实施监理工作。在监理过程中,发现以下一些问题。

(1) 某层钢筋混凝土墙体,由于绑扎钢筋困难,无法施工,施工单位未通报监理工程师就把墙体钢筋门洞移动了位置。

(2) 某层一钢筋混凝土柱,钢筋绑扎已检查、签证,模板经过预检验收,在浇筑混凝土过程中及时发现模板胀模。

(3) 某层钢筋混凝土墙体,钢筋绑扎后未经检查验收,即擅自合模封闭,正准备浇筑混凝土。

(4) 某段供气地下管道工程,管道铺设完毕后,施工单位通知监理工程师进行检查,但在合同规定时间内,监理工程师未能到现场检查,又未通知施工单位延期检查。施工单位即行将管沟回填覆盖了将近一半。监理工程师发现后认为该隐蔽工程未经检查认可即行覆盖，质量无保证。

（5）施工单位把地下室内防水工程分包给一专业防水施工单位施工，该分包单位未经资质验证认可即进场施工，并已进行了 200 m² 的防水工程。

（6）某层钢筋骨架正在进行焊接中，监理工程师检查发现有 2 人未经技术资质审查认可。

（7）某楼层一户住房房间钢门框经检查符合设计要求，日后检查发现门销已经焊接，门窗已经安装，门扇反向，经检查施工符合设计图纸要求。

问题：

以上各项问题监理工程师应如何分别处理？

9.2 进度控制实训

案例一

某办公楼工程，地下 1 层，地上 10 层。现浇钢筋混凝土框架结构，基础为管桩基础。建设单位与施工总承包单位签订了施工总承包合同，合同工期约为 29 个月。按合同约定，施工总承包单位将预应力管桩工程分包给了符合资质要求的专业分包单位。

施工总承包单位提交的施工总进度计划如图 9.1 所示（时间单位：月），该计划通过了监理工程师的审查和确认。

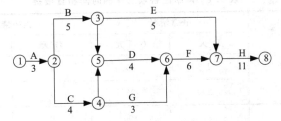

图 9.1 施工总承包单位提交的施工总进度计划

合同履行过程中，发生了如下事件。

事件 1：在工程施工进行到第 7 个月时，因建设单位提出设计变更，导致工作 G 停止施工 1 个月。由于建设单位要求按期完工，施工总承包单位据此向监理工程师提出了赶工费索赔。根据合同约定，赶工费标准为 18 万元/月。

事件 2：在工作 H 开始前，为了缩短工期，施工总承包单位将原施工方案中工作 H 的异节奏流水施工调整为成倍节拍流水施工。原施工方案中工作 H 的异节奏流水施工横道图如图 9.2 所示（时间单位：月）。

问题：

1. 施工总承包单位计划工期能否满足合同工期要求？为保证工程进度目标，施工总承包单位应重点控制哪条施工线路？

2. 事件 1 中，施工总承包单位可索赔的赶工费为多少万元？说明理由。

3. 事件 2 中，流水施工调整后，工作 H 相邻工序的流水步距为多少个月？工期可缩短多少个月？

4. 按照上述横道图格式绘制调整后工作 H 的施工横道图。

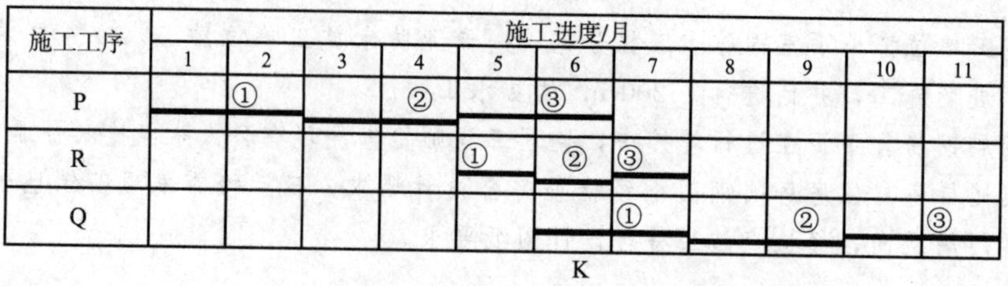

施工工序	施工进度/月										
	1	2	3	4	5	6	7	8	9	10	11
P	①			②		③					
R					①	②	③				
Q							①		②		③

图 9.2　原施工方案中工作 H 异节奏流水施工横道图

案例二

已知某双代号网络计划中各项工作之间的逻辑关系、工作持续时间 D 与直接费用 C 数据见表 9.1，间接费费率为 60 千元/天。

问题：

1. 计算各工作的直接费费率，并填入表 9.1 中。
2. 分别计算正常情况和最短情况下的直接费用之和，并填入表 9.1 中。
3. 按各工作之间的逻辑关系，绘制双代号网络图。
4. 寻找网络计划最低成本下的最优工期，并说明优化步骤。
5. 计算该网络计划最优工期和最低总成本额。

表 9.1　网络图各项工作的时间和直接费

工作名称	紧后工作	正常情况		最短情况		直接费费率/(千元·天$^{-1}$)
		D/天	C/千元	D/天	CC/千元	
A	D, F	2	60	1	180	
B	E, F	2	25	1	50	
C	F	3	100	2	150	
D	G	2	50	1	80	
E	—	2	30	1	50	
F	G	4	120	2	320	
G	—	2	40	1	65	
合计		—			—	

案例三

某工程项目、地上 15～18 层，地下 2 层，钢筋混凝土剪力墙结构，总建筑面积为 57 000 m²。施工单位中标后成立项目经理部组织施工。项目经理部计划施工组织方式采用流水施工，根据劳动力储备和工程结构特点确定流水施工的工艺参数、时间参数和空间参数，如空间参数中的施工段、施工层划分等，合理配置了组织和资源，编制项目双代号网络计划，如图 9.3 所示。

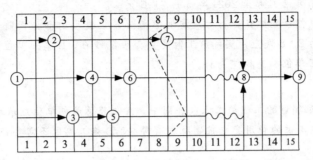

图 9.3　项目双代号网络计划（一）（单位：月）

项目经理部在工程施工到第 8 月底时，对施工进度进行了检查，工程进展状态如图 9.3 中前锋线所示。工程部门根据检查分析情况，调整措施后重新绘制了从第 9 月开始到工程结束的双代号网络计划，部分内容如图 9.4 所示。

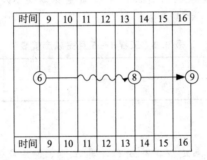

图 9.4　项目双代号网络计划（二）（单位：月）

问题：

1. 工程施工组织方式有哪些？组织流水施工时，应考虑的工艺参数和时间参数分别包括哪些内容？

2. 根据图 9.3 中进度前锋线分析第 8 月底工程的实际进展情况。

3. 绘制正确的从第 9 月开始到工程结束的双代号网络计划图。

9.3　费用管理实训

案例一

某建设单位投资兴建一办公楼，投资概算为 25 000.00 万元，建筑面积为 21 000 m²；钢筋混凝土框架—剪力墙结构，地下 2 层，层高为 4.5 m；地上 18 层，层高为 3.6 m；采取工程总承包交钥匙方式对外公开招标，招标范围为工程至交付使用全过程。经公开招投标，A 工程总承包单位中标。A 单位对工程施工等工程内容进行了招标。

B 施工单位中标后第 8 天，双方签订了项目工程施工承包合同，规定了双方的权利、义务和责任。部分条款如下：工程质量为合格；除钢材及混凝土材料价格浮动超出 ±10%（含 10%）工程设计变更允许调整以外，其他一律不允许调整；工程预付款比例为 10%；合同工期为

485 日历天，于 2020 年 2 月起至 2021 年 5 月 31 日止。

A 工程总承包单位审查结算资料时，发现 B 施工单位提供的部分索赔资料不完整，如原图纸设计室外回填土为 2∶8 灰土，实际施工时变更为级配砂石，B 施工单位仅仅提供了一份设计变更单，要求 B 施工单位补充相关资料。

问题：

1. 与 B 施工单位签订的工程施工承包合同中，A 工程总承包单位应承担哪些主要义务？

2. A 工程总承包单位的费用变更控制程序有哪些？B 施工单位还需要补充哪些索赔资料？

案例二

某施工单位通过竞标承建已工程项目，甲乙双方通过协商对工程合同协议书及专用合同条款和通用合同条款修改意见达成一致，签订了施工合同。

施工合同中包含以下工程价款主要内容。

工程中标价为 5 800 万元，暂列金额为 580 万元，主要材料所占比重为 60%，工程预付款为工程造价的 20%，工程进度款逐月计算，工程质量保修金 3%，在每月工程进度款中扣除，质保期满后返还。工程 1—5 月完成产值见表 9.2。

表 9.2　工程 1—5 月完成产值表

月份	1	2	3	4	5
完成产值/万元	180	500	750	1 000	1 400

问题：

计算工程的预付款、起扣点是多少？分别计算 3、4、5 月应付进度款、累计支付进度款是多少（保留小数点后两位，单位：万元）？

案例三

某写字楼工程，建筑面积为 120 000 m²，地下 2 层，地上 22 层，钢筋混凝土框架—剪力墙结构。某施工总承包单位按照建设单位提供的工程量清单及其他招标文件参加了该工程的投标，并以 34 263.29 万元的报价中标。双方依据《建设工程施工合同（示范文本）》签订了工程施工总承包合同。

合同约定：本工程采用固定单价合同计价模式；当实际工程量增加或减少超过清单工程量 5% 时，合同单价予以调整，调整系数为 0.95 或 1.05；投标报价中的钢筋、土方的全费用综合单价分别为 5 800 元/t、32 元/m³。

施工总承包单位项目部对合同造价进行了分析，各项费用为：直接费 26 168.22 万元，管理费 4 710.28 万元，利润 1 308.41 万元，规费 945.58 万元，税金 1 130.80 万元。

施工总承包单位项目部对清单工程量进行了复核。其中，钢筋实际工程量为 9 600 t，钢筋清单工程量为 10 176 t；土方实际工程量 30 240 m³，土方清单工程量为 28 000 m³。施工总承包单位向建设单位提交了工程价款调整报告。

问题：

施工总承包单位的钢筋和土方工程价款是否可以调整？为什么？列式计算调整后的价款分别是多少万元？

9.4 安全管理实训

案例一

某高层办公楼，总建筑面积为 137 500 m²，地下 3 层，地上 25 层。业主与施工总承包单位签订了施工总承包合同，并委托了工程监理单位。施工总承包完成桩基工程后，将深基坑支护工程的设计委托给了专业设计单位，并自行决定将基坑的支护和土方开挖工程分包给了一家专业分包单位施工，专业分包单位在施工过程中，由负责质量管理工作的施工人员兼任现场安全生产监督工作。土方开挖到接近基坑设计标高（自然地坪下 8.5 m）时，总监理工程师发现基坑四周地表出现裂缝，即向施工总承包单位发出书面通知，要求停止施工，并要求立即撤离现场施工人员，查明原因后再恢复施工，但总承包单位认为地表裂缝属正常现象没有予以理睬。不久基坑发生严重坍塌，并造成 4 名施工人员被掩埋，经抢救 3 人死亡，1 人重伤。事故发生后，专业分包单位立即向有关安全生产监督管理部门上报了事故情况，经事故调查组调查，造成坍塌事故的主要原因是由于地质勘察资料中未标明地下存在古河道，基坑支护设计中未能考虑这一因素。事故中直接经济损失 80 万元，于是专业分包单位要求设计单位赔偿事故损失 80 万元。

问题：

1. 请指出上述整个事件中有哪些做法不妥？并写出正确的做法。
2. 三级安全教育是指哪三级？
3. 本事故可定为哪种等级的事故？请说明理由。
4. 这起事故的主要责任人是谁？请说明理由。

案例二

A、B 两栋相同的住宅项目，总建筑面积为 86 000 m²，施工时分 A、B 分区，项目经理下分设 2 名栋号经理，每人负责一个分区，每个分区又安排了一名专职安全员。项目经理认为，由栋号经理负责每个栋号的安全生产，自己就可以不问安全的事了。工程竣工后，项目经理要求质量监督站组织竣工验收。

问题：

1. 该项目经理对安全的看法是否正确？作为施工企业，应对工程项目安全控制采取哪些措施？
2. 项目经理向质量监督站要求竣工验收的做法是否恰当？为什么？

参 考 文 献

[1] 陆惠民，杨秋波，王延树. 工程项目管理 [M]. 3 版. 南京：东南大学出版社，2015.

[2] 王雪青，杨秋波. 工程项目管理 [M]. 北京：高等教育出版社，2011.

[3] 丛培经. 工程项目管理 [M]. 5 版. 北京：中国建筑工业出版社，2017.

[4] 冯宁. 工程项目管理 [M]. 2 版. 郑州：郑州大学出版社，2017.

[5] 成虎，陈群. 工程项目管理 [M]. 4 版. 北京：中国建筑工业出版社，2015.

[6] 王幼松. 工程项目管理 [M]. 广州：华南理工大学出版社，2005.

[7] 项勇，王辉. 工程项目管理 [M]. 北京：机械工业出版社，2017.

[8] 尹素花. 建筑工程项目管理 [M]. 北京：北京理工大学出版社，2017.

[9] 全国一级建造师执业资格考试用书编写委员会. 建设工程项目管理 [M]. 北京：中国建筑工业出版社，2023.

[10] 王红雨，周永. 工程项目管理 [M]. 北京：化学工业出版社，2016.

[11] 王卓甫，杨高升. 工程项目管理——原理与案例 [M]. 3 版. 北京：水利水电出版社，2014.

[12] 齐宝库. 工程项目管理 [M]. 北京：化学工业出版社，2016.

[13] 刘伊生. 建设工程项目管理理论与实务 [M]. 北京：中国建筑工业出版社，2011.

[14] 于茜薇，张静. 工程项目管理 [M]. 2 版. 成都：四川大学出版社，2010.

[15] 全国咨询工程师（投资）职业资格考试参考教材编写委员会. 工程项目组织与管理 [M]. 北京：中国统计出版社，2023.

[16] 全国造价工程师职业资格考试培训教材编审委员会. 建设工程造价管理 [M]. 3 版. 北京：中国计划出版社，2023.

[17] 戚安邦. 项目管理学 [M]. 天津：南开大学出版社，2003.